『写真週報』とその時代

上

戦時日本の国民生活

玉井 清 編著

慶應義塾大学出版会

はじめに

「戦争の記憶」の語られ方について

八月一五日、「終戦記念日」として戦争を振り返る企画が毎年立てられる。「戦争の記憶」として語られるのは、学徒出陣、学童疎開、神風特別攻撃隊、東京大空襲、沖縄戦、広島・長崎の原爆投下などさまざまである。

ところで、このように「戦争の記憶」が語られる時、いかなる時代が想定されているのであろうか。終戦の日を玉音放送がラジオから流れた昭和二〇（一九四五）年八月一五日とするならば、どこまで遡り「戦争の時代」としているのであろうか。昭和一六（一九四一）年の日米開戦、昭和一二（一九三七）年の日中戦争、昭和六（一九三一）年の満洲事変、実はさまざまであろう。いかなる時代を射程において「戦争」を語るか、それは論者の自由であるが、我々は往々にして「戦争の時代」と表現する時、情緒に走り時代を一色に塗りつぶす傾向がある。満洲事変時、日中戦争時、日米開戦時、各々日本及び日本人の内外を取り巻く状況が異なっていたことは想像に難くない。これら時局や戦局の変化が社会に与えた影響、その推移が国民の生活に及ぼした影響、それに応じて国民が直面した課題や困難も異なる様相を呈したであろう。

冒頭に紹介した「戦争の記憶」として語られる事例は、いずれも日米開戦後、とりわけ日本が劣勢に立たされた時代の出来事である。これらは、昭和一八年から終戦の昭和二〇年までの戦争末期のことであり、満洲事変勃発時の、日中戦争勃発時の、日米開戦時のそれでさえもない。人間の記憶は、最も過酷な体験が脳裏に深く刻まれる。したがって、最も困難な時代であった戦争末期の出来事が、「戦争の記憶」として日本人の脳裏に焼き付き、それが時間を遡り一様の時代相として想起されてしまうのは避けがたいことかもしれない。しかも、戦後日本は、幸運なことに本土が戦火にまみえる、あるいは国民の多数が犠牲になるような大きな戦争を経験していない。したがって、最も国民の記憶に残る直近の戦争体験は、日米戦争であり、とりわけ、その末期に兵士や国民が直面させられた過酷な生活や困難が鮮烈な記憶として残っている。勝者になった米国は、その後、朝鮮戦争、ベトナム戦争、アフガニスタン紛争、イラク戦争と、本土が戦火にまみえることはなかったものの、多くの自国民の犠牲を伴う戦争を経験しているので、米国の国民や社会にとり「戦争の記憶」として鮮明に想起されるのは、これら直近の戦争であり太平洋戦争ではないであろう。太平洋戦争は「戦争の記憶」として残っていても、日本に比し往時の事であり相対化されやすい出来事になっているともいえる。日本の場合、勝者ではなく敗者であったこともあり、「戦争の時代」を内在的に冷静に読み解くことは未だ困難な作業になっている。

フォトジャーナリズムの隆盛と国策グラフの創刊

しかし、戦時の、とりわけ情緒が入り込み易い兵士や国民が直面した課題や困難を扱う以上、「戦争の時代」を出来る限り相対化することは必要不可欠である。その実際を時局や戦局の推移に即し丁寧に検証する作業が求められる。本書は、こうした問題意識に立ち、日中戦争勃発半年後の昭和一三（一九三八）年二月に創刊され、敗戦直前の昭和二〇（一九四五）年七月まで発刊された国策グラフ誌『写真週報』を考察する。同誌は、日本政府の啓発宣伝機関として発足した内閣情報部（昭和一二年九月に発足）が創刊し、その後身である情報局（昭和一五年一二月に昇格改組）が、終刊まで発刊した。本誌発刊経緯の詳細は本論（本書第一章）に譲るが、『写真週報』発刊に先立つ昭和一一（一九三六）年七月、内閣情報部の前身である内閣情報委員会は政府の啓発宣伝のため『週報』を既に創刊していたが、その啓蒙効果に疑念が抱かれ、より平易に国民に訴える啓蒙誌の発刊が望まれていた。文字情報に頼らず写真という画像を駆使した誌面により読者が理解し易い国策グラフ誌の発刊は、そうした目的に叶うものとして採用されたのである。時あたかも、昭和一一（一九三六）年一一月、米国では『*LIFE*』が、昭和一三（一九三八）年一〇月、英国では『*PICTURE POST*』が、『写真週報』発刊に前後して創刊され、両誌は部数拡大を果たし米英を代表する民間の写真週刊誌に成長した。海外では、フォトジャーナリズムの潮流が起こり、報道における写真の重要性が、期待と注目を集めていたのである。こうした世界的潮流の中、『写真週報』も、既存の『週報』を補完するものとして、というよりは『週報』に代わり国民の理解容易な政府啓蒙誌として期待され創刊された。

なぜ、『写真週報』に注目するのか？

従前の歴史研究では、文字情報を主とするメディアの分析が中心となり、画像や映像などを主とするメディアは、文化芸能関連の研究以外では軽視されがちであった。しかし、近年の研究では、写真や映画などの画像や映像が、時代を映す貴重な資料として注目を集めるようになり、正面からこれらを取り扱う本格的な研究が行われるようになっている。本書も、こうした着眼に立ち『写真週報』に注目するが、同誌を考察対象とする理由は、次の点にもある。

第一に、周知のとおり、戦時体制が確立される中、言論統制が強化され、少なからざる雑誌は休刊や廃刊に追い込まれた。とりわけ日米戦争以降、日本が劣勢下に置かれると用紙不足や空襲などの影響もあり、多くのメディアが、減頁を余儀なくされ、定期的刊行が困難になり、さらには廃刊を強いられることになる。『写真週報』も、その例外ではなく減頁や、定期的発刊が困難になったため合併号での刊行を余儀なくされている。しかし、他方において、政府の啓蒙雑誌であったこともあり、終戦近くまで刊行を続けることができた数少ない雑誌の一つであった。したがって『写真週報』は、戦争の時代、戦局の推移とともに国民生活がどのように変容したのか、日中戦争以降終戦直前までの変化を、分野ごとに定点観測できる貴重なメディアである。

第二に、国策グラフ誌の『写真週報』は、政府の内外にわたる政策を啓蒙することを使命としていたため、分析に際し、背景にある政策を押さえる必要があることは言うまでもない。したがって、本誌の分析を行うことは、戦時下の各分野の政策の推移を追うことになり、しかも国策グラフ誌の特性を有するため、政府が打ち出す政策全般を扱うことになる。同時代の政府が各分野においていかなる施策を行おうとしていたかを俯瞰し、「戦争の時代」を総括的に展望することが期待できるメディアである。

第三に、グラフ誌の性格を有する『写真週報』には、国民の生活を躍動的に写し出す写真、挿絵や風刺漫画が多数掲載されている。既述のように本誌は、写真を駆使し国民の理解を容易にすることを目指していたので、編集も国民の目線に近づけようとしていた。同時代の国民の種々の分野における姿を探る上で有益な情報の獲得が期待できるメディアである。

『写真週報』をどのように料理するのか？

右のような『写真週報』の特性に着眼し考察を加えるのであるが、一方において、次のような疑念が生じるであろう。既述のように戦時体制下には政府による厳しい言論統制があり、加えて『写真週報』は、政府が発刊する啓蒙誌であるため、同誌に表出された国民の生活や言動は、政府が理想とするもの、さらには政府がプロパガンダのため人為的に作り上げたものではないか、実際のそれとは乖離した虚構ではないか、との疑念である。

もとより、本書は、『写真週報』の内容を額面通り受け取ることはしない。同誌が、政府の啓蒙雑誌であったことは常に念頭に置き、その背景にある政府の世論指導や言論検閲を含む言論統制の実際を可能な限り照応し分析するように心がけている。さらに、画像や文章の行間を慎重に読み解くことにより、誌面の背後にある国民の生活や意識の実際にも迫りたいと考えている。時代によっては、政府の施策に対する不満や、それらを不合理、非効率と考える国民の心情が婉曲的に、時には驚くほど率直に語られていることもある。戦時体制が強化され、戦局が困難になるにつれ言論の画一化は加速され、そうした言説の表出機会は失われていくものの、同誌を定点観測することにより、政府が各時期、各分野についてどのように論じることを推奨していたかだけでなく、どのように、あるいはどこまで論じることを許容していたのか、各時期の言論空間の実際とその変容を推し量る際の指標を呈示することもできるであろう。

さらに、『写真週報』に見いだされる内容と現実との乖離が存在することは考察の前提として織り込み、他の資料やデータを紙幅の許す限り照応することにより、かかる乖離を補正することにも努めた。本書が、自由主義の立場から外交評論を行った清沢洌の日記（『暗黒日記』、本書では、ちくま学芸文庫版、二〇〇二年を用いた）を基底に置き、適宜引用しているのは、その一環でもある。清沢の日記は、時代批判の精神から戦時下の政府並びにメディアが流す情報と現実との間に生じた矛盾を衝き、それを克明に記した日記として知られているが、本書は、こうした日記を補助線として適宜利用することにより、『写真週報』の紙面から欠落させられた現実を考察の視野に入れるようにしている。

他方、当時の国民生活が戦時の言論統制の中で成り立っていた事実に鑑みる時、そのような閉ざされた言論空間の中で一般の国民の生活が営まれていた現実も看過すべきではないであろう。政府や軍の枢要に知己がいて真実に近い情報に接近できた人、海外での生活体験を通じ外国事情を直接見聞できた人、清沢のように言論統制がかかりにくい外国語の放送や海外の新聞雑誌に接する機会に恵まれた人、こうした人々は圧倒的に少数派であった。むしろ、そうした多元的情報源を有しない一般多数の国民は、『写真週報』のような検閲を通過した新聞や雑誌を主たる情報源として、それらに基づき自らの生活を営み、考えを形成し育んでいた。したがって、皮肉なことではあるが、『写真週報』に描き出された、あるいは醸成された内容は、同時代の国民の生活や考えを等身大に映し出したものとは言えないものの、近似する内容を相当程度含んでいたとの前提に立つことは必ずしも誤りではないであろう。本書は、こうした前提をも内包させながら、同誌を「戦争の時代」を理解するための有益な資料として位置づけ、分析を行う。

従前の研究において、言論統制下の戦時メディア、とりわけ『写真週報』のような戦時の国策グラフ誌は、政府による都合のいい情報だけが掲載されているとの理由から、あるいは写真を中心とする画像情報が主で文字情報ではないとの理由から、これを軽視し正面から分析対象にすることは避けられる傾向があった。既述のように近年そうした傾向は修正され、『写真週報』も注目されるようになっているが、その取り上げ方は、政府が国民を戦争に駆り立てるプロパガンダの道具としての特性のみが強調されがちである。

本書の主たる目的も、戦時啓蒙や戦時動員のためいかなるプロパガンダが行われていたのか、『写真週報』の考察を通じ、その内実を解き明かすことにある。しかし、そうしたアプローチからの考察に傾き過ぎること、あるいはかかる側面のみを注視し考察を行うことは、同誌の歴史資料としての魅力を半減させるだけでなく、「戦争の時代」を画一的に描く前述のような通弊に陥る危険があることにも注意しなければならないであろう。

「戦争の時代」のパノラマを描く

本書は、右に紹介したような『写真週報』のメディア特性に着眼し、付随する問題点にも注意と考慮をした上で、同誌に正面から向き合い多角的に分析する。「戦争の時代」を内在的、立体的に、なおかつ体系的に描き、上下巻を通観すると、読者がそのパノラマを体感できることを目指している。各章は、重要と考える内外の政策分野や事項ごとに構成され、上巻は、国内の国民生活に関する問題を扱い、下巻は、国防と対外意識を扱っている。

上巻は、**第一章**で、『**写真週報**』の**沿革**から、そのメディアの特性を位置づけるとともに、誌面構成の変化を含めた概要を明らかにした上で、**第二章**では、国民が生きるために必要不可欠な**食糧**問題について、**第三章**では、**節約や貯蓄**の奨励から浮き彫りになる政府推奨の模範的国民生活について、**第四章**では、陸海空で運輸体制の構築が急がれた**輸送**問題について、**第五章**では、国家総力戦に勝ち抜くために推進された**健康増進**行政について、**第六章**では、軍需に対応し労働力調達のために必要とされた**労務**動員について、**第七章**では、児童、生徒、学徒の動員や科学航空分野の戦争と関連した**教育**問題について、**第八章**では、男性が大量に出征する中、労働力不足を補うため行われた労働行政の焦点になっていく**女性**の動員について、各々扱っている。

下巻は、まず、国防問題に関連し、**第一章**で**戦局報道**や兵器などの軍事情報がどのように紹介されたか、**第二章**では、空襲に対応した**民間防空**体制確立に向けた啓蒙活動について検証した上で、以下、対外意識について扱っている。**第三章**では、中国満洲を始めとする**東アジア**、**第四章**では日米開戦前に南進に象徴されるような**南方地域**への関心がどのように高揚していたかを扱い、**第五章**では日米開戦後、実際に日本軍が進出した**東南アジア**への軍政や独立を含めた問題について、**第六章**では、ヒトラーユーゲントの来日歓迎に象徴されるような友邦関係にあった**ドイツ**について、**第七章**では、敵国として「鬼畜米英」の標語が高唱されるまでになる**英米**両国について、各々扱っている。

各章とも、『写真週報』が発刊されていた日中戦争後から終戦直前までの全期間を射程に置いているが、その時代区分は敢えて統一していない。政策や事項を考察する上で適した形での時代区分を行っている。しかし、概観すると、『写真週報』が発刊された日中戦争の初期から前期、それが泥沼化していく後期、日米開戦後に日本軍が進撃を続ける緒戦の時期、米軍の反攻を受け劣勢に転じていく時期、敗戦が必至となっていく時期、それらの過程の中で、政府が打ち出す施策は変化し、国民が直面した現実や困難も異なっていたことが理解されるであろう。日本政府は、各時期いかなる政策や事項に重点を置いていたのか、同じ政策や事項の中で扱う視点や力点をどのように変化させていたのか、変転する時局や戦局の推移の中で、自らの施策に基づき国民に何を求め、国民をどこに誘導しようとしていたのか、そのために『写真週報』を通じどのような啓蒙、さらにはプロパガンダを行っていたのか、本書では、それらのことが解き明かされるであろう。

最後に、『写真週報』は、既に『フォトグラフ・戦時下の日本』（大空社、一九九〇年）と題し全号がモノクロの冊子の復刻版として出版されている（解説、参考資料、雑誌目次を所収した『別冊』も発刊）。また、アジア歴史資料センターのサイトでは、その多くがデジタル画像として参照可能であり、さらに全画像をデジタルアーカイブとして収めたデータベースも作成（経葉デジタルライブラリ、株式会社寿限無）されている。このように『写真週報』の利用については非常に便利な環境が整いつつある。戦時日本の研究に際し、今後も同誌は注目され種々の観点からの考察が行われることになるであろう。本書がその一助になれば幸いである。なお、本書の中で、現代においては一部不適切とされる用語が使われているが、時代を内在的に捉えるための歴史用語として適宜用いていることをお断わりしておく。

玉井　清

目次

はじめに　i

第一章　国民を動員せよ
国策グラフ誌『写真週報』の誕生……（清水唯一朗）　1
一　『写真週報』はどのように作られたのか　2
二　『写真週報』の誌面構成とその変遷　10
三　『写真週報』はどのように読まれたのか　37

第二章　食糧増産、供出せよ
食糧事情の逼迫と食糧管理の強化……（小田義幸）　43
一　供給不安の払拭と節米意識の浸透　44
二　全国民への食糧増産奨励と戦時食生活の浸透　55
三　国民皆農と自力更生の徹底　68

第三章　ぜいたくは敵だ
貯蓄節約の奨励……………………（小田義幸） 77
一　民需抑制意識の涵養　79
二　戦時意識の扶植と戦時経済への協力要請　90
三　犠牲的耐乏生活の実践　101

第四章　運べよ物資、耐えよ混雑
輸送力増強とその限界……………………（小田義幸） 117
一　アジアへ翼を広げる航空日本への理解醸成　119
二　持続的な海上輸送確保に対する協力の要請　127
三　陸運統制による利便性後退とその甘受　136
四　旅客輸送制限の徹底と正当性強調　146

第五章　産めよ増やせよ 鍛えよ体
健民運動の変容…………………… 159
一　体力向上　162
二　病気予防　168

三　人口増産　172
（奥健太郎）

第六章　工場へ、工場へ
労務動員政策の展開……187
一　労務問題の浮上——昭和一三年～一五年　190
二　労働力不足の深刻化——昭和一六年～一八年前半　195
三　労務動員の全面化——昭和一八年後半～一九年七月　207
四　崩壊する戦時体制——昭和一九年七月～終刊　214
（奥健太郎）

第七章　学校を動員せよ
児童学徒の報国精神……221
一　学徒勤労動員　222
二　兵力動員　235
三　科学・航空教育　248
（奥健太郎・鶴岡聡史）

第八章　女性も戦おう
銃後の女性の勤労精神……………………………………261
（奥健太郎）
一　銃後を守る農村女性の顕彰――昭和一三年～一五年　264
二　「国民皆労」と「人口増産」の中で――昭和一六年～一八年前半　268
三　女性動員のための大量宣伝――昭和一八年後半～一九年三月　273
四　精神主義への傾斜――昭和一九年四月～終刊　277

注　283
あとがき　335
図版一覧　344
索引　353

第一章

国民を動員せよ

国策グラフ誌『写真週報』の誕生

本書（上・下巻）の目的は、内閣情報部（のちに情報局）が編集・刊行した国策グラフ誌『写真週報』の分析を通じて、戦時期日本における国民意識の一端を明らかにすることにある。[1] 同誌は日中戦争勃発の約半年後の昭和一三（一九三八）年二月一六日に創刊され、敗戦直前の昭和二〇（一九四五）年七月一一日（第三七四・五合併号）まで発刊された。政府の手による広報誌としては、昭和一一（一九三六）年一一月から『週報』が発刊されていたが、同誌はやや難解な文字情報を主体としたため、庶民が親しめるものではなかった。時局が悪化し国家総動員が主張されるなか、より国民の理解を容易として国策の広報宣伝効果を高めるため、写真を主体とした広報グラフ誌の発刊が政府において企画される。そうして刊行されたのが『写真週報』であった。

政府による公的なグラフ誌であったこと、一〇銭という破格の定価、[2] 二〇頁前後というボリューム、[3] そして戦時における用紙不足による競合他誌の廃刊などによって『写真週報』は発行部数を増やし、やがて同誌は「東洋一」を称するまで成長した。[4] 事実、戦時期には各号二〇～四〇万部が発行され、一冊が一〇名ほどで回覧されたというから、実に読者は二〇〇～三〇〇万人に上ったと推計される。[5]

では、『写真週報』はいかなる目的をもって、どのような経緯で刊行されたのだろうか、その編集機構や方針はどう組織・計画されていたのか。それはひとびとにどのように受容されたのだろうか。その全体像をみていくことにしよう。

一　『写真週報』はどのように作られたのか

(1) 刊行の経緯

『写真週報』は、国内に向けた国民の啓発宣伝と国外に向けたプロパガンダ戦の必要という二つの潮流が出会ったことによる、時代の産物であった。まず国内における要因から論じていこう。『写真週報』が刊行される前年、昭和一二（一九三七）年七月の盧溝橋事件から、日本は中国と事実上の戦争に突入していた。戦争の長期化が予想されるなかで、総力戦体制を構築すべく国民精神総動員運動が計画、実施されていた。

なかでもとりわけ重視されたのが、銃後における時局の理解を進め、それを国民生活に浸透させることであった(6)。このためにまず利用されたのは、指導者レベルで展開されていた動員組織と、既存の民間メディア、そして政府メディアである『週報』であった(7)。『週報』は、昭和一一年七月に国策に関する情報の連絡調整などを目的として設置された内閣情報委員会が、啓発宣伝（世論指導）を本格的に実行するため、従来から刊行されていた『官報』雑報欄を発展独立させたものであった(8)。

しかし、『週報』は、『官報』の一部であったことからわかるように、指導者向けの政策読本としての性格が強く、内容・文体ともに重厚であった。このため国民生活への浸透・啓発という目的に叶う媒体ではなく、早くから内容の平易化を求める声が挙がっていた(9)。内閣情報部（昭和一二年九月、情報委員会が発展改組）が開催した思想戦講習会においても、参加者から「現在のは程度が高過ぎ稍難解」「文章を平易にし一般大衆に理解を与へる程度にしては如何」「『指導者用』と『大衆用』の二種を発行しては如何」といった改善への要望が出されていることからも明らかなように(10)、非常時に向けて『週報』とは別の、より大衆向けの政府メディアが求められていたのである。

そうしたなかで内閣情報部が注目した媒体は「口ヨリ耳へ」（講演、インタビューなど）、「耳ヨリ心へ」（音楽、ラジオ）、そして「目ヨリ心へ」の三つであった(11)。その「目ヨリ心へ」の具体的な方法として選ばれたのが、写真を多用したグラフ誌であった。先述した思想戦講習会においても、小学校卒業程度の人々を対象とした写真入りの大衆版の刊行が提案されている。こうして「カメラを通じて国策をわかりやすく国民に伝える」ことを目的に(12)、国民への政策広報宣伝のための「国策のグラフ」として『写真週報』が創刊されるに至ったのである。

次に、国外向けの要請を見てみよう。日中戦争が長期化の様相を呈するなか、政府を特に悩ませていたのが、イギリス、そして中国側が行う反日写真宣伝であり、とりわけアメリカにおいて行われるそれであった。[13]「一枚の写真は、千語の言葉より雄弁である。日本のアジア大陸に於ける政策を説明する四千語も実際無用である。仮令完全に書かれて居ても役には立たない。何故なら其は単に、米国の大衆は其を読まないからである。読むには、時間がかかり過ぎ、骨が折れ過ぎるのである」[14]と、情報部の無力感は大きかった。

そう分析した内閣情報部がまずもって取り組まなければならなかったのは、材料となる写真そのものの収集であった。これまで政府が収集してきた写真は、外国人観光客の誘致を目的とした風景を中心とするものであり[15]、政策普及目的の写真は皆無であった。そのため昭和一二年一〇月、宣伝事業に用いる写真を収集すべく、内閣情報部での写真報道事業が計画立案されることとなった。

内閣情報部がまず考えたのは、同盟通信社、朝日新聞社といった既存の報道機関から写真を購入して米国に独占的に供給し、それらを用いて極東問題に関する写真報道冊子を作成・販売するというものであった。この事業は相応の収益を挙げると予想されたことから、政府直轄ではなく「写真宣伝に関する政府の代行機関」によって運営されることが計画された。[16]この「情報写真協会設立案」が各官庁の事情の間で変容していった結果、まずもって実現することとなったのが『写真週報』の刊行事業である。「記録及情報写真に依る対内外宣伝実施の官民合同の中枢機関」という位置付けが加えられたことからも[17]、前述した国内向けの事情とあいまって刊行へと結実したことがわかる。[18]

おりしも国内では、写真家たちが報道写真への関心を高めていた。昭和初年代後半に名取洋之助を中心に展開された日本工房、そこから派生した中央工房などがグラフ誌を世に送り出し[19]、グラフ・ジャーナリズムを形成しつつあった。[20]その流行が政府における写真報道への要請とあいまったのである。勃興しつつある表現形態であったことから、名取、木村伊兵衛、梅本忠男、土門拳といった若く有能な写真家たちがこの分野に熱い情熱を傾けていくこととなった。[21] そのため『写真週報』のなかには、今日でも知られる彼らの代表作を多く見出すことができる。戦時において、国策への参加が彼ら芸術家の生き残りの方途であったこともまた事実であった。[22]『写真週報』は、報道写真のムーブメントと写真宣伝という時局の要請が適合した時代の産物であった。

こうして『写真週報』は、写真報道事業のなかにおいて、国内宣伝と国内写真の収集という二つの役割を担うこととなった。「写真週報の名義にて各種対外宣伝用写真の蒐集、撮影を行はしめ官庁の材料を蒐集してゐることを少しでも『カムフラージュ』して効果的にする」ことが図られたのである。[23] そのため同誌では、趣味のカメラ雑誌よろしく、読者からの写真募集も盛んに行われていく。[24] そして「宣伝実施の官民合同の中枢機関」たる組織として昭和一三年七月に写真協会が設立され、同協会が情報部とともに『写真週報』の編集を支え続けていくこととなる。[25]

創刊号はいう。「写真週報と週報は唇歯輔車、採長補短、相寄り相俟つて国民の啓発宣伝に資していく心算です。週報が国策のパンフレットなら、写真週報は国策のグラフともいふべき姉妹誌であります」。ここに、情報収集と国民啓発、国内国外双方への宣伝を担う政府広報写真メディアが誕生したのである。

(2) 編集組織

では、『写真週報』はどのような組織によって編集されたのであろうか。情報収集と宣伝啓発という二つの目的を叶えるためには、広報と写真、双方の専門スタッフが必要であった。

『写真週報』の関係部局の変遷をまとめたものが**図表1－1**である。創刊当初の担当部局は内閣情報部第三事務室宣伝係、担当は逓信省出身の森巌夫書記官であった。写真協会の設立までは国際報道写真協会を中心に個々の写真家が協力して写真を提供したようである。とはいえ、森は情報部専任書記官として他の宣伝冊子のほか『週報』も担当する多忙ぶりであり、[26]『写真週報』に丹念な目配りができたとは考えにくい。

そのためであろう、創刊からほぼ半年を経た昭和一三年七月に鉄道省国際観光局出身の津田弘孝情報官が編集担当に充当され、体制が拡充していく。国際観光局は、写真報道事業発足以前から観光誘致のための写真収集に務めてきた部局であり[27]、津田自身、戦後に至るまで国際観光振興に力を入れ続けた人物として知られる[28]。次節で論じるように、津田の就任以降、『写真週報』の誌面は充実を見せていく。

内閣情報部が局への昇格改組を射程に入れ始めた昭和一五（一九四〇）年六月、編集そのものは第四課編集係、写真宣伝は同課事業係という分担連携がなされるようになり、ともに新聞記者出身の下野信恭、林謙一情報官が担当することとなった。両者は、以後ほぼ全期間にわたって『写真週報』の運営に携わっていく。情報官は、設置当初こそ文官高等試験に合格した者が就く資格任用職であったが、時局の進展にともなって啓発宣伝の重要性が増したことから、これに堪能な実務者を登用する必要性が主張され[29]、昭和一四（一九四一）年六月の法改正によって、普通任用の資格を有さない民間人を登用することができる特別任用職に変更された[30]。それまで嘱託であった下野、林は情報官となり、写真宣伝の現場指揮はメディア出身の実務家によって担われることとなった。

同年一二月、内閣情報部は情報局へと昇格改組する[31]。従来の課組織も部組織に変わり、編集係は第四部第二課、事業係は第五部第一課となった。情報局第四部といえば出版検閲で知られる部局であり、部長には警保局図書課長であった福本柳一が着任した。とはいえ、第二課は第一課で占められた本館二階には入らず、別屋で第五部第一課と同室とされた。両課は部屋を同じくしたのみならず、課長も兼務、情報官も相互に兼務していた。情報収集と宣伝啓発という『写真週報』の目的は、組織的にも不可分であったのである。こうして情報官四名（下野、林、姉川、上田）、属官四名（矢口、伊奈野、藤巻、渡辺）、嘱託二六名という充実した陣容のもと、「週報写真週報編集室」と呼ばれたこの部屋が情報収集と宣伝啓発双方の役割を担うこととなった[32]。

爾後、行政簡素化がなされた昭和一八（一九四三）年四月の行政整理において情報局は五部制から四部制に整理縮

図表１－１　『写真週報』編集機構の変遷

<table>
<tr><th>年月（昭和）</th><th>総裁</th><th>次長</th><th>部長（部）</th><th>課長</th><th>編集担当部局</th><th>写真宣伝担当部局</th><th>嘱託</th></tr>
<tr><td rowspan="2">13年４月</td><td rowspan="2"></td><td rowspan="2"></td><td rowspan="2">横溝光暉</td><td rowspan="2"></td><td colspan="2">第三事務室宣伝係</td><td rowspan="2">—</td></tr>
<tr><td colspan="2">森厳夫</td></tr>
<tr><td rowspan="2">13年７月</td><td rowspan="2"></td><td rowspan="2"></td><td rowspan="2">横溝光暉</td><td rowspan="2"></td><td colspan="2">宣伝班</td><td rowspan="2">—</td></tr>
<tr><td>津田弘孝</td><td>森厳夫</td></tr>
<tr><td rowspan="2">14年６月</td><td rowspan="2"></td><td rowspan="2"></td><td rowspan="2">横溝光暉
→熊谷憲一</td><td rowspan="2">—</td><td colspan="2">第二課（文化課）</td><td rowspan="2">—</td></tr>
<tr><td colspan="2">—</td></tr>
<tr><td rowspan="2">15年６月</td><td rowspan="2"></td><td rowspan="2"></td><td rowspan="2">熊谷憲一
→伊藤述史</td><td rowspan="2">本野盛一</td><td>第四課編集係</td><td>第四課事業係</td><td rowspan="2">31名</td></tr>
<tr><td>下野信恭
矢口茂雄、伊奈野藤次郎</td><td>林謙一、藤巻喜三郎
渡辺史郎、皆藤亨</td></tr>
<tr><td rowspan="2">15年12月</td><td rowspan="2">伊藤述史
→谷正之</td><td rowspan="2">久富達夫
→奥村喜和男</td><td rowspan="2">福本柳一（四）
川面隆三（五）</td><td rowspan="2">本野盛一
→土屋隼</td><td>第四部第二課</td><td>第五部第一課</td><td rowspan="2">26名</td></tr>
<tr><td>下野信恭、姉川従義
矢口茂雄、伊奈野藤次郎</td><td>上田俊次、林謙一
藤巻喜三郎、渡辺史郎</td></tr>
<tr><td rowspan="2">16年11月</td><td rowspan="2">谷正之</td><td rowspan="2">奥村喜和男</td><td rowspan="2">福本柳一（四）
川面隆三（五）
→橋本政実</td><td rowspan="2">河野達一</td><td>第四部第二課</td><td>第五部第一課</td><td rowspan="2">—</td></tr>
<tr><td>下野信恭、姉川従義
矢口茂雄、伊奈野藤次郎</td><td>林謙一
藤巻喜三郎、渡辺史郎</td></tr>
<tr><td rowspan="2">18年４月</td><td rowspan="2">天羽英二</td><td rowspan="2">村田五郎</td><td rowspan="2">村田五郎
→武藤富男</td><td rowspan="2">下野信恭</td><td colspan="2">第一部週報課</td><td rowspan="2">—</td></tr>
<tr><td>—</td><td>—</td></tr>
<tr><td rowspan="2">18年11月</td><td rowspan="2">天羽英二
→緒方竹虎</td><td rowspan="2">村田五郎
→三好重夫</td><td rowspan="2">武藤富男
→塚田一甫</td><td rowspan="2">下野信恭</td><td colspan="2">第一部週報課</td><td rowspan="2">—</td></tr>
<tr><td colspan="2">林謙一、高野龍雄、渡辺史郎、皆藤亨</td></tr>
<tr><td rowspan="2">20年４月</td><td rowspan="2">下村宏</td><td rowspan="2">久富達夫</td><td rowspan="2">塚田一甫</td><td rowspan="2">下野信恭
→落合孝幸</td><td colspan="2">第一部週報課</td><td rowspan="2">36名</td></tr>
<tr><td colspan="2">高野龍雄、渡辺史郎、皆藤亨</td></tr>
<tr><td rowspan="2">20年５月</td><td rowspan="2">下村宏
→緒方竹虎</td><td rowspan="2">久富達夫
→赤羽穣</td><td rowspan="2">加藤祐三郎</td><td rowspan="2">—</td><td>第二部第三課編纂室</td><td>第二部第三課</td><td rowspan="2">—</td></tr>
<tr><td>—</td><td>—</td></tr>
<tr><td rowspan="2">20年９月</td><td rowspan="2">河相達夫</td><td rowspan="2">赤羽穣</td><td rowspan="2">市河彦太郎
→久山秀雄</td><td rowspan="2">—</td><td>第二部第一課</td><td>—</td><td rowspan="2">—</td></tr>
<tr><td>—</td><td>—</td></tr>
</table>

出典：奥平康弘監修『戦前の情報機構要覧』（日本図書センター、1992年）、情報局『局報』（『情報局関係極秘資料』１・２巻、不二出版、2003年）、内閣印刷局『職員録』各年版より作成。（—）は未詳。

小された。このなかで両課は第一部に移動、週報課として集約された。課長には下野が就任し、専門家を主体とした実務編成が強化された。戦局が最終段階に入った昭和二〇年五月には、情報局はさらに三部制に整理され、週報課は第二部第三課編纂室に改組されて終戦を迎えることとなった。

陸軍の影響力の強かった情報局において、『写真週報』の編集部は軍出身者はもちろんのこと、事務官出身の官僚も有さず、特別任用の新聞記者出身者によって組織された。週報写真週報編集室は、その専門性ゆえに戦時下における整理縮小の中でも独自色のある組織を保ちえたのである。

(3) 編集の実際

そうした専門家集団たる週報写真週報編集室では、どのような仕事が行われていたのであろうか。残念ながら『写真週報』の編集方針を明示した資料は管見の限り見出すことができないが、姉妹誌である『週報』の編集方針は、法令・法案・各種政策の解説、内外一般情勢、産業、経済、学術技芸に関する資料などを通じて国民に時勢の推移と内外の時局を認識させ、「革新の緊切なる所以を自らにして会得」させることとされている[33]。『写真週報』の方針もほぼ同様と考えてよいだろう。

両者で大きく異なるのは、その表現方法である。『週報』と役割を分担して大衆向けを企図するからには、写真を主体にするというだけでは限界があった。そのため、担当課で宣伝内容を嚙み砕き、大衆に親しみ易いかたちにするプロセスが採られている[34]。

刊行までの流れを見てみよう[35]。取り上げる題目は、毎週、『週報』と同様に担当課を中心とする編集会議において決定される[36]。取材は担当課の編集スタッフと撮影を委嘱された写真協会のカメラマンが協力してテーマを立てて行い、執筆は編集スタッフが担当した。これ以外に、題材によって地方庁、地方紙、外地機関、各省庁などの支援を得たという。

内閣情報部、情報局に関する資料は決して豊富とはいえず[37]、とりわけ編集レベルについては判然としない部分が多い。そうしたなかで編集の実際を伝える貴重な資料に、週報写真週報編集室で属官を務めていた高野龍雄の回顧録『智慧の部隊』がある。同書には実際の取材風景がいくつか描かれており、取材の実態をうかがい知ることができる。

一つ目のエピソードは、昭和一七（一九四二）年一一月初め、「戦う国の戦う生活」農村編での山梨県山梨村への取材である。取材を村の栄誉と捉えた村役場の滑稽な対応の可笑しさもさることながら、注目されるのはカット割りを行うくだりである。高野は、撮影に先立ってあらかじめキャプションを付した一四カットのカット割りを作り、村側に準備を依頼した。写真協会のカメラマンは、その「やや過剰演出も目立った」カットを全て文句もいわずに撮影してくれたとある[38]。このエピソードは、『写真週報』に掲載されている写真は作為的に撮影されたものであるという大方の予想を裏付ける。もっとも、写真宣伝自体がそうした性格を持つものともいえるのであろうが[39]。

とはいえ、その取材の範囲は極めて広い。写真協会が保有していたフィルムは「旧日本交通公社寄贈ネガフィルム」として国立公文書館にマイクロフィルムで所蔵されており[40]、八六リールに及ぶ内容を見ていくと、『写真週報』に掲載された内容は三割程度に過ぎず、写真協会が独自に行っていた活動も含めて、専門写真家の手による幅広い取材が行われていたことがわかる。画像によってメッセージを伝える手法のうち、現在において考えうる手法のほとんどがすでに『写真週報』で用いられていたとされる[41]。専門家集団の能力の高さを感じずにはいられない。

政府広報誌というブランド、一部一〇銭という価格、宣伝の専門家集団による柔軟な編集、それぞれがあいまって「東洋一」の「国策のグラフ」を誕生させることとなったのである。

二　『写真週報』の誌面構成とその変遷

情報収集と宣伝啓発、国内国外双方を担う「国策のグラフ」として誕生した『写真週報』であるが、その誌面はどのように構成され、戦況の進展のなかでどのように変化していったのだろうか。事例ごとの詳細な分析は各章に譲りながら、全体的な記事構成の変遷を四期に分けてみていこう。

(1)「国策グラフ」の模索のなかで――創刊号(昭和一三年二月)~九九号(一五年一月)

まずは創刊号を見てみよう。表紙を飾ったのは木村伊兵衛撮影の「高千穂に歌ふ」(図1-1)である。高千穂の峰々を遠景に捉えながら、前年、その公募で情報部の存在を世に知らしめることとなった「愛国行進曲」を歌う児童たちを収めた、情報部によるグラフ誌の劈頭を飾るに相応しい一枚が採用された。

巻頭には近衛文麿首相の肖像が「任重而道遠」との揮毫とともに掲げられた。政府トップの肖像に、国民精神総動員の実例紹介が続く。「見よ！　試練の日本・銃後の力」「翻る五色旗」と内外の時局宣伝がなされ、新設間もない厚生省の解説が職務の内容を端的に示す写真とともに示されている。

続いて前線の様子を伝える「戦線より故郷へ」が戦場の日常生活を再現し、さらに見開き一枚に組み上げられた「世界は動いてゐる」が、その強いインパクトで国際情勢の緊迫化を認識させ、「思想戦展より」「街に溢れる愛国行進曲」と情報部活動の広報宣伝記事が続く。巻末には創刊の言葉が掲げられ、二〇頁にわたる記事が締めくくられる。

誌面はいずれも見開きを単位とした組写真と簡単なキャプション、説明文から構成されている。写真は木村や梅本、土門といった撮影者の個人名が入ったものと、写真協会特派員によるとみられる「特写」、そして文部省、海軍省、同盟通信社、イタリア大使館など内外の関係機関から寄せられたものが使用されている。[42] この画面構成と材料収集は、終刊に至るまでほぼ同様に継承されている。

二〇号（昭和一三年六月二九日）を期に、一時的に記事構成に若干の変化が生じる。毎号単独の特集記事が組まれるようになり、これまで複数提示されていた表紙のキャプションも、これに呼応してほぼ一つに絞られるようになる。[43]『日独学生の勤労交歓』（二五号、八月三日、下巻第六章）、『海軍作戦の一年』（二六号、八月一〇日）、『時局と海運』（二八号、八月二四日）、『防空おぼえ帖』（二九号、八月三一日、下巻第二章）では、それぞれ荒木貞夫文相、米内光政海相、永井柳太郎逓相、末次信正内相の写真と訓話・揮毫が巻頭を飾り、各省が『写真週報』を媒体として国民への発信を試みていることが見てとれる。

図１－１　高千穂に歌ふ（愛国行進曲）

こうした省庁単位の特集は、国民精神総動員運動の広報活動として企画されたものであった。[44] ただし、この単独特集の傾向は長続きせず、ほどなく見開きを単位とした誌面構成に復し、定着する。

なお、二二号（昭和一三年七月一三日）からは、巻末目次に表紙写真の解説が付されるようになった。特集記事が定着してきたことにともなって、より意匠を凝らした表紙写真が採用されるようになったためであろう。時に批評的であり、時に詩的であるこの解説は、『写真週報』が戦時における写真家の活動の場であったことを再認識させてくれる。

図表１－２　『写真週報』記事タイトル分析（創刊号～99号）

頻度	名詞（ ）内は頻度	地名	動詞・形容詞・副詞
30回～		(45)日本	
20～29回		(20)ドイツ	
10～19回	(18)国民、(17)家庭 (15)陸軍、(13)事変 (11)学校、試練		(15)見る
５～９回	(９)週間、青年 (８)海軍 (７)航空、鉄道、演習 (６)大会、訓練、建設 (５)歌謡、興亜、精神 青少年大臣、貯蓄、 練習	(９)上海、満洲 (８)支那 (６)イギリス (５)欧州、大阪、北京	(８)進む (７)輝く (５)成る、築く

注：抽出にあたっては「銃後」「カメラ」「週報」「常会」など、連載タイトルに含まれるものは除外し、「米国」と「アメリカ」、「独逸」と「ドイツ」など同義のものは統一した。
出典：「写真週報総目次」（『フォトグラフ・戦時下の日本』別巻、大空社、1990年）より抽出。

この時期の誌面は、どのような内容で構成されていたのだろうか。それは、当初の目的から、奨励発揚、時局解説、政府広報の三つにまとめることができる。

奨励発揚は、国民精神総動員運動のツールとしての『写真週報』にとって最も重要な機能である。そのことは、当該期における記事タイトルの集計（図表１－２）に「国民」「家庭」「週間」といった用語が多く見られることからも明らかであろう。軍用馬の生産を奨励する馬政局の「馬は兵器だ　鍛へよ馴らせ」（八号、昭和一三年四月六日）、水産日にあわせて遠洋漁業、沿岸漁業、水産加工、養殖の実例を示した農林省「水産日本」（九号、四月一三日）のように、各地の模範例を称揚し奨励する方策が取られている。模範例の称揚という方法は、古くは中央報徳会の機関誌『斯民』などに見られる伝統的な手法であるが、創刊号に見られた「見よ！　試練の日本・銃後の力」や、特集号『貯蓄報国号』（一八号、六月一五日）など『写真週報』でも定番のスタイルとなっている。また、大阪市住吉区における子供町会の発足（三四号、一〇月五日）、日本婦人団体連盟による不用品交換即売会（三五号、一〇月一二日）といった先進的な取り組みの紹介も同様の方向性として捉えることができよう（本書第三章）。

模範的な活動の紹介は、あるべき銃後生活として、より積極的に読者に示されていく。そこで活用されたのが問答形式であった。四〇号（昭和一三年一一月一六日）では、商店法施行にともなって発生した公休日の模範的な過ごし方が組写真で示され、神社参拝、時局教養増進、体力向上を軸とした三つの模範例が示されている。

しかし、翌一四年に入ると、こうした全国運動にともなう模範例の提示は後方に退き、疫痢の見分け方と処方を教える「お医者様を呼ぶまで」（七九号、八月二三日）、台風対策を示した「台風防衛陣」（八〇号、八月三〇日）など、日常生活に密着した生活の知恵を普及させようとする記事が主流となる。前者は「家庭救急箱」として九六号（一二月二〇日）まで連載されており、好評であったことをうかがわせる。

大衆向けの雑誌らしく、理解を促す方法としての図解も早くから登場する。それは、新素材として政府が宣伝していたステープル・ファイバー（スフ）の生産高の国際比較として三号（昭和一三年三月二日）に現れた。その後ほぼ毎号にわたって、航空業、放送局数、漁獲高など、図表を使った国際比較が掲載され、大衆向け雑誌としての配慮が見て取れる。

図解と同様に、大衆に読まれることを考えるとより親しみやすい漫画の利用も重要であろう。漫画は早くも創刊号に近衛声明を題材とした「相手とせず」が掲載されている(45)。しかし、その後、この期間においてはほとんど見ることができず、ようやく昭和一五年の新年特大号（九七号、一月三日）に見開き漫画「今年こそは」が登場し、佐次たかし、石川義夫、小泉紫郎、西塔子郎らが筆を執った。同号からは写真に加えて漫画の募集が始められ、九九号（一月一七日）には「非常時ウインタースポーツ」と題して五点の漫画が掲載された。広告では、明治キャラメルが三六号（昭和一三年一〇月一九日、**図1-2**）から六コマ漫画の連載を始めている。

昭和一四年が終わりに差し掛かるころになると、写真と漫画を組み合わせた表現方法が登場してくる。下町の写真に麻生豊による人物漫画と台詞が配され、歳末の倹約が訴えられた「精動で暦を終る第三年」（九六号、一二月二〇日、

図１－２　明治キャラメル（広告）

図１－３）は、その代表例である。同様のスタイルはその後も引き継がれていく(46)。

発揚の手段として看過できないのは歌であろう（図１－１参照）。内閣情報部が愛国行進曲の募集でその名を高めたことは周知の通りであるが、『写真週報』においても「国民歌謡画譜」と題した連載が組まれ、「母の歌」「鉄道唱歌」「朝」などの歌が積極的に取り上げられている。誌面には歌詞・楽譜とともにイメージカットが配され、歌の持つイメージを写真によって引き出そうとする試みがなされている。この連載は、写真を多く掲載しながらもいまだ生硬な説明が多い『写真週報』を手に取らせることに、ある程度貢献しただろう。

その後も同様の取り組みが継続されたが、八六号（昭和一四年一〇月一四日）からの連載では、「慰問袋」「くろがねの力」「空爆の歌」と軍歌が続き、八七号（一〇月二一日）に掲載されたガスマスクを持つ女性の表紙とともに（下巻第二章）、銃後における戦時色が徐々に強まってきていることを伝えている。

時局解説のうち、戦局・外交報道が登場するようになるのは徐州陥落以後のことである。そこでは、戦況報道と占領写真によって解説がなされている（下巻第一章）(47)。武漢陥落に沸く東京市民を表紙とした三九号（昭和一三年一一月九日、**図１－４**）は、ほぼ全誌面を各地の戦局報道に割いている。時事報道についても七三号（昭和一四年七月一二日）以降、解説報道が巻頭に掲げられ、国内外の主要事項が報じられるようになる。もっとも、その解説文はまだ文語体の難解なものであった(48)。

図１－３　精動で暦を終る第三年

海外事情の紹介も積極的に行われている。第二号（昭和一三年二月二三日）から組まれた「海の彼方」と題する国際報道面は、『写真週報』初の連載記事である。ここでは同盟通信社から提供を受けた写真が二列七枚程度掲載されており、英米独伊をはじめ、各国の情勢が満遍なく取り上げられている。報道内容も軍事から一般までと多様であった。「海の彼方」は四六号（昭和一三年一月四日）以降、写真協会による「海外通信」に衣替えし、見開きに誌面を拡大して各国の情報を伝え続けていく。

そこでは、アジアはもちろんのこと、フランコ軍のバルセロナ進攻を受けてのスペイン特集（五〇号、昭和一四年二月一日）、エルトゥール号事件五〇周年を機とした「新興トルコ」（六八号、六月八日）と、時宜に適った国際情勢報道がされていった。

政府広報は、国策広報グラフ誌たる『写真週報』の使命といえよう。誌面全体のあり方が模索されていたこの時期は、『週報』にならってか、政府各機関に割り当てた紹介記事がほぼ各号に見られる。創刊号に見られた厚生省のように役所そのものの機能を紹介したものや、文部省による「図書館記念日」の解説（七号、昭和一三年三月三〇日）といった文化的なもの、一般市民からはやや遠いと思われる賞勲局「勲章ものがたり」（一

図1－4　武漢陥落の日

六号、六月一日）、実生活に近い法律解説を行った「商店法実施」（三二号、九月二一日）から、攻撃方法を解説した海軍省の「爆撃の話」（二号、二月二三日）などが見られる。

読者の理解を深める方法として目を引くのは、七〇号（昭和一四年六月二一日）から巻末に登場する「復習室」である。「本号からあなたは何を学んだでせうか」と問いかける一〇問は、「金の国勢調査はいつですか?」「スフの洗濯にはどんな洗濯剤がよいでせうか?」など、なかなか簡単に答えられるものではない。なかには「支那僧の日本仏教研究の目的は何でせうか?」など、読者が理解する必要の感じられない項目も見られるものの、概して、各号のなかで重点的に理解・記憶して欲しい部分を強調するために用いられたと考えられる質問が並んでいる。各問末に参照頁が付されており、再読吟味へと導こうとする編集サイドの意向も読み取ることができよう(49)。

『写真週報』刊行目的の一つが宣伝の材料となる写真を国民から広く収集する「写真報国」にあったことは、前節で述べた通りである。この取り組みは、早くも二号から「写真募集」として実施に移され、読者に応募が呼びかけられている。初めての掲載は六号（昭和一三年三月二三日）であり、「読者のカメラ」と題して五枚の応募写真が掲載された（**図1－5**）。

選ばれた作品は「国民の啓発、国策の宣伝に関するものならば何でもよく」「とりあへず現下の国民精神総動員、銃後の護り等が好ましい」という募集規定を反映し(50)、「小さき銃後　防空遊技」（東京市板橋区）、「国防鳩隊」（東京市京橋区）、「鍬を担いでオイチニイ」（三重県長島町）、「時局絵馬・二題」（東京市浅草区）であった。七号（昭和一三年三月三〇日）になると、「例へば街にも田園にも、或は工場、家庭、学校など到る所に漲る銃後の誓ひ、国民精神総動員風景、或は季節と世相の面白い組合せなどはどうでせう」と、具体例が記されるようになり、情報部がどのような写真を集めようとしていたかがうかがえる。爾後も「読者のカメラ」は連載を続け、年末には「お正月号用」の募集がなされるなど、積極的に募集が継続されている[51]。加えて、京都日日新聞、満洲日日新聞など、地方、外地の新聞社からの写真も掲載された。

また、通常の写真募集とは別に懸賞写真も募集されている。一一号（昭和一三年五月四日）から募集された「愛国写真懸賞」では、題材を「国民精神総動員運動に関するもの」とし、その例として日本精神発揚、社会風潮の一新、銃後の護り、国土愛護、資源愛護が挙げられた[52]。

図１－５　「読者のカメラ 応募作品」第１回

入選作は二二号（昭和一三年七月一三日）に掲載された。一等入選は「社頭に映ゆ」と題された靖国参拝のカットであり、「数多戦没英霊の中にわが息子も安らかに眠つてゐる」との説明が付されている。二等は農作業中に貯蓄報国のビラを読む「野良のひととき」、三等には南京入場を祝す台中市の様子を収めた「心は躍る」、靖国大祭を写した「神苑の篝火」、傷病兵を見舞う小学生の後姿を捉えた「お見舞ひに」、銃後の工場で働く少年の姿を活写した「少年研磨工」が入った。追悼、貯蓄、戦捷、慰問、銃後はいずれも『写真週報』に一貫するテーマであり、国民精神総動員のツールとしての役割がここでも浮き彫りになっている。

また昭和一五年の新年増刊号（九七号、昭和一五年一月三日）には、複数の写真ネガを組み合わせた、遊び心のあるフォトモンタージュ「大きいものが小さくなつて小さいものが小さくなかつたら」が掲載され、九九号（一月一七日）にも続編が掲載されている。

指導層の人物肖像は、政府広報誌という性格にもかかわらず、この時期にはほとんど見ることができない。創刊号で近衛首相が巻頭に登場したあとは、前述した二五号前後の各省特集で大臣が登場する程度である。その後も政権交代の際には新首相の肖像と訓話が巻頭を飾るものの[53]、政府要人の登場は極めて限定的である[54]。

他方、御真影など昭和天皇を写したものは多く見ることができる[55]。体裁としては、巻頭に掲げられることと、中程に掲げられることがあり、前者の場合、その頁と対面することになる表紙裏は、必ず数行の解説を付したほぼ白紙に近い構成がとられた[56]。この形式は皇太子・皇后にもほぼ同様に適用されるものの、満洲国皇帝・溥儀（下巻第三章）や他の皇族宮には用いられていない[57]。従来から皇室関係の記事、写真については掲出の位置に留意するよう新聞各社に指導がされていたから[58]、「国策のグラフ」として、その範を示したということであろう。同様に、巻中に用いられる場合は、見開きを一枚とすることで他の写真と重ならない配慮が取られている[59]。

最後に広告についても触れておこう。『写真週報』で広告が入るのは主として表紙裏と裏表紙の二箇所である。表紙裏には保険会社（富国徴兵、東京海上、三井生命など）、交通機関（日本郵船、大阪商船）のほか、債権購入を求める大蔵省・勧銀や、満洲旅行を推奨する鉄道省・満鉄、唱歌の宣伝をする日本放送協会など、政府系機関の広告が目に付く。

裏表紙の広告は、よりバラエティに富んでいる。当初は『週報』や同盟通信社などの埋め草的な広告が目立ったものの、徐々に自動車（日産、いすゞ）、薬品（理研、玉置商店、武田長兵衛商店、田辺製薬、わかもと、鐘紡）、さらにはコロムビアレコードや赤玉ポートワインといった娯楽までも目にすることができる。[60] 広告の見せ方も様々であり、前掲した明治キャラメルの漫画はその好例だろう。

(2)『週報』の大衆版として――一〇〇号（昭和一五年一月）～一九八号（一六年一二月）

発刊からほぼ二年を経た『写真週報』は、一〇〇号（昭和一五年一月二四日）を機により大衆路線へとシフトする。九九号（昭和一五年一月一七日）巻末に記された一文には、以下のようにある。

ここに百号を迎へるに当つて一段の飛躍を期し次号から「読物頁」を設けることに致しました。この読物頁は『週報』の大衆版ともいふべきもので、緑の『週報』をよりもつとくだいてわかり易く、時局の動きや政府の方針をお伝へし、豊かな読物を提供しようとするものであります。[61]

折からの用紙不足には、『週報』の読物頁の用紙を按配して充てて対応することとした。ここに指導者向けの『週報』と大衆向けの『写真週報』は、明確に役割を分担することとなったのである。

シフト後の初号となる一〇〇号には、「時局の動き」「週間日誌」「新兵器の話（一）」「陣中文芸」「時の話題」「銃後点描」「映画紹介」「ふじんのぺーじ」「海外小話」「写真週報問答」と、大小実に一〇の読物記事が八頁にわたって掲載され、それを前後の写真記事各八頁がサンドイッチするスタイルでまとめられた。写真主体から写真と記事への大きな転換である。

では、以下、前節と同じ区分で当該期の記事構成を見てみよう。奨励発揚の記事は、一〇〇号でのシフトで従来の模範例路線から実践路線へと大きく変化した。その代表的な例が「ふじんのぺーじ」である。そこでは、これまで

図表１－３　『写真週報』記事タイトル分析（100号～198号）

頻度	名詞（ ）内は頻度	地名	動詞・形容詞・副詞
30回～	(33)国民、(31)学校	(39)ドイツ (38)東京、日本	
20～29回	(20)海軍、大会	(21) フランス	
10～19回	(15)紀元、(14)事変 (12)隣組、支那 (10)訓練、航空、奉祝	(16)イタリア (14)大阪 (12)イギリス (10)東亜、アメリカ	
５～９回	(９)記念、部隊 (８)運動、建設、政府 青年、大陸、爆撃 (７)体育、体制、大臣 殿下、兵隊 (６)科学、学生、建国 興亜、子供、奉公、先生 日の丸、飛行機、翼賛 (５)協力、軍用、公衆 世界、生徒、増産 大使、貯蓄、帝国 都市、内閣、奉仕 陛下、陸軍、ルート	(９)中国 (７)南京、アジア (６)広東、重慶 上海、欧州 タイ (５)千葉、北京 ベルリン	(８)来る (７)開く、遊ばす (６)育てる、送る

出典・注記については、図表１－２に同じ。

『写真週報』が取り上げることの少なかった家庭・家事について、理想論ではない、現実的な時局対応の方法が示された。一〇〇号では「節米と栄養を兼ねた混食料理のおすすめ」が厚生省衛生局の筆によってなされ、「標準混食献立」と題された具体的なレシピまでもが掲載されている（本書第二章）。その後も、同欄では「つゆどきの衛生」（一二二号、昭和一五年六月一九日）など、生活に密着した実例が紹介されていく。記事タイトル分析（**図表１－３**）からも、「国民」「事変」といった従来からの言葉に加えて、「隣組」「協力」「奉仕」といった語句が見られるようになってきたことが見て取れる。従来型の模範例路線を引き継いだのは「銃後点描」である。この欄では各地方の実践的な取り組みが取り上げられ、賞賛されている[62]。

こうした実践路線への移行は、第二次近衛内閣がいわゆる近衛新体制を樹立することに呼応して、国民にさらなる積極的な参加を求めるものへと展開していった。有馬頼寧大政翼賛会事務総長による「大

政翼賛運動を語る　上」（一三七号、昭和一五年一〇月九日）を皮切りに、連載「新体制読本」（一三九号、一〇月二三日から）など、誌面の多くが新体制の解説と奨励に割かれるようになり、一三九号では「新日本発足のどよめき」と題して、一〇月一三日に全国各地で行われた大政翼賛・三国結盟国民大会の様子が、実に二三枚の写真で伝えられている。こうした動きにともない、「ふじんのぺーじ」も貯蓄報国への取り組みなど（本書第三章）、生活密着から国策直結へと記事構成を変えていく。

それらの取り組みをより組織的に実践することを期待されたのが常会であることはいうまでもない。『写真週報』は、近衛新体制発足直後から常会と密接に繋がっていく。隣保から始まり、市町村、県にいたる常会の組織系統とその常会の重要性が早々に解説された[63]。

『写真週報』は、常会開設の方法についてより具体的に説き進めていく。杉並区の事例に沿って隣組常会の開設方法が示されたのに加え[64]、コント形式の漫画によるわかりやすい解説がなされた[65]。さらに「写真週報問答」でも、一段半を割いて指導者、行事、期日、場所、心得が説明されている[66]。同誌が、常会を通じた指導をいかに重視し、その宣伝普及に自らの役割を位置付けたかを知ることができよう。

こうした情報の伝達と蓄積は、連載「常会の頁」に結実していく。一五六号（昭和一六年二月一九日）に始まったこの欄では、常会の必要性、種類、開会手引きから出席督励、娯楽の導入から経費の問題まで、常会運営のすみずみにまで行き届いた情報を提供する。その後、同欄では、国民学校の入学準備、芋の作付けと利用、ごみの再利用、代用品、防空など常会での議題が提供され、『写真週報』を持って常会に出席することが推奨された[67]。秋からの連載「戦時下の国民生活」も、この延長線上に捉えることができる。『写真週報』は、これらの連載を通じて、銃後の組織化を支援する役割を果たしていったのである。

日米開戦が目前に迫りつつあったこの時期、銃後の発揚はどのように行われていたのだろうか。東條英機内閣成立

時の立札
臨時議會開く
十一月十五日から五日間
獨ソ戦の進展とソ聯極東軍の動向
體育國策の方向について
歸還勇士の繪畫展
水豊ダムは世界第二位

図1－6　「時の立札」第1号

直後の一九四号（昭和一六年一一月一二日）からは、『写真週報』における戦時発揚の代表例としてしばしば取り上げられる「時の立札」の連載が始まっている。「時の立札」第一回（図1－6）はグラフ誌というよりも新聞を髣髴とさせる割り付けで、「臨時議会開く」「独ソ戦の進展とソ連極東軍の動向」「体育国策の方向について」「帰還勇士の絵画展」「水豊ダムは世界第二位」と時事報道をまとめたものであった。日米開戦まではこの形式が続いており、周知のようなインパクトのある標語中心のスタイルになるのは、日米開戦後のことである。

時局解説は、一〇〇号でのシフトにより飛躍的に内容を充実させていく。政府の方針について噛み砕いて説明する「時局の動き」、戦時下の情勢と心構えを説く「時の話題」に、従来からの写真記事「海外通信」が三本柱となって、わかりやすい口語体で国内外の動静が解説されている。

「時局の動き」では、内閣の施政方針や支那事変処理の方向性などが解説された。同欄はまもなく「議会の常識」「最近の欧州情勢」「支那新政府の政綱と新東亜建設の道標」「欧州戦争は身近かにある」「事変三周年とわれわれの進路」「国防国家とは　その建設は何故必要か」など、時宜に応じた幅広い解説へと展開した。

「時の話題」では、例えば昭和一五年一月に起こった浅間丸事件について、写真頁における紹介に連動して、読物形式で政府の見解が示されるなど[68]、広報的要素がより強く打ち出されている。

より読物的傾向の強い記事が、同じく一〇〇号から連載された「海外小話」である。ここでは、そのタイトルにふさわしく世界各地の新聞記事から選ばれたシニカルな笑いを提供する記事がウイットに富んだ文体で記されている。「理屈はつくもの」「荒鷲市長さん現る」「かうもり傘の買溜め」「ナチスの婦人十戒」「大型バスの怪物現る」という見出しを見ただけでも、読者が親しみやすい企画であったことが理解される。

また、海外理解の材料としては一〇三号（昭和一五年二月一四日）から「話題の国」が連載され、ソ連、アルゼンチン、仏領インドシナ、ノルウェー、スウェーデン、デンマーク、オランダ、バルカン半島、トルコなどが、外務官僚、新聞記者など実際に現地を知るひとびとによって説明された。ここでも「時の話題」と同様に、写真頁との連動による理解浸透のスタイルが見出される。海外報道の内容は、時局の緊迫化にともなって独米対立、西南アジア情勢から独ソ戦と緊張を増していき、日米開戦直前に編集された一九八号（昭和一六年一二月一〇日）には、「最悪の事態に処せよ」と戦時体制に向けた引き締めが図られている。

また、この時期になると、事変の長期化によって前線からの報告が頻繁に掲載されるようになる。昭和一六（一九四一）年新年号（一四九号、一月一日）に登場した連載「前線より銃後へ」には、各地の部隊から送られてきた戦地での生活と銃後への感謝を記した手紙が複数掲載されている[69]。

そうした動きの集大成となったのが『兵隊さんが作つた特集号』（一五三号、昭和一六年一月二九日）である。同号では、従来、年始合併号や『二千六百年記念式典臨時号』以外ではなされなかった大幅な増頁（三二頁）をもって、前線の声が伝えられた[70]。東條英機陸相の寄稿が巻頭に掲げられ、前線から送られた写真、スケッチ、戦記によって、彼の地の様子が描き出された。加えて「銃後に想ふ」と題された欄では、慰問文・慰問袋に勇気づけられた兵士の心境が強調され、その送付が切望・推奨されている。

前線の様子を知りたいという思いは読者の間に強かったのであろうか、巻頭にＡＢＣＤ包囲網の地図を配して時局の緊迫化を認識させた一八一号（昭和一六年八月一三日、下巻第七章）より、戦地からの写真を掲載した連載「兵隊さんのカメラ」が登場する。[71] 掲載された写真は、記事同様、戦地の生活を伝えるものであった。

これら時局解説の記事に加えて、よりインタラクティブな知識普及として目を引くのが、一〇〇号でのシフトと同時に読物頁に設けられた「写真週報問答」である。日の丸の正しい寸法、軍事郵便・鉄道手荷物の料金、ガス節約器具への不信といった日常・銃後の簡単な疑問から、ドイツに関する良書推薦、アメリカ大統領選挙、アグレマンの意味といった国際理解、国民精神総動員委員会の顔ぶれ、汪兆銘と汪精衛は同一人物か、援蔣ルート、無任所大臣とは何かといった時局に関する話題まで、その守備範囲は広い。

そうした幅の広さは編集側の意図したものであった。同欄では「どんな方面のことでも質問してください」と、読者に向けて質問が広く募集されている。当初は編集部内で自作自演をしていた部分が大きいと思われるが、毎号、質問の内容が多岐に亘っていくことを見ると、相応の反応はあったと見てよいだろう。その内容は、満蒙開拓少年義勇軍受験手続、女子が入学できる飛行学校、大政翼賛会が「政治結社ではないが高度の政治性を有す」とすることの解釈、英米系の保険会社との契約と資産凍結の関係と、徐々に戦時色を強めていく。この連載は、日米開戦まで休むことなく続けられた。

政府広報は、『写真週報』が『週報』の大衆版となったことで頻繁に誌面に登場することとなる。とりわけ、前掲「ふじんのぺーじ」では母子保護法を始めとする関連法規の解説がなされ、それ以外でも、人的動員計画の解説（本書第六章）、[72] 厚生省による「健康増進運動」の呼びかけ（本書第五章）、[73] 新たに導入される国民学校についての文部省の説明（本書第七章）、[74] 国民服、[75] 木炭切符制の説明などがなされた[76]（本書第三章）。これに加えて、一六二号（昭和一六年四月二日）からは「新らしい法律の話」が連載され、統制関係法規を中心にその目的と内容が略述され、近衛内閣改造後は「時局解説」欄において積極的に新法令の解説が行われた。東條内閣成立後になると、議会についての解説も折々見られるようになる。そこここに写真を用いた解説がなされるさまは、国策のグラフの面目躍如といった感がある。

この時期の見逃せないイベントは紀元二千六百年記念式典であろう。『写真週報』では一四〇号（昭和一五年一〇月三〇日）で式典次第が説明され、一四三号（一一月二〇日）で式典の概要が報じられ、一四四号（一一月二七日）で全国の祝賀の様子が二六枚もの写真によって紹介された。

本番は特集号となった一四五号（昭和一五年一一月三〇日）で存分に扱われた。全四八頁に実に一五四枚の写真で数々の行事、準備、式典、各地の反応がことこまかに伝えられ、吉川英治、菊池寛といった有名作家の寄稿が花を添えている。このボリュームは『写真週報』中最大のものである。新聞にも金鵄をあしらった大きな広告が打たれるなど、編集部の総力を挙げた特集号であった[77]。

一〇〇号における読物頁の大幅採用ののちも、『写真週報』の第二の目的である民間からの写真収集は継続され、様々な企画が現れては消えるなかでも「読者のカメラ」はたゆまず継続された。一八一号（昭和一六年八月一三日）で「兵隊さんのカメラ」が登場したことと、それによる「銃後のカメラ」への改称は前述のとおりである。

組写真の方法として注目されるのは、一一三号（昭和一五年四月二四日）の「新東亜百二十億の貯蓄から」に見られる、現状→改善→成果の三コマ構成の展開である（本書第三章）。旅行をやめて近郊で済ます、衣服の新調はやめてお古を使う、カフェーで遊ばず貯金するといった具体的な生活改善による貯蓄報国のかたちが、写真と麻生豊の漫画、台詞で説かれている。見開きを縦にして見せる手法も『写真週報』では初出である。漫画の募集も継続され、各号に必ず一頁の漫画欄が掲載され、風刺を交えた時局理解が進められている。

他方、各国からの写真収集は、世界大戦の進展によって困難になり始めていた。とりわけ独ソ戦の開戦はシベリア鉄道経由での写真送付を困難にさせ、日米関係の悪化によってアメリカ経由の送付も不可能となりつつあった。そうしたなかで着目されたのが電送写真である。一九八号（昭和一六年一二月一〇日）には、「電波で送られてきた世界」と題してヨーロッパ情勢、ドイツ、ソ連、イギリスの近況が紹介されている。これらはいずれもニューヨークまで電送されたものを遣米船が持ち帰ったものであったが、爾後、日本においても写真電送による情報発信に力が入れられるようになる。(78)

こうした写真の活躍の一方で、この時期には想像画も登場するようになる。初出は「日本の都市が空爆されたら」（一三六号、昭和一五年一〇月二日、下巻第二章）である。現実に未だ生じていないものの危険性の高い都市空爆が、恐怖を喚起する実況調の解説文とともにリアルに描かれている。この形式は、『都市防空特集』（一八四号、昭和一六年九月三日、下巻第二章）でも用いられている。

指導者の人物肖像に話を移そう。指導者の人物肖像は、九九号まで殆ど見ることがなかったが、この時期からは頻繁に誌面に現れるようになる。一〇一号（昭和一五年一月三一日）の表紙を飾った米内首相の肖像は、政治指導者のみならず、特定しうる著名人を用いた初めての表紙である。(79)同号では、閣僚全員の肖像、位勲、年齢、経歴が細かく紹介された。(80)

この形式は、続く第二次近衛内閣でも踏襲され、(81)近衛がラジオを通じて行った所信表明が同号の「時の話題」欄に「大命を拝して」と題して掲載された。近衛内閣が改造されると、再び首相の肖像が表紙を飾り（一七九号、昭和一六年七月三〇日）、時局解説において、新内閣の方向性が説明された。(82)東條英機内閣成立時も同様である（一九二号、一〇月二九日）。

もう一人、この時期に象徴的に登場するのが、最後の元老・西園寺公望とその死である。一四六号（昭和一五年一二月四日）に国葬となった西園寺の肖像が掲載され、同号の「写真週報問答」には、臣下で国葬となる人物について説明がなされ、さらに続く一四七号（昭和一五年一二月一一日）で国葬と旧宅・坐漁荘の様子が報じられている(83)。天皇、皇太子、満洲国皇帝の扱いは従来と大きく変わらない(84)。とりわけ、同じ巻頭の写真であっても、来日の際、溥儀単独で掲載された一二二号（昭和一五年七月三日、下巻第三章）は、表紙の裏頁に印刷された大蔵省の貯蓄広告と向かい合う状態になっているのに対して、昭和天皇と溥儀が握手する一二三号（昭和一五年七月一〇日）では、対面する表紙の裏頁に、両者の足に当たる部分に簡単な事項解説が付されたのみで全体は白紙で維持されており、その扱いの差異は明確である。一三四号（昭和一五年九月一八日）の巻頭には戦死した北白川宮永久親王の肖像が掲げられたが、この場合も表紙の裏頁に理化学工業の広告が印刷されている。なお、一六一号（昭和一六年三月二六日）には、一九人の軍人宮（李王家を含む）の活躍が紹介された(85)。

図１－７　明治製菓株式会社（広告）

表紙裏頁、背表紙の広告は、ほぼ従来同様に保険会社、交通機関、政府系機関が提供しているが、鐘紡の広告に慰問袋が登場し（一〇九号、昭和一五年三月二七日）、共同信託の貯蓄広告で「ぜいたく排撃」を掲げた婦人が行進し（一五三号、昭和一六年一月二九日）、明治製菓が戦時版の広告デザインを採用（一五七号、二月二六日、**図１－７**）するなど、広告にも徐々に戦時色が投影されてきている。

他方、『写真週報』の大衆化を示唆するかのように、誌面中の広告には、内閣印刷局、野村信託といった従来からのものに混じって、トンボ鉛筆、丸善インキ、羽田書店な

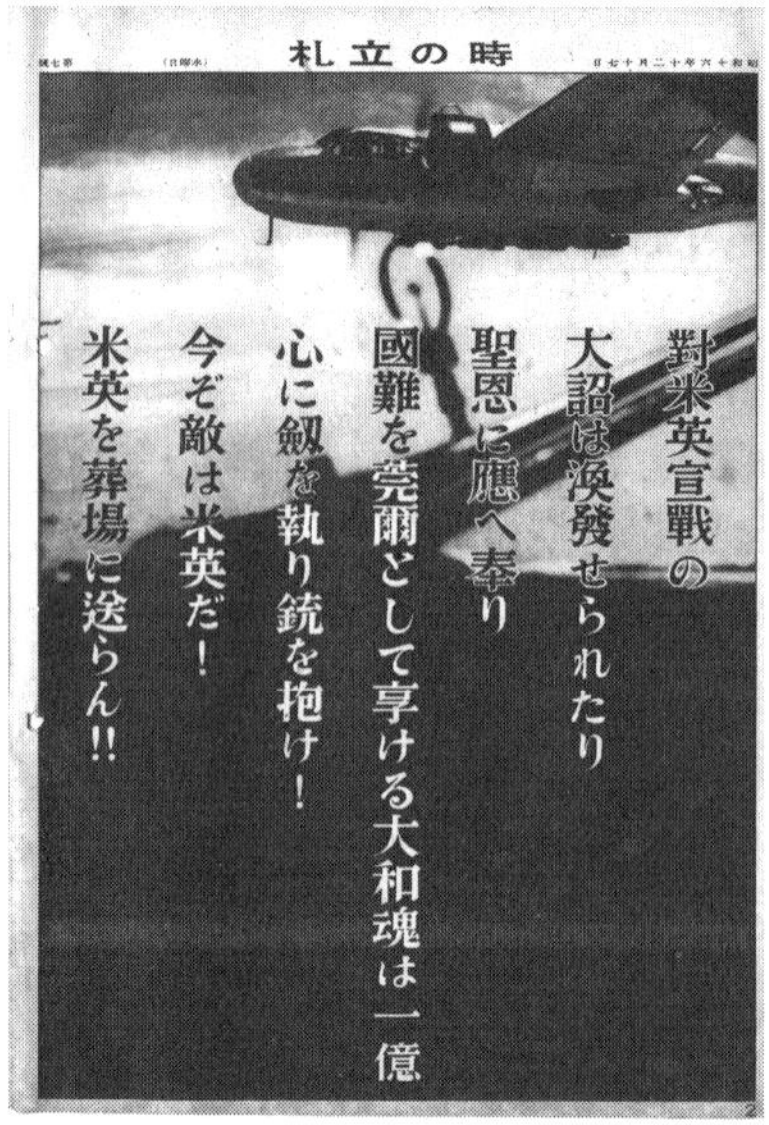

図１－８　「時の立札」日米開戦

ど一般的なものが現れるようになった。とりわけ「ふじんのページ」を中心にこれらの広告が見られることは、『写真週報』が大衆化すると同時に、家庭において広く読まれるようになったことを示唆しているだろう。

（3）「国策のグラフ」から「戦時のグラフ」へ――一九九号（昭和一六年一二月）～二七三号（一八年五月）

昭和一六年一二月八日の太平洋戦争開戦により、国策グラフとしての『写真週報』の方向性は大きく変わることとなった。開戦記事を掲載した一九九号（昭和一六年一二月一七日）から、「国策のグラフ」は「戦時のグラフ」としての色彩を強めていく。

一九九号の表紙には連合艦隊が大洋を進む一枚（海軍省提供）が採用され、「一億、今ぞ、敵は英米だ！」とのキャプションが組み込まれた（下巻第七章）。象徴的であるのは、巻頭に掲載された「時の立札」の変容である。これまで新聞記事を彷彿とさせる割り付けから一変し、真珠湾攻撃の成功を象徴する戦闘機の機影を背景に「対米英戦線の大詔は渙発せられたり　聖恩に応へ奉り国難を莞爾として享ける大和魂は一億心に剣を執り銃を抱け！今ぞ敵は米英だ！米英を葬場に送らん!!」との標語が示された（図１－８）。爾後、「時の立札」は、こうした単純強化されたスローガンを重ね、[86]学校、役場、集会場の掲示板から展覧会場、エレベーターなど、人目のつくところへの掲示として活用されていく。[87]

記事のタイトル（図表１－４）にも、従来から用いられてきた「国民」「学校」と併せて「戦場」「訓練」「攻撃」と

図表１－４　『写真週報』記事タイトル分析（199号〜273号）

頻度	名詞（ ）内は頻度	地名	動詞・形容詞・副詞
30回〜	(36)学校 (33)戦場 (31)国民	(35)昭南 (33)東京 (31)アメリカ	
20〜29回	(28)海軍 (22)陸軍	(24)イギリス (20)日本、ビルマ	
10〜19回	(17)訓練 (15)大会、部隊 (14)戦線、運動、建設 (12)航空、兵隊、増産 (11)大東亜 (10)帝国、東條英機	(17)支那、フィリピン (15)満州、マレー (13)マニラ (12)ボルネオ、ドイツ (11)中国 (10)インド	(10)明るい
５〜９回	(９)少年、総理、俘虜 子供、慰問 (８)軍神、勇士、戦時 記念、建国、奉仕輸送 (７)喜び、作戦、女子 帝都、半島、日の丸 強化、占領 (６)海戦、現地、新鋭 戦果、防空、激励 攻撃、保護、訪問、養成 (５)機械、軍人、工場 陣頭、世界、青年、戦士 祖国、大臣、南方 病院、兵器、陛下 椰子、協力 慶祝、交換、講習 指導、生活 生産、戦争、鍛錬 貯蓄、入営	(９)スマトラ、タイ (８)大阪 (７)岐阜、香港 (６)台湾、南京 (５)茨城、岡山 サイゴン ジャワ フランス ラングーン	(８)護る (７)生れる、戦う (６)逞しい (５)来る、立つ

出典・注記については、図表１－２に同じ。

いった言葉が目立つようになり、銃後における戦争イメージが強く喚起されている。その一方で「明るい」という形容詞が出てくることからは、戦時における暗澹としたイメージを払拭しようとする意図が見て取れよう。

　奨励・発揚は、生活のみならず、米英への敵愾心をも発揚するものへと変容していった（下巻第七章）。その変化を象徴的に伝えるのは漫画であろう。これまでの漫画欄では、銃後における生活改善が主題とされてきたが、開戦に応じて「侵略者米英」「負け戦」「ひびのはいつた米英人」など、敵方の非道、不統一などを喧伝するものが中心となる。二〇四号（昭和一七年一月二一日）からは同欄に「照準器」というタイトルが与えられ、その名のごとく「ドル万能主義を一掃せよ」「消えうせろ！」といった、対米英を狙い撃ちする漫画が展開されていく。翌二〇五号（一月二八日）からは、一週間の出来事を綴った石川進介による六コマ漫画「大東亜戦争漫画日誌」の連載も始まっている。「常会の頁」は開戦後に一時休載していたものの、昭和一七年三月に至り再開された。しかし、誌面は従来の見開きから三分の一頁に圧縮され、内容も時局の進展に応じて、貯蓄、食糧といった問題から、防空、軍人援護、金属供出と戦時体制における必要へと変化していった。

物資が不足してくると、「明朗敢闘」に代表される沈滞ムード改善への取り組みが見られるようになる。ガダルカナル島からの撤退が始まっていた二六四号（昭和一八年三月二四日）からは、「明るく戦はう」のタイトルのもと、記者による市民生活突撃ルポの連載が始まる（本書第二章）。サブタイトルも「写真週報市電に乗つてみる」「写真週報腹を空かせて街に出る」とあり、混雑や食糧難を風刺する向きを感じさせる。

時局解説は、戦況報道が大半を占めるようになる（下巻第一章）。また、ハワイ、フィリピン、マレーを始めとして、新たに戦地となった地域についての解説が「新戦場辞典」と題して行われるようになる。その内容は人口から風土、文化にまで至るものであり、それらの地域を戦場として捉える先に、占領地として見ようとする意識をうかがうことができる。これと同時に、一週間の出来事を記した「週間日誌」は「大東亜戦争日誌」に改称された(88)。

戦局が悪化して戦果報道が少なくなるなかで誌面を占めていったのが、戦地からの一兵卒による手紙、随筆、写真といった報告である。『写真週報』は戦地にも届けられていたことから、二六六号（昭和一八年四月七日）では、戦地の兵士に対して記事を寄せるよう要望がなされた。それらの記事には「一般銃後二百万の読者から非常な好評を博し、ぜひ毎号掲載して欲しいとの熱望」が寄せられていたという(89)。戦果報道が難しくなり、誌面をどう埋めるかという編集上の要請もあったのであろうが、出征者が多くなり、わずかでもその息吹を感じていたい銃後の家族の思いが募っていたこともまた事実であろう。他方、前線の兵士が『写真週報』の原稿料を献納したという美談も新聞に掲載されている。(90)

政府広報は、戦局報道に押されて紙幅を極めて小さくしながらも残された。二〇七号（昭和一七年二月一一日）から連載された「勝利への法律」は、従来の「新らしい法律の話」を継承するように、時局関係立法の解説をしている。広報の中で目を引くのは昭和一七年四月三〇日に実施された翼賛選挙の宣伝活動である。二一二号（三月二五日）の「大東亜戦争下の総選挙」では、戦争完遂を実現する方途として、町内会・隣保会を主軸とした「挙国的な国民運動」によって翼賛選挙を貫徹する必要が説かれた。

写真収集は、徐々に物資との戦いに直面することとなった。中央政府にある情報局に属する彼らのフィルムすら調整・許可制によって調達されるほど供給が逼迫している状況において、全国各地の一般大衆から写真を集めることは困難であった。創刊当時から続いてきた「銃後のカメラ」が、二五八号（昭和一八年二月一〇日）から「受信室」と名称を変え、掲載する写真の数を大幅に減らしたことは、こうした現実を如実に物語っている。

漫画にも大きな転換が見られるようになる。昭和一七年の新年号（二〇一号、昭和一六年一二月三一日）は、「決戦下の春」のタイトルのもと、専業漫画家の手による「出陣の構え」「働く青年」など、戦時の銃後の模範例を示した漫画で見開きが埋められた。二六二号（昭和一八年三月一〇日）には、横山隆一の「フクちゃん」が米英の国旗を身にまとった赤鬼を蹴り上げるぬりえが登場するなど（下巻第七章）、『写真週報』がより家庭のなかへと浸透しようとしていることがうかがわれる。こうした家庭への普及、娯楽的記事の導入は、用紙制限によって民間の雑誌が減少したこととあいまって、『写真週報』が部数を伸ばしたことによる変化ともいえよう。

その一方で、用紙不足の問題は『写真週報』にも大きく影響していた。昭和一七年七月以降、発行部数は四〇万部

図1－9　東條英機首相

に制限され(91)、従来、年末年始の合併号とする代わりに増頁がなされていた新年号も、昭和一八年以降は増頁を行っていない。

次に指導者の姿について見ていこう。太平洋戦争の開戦、緒戦における快進撃を受けて、表紙にも軍人の肖像が登場するようになる。シンガポール陥落の指揮を取った山下奉文陸軍中将が、その特集号（二〇九号、昭和一七年二月二五日）で軍人として初めて表紙を飾った（下巻第七章）。

しかし、そうした前線の指揮官たちの姿も薄れるほど頻繁に誌面に現れるのが東條首相である。その代表的なものは、二四九号（昭和一七年一二月二日）である（図1－9）。この表紙は「わが国グラフ誌初」のオフセット四色刷の天然色とされる(92)。初登場となった二一五号（四月八日）では、靖国神社に集まった戦没軍人の遺児たちを激励する馬上の東條が写された。翌年の遺児参拝の折には、一人一人に語りかける様子が収められ、慈父としてのイメージが描き出されている(93)。二一六号（四月一五日）には炭鉱視察に向かう姿が扉に掲げられ(94)、率先垂範する指導者像が印象付けられている（本書第六章）。

そうした傾向は、東條内閣が発足一周年を迎えようとする二四一号（昭和一七年一〇月七日）に組まれた小特集「大臣を陣頭に」により強く現れる。東京帝大の繰上卒業式で「斃れてのち已む」と演説する首相に続いて、地下炭鉱を視察する岸信介商相、貯蓄増強の陣頭指揮を執る賀屋興宣蔵相、築地の物流を激励する八田嘉明鉄相と、現役大臣の活躍が報じられている。この指導者による率先垂範の宣伝は民間にも及び、二四四号（一〇月二八日）には、「社長を先頭に」と題した企画が見られる。

天皇、皇太子を取り上げる際の形式は従来と大きく変わらないが[95]、天皇と国民の距離が徐々に接近して描かれていることは目を引く。従来、紀元二千六百年記念式典を例外とすれば天皇が国民と同じ写真に写ることはなかった。ところが開戦直後の二一〇号（昭和一七年三月四日）の巻頭には、戦捷第一次祝賀日に皇居二重橋前に集まった市民と、愛馬の上で手を挙げて歓声に応える昭和天皇の写真が写し出されている。説明文には「蒼生の赤誠にこたへさせられて親しく御挙手の御会釈を賜つたのである。はからずも民草の赤誠を嘉し給ふ至尊の御姿を拝し奉つた有難さ、身にあまる光栄と広場を埋めるものはただ感激の涙にぬれて聖寿の万歳を絶叫し、国歌を奉唱したのであつた」とその熱狂ぶりを伝え、読者にも貫戦の決意を固めることが説かれている[96]。

広告も大きく変化した。一九二号からの減頁によって削減されたのは実は広告欄であった。これにより表紙裏頁の広告は姿を消し（ここに「時の立札」が入った）、裏表紙だけがその紙幅となった。内容にも従来のようなバラエティはなくなり、貯蓄、保険が殆どを占めている。キャプションも「保険は銃後の弾丸なり」「貯蓄は兵器だ」「米英を僕らも撃てる　弾丸切手を買ひ」[97]と、敵愾心を材料に貯蓄を勧奨するものへと変化していった。

(4)「戦時のグラフ」の終戦――二七四号（昭和一八年六月）～三七四・五号（二〇年七月）

ガダルカナル撤退後、敗色が濃くなるなか、銃後でも物資不足を始めとして困窮の度が増していった。そこに山本五十六・連合艦隊司令長官の戦死という悲報が舞い込んでくる。交戦中における前線司令官の死は、国民に大きな衝撃を与えたことが誌面からも伝わってくる。『写真週報』は二七四号（昭和一八年六月二日）でその事実と葬送を報じ、仇討ちを名目に打ち立てた銃後の鼓舞と増産奨励を本格化させていく（本書第六章）。同号では、少女工員の奮闘が「元帥の仇はキット討つぞ」のキャプションとともに協調され、国葬の様子を伝えた二七六号（昭和一八年六月一六日）の表紙には出征壮行式で神前に誓う青年兵の姿に「断じて仇を討たん」とのタイトルが付された（本書第六章）。

図表1－5 『写真週報』記事タイトル分析（274号～374・5合併号）

頻度	名詞（ ）内は頻度	地名	動詞・形容詞・副詞
30回～	(42)決戦、(34)国民		
20～29回	(29)増産、(24)工場 (22)学校、陸軍、挺身 (21)航空		
10～19回	(16)防空、大東亜 (14)科学、基地、戦力、海軍 (13)戦闘、(12)訓練、疎開 (11)必勝、兵器、敢闘、勝利 (10)家庭、攻撃	(19)インド (14)東京 (10)イギリス	(16)造る (11)断じて (10)勝つ
5～9回	(9)女子、少年、食糧 (8)学徒、女性、勇士 共栄、空襲、合唱 出撃、生産、独立、爆撃 (7)議会、殿下、飛行機 本土、協力、自給、生活 (6)元帥、前線、大会 炭鉱、帝国帝都、土地 内閣、部隊、要塞 撃墜、飛行、補給 (5)学生、航空機、青少年 戦局、戦線、南方 改良、共同、強化勤労 決意、建設、合併、戦争	(9)アメリカ、ジャワ (8)日本、ビルマ (7)台湾、満洲 昭南 (6)フィリピン (5)長野、沖縄 ドイツ、ボルネオ	(9)続く、働く (8)護る (7)頑張る、進む 逞しい (6)守る、焼く 来る (5)活かす、畏い 起つ、戦ふ 送る

出典・注記については、図表1－2に同じ。

記事タイトルの語句（図表1－5）にも、「決戦」「必勝」「断じて」「勝つ」といった言葉が高い頻度で用いられている。

前線の苦戦と敗退という報じにくい現実を背景に、『写真週報』の誌面は、再び戦局報道主体から奨励・発揚中心に回帰していく。とはいえ、その回帰はもはや『写真週報』創刊当時に見られた模範例スタイルの牧歌的な啓蒙活動ではなく、戦力増強へのより直接的な、より全国民的な挺身を訴えるものであった。アッツ島玉砕を報じた二七六号（昭和一八年六月一六日）の「われら一億英魂に応へん」は、その代表例である（本書第六章）。

同時に強調されたのが食糧増産と混食である（本書第二章）。常会の話題もほぼここに特化し、誌面の要求も防空、さらには疎開へと移っていく（下巻第二章）[98]。

時局解説は、東南アジア地域におけるものが多くなっていく。東條首相の南方視察（二八一号、昭和一八年七月二一日）、ビルマ（二八四号、八月一一日）、フィリピンの独立（二九五号、一〇月二七日）、大東亜共同宣言の発表（二九八号、一一月一七日）とアジアの解放者としての日本のイメージが喧伝される一方、これまで多くを占めていた中国、太平洋の戦況はアッツ島玉砕を期に殆ど報じられなくなる。

さらに『写真週報』はA３判総グラビア（八頁）の「戦時版」への衣替えによって、そのイメージを大きく変える。大判第一号となった三一五号（昭和一九年四月五日）は、A３縦の大きな表紙に駅の混雑ぶりを表す写真、そしてその上に不要の旅行は決戦輸送を阻害することを伝える「時の立札」を配した。大判の写真と「時の立札」を一画面に収めたことには、これを壁新聞や回覧に利用させる考えがあったようである。[99]

また、巻末にはかつての「写真週報問答」を想起させる「わかつた！　これだ！」と題した問答形式の企画が登場している。しかし、その目的は従来のような幅広い知識の普及から、食糧の増産、物資不足を打開するためのより実用的な知恵を紹介することに変化していた（本書第二・第三章）。その他、昭和一九（一九四四）年の新年号（三〇三号、昭和一九年一月五日）から連載していた横山隆一の漫画「決戦兄弟」[100]、尾崎士郎、獅子文六、海音寺潮五郎らによる「覆面文芸」と、「国民合唱」の楽譜が誌面を賑わせた。写真収集は、戦時版への判型大型化後も「街の目村の目」と改題して終刊まで継続された。他方、広告はこれをもって全く掲載されなくなった。

前出の写真週報担当官僚・高野龍雄は、「この規格の大判化は、それだけの力感を伴い、宣伝の威力を一段と強めたようである」と回顧している。[101] その後、表紙には貯金に出向く母子、学校工場で働く女子学生、軍需工場で点検に従事する女性、銃後の奮闘を促すものが続き、「時の立札」と相俟って、相応の効果をもたらしたことであろう。

戦局の悪化が明確となる東條内閣総辞職（昭和一九年七月一八日）前後からは、『写真週報』の誌面にも尋常ならざる気配が漂い始める。三二八号（七月五日）の防空頭巾を被った女性から三三三号（八月九日）の勤労女工まで、四号にわたって続く表紙の人物肖像写真は、いずれもA３の大判に悲壮感と緊迫感を充満させたアップ写真であり、時局の悪化を印象付けている。グァム島守備軍玉砕を受けた三四二号（一〇月一一日）には、米兵に止めを刺す日本兵の姿が劇画調の想像画で描かれ、「時の立札」の代わりに「護国滅敵」の四文字が書き込まれている（下巻第七章）[102]。誌面には、敵愾心を越えた怨念が見え隠れする一方で、祈りの姿もしばしば登場するようになる（図1－10）。

鈴木貫太郎内閣へと政権が移行した三六六号（昭和二〇年四月一八日）、『写真週報』もA4判へと判型を戻し、価格は一部二〇銭に値上げされた。以後、表紙には従来の「時の立札」のような長文ではなく、「戦ひあるのみ」「この翼、この腕に勝機かかる」と簡潔な言葉が並ぶ。

本土決戦、要塞化が唱えられる中、三七四・五合併号（昭和二〇年七月一一日）の表紙は、「ラバウル化」、すなわち要塞化された地下陣地の写真であった（図1－11）。この号をもって、『写真週報』は終刊となり、戦後、復刊され

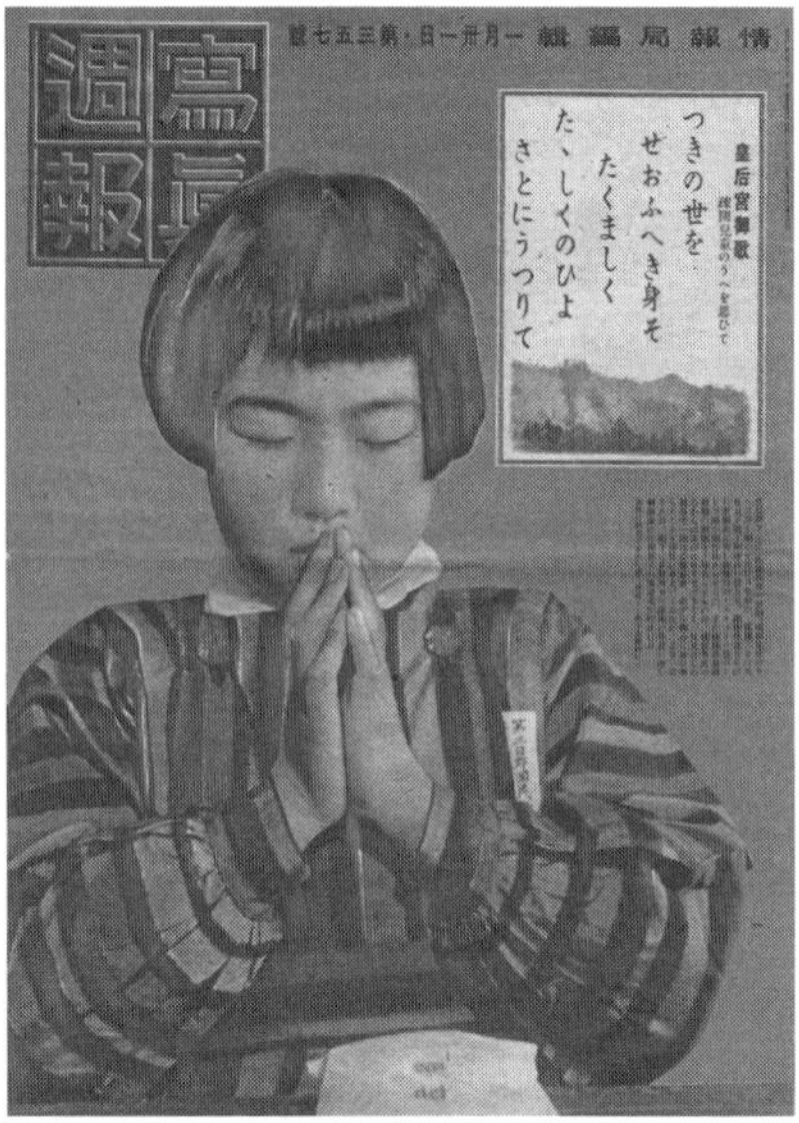

図1－10　皇后宮御歌

図1－11　ラバウル化された地下陣地内

ることはなかった[103]。

最終号の刊末には小泉紫郎の漫画「親切な踏切番」が収められている。空襲を受けた焦土で家を失った迷い人は踏切番に向かって言う。「焼跡の地図ありがたう。行先がわかりましたよ」と。

三　『写真週報』はどのように読まれたのか

こうして戦時期の七年半に及ぶ期間にわたって刊行され、政府から一般大衆への広報宣伝の役割を担った『写真週報』であるが、同誌はいったいどのように受容されたのであろうか。以下、頒布の実態、読者の構成、『写真週報』の活用方法から、受容の実態にアプローチしていきたい。

図１－12　『写真週報』の駅売り

（１）頒布の方法と発行部数

そもそも『写真週報』は、どこで入手することができたのであろうか。創刊号の奥付には、定期購読の申し込み先として、官報販売所、東都書籍株式会社、書店、駅売店（図１－12）、写真材料店が挙げられている。写真材料店は別にしても、およそ既存の『週報』販売網を利用したものといえよう[104]。

創刊当初こそ、大日本印刷株式会社が印刷し、写真週報配送部が発送する体制であったが、三八号（昭和一三年一一月二日）からは、これらの業務が内閣印刷局に移管された。刊行日が『週報』と同じであったことから、

『週報』と同時に配送することで輸送・販売コストの軽減を図ったものと考えられよう。『週報』は、六角柱型の「公徳販売器」に差し置きして売られる工夫がされており、[105]『写真週報』もこうした販促方式を取っていたことが想像される。

普及にはいくつかの方法が採られた。第一は新聞広告である。主要各紙を繙くと「十銭の国策グラフ」との見出しと目次を添えた広告を見出すことができる。[106]新聞広告は、『東京朝日新聞』『東京日日新聞』『読売新聞』の三紙交代で毎週水曜日に掲載されたという。[107]このほか、メディアを用いた広報としてはラジオが利用され、[108]さらに各庁府県に対して内閣印刷局長名で『週報』『写真週報』普及のためのスライド上映が依頼されている。[109]『写真週報』自体においても、『週報』と合同での普及のためのポスター図案募集が行われた。[110]

同誌の影響範囲を考察する上で欠かせないのは、発行部数の把握である。『写真週報』の発行部数については、「昭和一三年頃は九万部、昭和一五年頃は一七万部、昭和一七年三七万部と増加し、昭和一八年六月頃よりは毎週五〇万を発行していた」[111]、「(昭和)一六年三月現在約二〇万」[112]、「昭和一七年七月以降は四〇万部に制限」[113]など、種々の概数が挙げられているが、内閣印刷局発行の年報に掲載された数字から、より正確な数字を知ることができる(**図表1-6**)。そこからは、昭和一三年度には一万八〇〇〇部程度であったものが、昭和一六年度には二五万部へと飛躍的に販売部数を伸ばしていたことがわかる。また、一部あたりの印刷経費は五銭程度であり、用紙や印刷の質が良くなかったことが費用面からも裏付けられる。

昭和一七～一九年度は資料が失われているため実数を知ることができないが、二一四号(昭和一七年四月一日)に、購読申し込みに対して用紙などの関係で応えられないことが告げられており、その段階での発行部数が三〇万余部とされている。前後の数字から見ても、三〇万前後が太平洋戦争下の発行部数の平均と見てよいだろう。次項で取り上げるように、『写真週報』は回覧が奨励され一部あたり一〇名が読んでいたとされるから、読者数は最大で三〇〇万人ほどであったと推計される。

図表1－6　『写真週報』の印刷・発行部数・経費

	部数（年間・部）		費用・売上（年間・円）		販売売上
	印刷部数	販売部数	印刷費用	一部あたり	
昭和13年度	2,081,000 （40,804）	948,253 （18,593）	94,465.000 （1,852.255）	0.045 （4銭5厘）	66,607.880 （1,306.037）
14年度	5,022,850 （98,487）	3,890,005 （76,275）	229,800.070 （4,505.884）	0.046 （4銭6厘）	245,677.910 （4,817.214）
15年度	7,420,970 （181,172）	6,416,557 （123,395）	423,333.320 （8,141.025）	0.045 （4銭5厘）	509,996.480 （9,807.625）
16年度	13,318,950 （256,134）	12,979,093 （249,598）	679,266.450 （13,063.000）	0.051 （5銭1厘）	778,827.870 （14,977.459）
17年度	（資料亡失のため不明）				
18年度					
19年度					
20年度	3,142,000 （392,750）	2,076,009 （259,501）	219,742.000 （27,467.750）	0.070 （7銭）	263,007.920 （32,875.990）

注1：昭和12年度は、種別の欄に『写真週報』が存在せず、不明である。
注2：昭和17年度から19年度についてはデータが欠損している。これについては「（週報、写真週報などの図書）販売成績は昭和十六年度以降逐次上昇してゐたのであるが、戦時中発行課その他所管部門が疎開に次ぐに疎開を以つてし、為めに資料がその間に亡失」したと説明されている（『内閣印刷局年報』第63回、150頁）。
注3：昭和20年度の販売部数は、年間販売売上・定価（365号まで10銭、以後20銭）・巻数（8巻）に昭和13～16年度の販売売上÷販売部数の計数平均（1.48）から推計した。
出典：内閣印刷局編『内閣印刷局年報』第59回（昭和13年度）、第62回（16年度）、第63回（21年度）より作成。上段：年間、下段：1号平均（小数点第一位繰上）。

（2）読者の構成

次に解明すべきは、その読者層である。情報局の資料によれば、『写真週報』は「写真週報問答」や投書の内容から「万人向きの百万雑誌」と称された講談社の『キング』級の読者層に食い込んでいるとの分析がなされている[114]。

情報局にとっても、宣伝の効果を図り、編集の方針を定めるために読者層を明示的に把握することは必要であった。このため、一七七号（昭和一六年七月一六日）において『週報』と連動した読者調査が実施されている。読者の実態、利用状況、編集への意見・希望を把握することを目的としたこの調査は、読者悉皆調査の煩雑さを避けるため、各地域から二府県（中部地方のみ四府県）、合わせて一六府県に限定して、当該号に挟み込んだ官製はがき状の調査票（**図1－13**）によって回答するかたちで実施された[115]。

調査事項は、一冊の『写真週報』を何人で読んでいるか、その読者の学歴・職業・年齢、政府

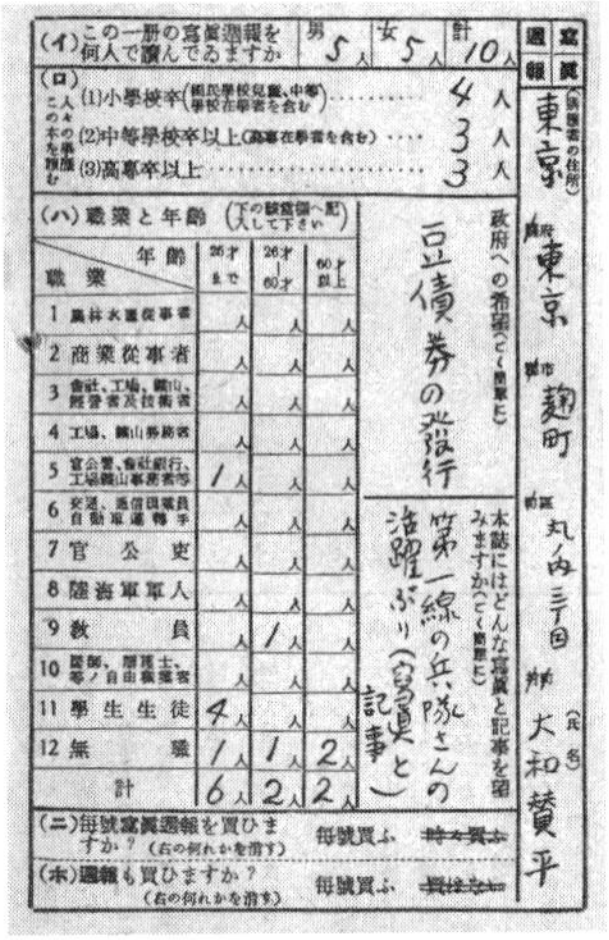
(イ)この一冊の寫眞週報を何人で讀んでゐますか　男 5人　女 5人　計 10人
(ロ)この人々の中の学歴
(1)小學校卒(國民學校兒童、中等學校在學者を含む)……4人
(2)中等學校卒以上(高専在學者を含む)……3人
(3)高專卒以上……3人

(ハ)職業と年齢(下の該當欄へ記入して下さい)

職業＼年齢	25才まで	26才—60才	60才以上
1 農林水産従事者	人	人	人
2 商業従事者	人	人	人
3 會社、工場、鑛山、經營者及技術者	人	人	人
4 工場、鑛山勞務者	人	人	人
5 官公署、會社銀行、工場鑛山事務者等	1人	人	人
6 交通、通信國職員自動車運轉手	人	人	人
7 官公吏	人	人	人
8 陸海軍軍人	人	人	人
9 教員	人	1人	人
10 醫師、辯護士、等ノ自由職業者	人	人	人
11 學生生徒	4人	人	人
12 無職	1人	1人	2人
計	6人	2人	2人

政府への希望(ごく簡單に)　豆債券の發行
本誌にはどんな寫眞と記事を望みますか(ごく簡單に)　第一線の兵隊さんの活躍ぶり(寫眞と記事)
(ニ)毎號寫眞週報を買ひますか?(右の何れかを消す)　毎號買ふ　~~時々買ふ~~
(ホ)週報も買ひますか?(右の何れかを消す)　毎號買ふ　~~買はない~~
寫眞週報
(購讀者の住所)東京　府縣 東京　郡市 麹町　町區 丸ノ内三丁目　姓名(氏名) 大和贊平

図１－13
写真週報読者調査票の書き方

図１－14　『写真週報』を読む労働者

への希望、本誌への希望などであった。回答率は二一・一％であった。

調査の結果、一冊の『写真週報』は平均して一〇・六人によって読まれていることがわかった(116)。読者の属性は、学生生徒が四五・四％、これに無職九・八％、工場・鉱山労働者七・五％、会社員等六・八％、商業六・七％、教員四・四％、技術者四・三％、官公吏四・三％と続いている。この二つのデータからは、学校・職場・隣組単位の購読が多くあることがうかがえよう。市町村長、小中学校長に『写真週報』を読まないものはないと言われたともいい(117)、地域・学校・職域単位での啓発宣伝のツールとして、同誌が一定の位置を得ていたことが見出せる（**図1－14**）。

読者の学歴は、小学校卒業程度が六一・八％、中学校卒業程度が二六・六％、高専卒業以上が七・八％であった。『週報』の読者学歴は、それぞれ五〇・六％、三六・六％、一二・三％であったから(118)、情報局が意図した役割分担は成功しており、『キング』の読者層に食い込んでいるという感覚も正鵠を射ていたといえよう(119)。

読者層の分化は、両誌に求める記事の違いからも明らかである(120)。『週報』では、政治関係二二・四％、国際関係一八・四％、文化関係一二・〇％、国内情勢・解説一〇・七％と続くのに対して、『写真週報』では、軍事関係二八・五％、体育その他一六・七％、国際関係一四・七％、教育文化関係一三・五％となり、政治関係は八・六％にとどまる。より具体的には、社会情勢を伝える写真記事と、常会の運営に役立つ指導的記事、農村の活躍を伝える記事の掲載が希望されている。前節で見た一九八号以降の記事変化との対応が読みとれよう。

（3）『写真週報』の活用方法

以上見てきたように、『写真週報』は大衆層に広く購読されていた。では、同誌はどのように活用されていたのであろうか。その方法から受容の一端を明らかにしたい。

前項で指摘したように、読者調査の結果から『写真週報』は地域・学校・職域単位で購読されていた。その方法は回覧であった。回覧は用紙不足のなかで、情報局自身が推奨したものでもあった[121]。たとえば『東京朝日新聞』には、群馬県のある常会の実践例として回覧の例が報じられており、比較的勤労者の多い同地域では、読むのに時間を要さず誰にでもわかりやすいことから同誌が採用されたという。写真を用いたことによる伝達の容易さが好結果を得ている。

また、『写真週報』は銃後の様子を報じるだけでなく、戦地の奮闘が銃後に確実に伝えられていることを示すものとして、慰問袋に入れるなどして戦地に送って前線の兵士を鼓舞することが奨励されている[122]。前線の奮闘を銃後に伝えることが希望されていたことは前節で述べたとおりであるが、同様に、銃後から前線への音信としても同誌は機能していたのである。

『写真週報』の代名詞でもある「時の立札」は、とりわけ有効に活用された。同誌で報告されただけでも、床屋、風呂屋、駅、警察署、学校への掲示、国民学校での清書、集会や朝礼での朗読、回覧版への転載、さらには木製立札の作成といった例が挙げられている（図1－15）[123]。回覧、慰問、掲示と、戦時下の限られた資源と時間のなかで、『写真週報』はその合間を縫うようにして大衆向け宣伝の実を果たしていったのである。

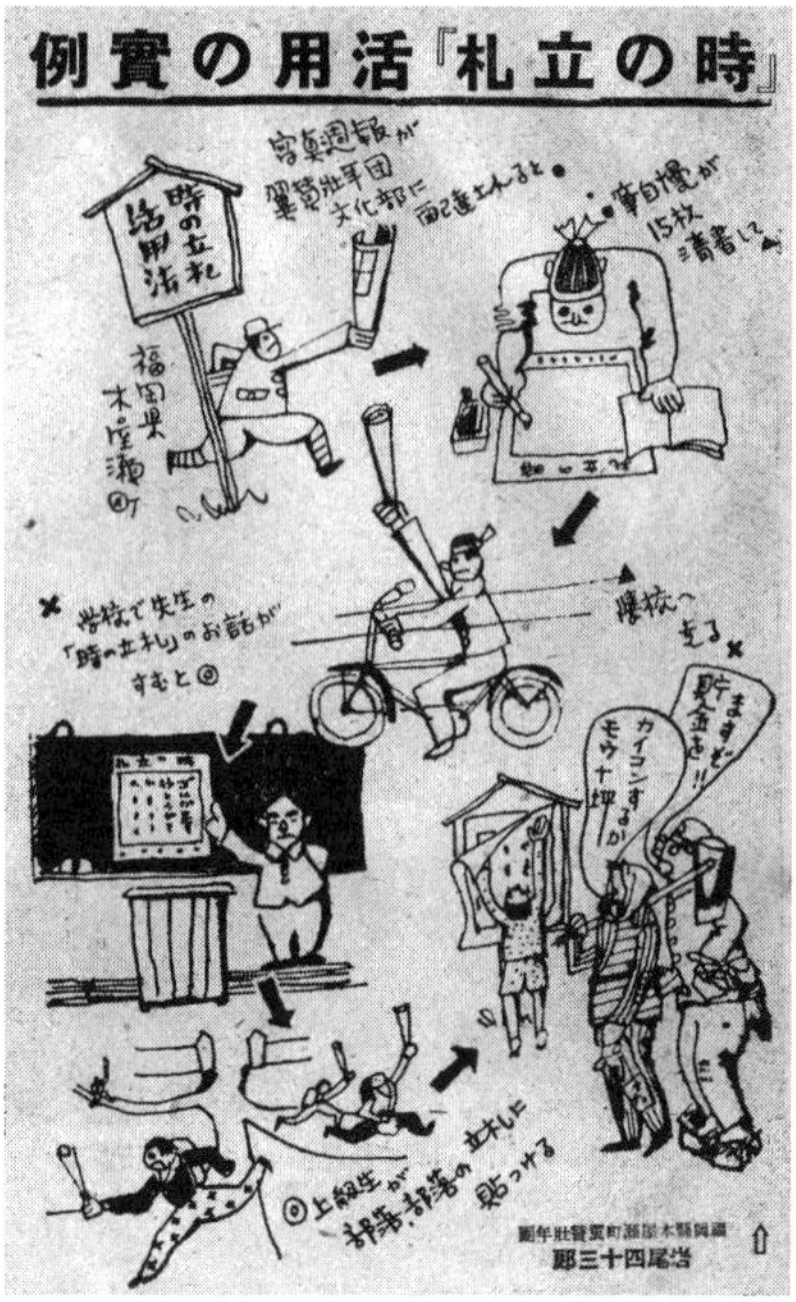

図１－15　「時の立札」活用の実例

＊　＊　＊

『写真週報』は、三七四・五号合併号（昭和二〇年七月一一日）を最後に、刊行を確認することができなくなる。情報局の担当属官であった高野によれば、印刷所が戦災により焼失し、刊行継続が不可能になったという(124)。

敗戦直後、九月一日の情報局改組の際、『週報』『写真週報』の編集機能は第二部第一課に存置された(125)。戦後も刊行を継続する意思はあったようである(126)。しかし、戦後処理の中で情報局が解体されることが内定した一一月一一日の改組の際には、『週報』『写真週報』いずれの編集組織も見られなくなった。そして一二月三一日には、情報局そのものが廃止となる。

週報写真週報編集室のメンバーは、現局に復帰したもの、日本週報社の立ち上げに参加した者など、異なるかたちで戦後日本の形成に関わっていくこととなる。下野情報官は国民出版協会会長などを歴任し、林情報官は電気通信省宣伝主査などを経て作家として成功し、高野は日本放送協会を経て、内閣調査室で政府広報を担当して内閣調査官となった。そしていうまでもなく、『写真週報』を通じて成長した写真家たちは、戦後の写真界の牽引車となる。『写真週報』そのものは敗戦によってその生命を終えたが、そこで試みられた写真宣伝は、戦後日本に向けた実践の舞台ともなったのである。

（清水唯一朗）

第二章

食糧増産、供出せよ

食糧事情の逼迫と食糧管理の強化

昭和一二（一九三七）年に勃発した日中戦争はその長期化に伴って消耗戦と化し、安定的に軍需物資を確保するため、その原料や資材に対する経済統制が強化された。一方、食糧については需給が比較的安定していたため、自由取引を前提とする戦争以前の食糧行政が踏襲された。(1) ところが、昭和一四（一九三九）年に朝鮮を襲った大旱魃をきっかけに慢性的な供給不足に陥ったことに加え、消費規制に消極的だった農林省の方針転換を機に食糧の流通・消費に対する統制が強化され、それが日米開戦直後に食糧管理体制の発足という形で結実した。(2) ところで、こうした一連の食糧管理強化は、消費規制・供出・増産を通じて負担を強いられる農家や消費者の存在があったからこそ可能であった。さらに、日米開戦後、食糧事情が一層厳しさを増すと予測される中、食糧管理体制を円滑に運営していくためにも引き続き彼らの理解を求めることが必要不可欠だった。そのため、政府は食糧管理の強化を推し進めると同時に、食糧問題の重要性やその深刻さを国民に伝え、国民の自発的行動を促す広報・啓発活動に重点を置いたのである。しかし、戦時食糧行政の概要や戦時下国民の食生活については既存研究の中で多く扱われているものの、(3) 政府が食糧問題をどのように国民へ説明し、危機打開に向けて国民の協力をいかに得ようとしたのか、つまり、政府と国民を結ぶ広報に焦点を当てた詳細な研究は十分であるとは言えない。(4)

本章では、上記の問題意識に基づき、国策グラフ誌『写真週報』の食糧問題に関する記事を分析し、(5) 政府が戦時下の国民生活の中で大きなウエイトを占めた食糧問題をめぐり、国民の協力を得る目的でどのような広報活動を繰り広げたのかを明らかにしたい。

一　供給不安の払拭と節米意識の浸透

昭和一三（一九三八）年、日中戦争が次第に長期化の様相を見せるようになると、戦地への食糧供給は総力戦を戦

図2−1　戦場へ送られる新米

い抜く上で必要不可欠な要素になった。それをできる限り継続させていくには、戦地への供給はもちろんのこと、国内の供給にも不安を生じさせない食糧需給の仕組みを築かねばならなかった。このような認識は『写真週報』の記事の中からも垣間見ることができる。三六号（昭和一三年一〇月一九日）の「戦場へ新米を」では、勇士の妻が戦地にいる夫に送った手紙において、労力不足の農村でも互いに協力して食糧生産に励んでいることが綴られており、収穫された米が米俵となって船積みされて次々と運搬されていく過程も紹介された（**図2−1**）。また、四五号（昭和一三年一二月二一日）の「戦争と食糧」では、第一次世界大戦における戦勝国や敗戦国が食糧確保に苦労した事例を列挙しながら、食糧の安定供給が戦争の勝敗を左右することを教訓として認識させた。とりわけ、ドイツが第一次世界大戦の戦闘では勝利しながらも敗北したのは食糧不足が原因であることを指摘し、食糧の確保こそが総力戦勝利の鍵であることを強調したのである。これらの記事を通じて、総力戦勝利のためには労力不足であっても食糧を生産し戦地へ送ることが銃後の国民としての責務であることを説いたのである。一方、当時の食糧需給に関しては、日中戦争勃発以降、拡大の一途を辿る需要が国内米と朝鮮・台湾からの移入米によってかろうじて満たされていたため、[6] 戦時であっても「米穀統制に関する各種法律の適用」と「国民自覚」の結果により銃後の食糧需給は安定していることを強調するに止まり、特段の施策を講じる姿勢は見られなかったのである。[7]

ところが、総力戦遂行の大前提となる国内の需給安定を揺り動かす事態が生じ、脆くも戦時日本の食糧需給構造の弱さが露呈した。昭和一四年に起きた未曾有の朝鮮大旱魃により朝鮮米の移入が大幅に落ち込み、昭和一五米穀年度（昭和一四年一一月～昭和一五年一〇月）における全移入量（台湾米も含む）は前年の約三分の一に止まった（**図表2ー1**）。[8] 同時に、西日本一帯も旱魃の被害を受けたため、国内の供給不足は一層深刻となった。そして、こうした事態を見越した米穀商の買い占めで米価は高騰を続け、結果として、東日本では豊作だったにもかかわらず、米が市場から姿を消し、東京などの大消費地では米の在庫が底をついた。[9] 政府は、生産地の地方長官に対して米の出荷を督励し、米の在庫不足によって社会不安が広がり治安が悪化することを未然に防ごうとしたのである。[10]

以上の政府の取り組みとその成果は九三号（昭和一四年一一月二九日）の「豊作を御恩に返へす秋田米」の中で、五頁にわたり紹介された。この記事の取材対象である秋田県は「予想以上の大豊作」であり、農林省や大消費地である東京府・神奈川県などの要請を受けて出荷を快諾した。先年、深刻な冷害による大凶作に見舞われ様々な支援を受けた経緯から、秋田県は今回の出荷を「御恩返し」と位置づけて、県下各農家に対して最低四俵以上の米の出荷を働きかけた。県内のある農村では協議会を開いて積極的協力を申し出て、「関東が食米不足ときいてはそんなことは言っていられない」と張り切る農家の女性が急ピッチで脱穀精米作業を進め、「一家総出で二、三日夜業して」用意された米をリヤカーで運ぶ様子など、一丸となって緊急の出荷要請に応える農村の懸命な姿が見開き二頁の大きさで掲載された（**図2ー2**）。このような農家の努力は倉庫に堆く積まれた米俵という形となって表現され、次々と東京まで貨車で搬出されていく所で記事は締め括られている（**図2ー3**）。このように、生産地から米を大量に、かつ、迅速

図表２－１　食糧供給源の占める割合とその変遷

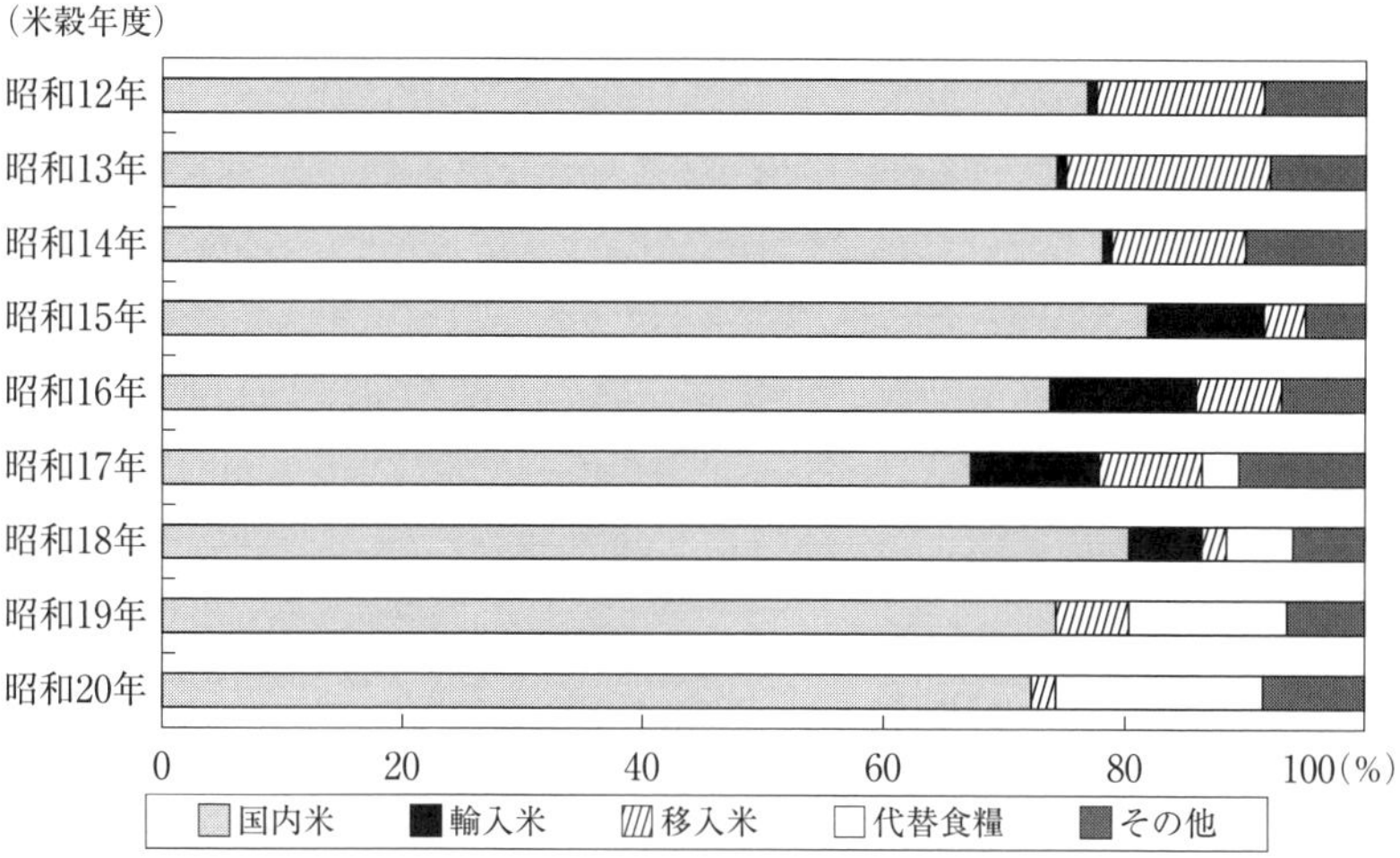

〈日中戦争勃発以降の主要食糧需給概要〉

年	国内米	輸入米	移入米	代替食糧	その他
昭和12年	6,734	28.7	1,159.2	0	800.7
昭和13年	6,632	15.1	1,512	0	751.2
昭和14年	6,586.9	15.6	965.2	0	849.3
昭和15年	6,896.4	798.4	317.9	0	406.1
昭和16年	6,028	982.7	527.6	0	495.1
昭和17年	5,459.4	874.4	693.7	236	827.8
昭和18年	6,546.8	527.7	182.1	445.3	487.7
昭和19年	6,035.2	0	480	1,100.6	511.2
昭和20年	5,620	0	157.2	1,360.7	657.5

注１：単位は万石、年は米穀年度。「その他」は前年度持越高と早喰高の合計である。
注２：移入米の数量は、朝鮮米・台湾米の移入量を足したものである。
注３：代替食糧の数値については朝日新聞社編『終戦記録　議会への報告書並に重要公文書集』（朝日新聞社、昭和20年）、それ以外の数値は「米穀内地需給表」（米穀法施行五十周年記念会編『米穀法施行五十周年記念誌』、昭和46年）を参考にして作成した。なお、米穀年度とは表示年前年の11月～表示年の10月までを指し、例えば、昭和20米穀年度は昭和19年11月～昭和20年10月までである。
出典：「第一章　岐路に立つ食糧行政」（拙著『戦後食糧行政の起源――戦中・戦後の食糧危機をめぐる政治と行政』慶應義塾大学出版会、2012年）、17頁を一部修正して再掲。

図２－２　御恩返しの米出荷

図２－３　東京へ搬出される米俵

に搬出する政府の取り組みを報じることで米の入手に困る消費者に安心感を植えつけようとしたのである[11]。

以上の緊急搬出に加え、新たな供給源として南方からの外米輸入によって急場を凌いだが、供給は以前と比べて不安定となった。昭和一五年、大旱魃の被害を受けた朝鮮米の収穫高は回復したものの、国内産米の作柄は天候不順が原因で芳しくなく、昭和一六米穀年度の国内米収穫高は前米穀年度の時よりも一〇％以上減少した（図表2―1）。一三〇号（昭和一五年八月二一日）では稲の花が表紙を飾り、同号内の記事「稲の花」では稲の開花期における天候がその年の収穫を左右すると解説するなど、政府がいつも以上に収穫の良否へ注意を払っていたが、前述のように、昭和一五年産の国内米は不作という結果になったのである。さらに、前年の大旱魃以降、米の出荷が思うように進捗しておらず、米が手に入りにくい状態が続いた。一二四号（昭和一五年七月一〇日）の「読者のカメラ　お米の供出」では、全国各地で次々と供出された米を運搬している姿を見せ、「持てる県、持てる人は快く手持ちの米を供出しようではないか」と呼びかけているように、一部の農家による米の売り惜しみが理由で米の出荷が予想以上に滞ったのである。

このような国内の供給不安に応えるために外米輸入は急増したものの、外貨不足と船舶確保をめぐる軍との競合という厳しい状況の下では外米だけに依存することは難しく[12]、政府は不安定な国内供給を解消する新たな対策を講じるのである。ただし、前述のような供給不安はあったものの、後年見られるように、あらゆる土地を食糧増産のために開拓する動きは見られない。むしろ、積極的に商品作物を栽培し、それを輸出して外貨の獲得に貢献することが求められたのである。一一五号（昭和一五年五月八日）の「荒地に咲いたチューリップ」では、アメリカ向けの輸出球根採取用として二万坪の広大な園芸地に咲き乱れたチューリップが紹介されており（図2―4）、その他、除虫菊、乳製品、蜜柑など、外貨獲得が有望視される商品作物についての解説で誌面が割かれていた[13]。

以上のように、昭和一四年を境に国内の食糧供給は不安定になり、供給不安を解消する様々な取り組みが実行されるが、空地を食糧増産のために全面活用するまでには至らず、政府や国民にまだ余裕があったと言えるだろう。

図２－４　荒地に咲いたチューリップ

一方、政府内では供給源の確保と共に需要の抑制が大きな政治問題となっていた。日中戦争の勃発を境に需要が伸び、戦争の長期化によってこのような傾向は続いていたが、朝鮮大旱魃の発生によってもはや看過できなくなった。そこで、需要抑制の切り札として浮上したのが節米であり、七分搗米の導入、酒造米の削減、混食や代用食の実施を柱とする節米対策に取り組んだ。しかし、その実行はこれまで白米食や飲酒に馴染んでいた国民へ我慢を強いることになり、個々の国民に実行を迫るにあたっては節米の利点を説く必要があった。以下、それぞれの節米対策の性格を分析し、どのようにして国民の意識を変えようとしたのか明らかにしていきたい。

まず、政府内や国民の間でも物議を醸した節米対策が七分搗米の導入であった。その旗振り役である陸軍の主張を農林省が渋々受け入れたことによって導入で決着したが[14]、その後、米穀搗精等制限令が一一月に公布されると、白米を買い占める国民が相次いだ[15]。さらに、七分搗米に対して「スフ入りの飯」というレッテルを張り「安価な代用品扱い」をする国民も多く、七分搗米は国民の不評を買ったのである[16]。

以上のような人気のない七分搗米について『写真週報』では、その栄養価に注目して定着を図ろうとした。九二号（昭和一四年一一月二二日）の「お米の科学」では国立栄養研究所の協力を得て、七分搗米が一体どういった特長を持つ米なのか、玄米や白米などと比較して明らかにしている。第一に、七分搗米が、これまで白米搗精の過程で棄てられていた蛋白質・脂肪・ビタミン・無機質などの栄養分を残しており、白米より栄養価の面で優れていることを強調した。第二に、白米と七分搗米で鳩を飼育する実験を行い、白米を与えた鳩はビタミン不足による脚気、いわゆる「白米病」を患う一方で、七分搗米を与えた鳩は元気で発育も著しいという結果を明らかにし、白米食が健康上よくないことを印象づけたのである(17)。

このように、七分搗米が白米と比べて栄養価の高い優良食材として、国民の健康増進の観点からその導入を正当化したのである。しかし、こうした利点を強調したにもかかわらず、一般国民は七分搗米をそのまま食べることはなく、空瓶にそれを入れて棒で突くことが日常化した(18)。一〇二号（昭和一五年二月七日）の「写真週報問答」では、七分搗米の御飯が白米よりも腐りやすいことを投書で指摘され編集部がそれを認めるなど、七分搗米の使い勝手の悪さを改善することはできなかったのである。

同じく健康増進の観点から推進された節米対策が、標準食・混食・代用食の導入、つまり、米の消費を減らすために考えられた食事や米の代替となる諸類の摂取であった。標準食・混食については一〇〇号（昭和一五年一月二四日）から一〇九号（昭和一五年三月二七日）にわたって「標準混食献立」が連載され、麦・諸類・豆類を用いた副食物の調理法が多数紹介されている。とりわけ、この時期は、魚・肉・油など手に入れることのできる食材も多く、揚げる・煮る・焼くなど調理法も多彩であり、紹介される品数も多いことがその特徴である。一〇二号（昭和一五年二月七日）の「節食と栄養を兼ねた混食料理のおすゝめ（三）」では、米と諸類・豆類・雑穀を混ぜて炊く場合、カロリーや蛋白質などの成分面で米とは違う諸類・豆類をうまく米と配合して炊くことにより、「米飯よりも早くお腹が空く」ので「沢山食べねばならなくなる」という一部の懸念を払拭し、他の節米方法と同様、米だけでは補えなかった栄養価を補給することができる長所を強調した。

また、このような標準食・混食・代用食は家庭だけでなく職場・地域・学校でも取り入れられ、各層において自発的に楽しく受容されている様子を印象づけようとした。一二六号（昭和一五年七月二四日）の「おそばの海苔巻　だんごの握り」はその一例であり、「国策遂行・麦飯実施」の看板が掲げられた食堂や代用食としてうどんを食べる大阪ガス従業員の食事風景が取り上げられ、節米より一歩進んで米食を廃止する積極的な近畿地方の動向が伝えられた（図2―5）[19]。一二〇号（昭和一五年六月一二日）の「薯米御飯はいかが」では、高等女学生が近くの農園で収穫した馬鈴薯を米と混ぜて炊く調理実習を行い、両手一杯に馬鈴薯を収穫した女学生の楽しげな様子や、和気藹々と調理に臨んでいる女学生達の姿が誌面に映し出されている（図2―6）。節米を実行している町会を取材した一二九号（昭和一五年八月一四日）の「町内挙ってお薯の御飯」では、馬鈴薯の入った御飯をおいしく食べる「食わず嫌い」だった女性を取り上げて節米料理に対する先入観を払拭し、同時に、わずかな節米が一カ月、一年単位では大きな節約の効果を生み出すことも改めて言及された。さらに、町会の主婦達が寄り集まって節米料理の調理法などを話し合っており、節米が「何ら押しつけがましいこともなく、和やかな親しみのうちに」実践されていることを印象づけたのである（図2―7）。

一方、国民に対して飲酒の自粛を要請することにつながる酒造米の削減は、七分搗米と同様、国民の反発を招くことが予想された。『写真週報』では、飲酒が「翌日の活動の源泉」になることを否定せず、戦線の兵士や国内の鉱山労働者など重労働に従事する人々の飲酒は許容する一方で、こうした人々の懸命な働きを遠目で見ながら飲酒に興じる人々に向けて自制を働きかけた。一〇二号の「節酒はまづ義理のお酒や無理酒から」では、見開き二頁にわたって宴会場における酒宴の一コマがキャプション付きでいくつか解説されている。例えば、大宴会場にずらりと並べられたお膳の上にある徳利とそれを手にして酒を飲む人々を「言語道断な振舞い」であると一喝し、徳利が倒れてお酒で畳が汚れていることについては「畳に飲ます勿體ない」ことだと嘆き、一人で徳利を五本も六本も注文する客に対し

図２－５　米食廃止の模節的事例

図２－６　薯米御飯で節米実践

図２－７　町会ぐるみで節米

図２－８　節酒を徹底しよう！

ては「不心得」であると非難するなど、時勢を鑑みずにお酒が無駄に消費されている実態を映し出し、必要以上の飲酒が不健全であるというイメージを浸透させようとしたのである（図2－8）。また、同号の「時の話題」では、飲酒の自粛により酒造米を削ることができれば外米輸入を減らせると指摘した上で、それによって生じた余剰の船舶や外貨が軍需に充当できると説明し、節酒節米への積極的協力を呼びかけたのである。

以上のように、政府は、節米が時局柄ふさわしいと説く一方、不足しがちな栄養価を補い健康増進の役に立つこと、楽しく気軽に実行できることを強調することによって、節米に対して消極的態度を示す国民の意識転換を図ろうとしたのである。しかし、以上の節米対策の効果が小さかったこと、供給不安が続いたことを理由に、政府は節米奨励という最初の段階を超えて法的に消費を規制する新たな段階へ進むことになったのである。

二　全国民への食糧増産奨励と戦時食生活の浸透

前節で述べた通り、政府は供給不安の払拭のための手段を講じたが、昭和一五年の国内産米の収穫高は昨年比で一〇％以上減少し、昭和一四年の朝鮮大旱魃を機に生じた供給不安は依然として解消されなかった。政府の統制は米穀の流通だけではなく消費にまで及び、政府が安定供給を全面保証することになった。昭和一五年九月には、第二次近衛文麿内閣が「昭和一六年度米穀対策ニ関スル件」を閣議決定し、昭和一六米穀年度が始まる直前にその内容を法制化した米穀管理規則が公布された[20]。一連の政策決定により、政府が必要なだけの数量の米を管理米として確保できる食糧管理体制が確立されると共に、農家による供出が国内供給を左右する重要な要素となった[21]。

また、政府は、一二年間で国内の米の生産高を約一七％増やし、麦の生産高に至っては二倍以上増やす長期的視点に立った食糧増産計画を示し、多額の予算と人員の投入によって大規模開拓や水利事業を推進することになった[22]。国民各層に対しても食糧を増産するよう促すが、昭和一六年以降、日米関係の険悪化により外貨獲得の見込みがなくなり、同年三月二四日に農林省が不急作物生産禁止の通牒を出すと、食糧増産を目的とする空地の開拓が本格化したのである。[23]一六〇号（昭和一六年三月一九日）では「木の芽の春に　食糧増産総がかり」というタイトルで特集が組まれており、全国民が一丸となって空地を開拓し食糧増産に努めるように奨励したのである。まず、表紙を飾ったのが、東京市の日比谷公園の一角に設けられた指導農園において笑顔で作業に取り組む子供達であり（図２―９）、「かつての競馬場もおいも畑に」では、老人の男性が主婦・学生・子供に種芋の植え付けを指導するなど、年齢に関係なく食糧増産の責務を負うことを国民に求めた（図２―10）。さらに、「素人栽培のこつ　これだけは知っておかう　上」では、今農業に関して素人の都会生活者に対して農作物の栽培方法・農作物に適した肥料・病害虫予防等について解説し、今後は都市も食糧増産の重責を担うべきであることを周知させたのである。農地に関しても、東京荒川の河川敷や富士山の裾野といった従来では農地に適さない未開の大規模空地を開拓の対象とし、既耕地の中でも収穫の障害となる泥田は「全村一致」の土地改良によって収穫量の多い美田にしていくなど、積極的な活用を呼びかけたのである。[24]

以上のように、開戦直前の政府は、米の流通・消費に対する統制強化と大規模な食糧増産計画によって供給の安定を図り、全国民に対して食糧増産の担い手としての自覚を促したが、昭和一六年一二月の日米開戦以後も国内供給には常に不安がつきまとった。開戦直後の快進撃によって南方一帯で収穫される米や他の農作物も日本の支配下に入り、二一四号（昭和一七年四月一日）の「南方から続々宝船」では南方から運搬された米などが続々荷揚げされる朗報が伝えられるものの、外米輸入の時と同じく輸送船の確保は依然として難しく、必ずしも現状の供給不安を急速に解消するには至らなかった（図２―11）。むしろ、二〇六号（昭和一七年二月四日）の「時の立札」に見られるように、安易に「南方に依存するやうな心の緩み」が食糧増産を妨げると述べ、外米や南方の農作物輸入によって供給不足を解消するような甘い期待を打ち消したのである。したがって、供給安定のためには国内供給を増やす以外に選択肢は

図２－11　南方から続々宝船

図２－９　笑顔で農作業する子供達

図２－10　かつての競馬場もおいも畑に

なく、政府は供給を支える都市住民や農民に対して一層の努力を迫ることになった。

食糧増産の担い手として新たに期待された都市の住民は、開戦以後、あらゆる食糧資源を自ら生産し確保することも求められた。二一四号の「みんなで育てた鯉はこんなに」では、栄養補給を目的に子供達が学校内の養魚池で鯉や鮒などを育て、それらを家に持ち帰らせる国民学校の取り組みが紹介され（図2－12）、二三二号（昭和一七年八月五日）の「ザリガニ殲滅戦」においても、水田を荒らすザリガニを食用のために捕獲する子供達の様子を伝えると共に、ザリガニの味や食用にする場合の注意点についても詳しく解説されている（図2－13）。また、都内の戦時農園利用を勧める「明るく戦はう（六）写真週報隣組の戦時農園を訪ふ」では、農園の使用登録の仕方や規模拡張する農園の今後について説明した[25]。しかし、これらの記事に共通して言えることは、隣組で協力することや収穫することの喜びを語る女性、大きくなった魚を両手で抱える笑顔の子供達や、ザリガニの捕獲を楽しんでいる子供達に象徴されるように、食糧資源の枯渇を他で補うという厳しい状況であるにもかかわらず、むしろ、それを楽しもうとする余裕を国民に持たせたことである。つまり、前節よりも深刻化した食糧不足が政府や国民を切迫させるほどの危機的事態にまでは至っていないことを装っていたのである。

国内供給の大半を支える農家に対しては、都市の住民以上に食糧増産と供出を強く期待した。『写真週報』においても、こうした期待に沿う理想的な農家像を設定し、それを模範にするように農家へ求めた。二六二号（昭和一八年三月一〇日）の「撃ちてし止まん　闘志を土に」では、雪が降り積もる極寒の農閑期に堆肥をそりで運び出す農家の奮闘ぶりが映し出され、過酷な条件の下でも懸命に働く農家の姿を印象づけようとしたのである。さらに、私欲を抑える自己犠牲の精神で供出に応じる農家の姿も記事で取り上げられ、供出に対する一層の努力を農家に促した。昭和一七米穀年度の供出が本格的に始まった昭和一七年一一月、二四八号（昭和一七年一一月二五日）の「粥をすゝつても端境期に自家保有米供出」では、米の出廻りが悪くなる端境期に、自家保有米の一部を供出することを農事組合が協

図２－12　国民学校で育てた鯉

図２－13　ザリガニの捕獲

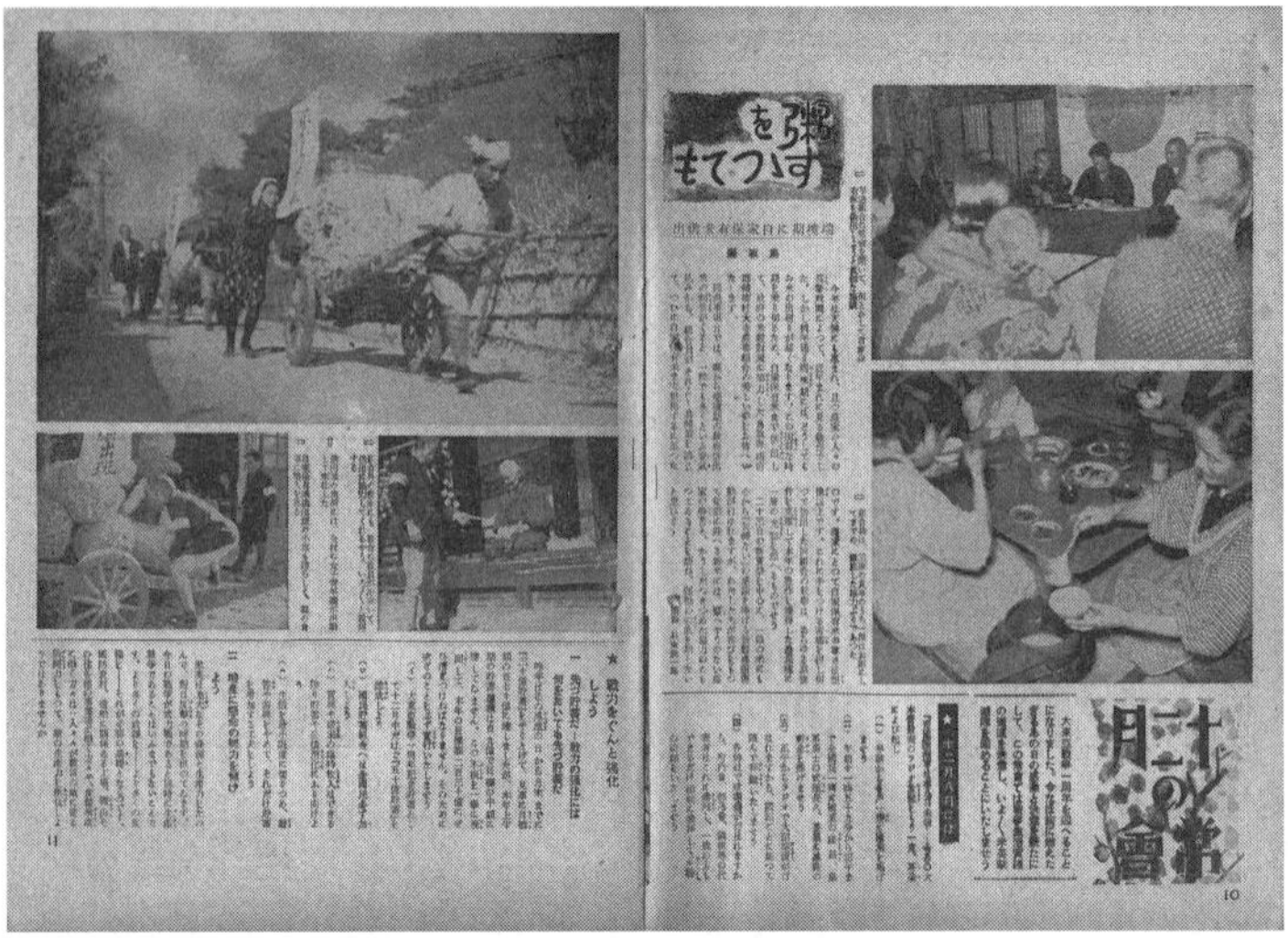

図2―14　自家保有米の一部供出

議の末に決定し、その一方で、三度の食事のうち一度は粥を食べるという農家の食事風景を見せることで、他の農家に対しても我慢して自家保有米を供出する働きかけをしたのである（図2―14）。

しかし、農家の労力不足だけでなく、肥料不足や動力不足によって農業生産が行き詰まり、供出も厳しい生産条件にもかかわらず割安の公定米価による売り渡しを強いられた。政府はこのように一部の農家が苦境に立たされていることも理解し、現状に不満を抱いていることも把握していた[26]。そこで、農家に対して尊敬の念や感謝の意を表し、農家の苦労に配慮を示すことで食糧増産や供出に協力してもらおうとしたのである。例えば、中央食糧協力会と大日本婦人会の共催による農村慰問活動を取材した二七一号（昭和一八年五月一二日）の「明るく戦はう（八）写真週報絵本を抱へて農村慰問に」では、労力不足などで生産活動が大変であるにもかかわらず豊作をもたらした農家の人々へ「ありがとう」「ご苦労様」という御礼の手紙を書く少女達や、両団体の呼びかけに応じて集まった絵本や慰問袋が山積みになっている様子が誌面を飾り、苦しい農家の実情に思いを寄せ、増産と供出に協力した農家へ謝意を示したのである（図2―15）。

また、写真週報取材班が米価引き上げに対する農家の意向を打診した二七〇号（昭和一八年五月五日）の「明るく戦はう（七）写真週報米価引き上げの朗報を現地に打診」の中では、昭和一八年四月に引き上げた米価を素直に喜んでいることが農家の人々の「笑顔」を通じて伝えられ、「わっしらの労苦が政府でもよく解ってもらえたことはなんどしてもうれしいこつです」という村の組合長の発言を引用し、政府が農家の労苦に報いていることを強調したのである（図2－16）。以上のように、政府は、食糧増産の主力となる農家に対して期待をかける一方で、厳しい条件下で増産を強いられている農家に配慮する姿勢を見せ、供給不安の解消を農家の手に委ねたのである。

一方、国内の需要は、様々な節米対策を講じたにもかかわらず、その伸びを抑えることができなかった。政府は、これまで節米程度で止まっていた消費規制を一歩進め、昭和一六年四月、米穀割当配給制度に基づいた六大都市への配給を実施した。[27] このような統制の強化により、政府は、消費者による米の入手を厳しく制限し、需要の伸びが抑えられることを期待したのである。[28] 六大都市で配給制が開始される直前にあたる一六一号（昭和一六年三月二六日）の「お米屋さんの切換へ　切符制いつでも来い」では、一連の制度改正の利点と国民生活への影響が説明されている（図2－17[29]）。この記事の中で今回の配給制導入は収穫の出来に関係なく戦時の需要を維持していくために「多少の不便を忍んでも現在からお米を節約する」ことをその目的にしており、「いますぐ食べる米にこと欠くからといって」導入したのではないと釈明した。さらに、この記事では、ある米穀商の一日に密着して、これまで米穀商だった店主

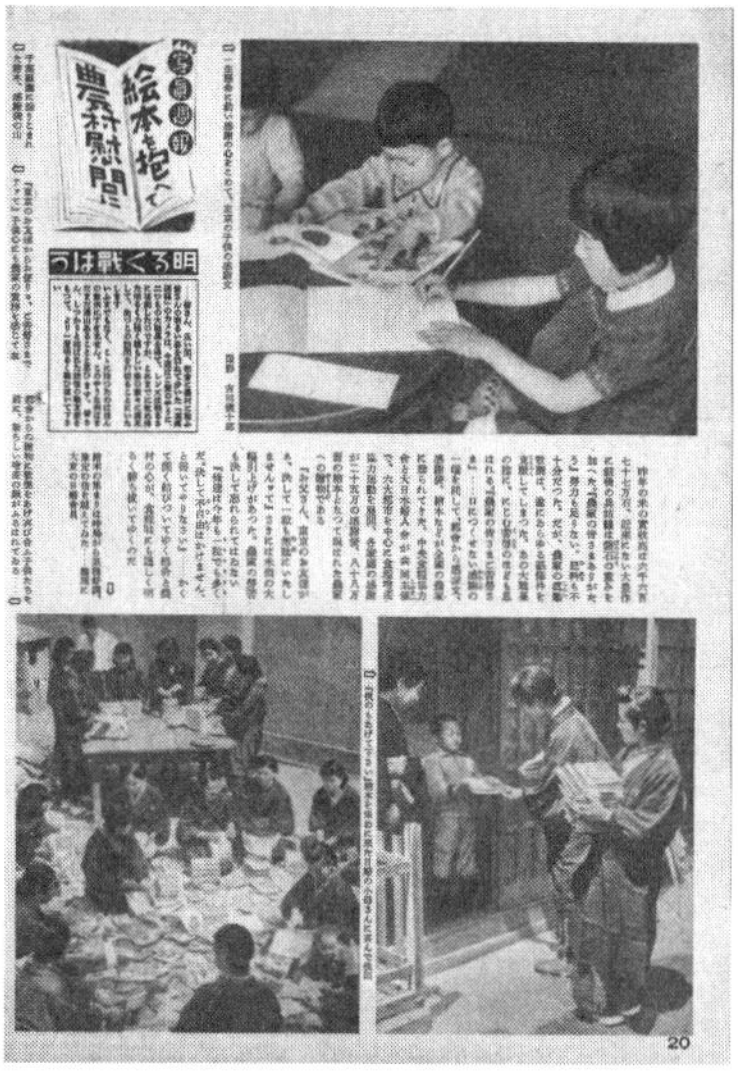

図2－15
農家に感謝を伝える農村慰問活動

図２－16　米価引き上げを歓迎する農家

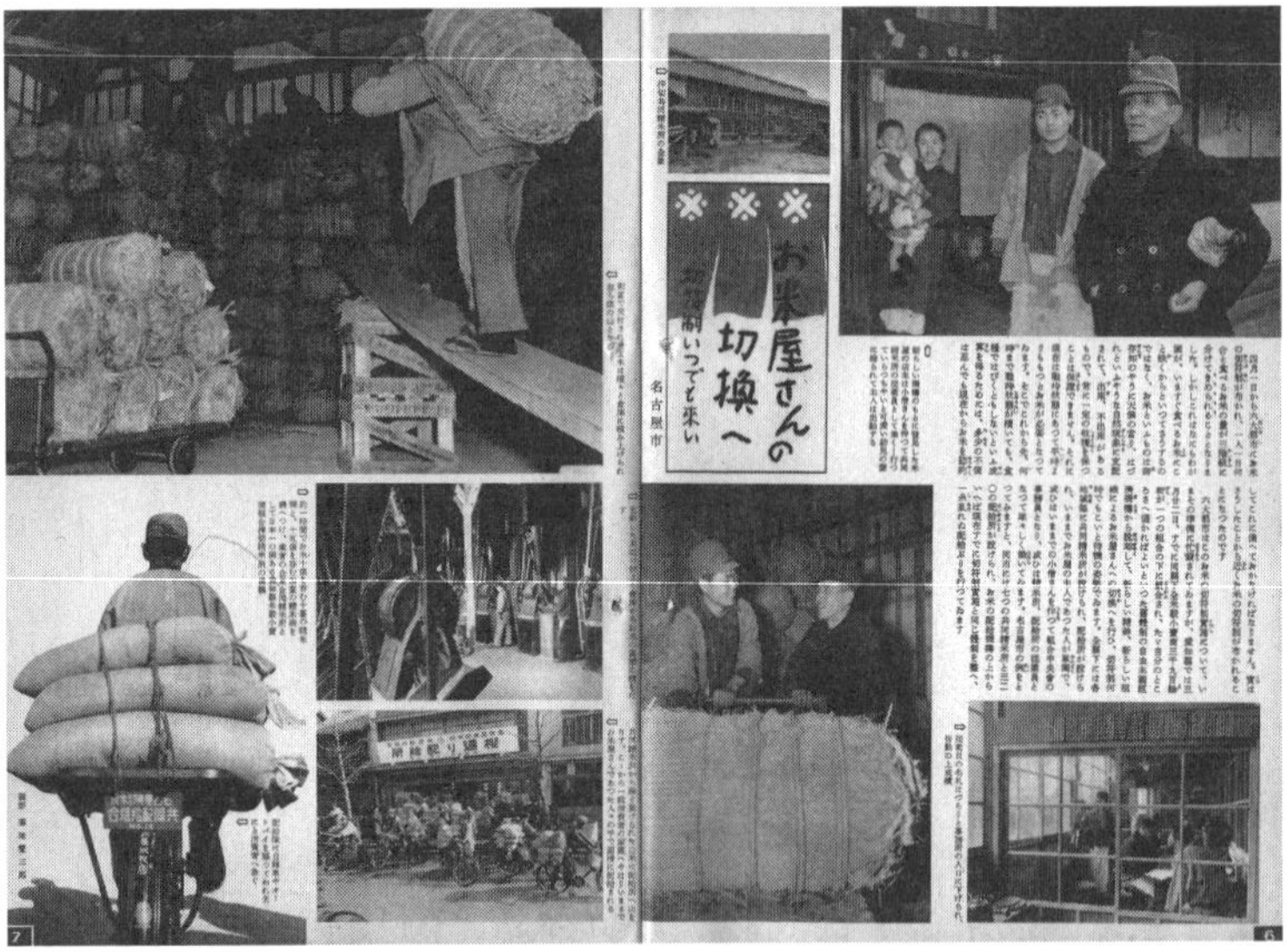

図２－17　配給制導入後の米穀商

が協同組合の一従業員として働き、彼らの手によってお米が消費者の手元に届くまでの流れを追いかけている。つまり、この誌面は、配給制が開始されても米を安心して入手できることを国民意識の中に浸透させようとしたのである。

昭和一六年一二月の日米開戦後、前述したように日本軍の快進撃により南方からの食糧供給は可能となったが実現までには至らず、需要を抑制する方針に変化はなかった。あくまで、政府は前述のように供給に対する楽観論を否定すると同時に、国民に対して一層の耐乏生活を要請した。六大都市で先行実施された配給制は昭和一七年一一月には全国でも実施されるようになり、配給が戦時期の食生活の基盤となった[30]。しかし、質と量の両面において、戦時食生活は次第に劣化の一途を辿るようになった。その傾向を端的に表したのが、玄米食導入の試みと藷の主食化であった。

前節で言及した時期には七分搗米などの節米対策によって一定の食生活が保証されていたが、この時期では玄米食が奨励されるようになった。昭和一七年一一月、東條英機内閣が「玄米食ノ普及ニ関スル件」を閣議決定し[31]、大政翼賛会が中心になって玄米食の実践運動を展開したことがその背景であった[32]。二五六号（昭和一八年一月二七日）の「玄米食の町　三百戸二千名が常食者」では玄米食を実践している町内会の取り組みを紹介し、七分搗米と同様、玄米が栄養価の面で白米より優れていること、玄米食が「医者、薬知らず」という成果を残していることを、町内会長の体験談や研究者の解説によって裏づけ、玄米食の積極的導入を促した[33]。しかし、この記事や同号の「二月の常会」でも指摘されているように、玄米食は消化吸収がよくなく、高齢者や子供には不向きな食材であり、「十分研究しなければならず、まだ解決されない問題も多少残されている」と認めざるをえなかった[34]。そして、これらの欠点を最後まで克服できなかったせいか、その後は、玄米食励行を含む米食自体が『写真週報』の誌面を割くことはなかったのである。

これらにとって代わり誌面の多くを飾ったのが、当初、代用食として登場した藷類の主食化である。昭和一六年八月、藷類配給統制規則の公布によって藷が統制の対象となり、昭和一八年三月以降は甘藷や馬鈴薯を主食として配給

図２－18　薯を両手に持つ女性

を始めるなど、藷類が米と並ぶ主食としての地位を確立した[35]。また、藷類は工業用アルコールやガソリンの代用燃料の原料としても注目され、藷類が脚光を浴びるようになる。こうした傾向を反映して、藷に関連する記事が『写真週報』に掲載されるようになる。一七〇号（昭和一六年五月二八日）の「おいもを大切にいたしませう　時局下の人気者お芋のおはなし」では、一日の生活に登場してくる食物や日用雑貨品の中で藷と関連のあるものに印をつけ、藷が形や姿を変えて深く関わっていることを強調した。二四一号（昭和一七年一〇月七日）の表紙にはたわわに実った藷で両手が塞がっている女性が登場し（図２－18）、同号の「薩摩芋大当り」では、画期的な栽培法を取り入れた村が大豊作であることが見開き二面にわたって伝えられ、藷の収穫が米と並んで政府や国民の重大な関心事となったことを印象づけたのである。以上のように、開戦以後は藷が米以上に政府の注目を浴びるようになり、主食としての米は次第に国民の食生活の中心から、そして、『写真週報』の誌面上から姿を消していくのである。戦局が悪化していくと、他の農作物と比べ場所を選ばず誰でも栽培できることから、藷が米と並んで食糧増産の主な対象となった。

　また、食生活をめぐる以上の変化に加えて、食生活のレベル低下を印象づけたのが経済警察による闇取引の取締りである。政府は、主食だけではなく野菜・魚などの食材についても配給制を適用し、配給だけで食生活を支えるように指導していたが、配給量が少なく入手も困難となり、国民の多くは配給以外の手段で食糧を手に入れるようになった。配給ルート以外で消費者が小売・生産者との間で売買する、いわゆる闇取引が横行するようになったのである。

図２－19
公定の売買取引を推奨する「時の立札」

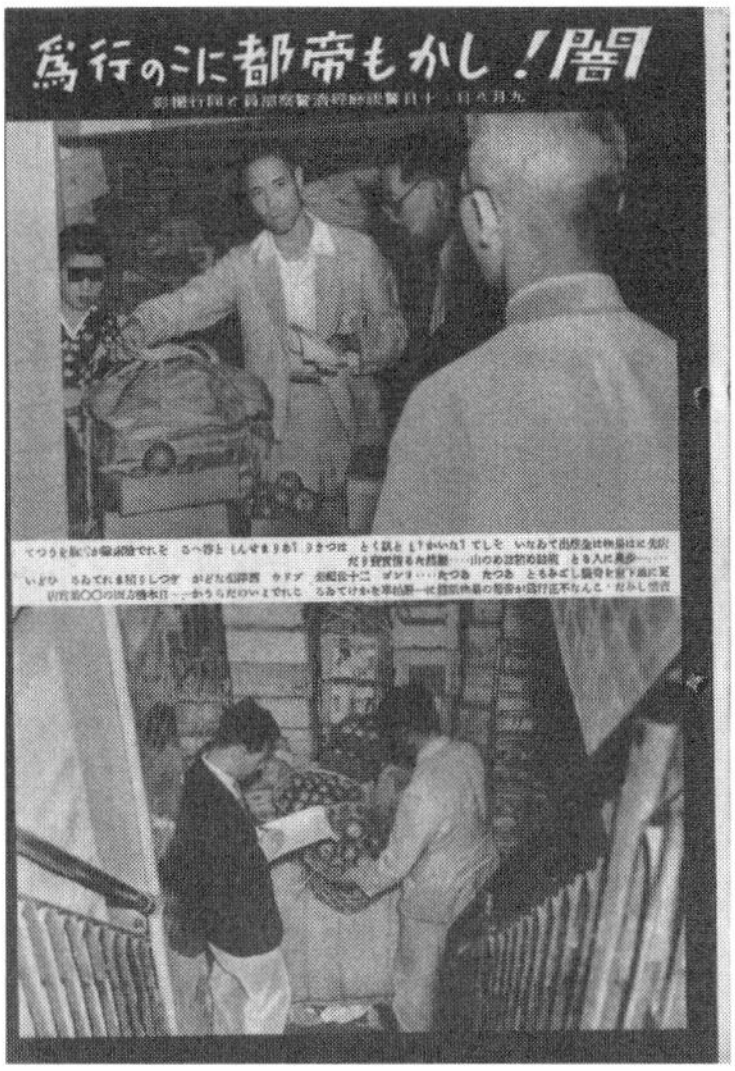

図２－20　闇取引摘発の一部始終

供給に対する統制と需要の抑制により需給関係を安定させたい政府にとって闇取引は大きな障害であった。『写真週報』の中でも闇取引の実態や取締りの一部始終が大々的に扱われ、とりわけ、二三九号（昭和一七年九月二三日）の前半ページはそれに関連する記事で占められた。二頁目の「時の立札」では闇取引をする人々を「もぐら」に喩え、地上に出てきて「明るい取引」、つまり、配給制に則って売買するように促した（図２―19）。そして、三頁から七頁までは「闇！　しかも帝都にこの行為」という表題を付け、闇取引への警告とその防止を訴える記事を掲載した。該記事は『写真週報』のカメラマンが警視庁経済警察部員に同行し、闇取引の実態をカメラに収めて誌面上に曝け出した記事であり、店の関係者に対する同部員の事情聴取、地下室に隠されていた闇物資の発見など一連の捜査が生々しく映し出されている。もちろん、店の関係者と思しき女性には目隠しがされており、闇取引が恥ずべき犯罪行為であることを強く印象づけた（図２―20）。

　続いて、上段には「親切八百屋とほゝゑむ一列」という表題の下、闇行為をせずに統制を守る八百屋の商売風景が見開き四頁にわたって掲載され、下段には、これまでに闇取引で

図２－21　公定取引で明るく、楽しく、強く

摘発された店や、不当な価格表示などで指導を受けた店が紹介されており、上段と下段を比較させる誌面構成になっている。しかも、下段は主に闇物資が隠されている店の奥や倉庫を撮影していることから上段よりも暗く見え、上段と下段で明暗の対照を際立たせている。上段では、八百屋の一家が品不足で買うことに苦労する客に対して気遣い、明朗会計、入荷時間の告知、正確な計測を心がけており、そうした店は客の信頼を獲得し「売る人も、買う人も、顔一杯に明るい微笑」で満ち溢れた店であることを周知させた。一方、下段では、闇取引が「とりもなおさず、国を売る行為」であると厳しく糾弾し、「業者も、消費者も明るく、楽しく、強く」戦時下の生活を切り抜こうという呼びかけで締め括った（図2－21）。

最後に、闇取引を取り締まる経済警察官を扱った「経済警察は正しいもの、味方です」では、前述したように経済警察官が闇取引を摘発する一方で、子供を多く抱えて明日食べる米に困る主婦や急病人に対して新たに応急米を手当てし、日常生活の相談に乗るような弱者救済も担っていることも強調した（図2－22）。この記事は「唯むやみに恐い」という偏見の払拭を狙った記事だが、こうした記事を書かせるほど多くの経済警察官が闇取引を取り締まっていたことの証左とも言えるだろう。

以上のように、闇取引を売国行為、犯罪行為と位置づけ、経済警察官がそれを厳しく取り締まる姿勢を見せつけることで、需給に対する政府の統制を維持しようとした。しかし、戦局が次第に悪化していくと、配給による

図2－22　弱者の味方・経済警察

食生活も一段と劣化し、闇取引なくしては食生活が成り立たない事態にまで追いつめられたのである。

三　国民皆農と自力更生の徹底

昭和一八年に入ると、戦局の悪化と船舶不足の深刻化により南方からの食糧輸入が次第に困難となり、朝鮮や台湾からの移入も、朝鮮大旱魃以前の状態までには回復せず先細りする一方であった。これまでも政府は外米を輸入しつつも、その依存度を極力小さくしたほうがよいと考えていたが、この時期においては外米輸入に否定的な見解を述べ国民に覚悟を迫った。二八七号（昭和一八年九月一日）の「食糧は国内自給だ」では、政府は外米輸入がいかに戦争遂行上障害があるのかを見開き二面にわたって強く訴えた（図2―23）。この記事によると、外米輸入一〇〇万トンに必要な船舶が六八万トンとされ、その船舶をボーキサイトの運搬で利用すれば「アルミニウムが一七万四千瓲〔トン〕」得られ、「二万五千機の飛行機ができる」と述べ、輸入を止めないことで軍需生産に及ぼす悪影響を指摘した。そして、輸入を止めた結果生じる不足分は「七万九千万貫の甘藷」に相当し、それを国内自給で補うべきであると国民に奮起を求めたのである。

以上のような厳しい状況から食糧需給が「相当窮屈になること」を予想した東條内閣は[36]、あらゆる空地を開墾し自給率を高める食糧増産応急対策要綱を昭和一八年六月に閣議決定した[37]。この対策の目的は食糧自給のために「土と種子と人との総動員」を実行に移すことであり、その実行を促す記事が『写真週報』の誌面上に登場した[38]。二七七号（昭和一八年六月二三日）の「国民学校も増産へ総動員」では、農村の国民学校の生徒達が農作業に汗を流す姿を捉えており、東京市下の住民達の農作業をカメラに収めた「電車通りにも畑を」では、外米や農村に依存する食糧供給を「都会人の恥辱」であると決めつけ、農村・都会の区別なく空地の開墾と食糧増産を強く奨励した（図2―24）。なお、

図２－23　戦争遂行を妨げる外米輸入

図２－24　電車通りに作られた畑

図2－25　電車通りに稔った麦

該誌面は、町会総動員で昭和通り（当時の東京市神田区・日本橋区）が開墾されている様子を伝えたが、その結果は麦畑という形となって三二五号（昭和一九年六月一四日）の表紙を飾り、空地開墾による食糧増産の成果を国民に訴えることも忘れなかった（図2－25）。また、三一六号（昭和一九年四月一二日）の「一握りの土も畑に」や三二二号（昭和一九年五月二四日）の「大いに藷を植ゑませう」でもわかるように、各農作物の植え付けや収穫の時期を記したカレンダーや藷苗の上手な育て方の手順を誌面で紹介し、農作業の素人である都市の住民に栽培法を指導したのである。

このような空地開墾を中心とする増産対策に続いて、同年八月、東條内閣は土地改良を柱とする第二次食糧増産対策要綱を閣議決定した[39]。その対策の中身を説明した二八七号の「食糧は国内自給だ」では、戦局の悪化が不可避であり、食糧自給の実現を急ぐべきであることを強調した上で、土中の余分な水分を排出させる暗渠排水事業や、肥沃な土に入れ替える客土事業の推進により収穫高を飛躍的に増やし、それに必要な資材を確保することも約束したのである。そして、この記事以降、土地改良事業に関する記事が『写真週報』の誌面に度々登場する。三〇〇号（昭和一八年一二月八日）では「食糧戦に勝ち抜かう」という表題で、泥濘に足を奪われながらも暗渠排水工事に協力する農家の人々の懸命な姿が誌面上に映し出され（図2－26）、三〇二号（昭和一八年一二月二二日）の「凍る泥田に挑む　土地改良と学生の協力敢闘」では、一カ月間泊まりこみで学問と両立させながら暗渠排水工事を手伝う学生と教授がカメラに収められた。また、老若男女が凍てつく大地で土地改良事業に従事する姿を表紙にした三〇四号（昭和一九年

図２－26　暗渠排水工事に協力する農家

一月一二日）では、「土地改良で食糧増産だ」と銘打った特集を設けた（**図２－27**）。これらの特集は、土地改良の長所、暗渠排水や客土に関する具体的作業の進め方などを数ページにわたって詳細に解説し、土地改良事業に必要な資材などが続々と生産・準備されている様子も伝え、これを読めば国民誰もが土地改良事業に着手できるような誌面作りをしたのである。

以上のように、政府は戦局の悪化で外米輸入が困難であるとわかると、空地活用や土地改良による食糧増産対策を実施し、農家だけでなく、全国民が農業に従事し自らの食糧を確保できるように指導したのである。

さらに、政府は食糧供給量を増やすために供出対策にも乗り出した。二九〇号（昭和一八年九月二二日）の「この稔りこの《ママ》戦力　早稲の穫入れ早くも始まる」において、昭和一八年産米の供出方法が解説され、その中で従前の供出に修正を加えたことが強調された。そのポイントとは、政府が必要とする量を「責任供出量」と定め、それを各部落単位へ割り当て、部落の連帯責任で供出させたことであり、できるだけ多く農家から供出させたい政府の意図を強く反映した供出方法の改正となった[40]。

一方、三二一号（昭和一九年五月一七日）の「割当以上の供出

図２－27　土地改良で食糧増産だ

に特賞」では、農家に対する報奨制度を盛り込んだ「米穀の増産及び供出奨励に関する特別措置」の実施が発表され、割り当ての九割以上を供出すると奨励金を交付し、一〇割を超えて供出すれば奨励金に加えて報奨金を交付するという特典を付与したのである[41]。前述の供出方法改正と合わせて考えると、政府は「アメとムチ」によって農家を督励し多く供出させようとしたのである。

しかし、政府が大規模かつ全国民総力挙げての食糧増産運動を推進し、農家に対して供出を強く働きかけたにもかかわらず、食糧事情は好転するどころか、悪化の一途を辿った。政府の食糧増産対策の効果が収穫高に反映されるまでには時間がかかり、数カ月で収穫高を急激に増やすには無理があった。しかも、資材不足や労力不足は深刻さを増し、期待通りの成果を得られなかった。当時、リベラリストの評論家であった清沢洌が記した『暗黒日記』の中で、政府が空地利用を閣議決定したにもかかわらず「馬鈴薯の種配給がない」と不満を漏らしているように、食糧増産に必要な種藷や肥料などの資材に欠いていた[42]。土地改良事業に必要な資材も「一本の釘も一尺の針金も入らない」といった具合であり、資材確保難が事業の進捗を阻害していた[43]。農家は、本来の農作業に土地改良などの作業が加わり「農繁期よりも忙しくなった農閑期」と言わしめるほど一年を通じて多忙を極め、慢性的な労力不足を解消できずにいた[44]。資材不足と労力不足により政府が推進する食糧増産対策は完全に頓挫したのである。また、農家へ強く働きかけていた供出にも問題が生じていた。政府から割り当てられた供出は農家にとって大きな負担であり[45]、報奨制度も割当量を上回る供出を促す材料にはなりえなかった[46]。結局、昭和一八年産米の収穫高は昨年より一〇％近く少ない低水準に止まった。さらに、供給に占める移入米や輸入米の割合は戦局の悪化により一段と小さくなり、ついに外米輸入は途絶えてしまったのである。

こうして有力な供給源が先細りしていく中で、政府は満洲雑穀の輸入を決断した。そもそも、満洲産の雑穀は朝鮮へ輸入され、その輸入量に相当する朝鮮米が日本へ移入されていたが、窮余の策として満洲からの雑穀を直接輸入し不足分を穴埋めすることになったのである。[47] 日満自給態勢の確立を謳った三一三号（昭和一九年三月一五日）の「日満一体食糧自給へ　穀倉満洲国の全面的協力」では、小麦・高粱・玉蜀黍などの農作物の絵で覆われ、大豆で縁取りされている満洲国の地図が掲載されており、満洲国が豊富な食糧資源を有する農業国であるという印象を与え、満洲雑穀の輸入で需給を支えられる安心感を読者に植え付けようとしたのである（**図2－28**）。しかし、それも、敗色が濃厚になる昭和二〇年に入ると相当困難になった。三七二号（昭和二〇年六月一一日）の「食糧増産に全力を挙げよう」では、満洲雑穀の輸入が「戦局の推移如何ではあてにできない」事実を認め、「買出しよりも作り出し」という呼びかけの下、国民各自で食糧自給することを奨励した。

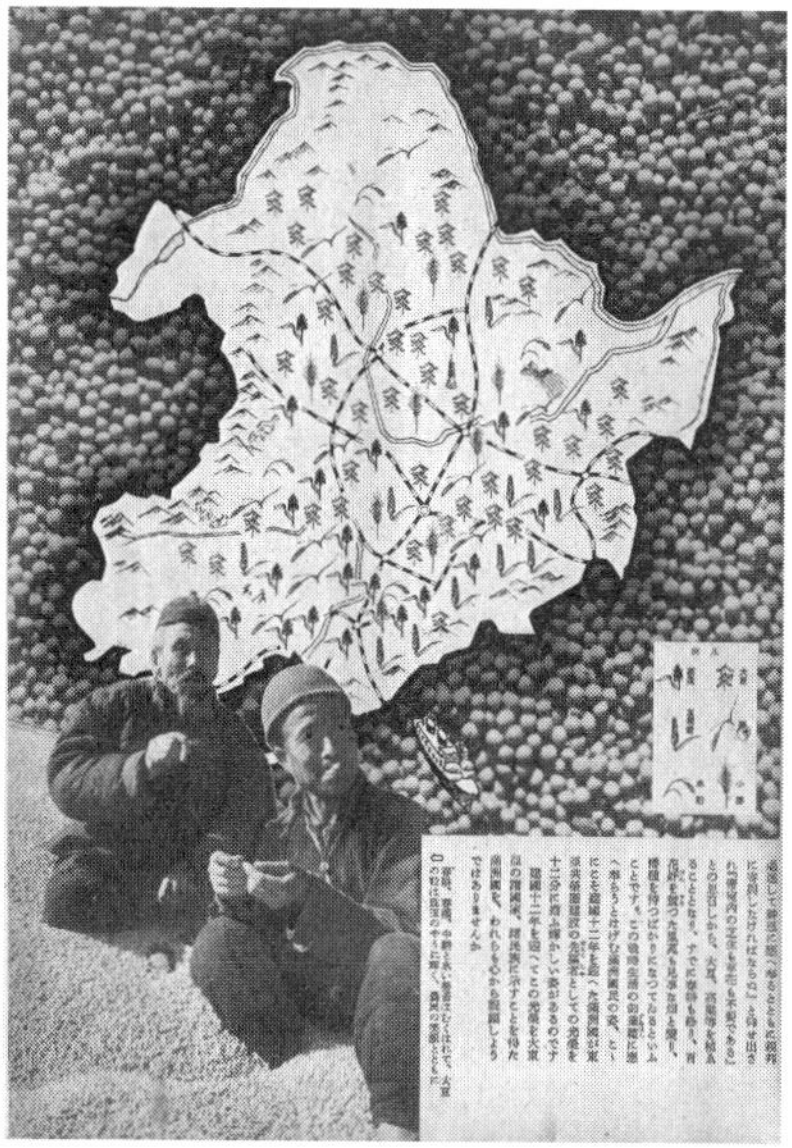

図２－28　満洲雑穀で食糧自給実現へ

さらに、政府は供給不足を打開するために、第三五六号（昭和二〇年一月二四日）の「決戦の沃野へ　琵琶湖干拓事業進む」に代表される大規模な干拓事業も進めていくが、土地改良事業の場合と同様、資材不足と労力不足という大きな障害を乗り越えることができなかった。政府は、昭和一四年から慢性的に続く供給不安を抜本的に解決できない

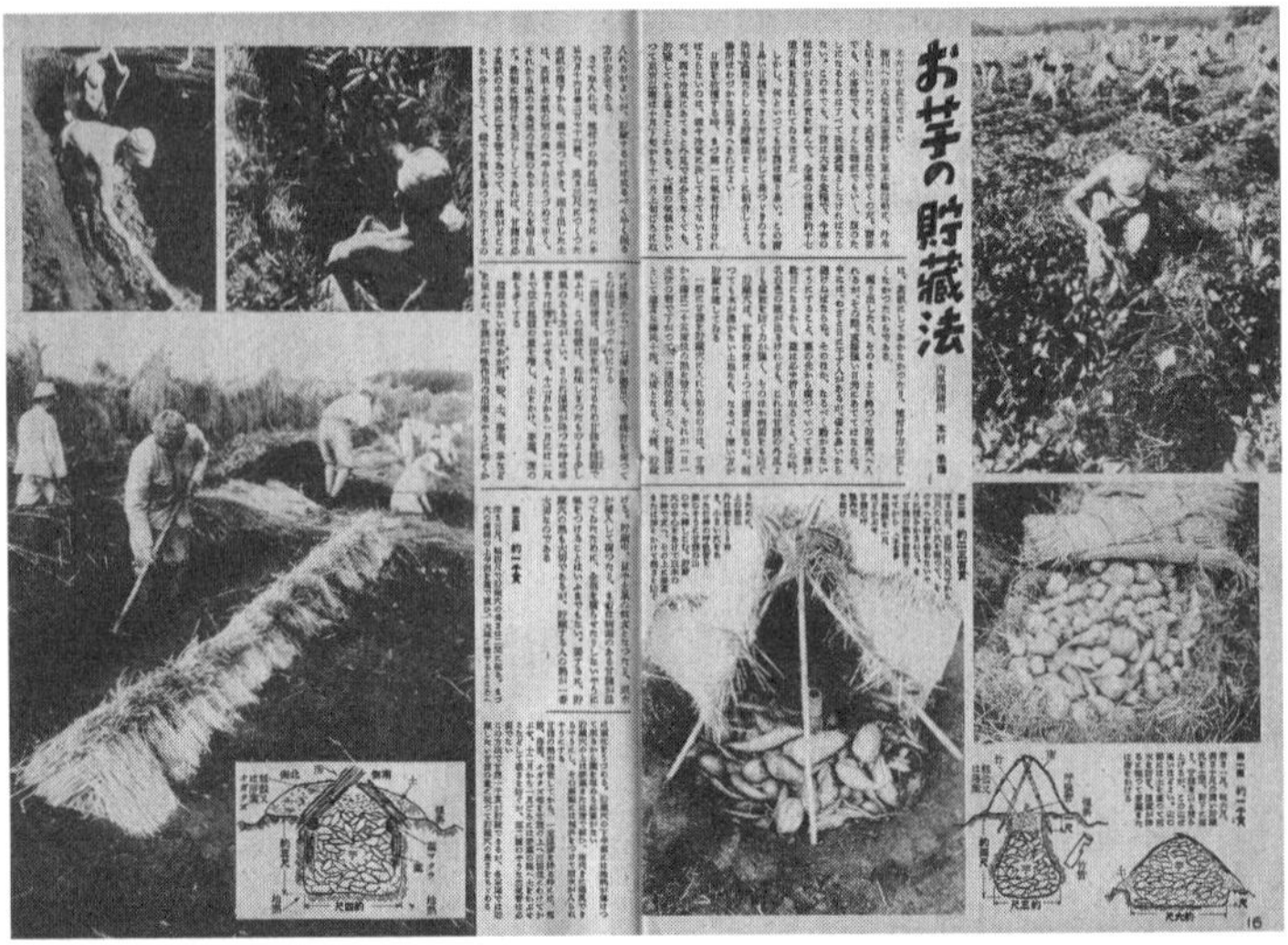

図2－29　お芋の貯蔵法

まま終戦を迎えることになったのである。

一方、戦時下の食生活は一段と苦しい状況に置かれることになった。昭和一八年八月、東京で総合配給制が実施され、藷や大豆の配給に占める割合が米よりも大きくなった[48]。ところが、前節で主食の扱いとされた藷までもが、自分で作らない限り手に入りにくくなった。二九七号（昭和一八年一一月一〇日）の「お芋の貯蔵法」では、腐りやすい甘藷を貯蔵穴にいれて保存する方法が詳しく解説されており、長期間保存した藷を食べて食いつないでいく努力を国民に求めたのである（**図2－29**）。昭和一八年の末には、前述したように満洲雑穀が本格的に輸入され、配給の中にも満洲雑穀が代替食糧として登場し、配給だけでは空腹を満たすことができない状況にまで食生活は逼迫していた。三一三号では「嬉しいな　ヨイコに温《ママ》い昼御飯」という表題で、昭和一九年二月二五日に閣議決定された決戦非常措置要綱に基づき[49]、同年四月から六大都市の国民学校児童に七勺の米飯を給食することが伝えられたが、それは本来非常用備蓄として保管していた「隠し米」を放出したにすぎず、焼け石に水であった（**図2－30**）[50]。二七九号（昭和一八年七月七日）の「『配給だけで』と頑張る」では、配給生活と食糧自給で楽しく

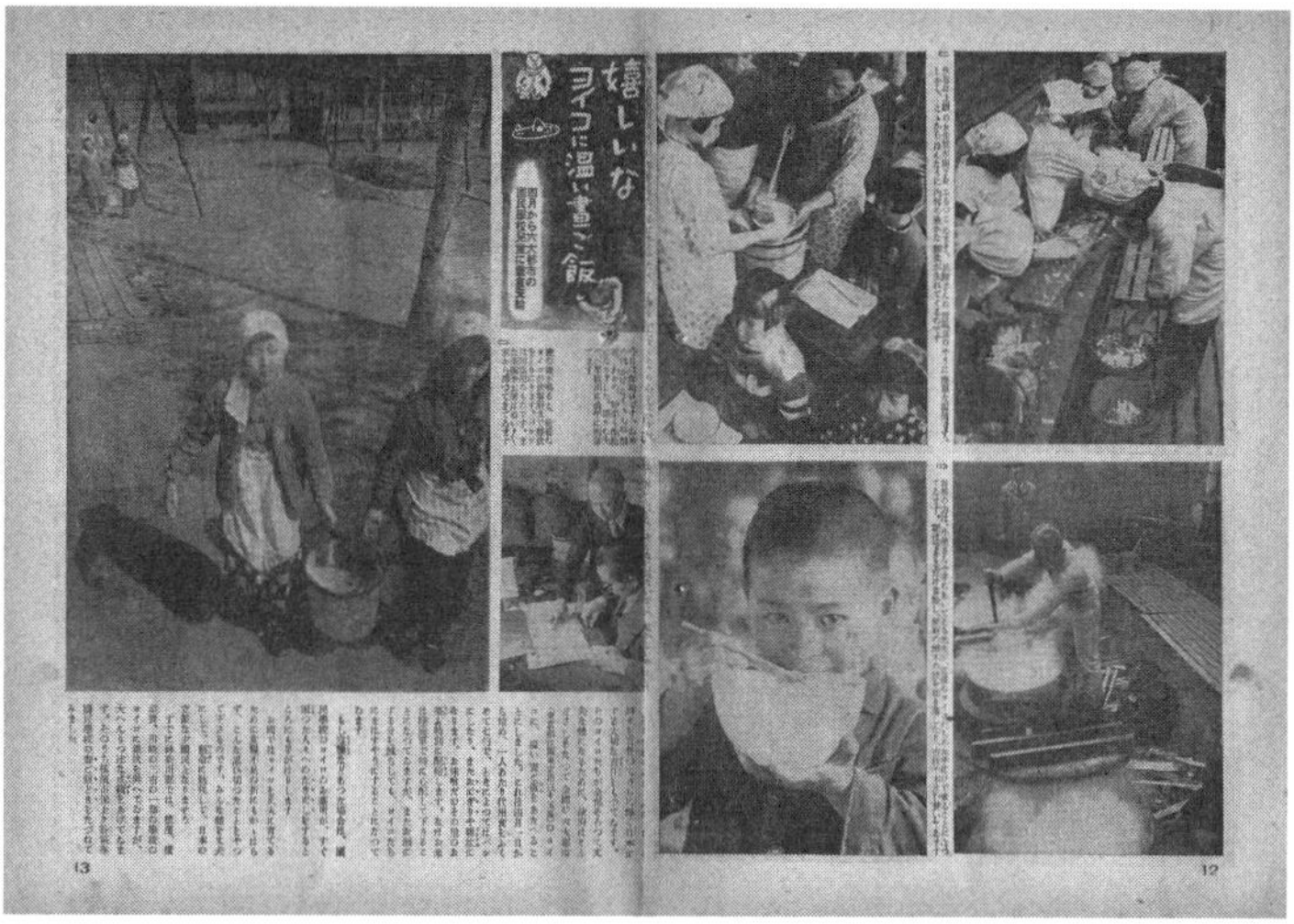

図２－30　児童への米飯給食

生活をする隣組の人々を通じて、買出しや闇取引をせず配給のみで生活できることを模範として示そうとしたが、「時の立札」や「常会の頁」などで再三言及されているように、配給を多くもらうために配給受給者を水増し申告して実態よりも人口が多くなる、いわゆる、「幽霊人口」の問題、闇取引や買出しが後を絶たなかった[51]。政府は懸命に戦時下の食生活を取り繕ってきたが、結局、配給生活の破綻を事実上認めざるをえなかったのである。昭和二〇年には、政府も食糧需給について絶対不安なしと断言できず[52]、端境期には供給不足が深刻となり「窮屈を覚悟」せざるをえないことを認めた[53]。同年四月には配給量の削減が論議されるようになり、沖縄戦終結後の七月、鈴木貫太郎内閣は配給量を二合三勺から二合一勺に減らす減配措置に踏み切った[54]。そして、三六六号（昭和二〇年四月一一日）の「おいしい春の野草数種」や三七二号の「山菜も活かさう」で紹介されているように、山菜や野草など新たな食糧を確保して「足らせる工夫」を国民に求め、食糧問題解決の責任を国民にも背負わせたのである。

昭和一四年の朝鮮大旱魃をきっかけに生じた供給不安に対して、『写真週報』は食糧の安定供給が戦争の勝敗に直結するという観点から不安の払拭に力を注いだ。ただし、商品作物を生産して外貨を獲得する姿も伝えており、食糧増産一色となった開戦以降と比べると切迫感は感じられなかった。一方、『写真週報』では節米意識の浸透に力点を置き、節米が楽しく気軽に取り組め、健康増進につながることを国民に強く印象づけた。

しかし、日米関係が悪化する昭和一六年になると商品作物の生産を断念し、輸入抑制という観点から『写真週報』では全国民へ食糧増産を促すようになった。都市の住民には農業のやり方だけでなく楽しさも伝えた。農家に対しては有力な食糧供給の担い手として期待を示しつつ、厳しい生産条件の下で増産と供出を迫られるため、そのような農家の実情に鑑み気遣いを見せる姿勢も見せた。一方、食生活は一層戦時色が浸透し、二合三勺の配給と藷の主食化という厳しい状況となった。そこから抜け出すために闇取引に走る国民が続出し、『写真週報』は統制遵守の徹底と闇撲滅に躍起となった。

以上のような状況は開戦直後も続いたが、戦局の悪化が伝えられた昭和一八年に入ると、国内需給を支えていた輸入米や移入米が手に入らなくなり、一時は満洲雑穀の輸入にも期待をかけるが、終戦まで先細りを食い止めることができなかった。こうした食糧事情の悪化を反映して、『写真週報』はあらゆる空地の開拓と生産力を高める土地改良に全てを賭け、危機突破を訴えた。しかし、一層厳しくなる生産条件が災いして食糧増産はかなり難しくなった。国民の食生活についても、もはや、政府が保証することはできず、最後は野草や山菜を食して自給を促すのがやっとになっていたのである。そして、このような深刻な食糧事情は終戦を迎えても改善されることはなく、終戦直後の日本は未曾有の食糧危機に見舞われることになるのである。(55)

（小田義幸）

＊　＊　＊

第三章
ぜいたくは敵だ
貯蓄節約の奨励

戦時期の日本においては、物的資源や資金を調達し軍需へ充てるための戦時経済体制を構築することが、消耗戦とも言われた総力戦を継続する上で必要不可欠となった。日中戦争の長期化に伴う輸入超過によって、原料や物資の大量輸入が難しくなり、軍需が民需に優先し原料や物資の割り当てが行われた。また、日中戦争後の一時的な好況により、政府は民需へ向けられがちな余剰資金を吸収してそれを軍需拡大の資金源に充てた。そして、日米関係が悪化する昭和一五（一九四〇）年の後半には輸入自体が困難となり、様々な法令を駆使して国内に眠る物的資源を総動員し、軍需に傾斜した資源配分を徹底させた。資金についても、輸出による収益増が見込まれない中で国内からの調達に頼らざるをえず、貯蓄や国債購入の奨励、課税の実施を通じて資金を確保した。昭和一六（一九四一）年一二月の日米開戦後もこのような政府の方針に変化が見られなかったが、戦局の悪化が鮮明になると物的資源や資金の円滑な調達が難しくなり、「創意工夫」の名の下に民需を極限まで抑制し軍需に充てるという最終手段を講じる結果となったのである。

以上のように、日中戦争勃発から終戦に至るまで、軍需に対して物的資源や資金を優先的に充当する政府の姿勢は貫かれ、民需は抑制の対象にすぎなかった。当然、国民生活に対する皺寄せは必至であり、政府は何らかの形で国民に対して説得し理解と協力を求めたが、このような観点から戦時日本の一端を明らかにした研究は少なかったのである。(1)本章では、以上の問題意識に基づき、国策グラフ誌『写真週報』の貯蓄・節約に関する記事を取り上げて分析し、戦局の推移と照らし合わせながら、貯蓄と節約の面で政府の模範となり、政府が国民に普及させようとした理想の「国民生活像」を明らかにしたい。

一　民需抑制意識の涵養

昭和一二（一九三七）年の日中戦争の勃発を契機に、臨時軍事費を中心とする政府予算の大幅増額と公債の大量発行に拍車がかかり、物価が急激に高騰した。[2]さらに、勃発直後の好況により悪性インフレーションに対する懸念が強まり、財政破綻の危機が叫ばれるようになった。[3]『写真週報』は、日中戦争で収入を得た人々が消費に走り、インフレを助長させることを懸念し、消費の自制と貯蓄の実行を促した。山積みのコインが表紙となっている一八号（昭和一三年六月一五日）では「貯蓄報国号」という表題で特集が組まれており、戦時日本経済における貯蓄の意義が論じられた。同号の「貯蓄戦に参加せよ」では、なぜ貯蓄をしなければならないかという疑問に対して大蔵省が以下のような回答をしている。所得のある人が大量に消費すると物価が高騰し、その結果、割高となった日本製品の国際競争力が低下し、輸入にとって不可欠な外貨が得られなくなること、しかも、政府が割高な物資を購入せざるをえないので財政も悪化していくことが順序立てて説明された。その一方で、彼らが貯蓄をすれば、前述の懸念が払拭されるだけではなく、軍需生産に必要な資金の充実と将来の備えとなり「一石二鳥の方策」になることを強調したのである。一一三号（昭和一五年四月二四日）の「新東亜百二十億の貯蓄から」は、貯蓄が余剰購買力を縮小し、インフレ防止と軍需拡充につながるサイクルをイラストで説明し、貯蓄に対する国民の理解を促した。その次のページでは、服の新調や遊興を自粛すれば貯蓄ができるという具体例を幾つか示し、国民に節約と貯蓄を強く奨励した（**図3-1**）。

さらに、一八号の「貯蓄模範村を訪ふ」では貯蓄が良い結果をもたらす実例が紹介された。すなわち、千葉県安房郡主基村で村全体が貯蓄に励んだ結果、その集まったお金で村内の寺院改築や堤防の工事を実現したことを伝え、改築された寺院や豊かに実った田畑という形で貯蓄の成果を可視化したのである。この他にも『写真週報』は、旅行の

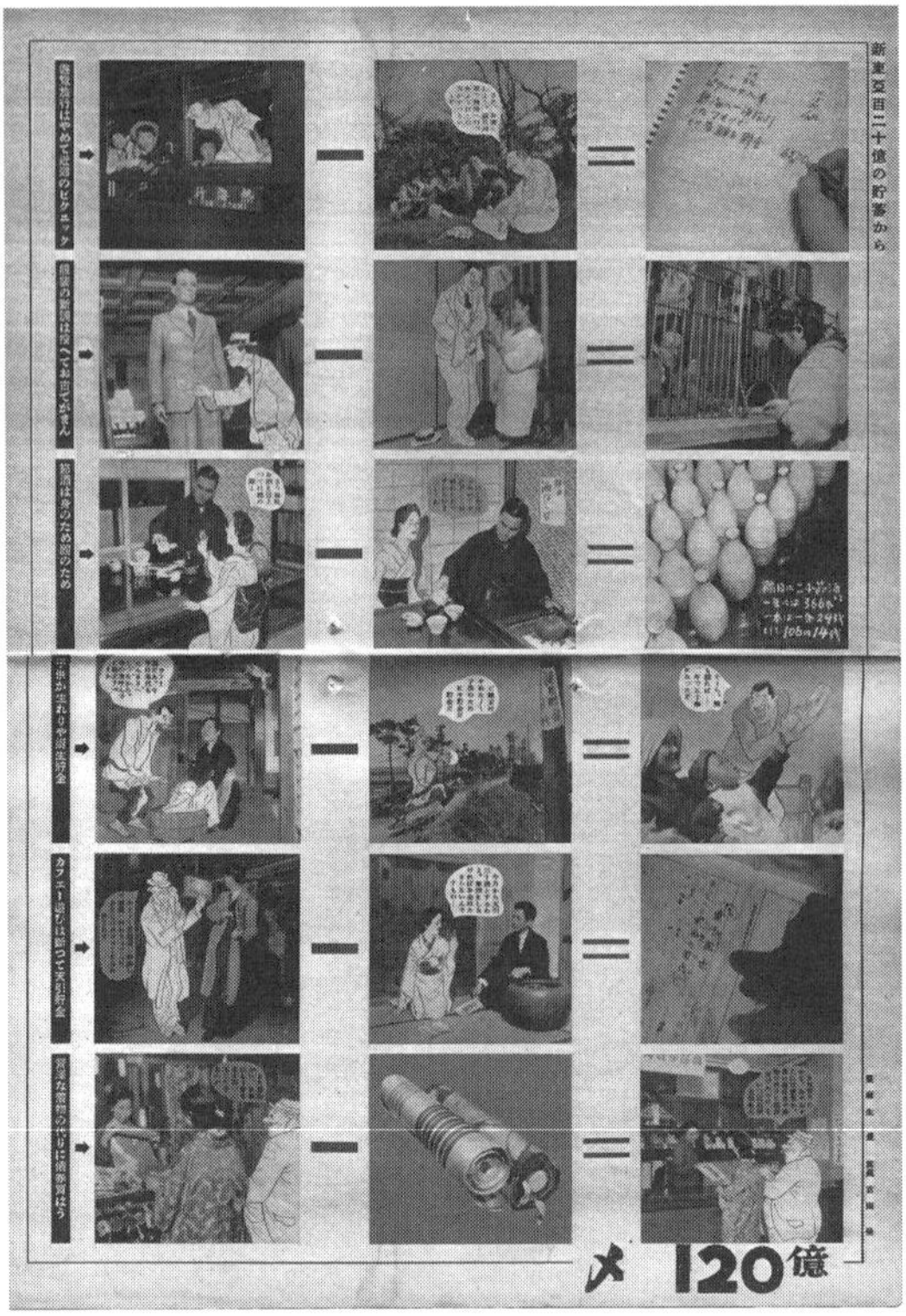

図3－1　服の新調や遊興を自粛し、貯蓄に励もう

行き先の郵便局で貯金をしてスタンプを集めようと促す一一六号（昭和一五年五月一五日）の「集印帖も国策で行き先き貯金」や、貯蓄額に応じて駒を進めゴールを皆で競い合う一二二号（昭和一五年六月一九日）の「興亜貯蓄双六」など、遊び感覚を取り入れた誌面作りをし、国民の貯蓄意欲を刺激したのである。中でも、「興亜貯蓄双六」は、職場・町会・各家庭など数人単位で貯蓄額を争うもので、各々が貯金通帳を作って貯蓄に励み、一定の期間に集まってその期間に貯えた金額に応じて駒を進めていくゲームであった。東京をスタート地点とし、新京→包頭→北京→南京→漢口→上海の順で日本軍の勢力圏下にある中国大陸の各都市を巡り、一番早く東京に到着した人を勝ちとした。全長九八三〇キロメートルのコースの進み方は各グループで自由に決めることができ、例えば、一キロメートルにつき一銭、余裕がある場合は一〇銭と設定してもよく、参加者間でハンディキャップをつけてもよいとされた（**図3－2**）。

このように、『写真週報』は貯蓄することが善であることを印象づけ、貯蓄を強力に推し進めたが、その一方で、

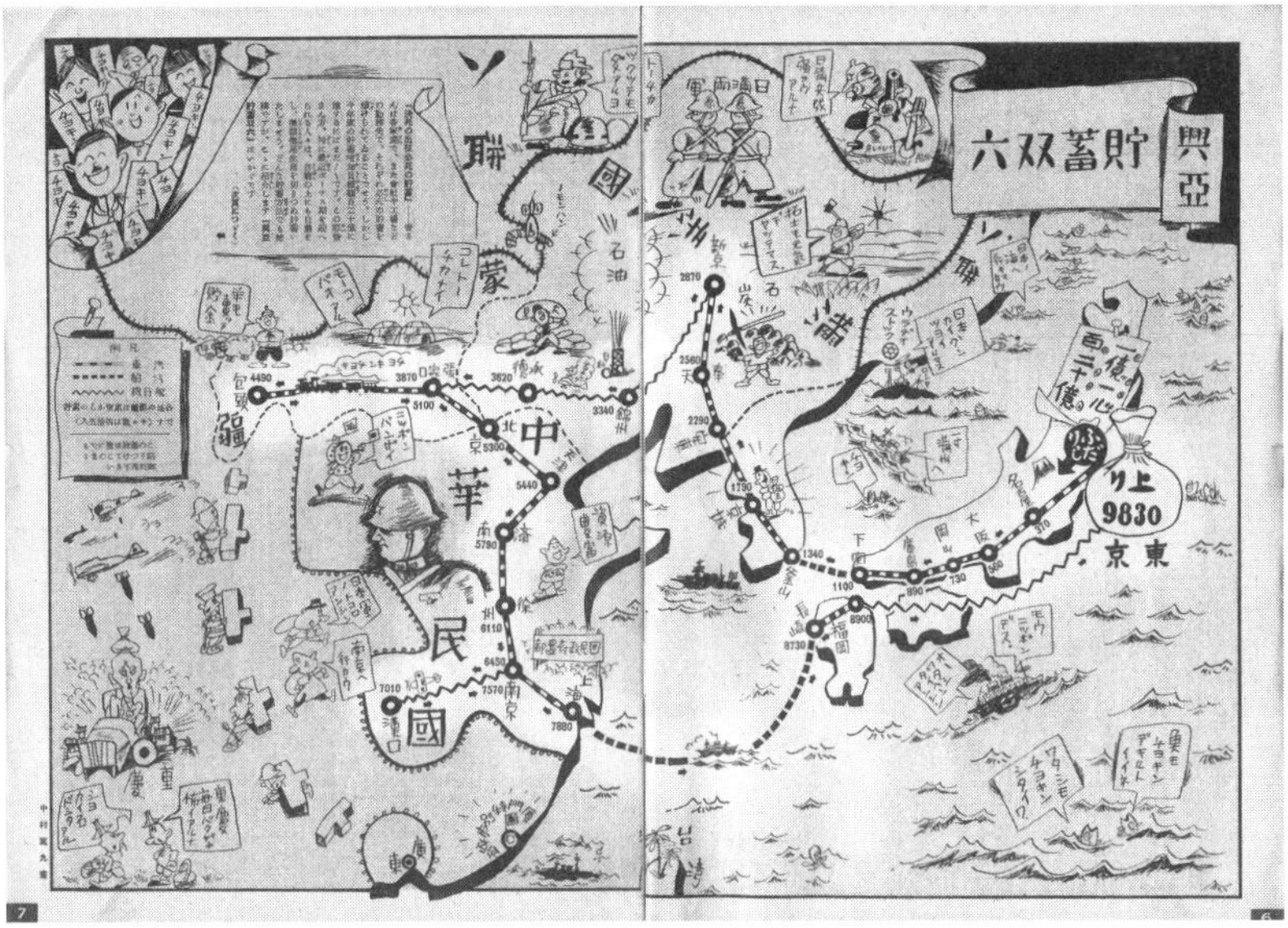

図3－2　興亜貯蓄双六

消費や浪費を悪と位置づけ、そのマイナスイメージを浸透させることも忘れなかった。六九号（昭和一四年六月一四日）の「消費の魅力」は、土地の購入・豪華な宴会・骨董品の買い占めなど、一時的に増えた所得を自己満足のために浪費する事例を紹介し、こうした行為が悪性インフレーションを惹起し財政破綻を招くと警鐘を鳴らした。昭和一四（一九三九）年の年末最後を飾る九六号（昭和一四年一二月二〇日）の「精動で暦を終る第三年」や昭和一五年の年始最初の刊行となった九七号（昭和一五年一月三日）の「元旦に迎へる興亜の奉公日」に至っては、忘年会・新年会のつきあい、お歳暮・年賀状のやり取り、正月飾りに至るまで浪費であると見なし、これらを簡素で質素なものにするように自制を求めた。また、一八号（昭和一三年六月一五日）の「興亡ふた筋道」では、貯蓄と消費が何をもたらすのかを紙芝居風に対比させながら説明し、特に消費の場合、宴会で騒ぐなどの浪費をすると国家経済が破綻して暴動になるという結末を国民に想像させた（**図3－3**）。その他、消費と貯蓄を対比するという観点は、四四号（昭和一三年一二月一四日）の「経済戦強調週間」（**図3－4**）や八六号

図３－３　消費は最悪の結果をもたらす

図３－４　経済戦強調週間

（昭和一四年一〇月一一日）の「精動二面鏡」にも取り入れられ、消費の負の側面を浮き彫りにしたのである。以上のように、政府は、消費が国家財政の破綻を招くことを印象づけることによってその自制を国民に求め、軍需生産の原資となる貯蓄を推進した。

また、日中戦争勃発以後、前述のインフレーションと並んで戦時日本経済を脅かす大問題が大幅な輸入超過であった。戦争の勃発により、軍需生産にとって不可欠な物資や原料の輸入が急増し、日本の貿易収支は大幅な赤字に転落した。一方の輸出も、それに適した民需生産の縮小により大きく減少し、決済に必要な金の準備高は減少の一途を辿ったのである。そのため、今後も軍需生産に欠かせない物資や原料を輸入していくには、金の準備高を増やすか、軍需とは関連のない輸入を抑えるかしかなかったが、その実現のために、政府はどのような政策を実施し、それが『写真週報』ではいかにして国民に伝えられたのだろうか。

まず、政府は貿易の決済に必要な金を確保するために、国内で金を調達できるように策を講じた。見開き四頁にわたって金貨が製造されるまでの過程を追った一八号（昭和一三年六月一五日）の「金貨のできるまで　金貨物語」では、輸入超過による金の不足が軍需物資の円滑な輸入を妨げ、物資不足による悪性インフレーションから財政破綻へと最悪の結果となることを厳しく指摘した上で、金の準備を潤沢にすればそのような危機を回避できることも強調した。そのためには、産金の推進以外に、死蔵している金を回収する必要があると説き、金献運動を始めた東京日日新聞社や大阪毎日新聞社の取り組みを紹介しながら金の総動員を国民に働きかけた(4)。さらに、政府は、啓蒙活動の域を超え、法令を駆使して金の確保に乗り出した。商工省は昭和一二年八月、産金強化を目的とする産金法を制定し、同年一〇月には産金奨励規則を施行するなど、金の増産を直接後押しした(5)。四六号（昭和一四年一月四日）の「黄金の島　佐渡」では、新潟県の佐渡金山における採掘作業を紹介し、そこで働く人々の姿を通じて金が急ピッチで増産されていることを伝えたのである。

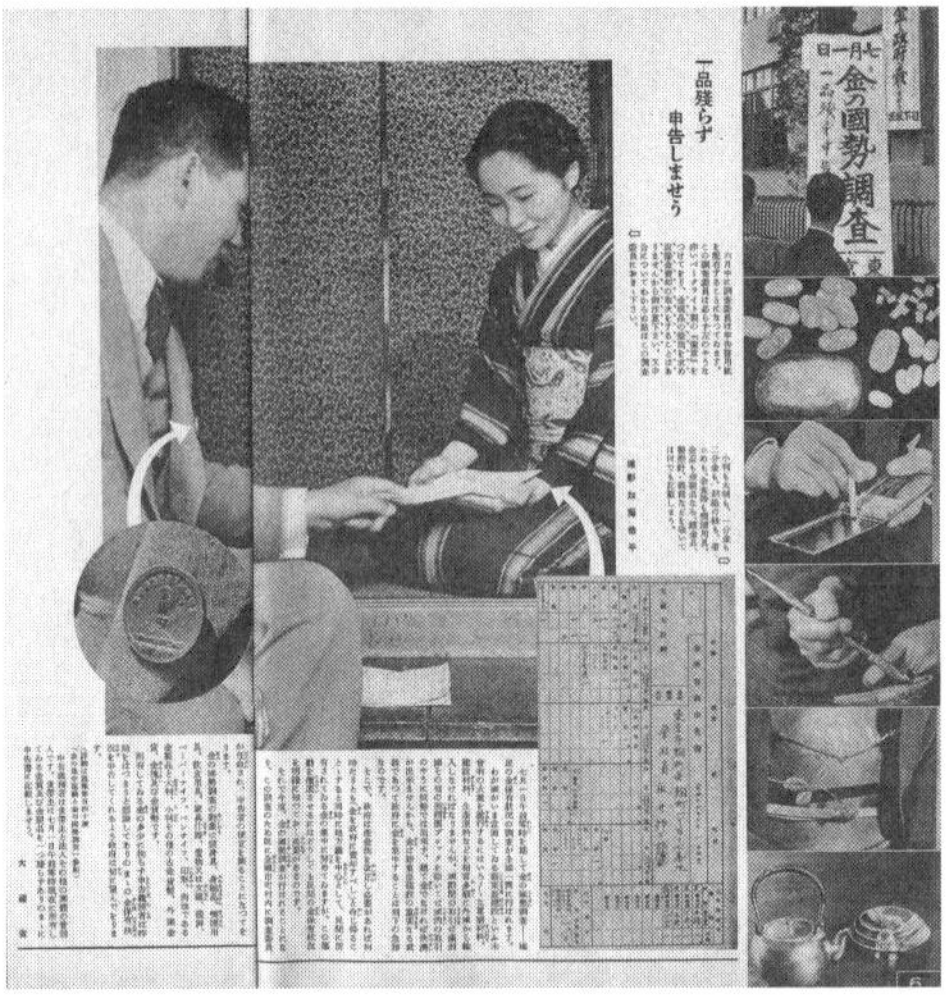

図3－5　金の国勢調査

一方、大蔵省は金の節約や回収に踏み切った。まず、昭和一三（一九三八）年五月に金使用規則、同年八月には該規則の改正を施行し、金を使用する場合、歯科用以外はすべて許可を得る必要があり、金の使用に厳しい制約を課した(6)。大蔵省の意向を受けて日本銀行も同年七月から「金売戻条件付買入」を開始し、四六号の「日本銀行の金庫には」では、日銀の金庫に納められた金の茶釜などの金製品が紹介された。なお、これらの金製品は、日中戦争終結後二年経過すれば売り主の請求によって売り戻されることを条件に政府が買い入れたものであり、文化的芸術的価値のある金製品が続々と集まったのである。次に、大蔵省は昭和一四年七月に金の国勢調査を全国で始め、調査員に金の所在を調査させた。この調査活動の一端は七〇号（昭和一四年六月二一日）の「一品残らず申告しませう」の中で、赤い徽章をつけた調査員が主婦を相手に聞き取り調査をしている様子から確認することができる（**図3－5**）。同誌面上では、調査員の業務内容や調査の対象となる金製品の種類が説明されており、正直に金の保有状況を申告するように働きかけた。

しかし、以上の金回収策は金保有者の自主的判断に委ねられており、一〇六号（昭和一五年三月六日）の「「金なき大阪市」をめざして」のように婦人団体などの動員で回収が進むこともあったが、実際、回収の成果はあまり芳しくなかったのである(7)。昭和一五年一〇月、大蔵省は遂に「金買上規則」を制定し、大蔵大臣が金製品の買い上げを命じることが可能になり、金の譲渡や処分も厳しく制限されるようになった。また、同時期には、金を売り渡した者に対して「金売却証明書」を、未だ保有している者には「金売却勧奨状」を送付し、金保有者に対して厳格な姿勢で回収に臨んだのである(8)。

以上のように、政府は、輸入超過による金の減少を懸念し、法令を背景に金の回収を積極的に進めたのである。こうした動きは昭和一五年まで『写真週報』の誌面上で多く見られたが、対外貿易が難しくなる昭和一六年以降は、金に代わって鉄や銅などが回収の対象となる。

金の回収に続いて政府が輸入超過を改善するために講じた対策は、民需に関連する輸入を極力抑えることであった。こうした対策の結果、民需物資の不足が生じることになるが、それは代用品の導入や不用品交換で補い克服しようとしたのである。当然、今まで使い慣れていた日用品が姿を消し、国民に不便を強いる結果となることから、『写真週報』では代用品の利用や不用品交換に理解を求める誌面が多く登場することになる。

『写真週報』が発刊して間もない三号（昭和一三年三月二日）には「原料国策　耐へよステープルファイバーに」と題する記事が誌面に登場した。そもそも、ステープルファイバーとは、木材を原料とするパルプからできた紡績用繊維であり、衣服の一切をこれで代用し「スフ」という名称で普及した。以前は綿花や羊毛を輸入し、輸入総額も全体の四割近くを占めていたが、これらの輸入を制限し不足分をステープルファイバーで補おうとしたのである。そこで、商工省は昭和一二年一二月に「綿製品ステープルファイバー等混用規則」を制定し、綿糸・綿織物に重量の三割以上のステープルファイバーを混用することを命じた(9)。

誌面上では、ステープルファイバーの利用により約二億八〇〇〇万円に相当する金の支払いが節約できること以外に、固さや長さを調節すれば様々な衣服の代用品ができること、さらに、衣服の製造コストが低く抑えられ廉価で提供できるなど、価格や材質の面で優れていることを強調した。しかし、その一方でスフには弾力性がなく水に弱いという難点があり、この難点の克服が常に課題となった。『写真週報』もその点を強く意識しており、スフは洗濯すると縮むという非難の声が強まると誌面上で反論を展開したのである[10]。

七〇号（昭和一四年六月二一日）の「スフの洗濯」によると、スフに対して非難が出た原因として、第一に、スフが登場した当初、粗製濫造されたことで品質の悪いスフを手にしたこと、第二に、スフに対する理解が不十分であったことを挙げた。以上の指摘に対して該記事は反論・弁明し、第一の原因については、スフの品質向上の努力が続けられ、品質も改善されているから問題ないと一蹴した。一方、第二の原因については、多くの人々がスフを木綿と同じ扱い方をしてきたことがそもそもの間違いであると述べ、スフに適した扱い方をする必要があることを説いたのである。同誌面上では、正しいスフの洗濯の仕方について紙芝居風に説明しており、それを理解すれば「ステープルファイバーは決して弱くない」はずだと国民に再考を求めたのである（図3－6）[11]。

以上のような国民の誤解を解くような広報は、スフだけに限らず他の代用品全般についても行われた。代用品も、スフと同様、本来使われるべき原料の輸入を抑え、その代替となる原料で製造された品物であった。日中戦争勃発直後、数多くの代用品が登場したが、まさしく「玉石混淆の状態」であり、粗悪品が氾濫したために優良品も「悪者扱い」にされた。また、代用品が壊れたり、使えなくなったりしたことを以って「だから代用品は駄目だ」と非難する人も多く、その結果、代用品の評判は著しく低下したのである[12]。

このような現状に対して『写真週報』は誌面上で代用品を擁護し、むしろ、代用品を製造した生産者と使用した消費者に問題があることを指摘した。一三三号（昭和一五年九月一一日）の「使つて育てよ代用品　九月十日から代用品愛用強調週間」では、商工省主催の第三回代用品工業振興展覧会で出品された数々の代用品を取り上げ、当初、「いか物の代名詞」と揶揄された代用品が外貨獲得の手段にまで品質が改善された点を強調し、これまでの「本物に対する代用品」ではなく代用品自体に価値があることを印象づけた。そして、優秀な代用品に対しては「日商選定新興品」という、日本商工会議所が品質を保証したシールが貼られ、以前のように粗悪品を摑まされることはないと国

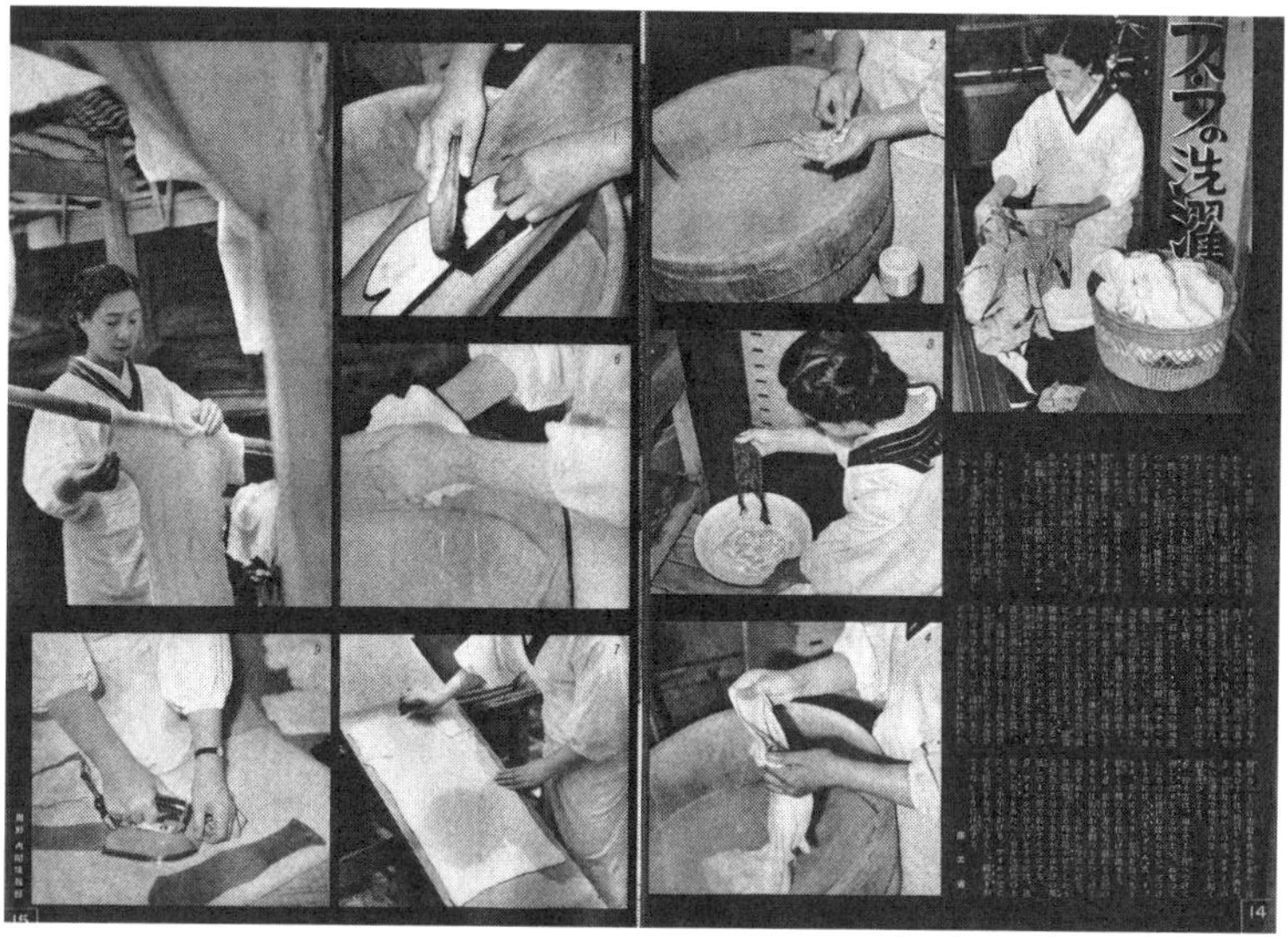

図３－６　スフの洗濯方法を教えます

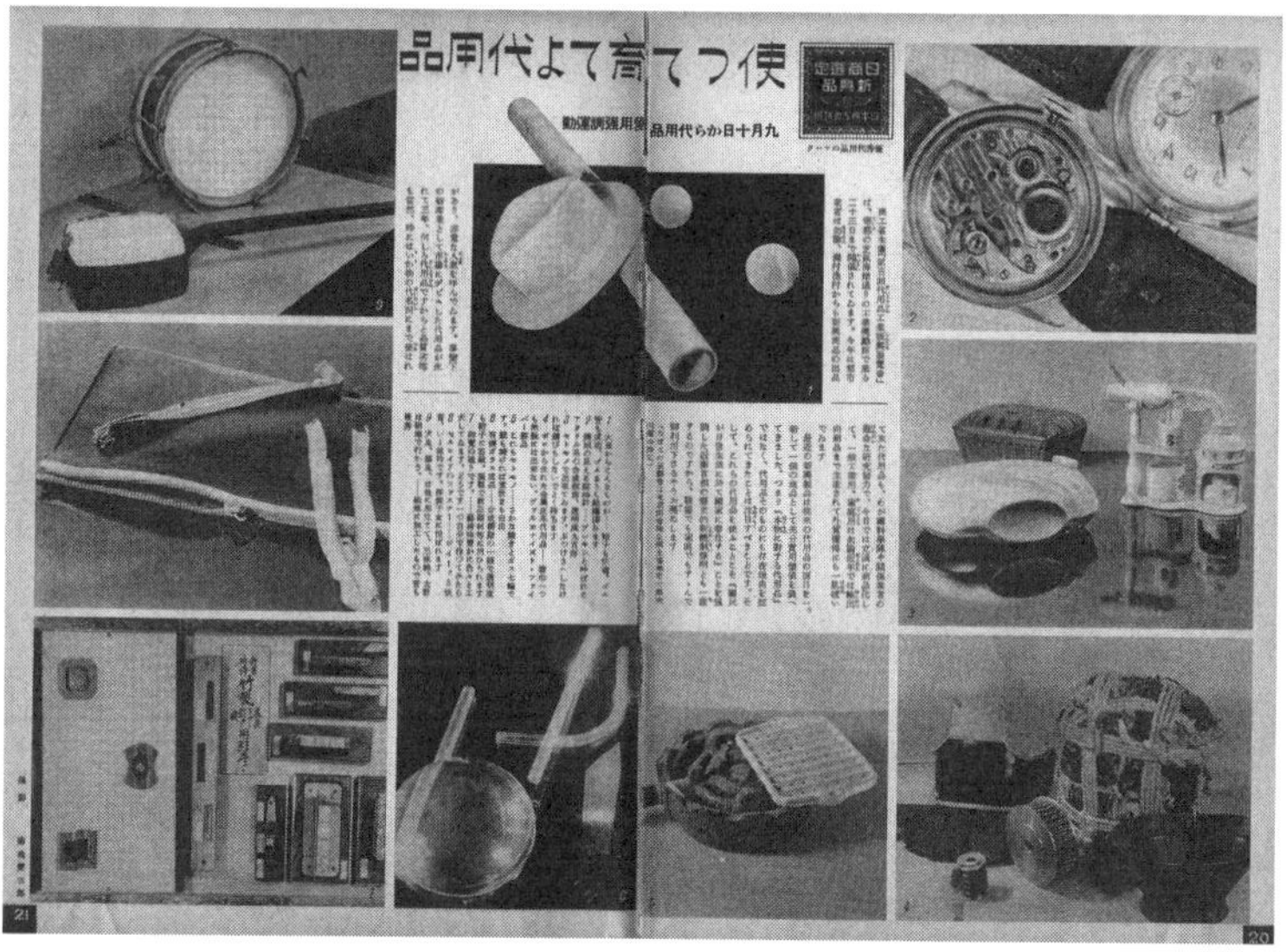

図３－７　代用品を使おう

民に約束したのである（図3―7）[13]。一方、政府は代用品の評判を悪くした一部の生産者による粗悪品製造を厳しく批判した。さらに、代用品に対して文句を言う一部の消費者についても「自身の使い方に過失があった」ことを指摘し、「使って育てよ代用品」という標語のように正しく使えば代用品に愛着を持つことができると結論づけたのである[14]。

以上のように、国策織物であるスフや代用品は輸入超過打開の救世主として期待され、様々な利点が強調される一方で、それらが持つ欠点に関しては問題の責任が消費者や製造者にあると言及し、スフや代用品に対する再評価を国民に迫ったのである。

こうしたスフをはじめとする代用品とは対照的に不用品交換会に対する国民の関心は高く、『写真週報』もそれに誌面を割いた。日本婦人団体連盟主催の不用品交換会を取材した三五号（昭和一三年一〇月一二日）の「不用品交換即売会」では、朝四時から会場前にできた長蛇の列をはじめ、会場内に入りきれないほどの人々が品定めし混雑する様子が誌面に取り上げられた（図3―8）。「結婚仕度一式、喪服」まで揃えた人もいるほど品揃えも豊富で、「三〇分間一人一〇点以内」で入場制限するほどの大盛況であり、「家庭の死蔵品を活かし有無相通じて節約を計る」有力な方法として紹介したのである。

また、不用品交換は職場や家庭においても奨励された。六九号（昭和一四年六月一四日）の「国策の市　仲間同志で不用品を交換しませう」では、家で不用となった品物が集められ、職場で不用品交換会を開いた様子が伝えられており、皮革製品や日用品など統制強化で手に入りにくい品物が購入できて嬉しい姿が誌面を飾った。九四号（昭和一四年一二月六日）の「掘り出せ家庭の資源局」では、一家四人で家の中の不用品を探した結果が不用品の山とそれを回収業者に売った時の値段という形で実を結び、未だに多く死蔵された不用品が有効に活用できることを国民に訴えたのである（図3―9）。

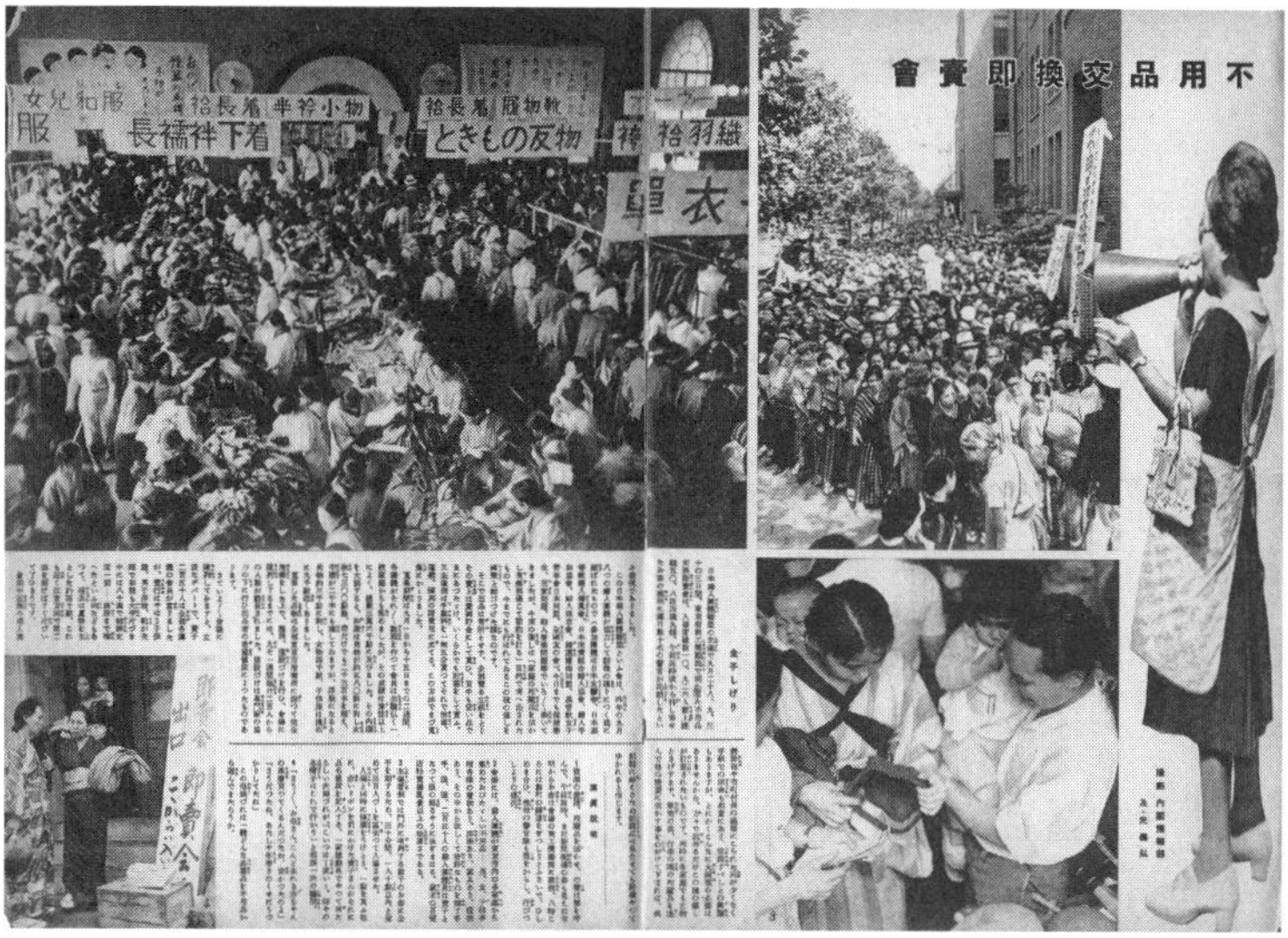

図３－８　大盛況の不用品交換即売会

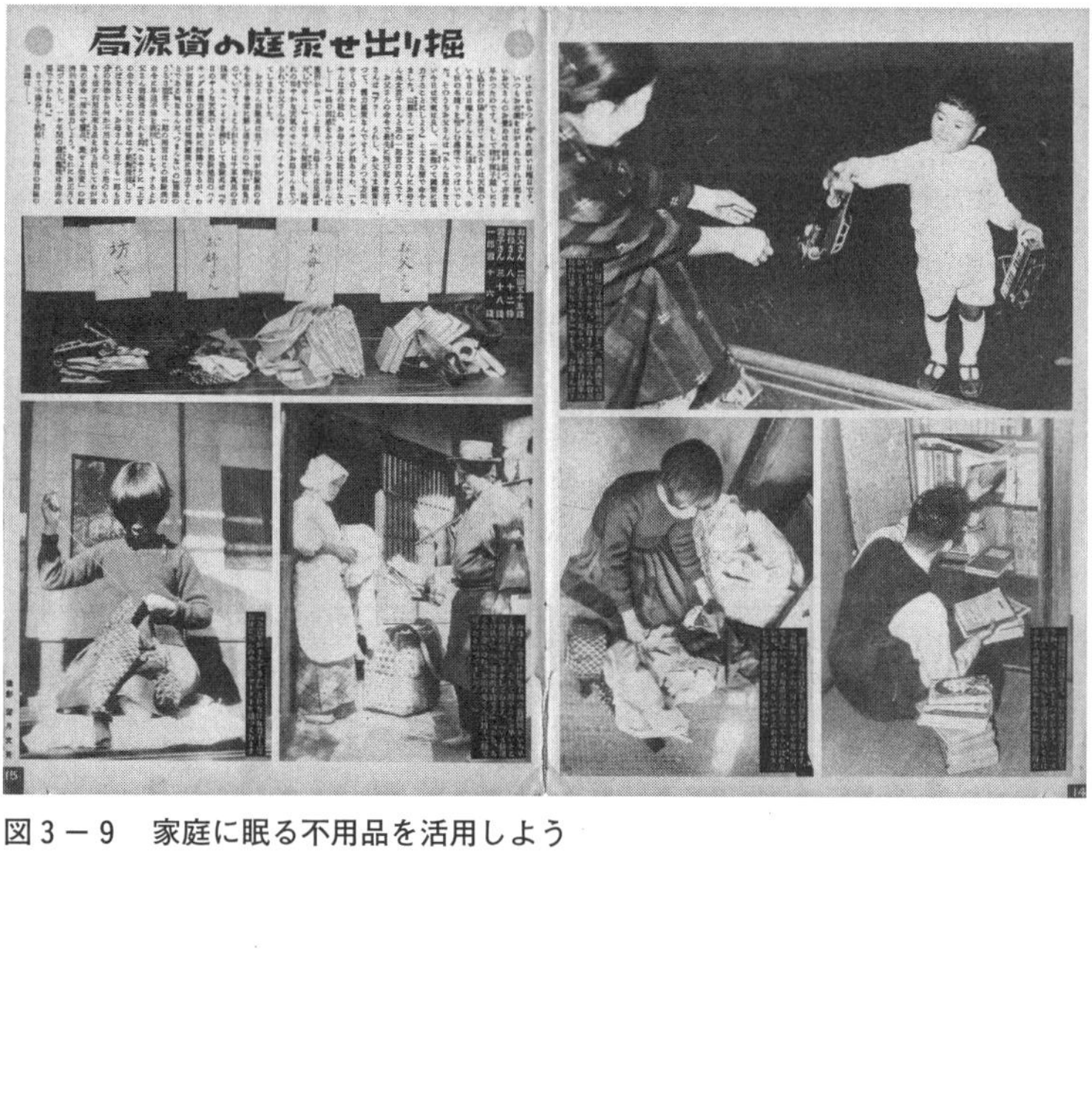

図３－９　家庭に眠る不用品を活用しよう

以上、民需抑制の手段として登場した代用品や不用品交換会について『写真週報』がその意義と正当性を強調し、国民の理解と協力を仰いだことを明らかにした。当該期は日米開戦前であり、物資も比較的余裕があったことからそのような内容が誌面の多くを占めたが、開戦前夜、開戦後となるにつれて物資不足が深刻になり、誌面に登場する機会も次第に減っていくのである。

二　戦時意識の扶植と戦時経済への協力要請

昭和一五年後半から昭和一六年にかけて日米両国が次第に険悪な関係になると、不測の事態に備えるという意味で戦時体制を強化する様々な法令や規則が次々と制定された。国民からの資金の調達についても、従来は前節で述べたようにインフレ抑制のために貯蓄を奨励する形式であり、貯蓄目標額であった一二〇億円も既に達成できた。しかし、当該期は、その形式が見直され、来年度の目標額一三五億円突破（途中で一七〇億円に変更）のために貯蓄を半ば国民に強制することになった。一六二号（昭和一六年四月二日）の「常会の頁　新らしい法律の話（一）」は、昭和一六年五月施行の国民貯蓄組合法について解説し、法律で定められた四つの貯蓄組合（地域組合・職域組合・産業別組合・公益団体や学校の構成員などで組織された組合）の内、国民をいずれかの組合に必ず加入させ、貯蓄に半ば強制的に参加させるようになったことを伝えた。組合が扱える貯蓄は郵便貯金や銀行預金など八種類に限定されているが、貯蓄組合は税制面や補助金交付の面で優遇され、条件付きながら貯蓄銀行業務の一部を行う権限も有した。そして、貯蓄組合は大蔵大臣の命令によって組織させることが可能となり、貯蓄組合網の拡大に拍車をかけた。一九七号（昭和一六年一二月三日）の「二割七分の御奉公」では、給料の二割七分を貯蓄する工場の貯蓄組合を紹介した。該誌面では、貯蓄や節約に関する講習会や相談会の様子が伝えられ、さらに、工場内の各班で貯蓄額を競い合った結果、貯蓄組合が多額の貯蓄獲得に成功していることを示し、その設立を働きかけたのである。

しかし、貯蓄するとはいっても、目標額に到達するためには国民一人あたり一三五円の貯蓄が必要であった。そこで、大蔵省では貯蓄に努めている家庭から経験談を募り、これを紹介することによりその実践を促した。一七三号（昭和一六年六月一八日）の「貯蓄を我が家の中心に」において、まず、個々の家の収入を「国からの預かりもの」と定義し、生活に必要な経費以外は貯蓄するという心構えが必要であることを説いた。そして、郵便貯金・生命保険の掛金・国債購入へ分散して預け、預け入れや元利金の受け取りの時期をずらして貯蓄し続けているとも語り、工夫すればかなりのお金が貯蓄に充てられることを印象づけた。この方法で貯蓄すれば二〇年後には元金の三〇倍以上になることにも言及し、国民の貯蓄心を強く刺激したのである。このように、政府は法律を背景に貯蓄の義務化を進め、その一方で、前節でも見られたように、貯蓄する楽しみや無理なく貯蓄できる方法を感得させ、国民の貯蓄意識を高めようとしたのである。

一方、前節と同様、貯蓄が悪性インフレーションを予防し、軍需生産力の拡充に寄与するという説明は繰り返された。一九七号（昭和一六年一二月三日）の「健全に日本の血を廻しませう」はその説明をイラストで表現しており、貯蓄したお金が着実に「日本銀行→政府→軍需工場」へ流れ、戦争遂行の役に立っていることがわかる一方、浪費をした人々は、浮遊資金という「池」に溺れ、悪性インフレという名の「鬼」の餌食になっていることがユーモラスに描かれた（図3―10）。

また、当該期において、貯蓄以外に国債に関心を持ってもらう企画や、国債の購入を勧める誌面などが多く登場した。一八一号（昭和一六年八月一三日）の「支那事変債券の懸賞写真募集」は大蔵省預金部、情報局など四団体による企画であり、債券購入を勧めるポスターや宣伝物に使用する写真の公募を告知する内容になっている。受賞した人には賞金ではなく事変債券を贈呈し、『写真週報』をはじめとする当時のグラビア雑誌に掲載されることが約束され

図３―10
貯蓄は戦争遂行を支え、浪費は悪性インフレを招く

た。この公募の結果は一九四号（昭和一六年一一月一二日）の最終ページで明らかにされ、応募写真七四〇点余りの中から選定されたこと、その中から一等一名・二等三名・三等五名が決まったことが伝えられた。個々の受賞作品の写真はこのページで紹介されなかったものの、今回の公募で二等となった写真、つまり、二人の女性が自分の小遣いで買った債券を恥ずかしそうに見せ合う写真が同号の表紙を飾ったのである（**図３―11**）。

このように、国債に対する国民の関心を呼び起こした政府は、手軽で簡単に国債を購入できることを『写真週報』の誌面で強く訴えた。一二三号（昭和一五年七月三日）の「国債の買物」では、店内に国債販売の場所を設け、購入予約も受け付ける百貨店の様子が紹介され、国債の購入が身近になったことを国民に印象づけた。また、一七七号（昭和一六年七月一六日）の「時局解説　豆債券で御奉公」では、額面価格・販売価格一円の特別報国債券、いわゆる豆債券の売り出しが告知され、抽選で一等になった人には割増金で五〇〇円が付与されるという、手軽に購入でき、かつ、魅力的な債券であることが謳われた。こうした特長を意識して、一九七号（昭和一六年一二月三日）では、煙草屋の女主人が豆債券を買う子供達へそれを手渡すところが表紙となっており、子供

図３－11
購入した債券を互いに見せ合う女性

図３－12
子供でも手軽に購入できる豆債券

でも簡単に手に入れられる債券であることを謳ったのである（図３－12）。

以上のように、政府は、『写真週報』の誌面で貯蓄や債券購入を積極的に奨励し、余剰資金の吸い上げと軍需生産資金への充当を図ったが、国民に負担を強いる重税という形でも資金を調達した。当然、税金を課すことは国民の強い反発を招くことから、『写真週報』では以下のように国民を説得した。

第一に、戦時下の外国における税制を紹介し、増税がやむをえないという考えを国民に植え付けたことである。一九四号（昭和一六年一一月一二日）の「戦争と増税」では、ドイツ・イタリア・アメリカ・イギリスの増税に対する取り組みを説明しており、これらの国々の国民が増税に耐えながら戦争に協力する一方で、日本の国民は十分納税していないと反省を促し、諸外国並みの増税を甘受するよう国民に迫った。中でも、アメリカに関する説明では、「もてる国アメリカもこの大増税で」という表題をつけ、アメリカという経済的に恵まれた国でさえも増税している事実を明らかにし、「もてない国」日本の国民に対して一層の納税努力を求めた。第二に、増税の対象を奢侈品中心とし、増税が浮動購買力を吸収しインフレ抑制に効果があることを説明することによって、増税の正当性を国民に納得させたことである。一九六号（昭和一六年一一月二六日）の「奢侈・遊興に重いこんどの増税」では、第七七回帝国議会で決まった増税の中身を説明し、高級酒になるほど高くなる酒税、貴金属類や毛皮などに課す物品税、映画や芝居の鑑賞を課税の対象とした入場税など、奢侈品や遊興を狙い撃ちすることで、それとは関わりがない多くの国民の支持を得ようとしたのである。(15)

一方、前節でも論じたように、貯蓄と同時並行して民需抑制、例えば、浪費の防止、節約、代用品の使用が推奨されたが、政府は法令を背景に民需の流通や製造にまで規制の網をかぶせた。昭和一五年七月、商工省は奢侈品等製造販売制限規則、いわゆる七・七禁令を施行し、余剰購買力が奢侈贅沢品の購入に向かわないように主務大臣の指定する奢侈贅沢品の製造と販売を禁止・制限した。(16) 一二五号（昭和一五年七月一七日）の「今は戦時だ‼」によると、当該業者の転業準備や在庫処分を考慮して三カ月の販売猶予を与えたが、奢侈品の製造販売業者に対して「家業を捨てて前線に赴く兵隊の決意と同様の決意」を迫り、原則として廃業を強いたのである。

また、該法令の施行に対して不満を抱く人達に向けては、同時期に行われていた第二次世界大戦におけるドイツの勝利とフランスの敗北を事例に挙げ、次のように戒めた。先の「今は戦時だ‼」の中で、欧州戦でドイツが勝利した要因は「ケチだといはれながらも挙国一致、国力を養ひ、それを通じて国民精神の発揚と団結を図り、心身の練成を最大の眼目」にしたことであると分析し、質素倹約を国民に求める政府の基本方針を正当化した。そして、フランスが敗北した要因については、「自己を主張し、奢侈を追ひ、敗戦の日も白粉、唇紅を捨てられないほど節度を失つている」と言及した上で、帽子をかぶり着飾った、フランス人と思しき女性の写真を「これだからフランスは敗けた」とのキャプションを付けて掲載し、敗戦に直結する奢侈贅沢行為を批判したのである（図3－13）。

以上のように、七・七禁令の施行により、政府が指定した奢侈品を製造・販売していた業者は大きな打撃を被ったが、政府は、本来、取り締まりの対象にはならない奢侈品の使用に対しても厳格な態度で臨み、当該法令において禁

図３―13
フランス敗北の原因は奢侈贅沢にあり

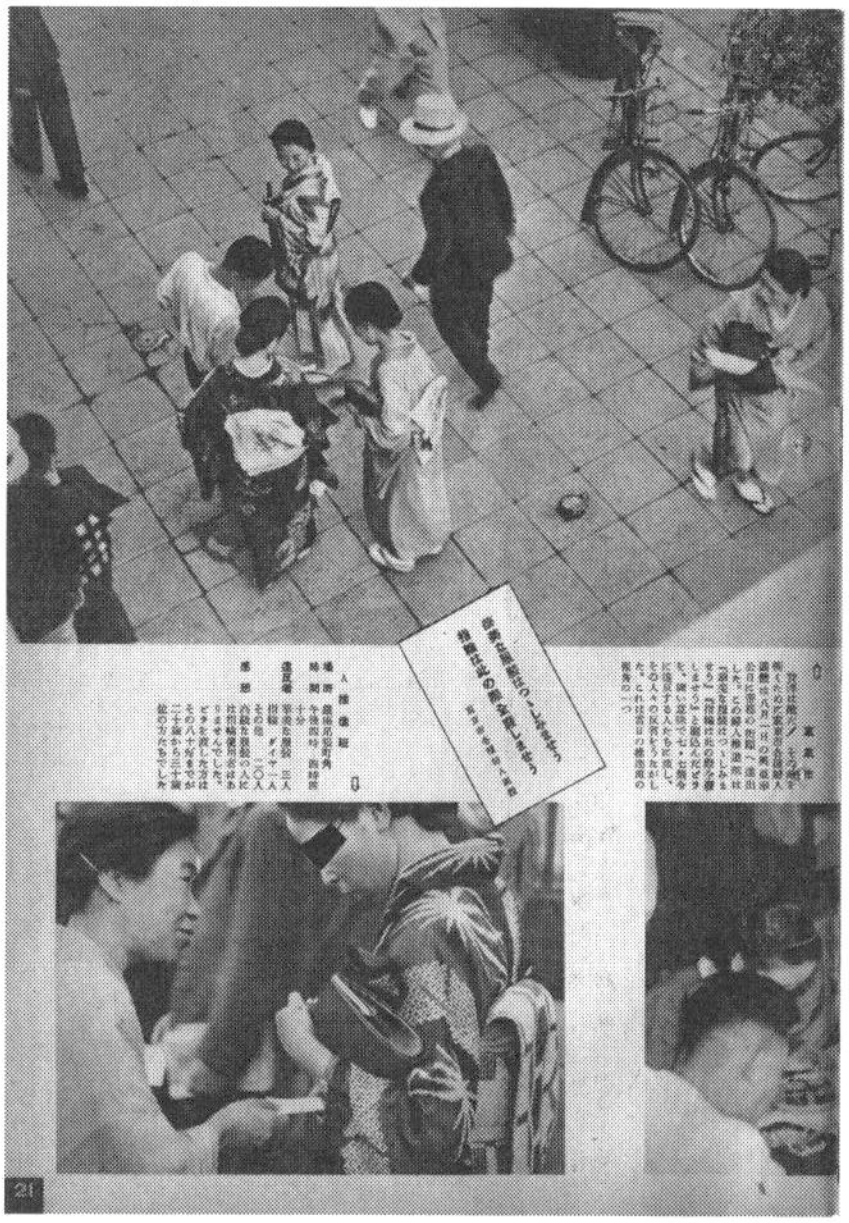

図３―14　華美な女性を取り締まる婦人団体

止される物品は「使用せぬといふ心掛が望ましい」と釘を刺した[17]。このような政府の意思は『写真週報』の誌面にも強くにじみ出ている。昭和一五年八月一日の興亜奉公日における全国各地の取り組みを紹介した一二九号（昭和一五年八月一四日）の「西も東も八・一の日から」は、東京市の婦人団体が、銀座を歩く華美な服装をした女性に対して「華美な服装はつゝしみませう 指輪は此の際全廃しませう」というビラを配布し、華美な服装をした女性に注意する様子を誌面で紹介した（**図３―14**）。このような活動はわずか四〇分程度であったが、ある班では二四名の違反者を摘発したとの成果を残し[18]、違反者を「敵性人種」であると断定して非難したのである[19]。以上の取り組みは、奢侈品の使用も許さないという政府の考えを代弁し、国民に対する牽制となったのである。

　こうして政府は奢侈贅沢品に対する規制を強めたが、民需を抑制するには、それだけでは不十分であった。余剰購買力が民需関連物資の購入に充てられ、悪性インフレに拍車をかけたのである。昭和一四年一〇月、政府は価格等統制令に基づき全ての物品に対して公定価格を設定し、同年一二月には、物品の買い占めや売り惜しみを取り締まる暴利行為取締規則を施行したが、深刻な物資不足も手伝って闇取引は減少するどころか、むしろ一層増加していった[20]。

こうした状況の下で、政府はこれまでの民需抑制の正当性を主張し、闇取引の問題点を厳しく指摘した。一七八号（昭和一六年七月二三日）の「戦時下の国民生活（一）　生活と経済」では、日本は蔣介石政権とそれを支える英米と戦う「有史以来の大戦争」を四年間続けているため、民需の面で我慢を強いられるのはやむをえないと物資不足の現状を正当化し、むしろ、他国と比べると物資供給で健闘していることを強調した。その一方で、売り惜しみや買い占めなどで公定価格以上の付加価値をつけて売る闇取引が横行し、それが消費者を困らせている点を批判したのである。そこで、政府は、昭和一六年七月に暴利行為取締規則を改正実施し、抱き合わせ販売や負担付販売を行う不当な業者を厳しく取り締まる姿勢を見せたのである。

さらに、経済警察や内部の自浄努力による闇取引の撲滅を誌面で強く訴えた。例えば、一九二号（昭和一六年一〇月二九日）の「恥ぢよ闇行為！　経済警察の使命」では、経済警察が隠匿されていた浴衣の生地四五〇反を摘発した事例などが列挙され、経済警察が闇取引に厳しい目を光らせていることを示した。同号の「〝闇〟退治の日の丸看板」では、商人たちで結成した商業報国会が闇取引をしないという誓約を交わし、互いに監視しあうという取り組みが紹介された（**図3－15**）。該記事では、日の丸印のついた「商業報国店」という門札を店先にさげた店は、誓約を守る優良店であることを示し、もし、その店が違反すれば、門札を外されて違反行為を公衆の面前にさらす結果となることが解説され、誌面でもそのような実例が紹介された。こうして『写真週報』は政府が闇取引へ厳しく対処していることを伝え、安心して物資を手に入れることができることを国民に印象づけたのである。

以上、民需に対する統制強化と『写真週報』の報道姿勢について論じたが、当該期には日用品や金属などに対する

図3－15　「日の丸看板」は闇を許さない

規制も強化され、こうした内容を伝える誌面が『写真週報』に幾つか登場した。その一つの例が衣服である。これまで国民の服装については、陸軍被服本廠内に拠点を持つ被服協会が厚生省や陸軍省の協力を得ながら検討し、服装界の権威者で構成する「国民被服刷新委員会」に考案を委ねてきた。その結果、男子用国民服の形状や着用法が決まり、それを法制化した国民服令が昭和一五年一一月に施行されたである。[21]

一四二号（昭和一五年一一月一三日）の「国民服がきまりました」では、該法令の制定理由や内容が詳しく伝えられている。該記事によると、そもそも我が国の服装は「衣裳博物館」であると揶揄されるように多種多様であり、国民にとって無用の混乱と負担を課しているので、様々の機能を併せ持つ国民服を定め、被服資源の節約と戦時活動の効率化を図らねばならなかった、とした。とりわけ、国民服に軍服としての機能を持たせることで、国民に戦時であるという意識を植え付けることも必要だったのである。

また、今後は東洋の盟主としての役割を担う立場になるので、「欧米模倣型」で「自主性がない」従来の服装文化を転換し、「自主独特」であり、かつ、「東洋の民族を指導するにたる服装文化」を確立しなければならず、日本古来の服装の長所を活かした国民服を作ることが求められたのである。以上の理由から、国防色と呼ばれる茶褐色であり、日本襟の伝統を活かした国民服甲号・乙号が導入されたのであるが[22]、では、国民服を『写真週報』は、誌面上の解説を通じてどのように国民の間へ普及させようとしたのだろうか。第一に、天皇への拝謁、参内記帳などで国民服の着用を認めたことである。この場合は国民服も礼装と見なされなければならず、燕尾服などの礼服に準じた扱いとし、宮中でも通用する国民服として認知させようとしたのである[23]。第二に、仕事着以外にも冠婚葬祭でも着用できる利便性を強調したことである。一五〇号（昭和一六年一月八日）の「国民服の春楽し」では、当時の厚生大臣であった金光庸夫をはじめ、金光大臣の運転手、役場の職員、学校の先生などが国民服を着用し、あらゆる職場で重宝がられていることを印象づける一方、国民服を着て神前で結婚式を挙げる夫婦を取り上げて、仕事以外にも冠婚葬祭の場でも使用できる便利な服装であることを誌面で訴えたのである（**図3－16**）。第三に、法令で国民服の形状や着用法までは定められていても、正面から着用の義務を強いることはしなかったことである。該法令の施行により政府は積極的に国民服の普及を図るが、決して「従来の背広服を排除しようといふのではない」と言及し、むしろ、被服資源が乏しい状況を考え、既存の洋服を出来るだけ着用するように求めた。その上で、国民服の調製は、新調せざるをえない場合に実行すればよいと述べ、国民服の着用をめぐり国民からの無用な反発を避けようとしたのである[24]。

ただし、既存の洋服着用が認められても、無条件にすべてを許容するわけではなかった。一三二号（昭和一五年九月四日）の「ぜいたく夫婦よさようなら」では役者と思しき二人の男女に二つのパターンの服装を着させ、右のページには外国製の高級な背広を着た男性と豪華で贅沢な着物を着た女性を、もう一方の左のページには、スフ混織の背広を着用した男性と地味な着物を着た女性を対比させる形で掲載した（**図3－17**）。右のページの服装については、贅沢で時局に適せず、しかも、日本人にふさわしくないと一蹴し、左ページの服装を質素で時局に適合していると評

図３－16　国民服の利便性をアピール

図３－17　ぜいたく夫婦よさようなら

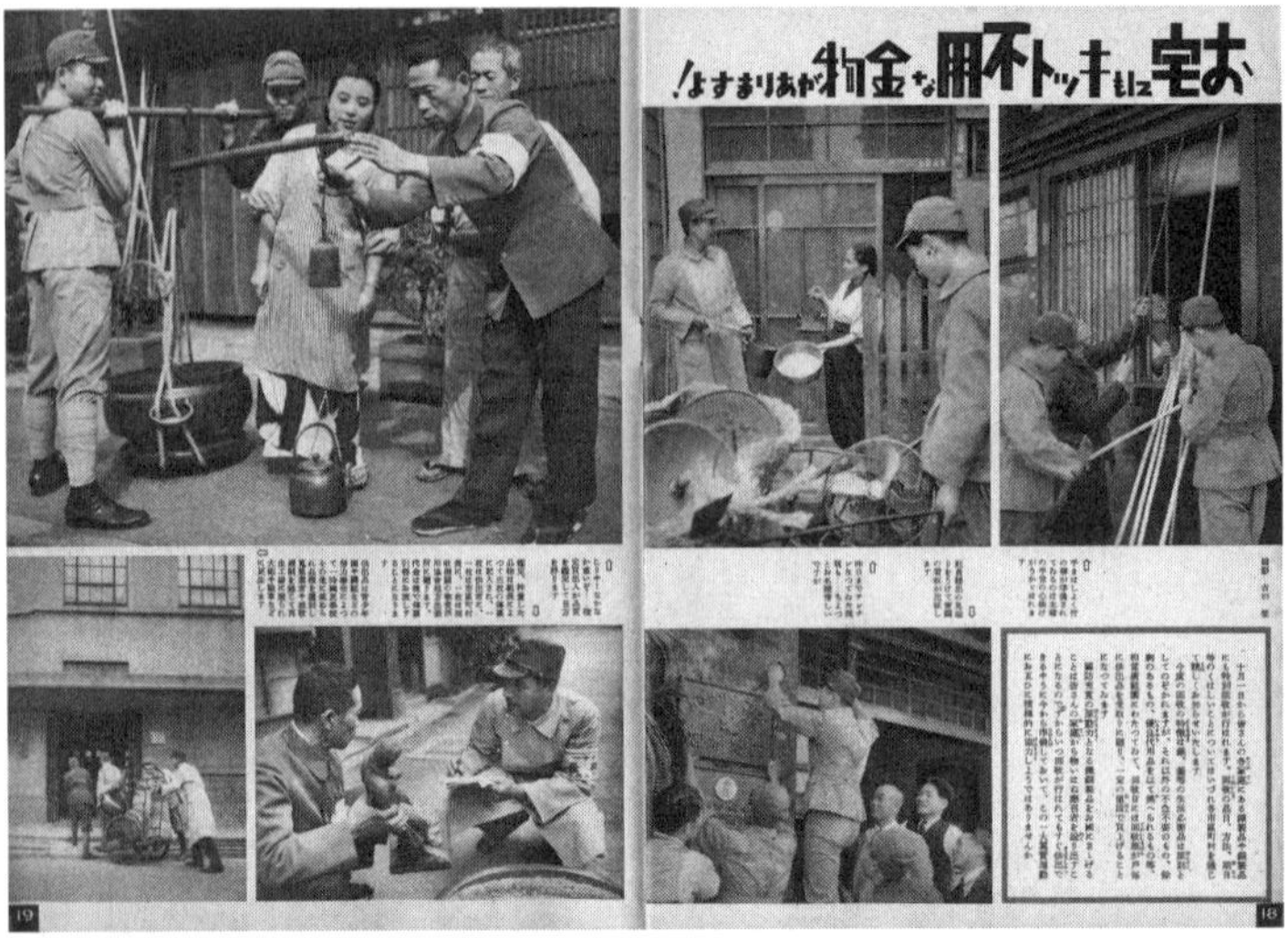

図３－18　家庭からも金属回収

価した。つまり、既存の洋服でも華美で贅沢なものの着用は戒められたのである。

以上の衣服の他に、統制強化の対象となったのが鉄や銅などの金属製品であった。そのきっかけは、昭和一五年七月、アメリカ政府が航空機用揮発油、および屑鉄を輸出許可制適用品目の中に追加したこと、つまり、航空用燃料と屑鉄の対日輸出禁止措置に踏み切ったことであった。当時の日本は、燃料の大半を輸入に依存し、アメリカから輸入された格安の屑鉄を溶かして鉄を製造する単独平炉法が主流だったので[25]、そのような禁輸措置により大きな打撃を被ったのである。

ここにおいて、代替の供給源を他国に求めるのは困難であり、数少ない有力な供給確保の方法は、国内の民需用燃料や金属に対して規制を強め、その余剰を軍需に充てるしかなかったのである。そこで、政府は、昭和一六年四月に金属類特別回収要綱を閣議決定し、官公庁や公共団体が所有する金属、例えば、柵、ベンチ、手摺、欄干などありとあらゆる金属の回収を実行した[26]。一六五号（昭和一六年四月二三日）の「僕等の鉱脈・我等の鉄山」では、駅を囲む柵を撤去する鉄道職員や商工省・内務省における鉄製品の撤去作業などの様子が紹介され、総がかりで金属を回収する政府の決意が読みとれる。さらに、同号の「お役に立てませう　家庭の金物」では、金属が戦争遂行にとって必要不可欠であることを説き、鋼《はがね》・鋳物・銅・真鍮・アルミニウムなどで作られた日用品の数々を供出するように一般家庭に対して要請したのである。

この段階では強制的な回収は官公庁や公共団体のみで、一般家庭に対しては「金属品献納運動」という形での自発的な供出を促すだけであったが、同年九月、金属類回収令が施行されると、金属回収の対象は一般家庭を含む社会全体にまで拡大した。該法令によると、強制回収に応じる義務があるのは金属を所有する工場や事業所であって、一般家庭にはその義務はないとされた。しかし、その一方で、一般家庭に対しては「別に強制的でなくとも、皆さんの愛国的気持で率先して協力していただく」方針を掲げ、金属供出を一般家庭へ強く迫ることになったのである。[27] 一八八号（昭和一六年一〇月一日）の「お宅にもキット不用な金物がありますよ！」では、各市町村において回収班が戸毎に供出品を回収し買い上げることが謳われ、回収班が一般家庭を訪れ、供出品の目方を量って買い上げるまでの過程が誌面で紹介された（図3―18）。指定の買出人が供出品を鑑定することや代金の支払い方法まで詳しく説明され、一般家庭が金属供出に応じることを前提にした誌面となった。

以上のように、日米関係の悪化を契機に、民需に対する統制は奢侈贅沢品だけでなく日用品一般にも及び、資金調達も貯蓄の他に国債・課税など多様化していき、国民生活は日々切迫の度を高めていったのである。

三　犠牲的耐乏生活の実践

昭和一六年一二月八日に太平洋戦争が勃発すると、国内ではより一層軍需生産を最優先する措置がとられた。開戦当初、日本軍の快進撃が報じられ、日本を取り巻く様々な困難が解決されるかに見えたが、海外からの物資調達や外

図3－19　貯蓄が戦果を左右する

貨獲得の困難な状況は続き、個々の国民は、生産に必要な物資や資金の供給源としての役割を期待されたのである。

前節でも述べた通り、軍需生産にとって有力な資金源となる貯蓄は、その額の大小によっては戦局を左右しかねない重要な要素となっていた。二二五号（昭和一七年六月一七日）の「何としても勝抜く為だ　弾薬も大砲も貯蓄から」では、「爆弾（五百キロ）一箇約二千円、砲弾（重砲弾）一箇二百円」といったように、貯蓄によって集められた資金が兵器の購入に充てられ、それが香港の陥落やマレー半島侵攻などの戦果へつながったことを見開き二面にわたって可視的に表現し、貯蓄と戦争との間に密接不可分な関係があることを国民に伝えた（図3－19）。その上で、アメリカやイギリスなども戦力充実のために貯蓄へ力を入れていることにも言及し、戦争に勝つためには「徹頭徹尾生活をきりつめて」貯蓄に励むべきであると強く迫ったのである。

このように、貯蓄は「銃後の義務」であり、戦勝の必須条件として位置づけられたが、政府はこのような認識を国民に広く普及するために様々な宣伝活動を繰り広げ、その一端が『写真週報』の中に紹介された。二四一号（昭和一七年一〇月七日）の「賀屋蔵相街に説く」では、賀屋興宣・大蔵大臣が会場に集まった町会長や隣組長などに対して「何分よろしく頼みます」と述べ、貯蓄推進の旗振りを彼らに要請した。貯蓄奨励に関する宣伝は街頭でも行われ、二三四号（昭和一七年八月一九日）の「十分間の国策案内　移動展五十三次」は、三班（リヤカー二台と三名で一つの班を構成）に分かれて東海道五十三次に登場する宿場町で貯蓄奨励ポスターの展示会が開催されたことを、二七〇号（昭和一八年五月五日）の表紙を飾る「貯蓄移動講演隊」は、お笑いを通じて貯蓄の意義を浸透させる企画が東京市内の各所で行われていることを伝えた（**図3―20**）。いずれも、そのような催しに数多くの人々が参加している様子を誌面で確認することができ、貯蓄に対する国民の関心が高いことを印象づけたのである。なお、子供達に対しても貯蓄の重要性を説くことを忘れず、二七〇号の「指人形貯蓄劇に出演」では、大日本婦人会貯蓄部が中心となって貯蓄奨励を目的とする指人形劇を実演し、観客である子供の笑いを誘っている様子が伝えられた。また、上記宣伝以外にも、政府は貯蓄奨励で功績を残した個人や団体を表彰し、受賞者がこれまで取り組んだ貯蓄や節約に関するエピソードを紹介することによって国民の貯蓄意欲をかき立てたのである[28]。

図3－20
貯蓄の意義を伝えるお笑いに耳を傾ける人々

　以上のように、貯蓄奨励に関しては様々な手段を講じて宣伝され、その結果、集落や隣組単位での貯蓄[29]、山本五十六の戦死やアッツ島玉砕を機に行われた「五十六銭貯金」や「仇討貯金」などの貯蓄活動が行われ[30]、毎年度実績額が目標額を上回るという好成績を残したのである（**図表3―1**）。ただし、その成果が、貯蓄組合内にいる「一人カ二人ノ金持」の貢献によって支えられている場合もあり、自己の生活を犠牲にして収入の多くを貯蓄に充てる余裕を失う国民も少なからず

図表３－１　国民貯蓄目標額および実績額

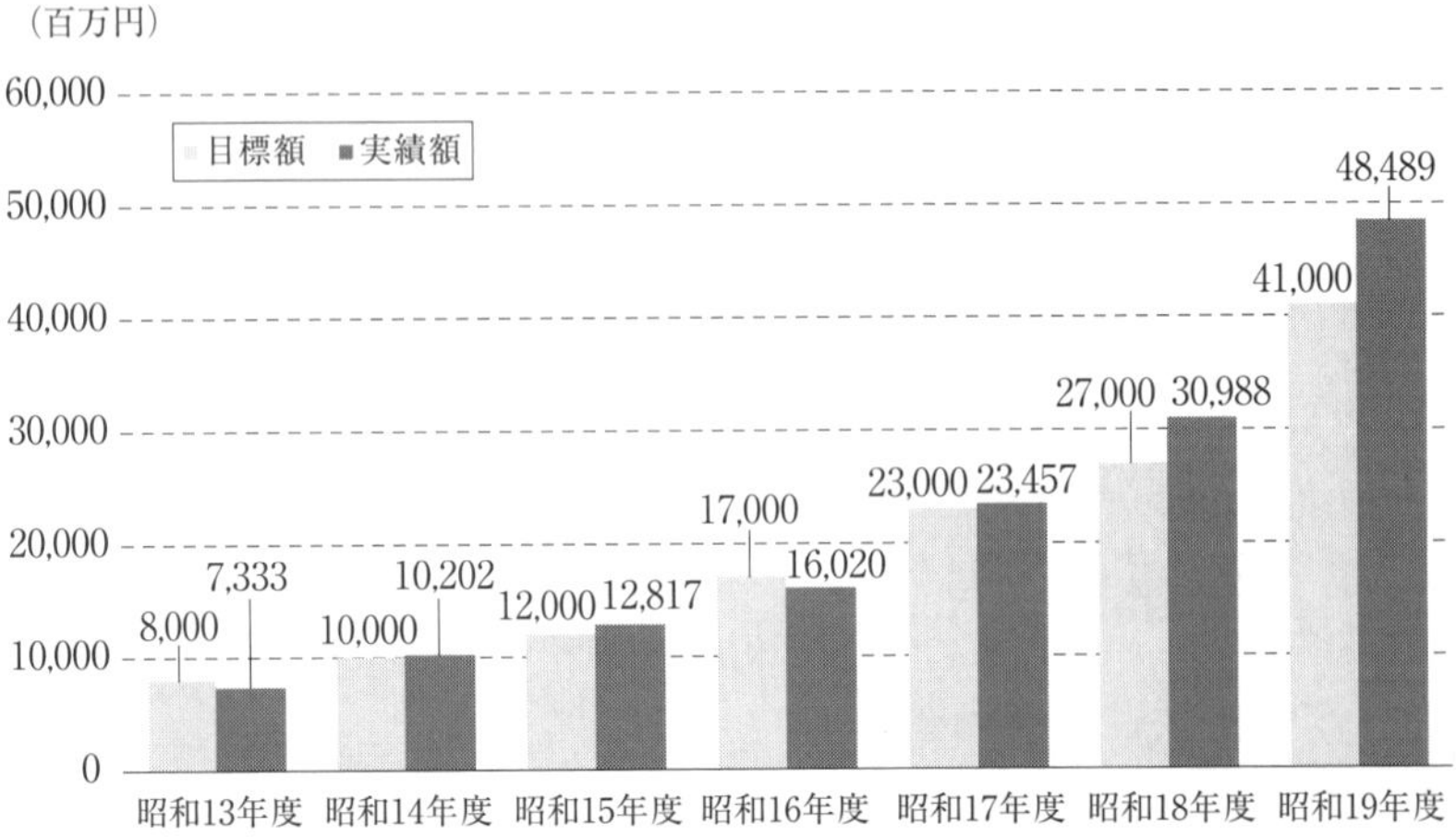

出典：朝日新聞社編『終戦記録 議会への報告書並に重要公文書集』（朝日新聞社、昭和20年）、78頁、及び「昭和十三年度毎年度国民貯蓄増加額及実績調」（「昭和二十年度国民貯蓄増加目標額ニ関スル件」〈「公文類聚第六十九編・昭和二十年・第六十一巻・財政門十一」https://www.digital.archives.go.jp〔2017年４月30日閲覧〕〉）を参考にして作成した。なお、昭和20年度の国民貯蓄目標額は600億円であるが、実績額は不明である。

いた。[31] 戦局が次第に悪化すると、そうした傾向は一層強まり、様々な貯蓄組合で貯蓄の増額を迫られることに対して「怨声ヲ聞ク」事例が数多く見られるようになったのである。[32]

以上、当該期における貯蓄について論じたが、貯蓄以外の新たな資金調達手段として期待されたのが、「割増金付戦時郵便貯金切手」の販売である。通称、「弾丸切手」と称されるこの切手は一種の有価証券であり、[33] 額面金額二円の貯金切手を購入し、割増金交付の抽選が行われた後、貯金切手五枚以上を郵便局へ預け入れれば「特別据置貯金証書」を受領できた。ただし、「特別据置貯金」は無利子で五年間払い戻しできず、しかも、抽選で当たる割増金もその全部、または一部を郵便貯金への預入や国債の購入に充てるように求められた。[34] しかし、国民の射幸心を利用した貯金切手は国民の人気を集め、昭和一七（一九四二）年六月の第一回販売から昭和一九（一九四四）年三月の第二九回までほとんど毎回販売された。[35]『写真週報』でも弾丸切手販売に関する広告が数多く登場し（**図３－21**）、誌面上でも、「撃ちてし止ま

図 3 －22　弾丸切手を購入する女性

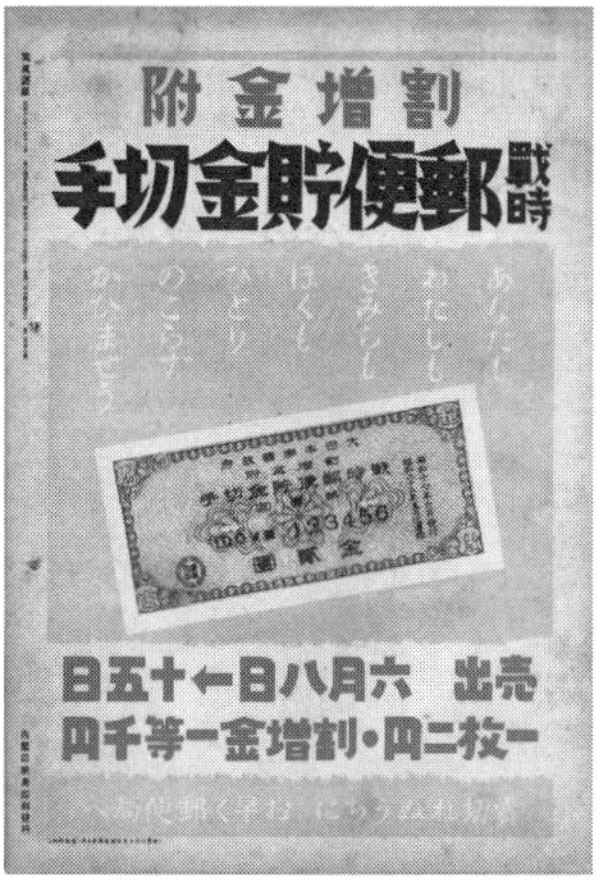

図 3 －21
弾丸切手販売を伝える広告

図 3 －23　浪費や遊興は利敵行為

図３－24　享楽的な生活は即刻切替だ

む」という陸軍省の大看板を前にして弾丸切手を購入する女性の姿を写した写真が掲載され、有効な資金調達手段の一つとしてさかんに弾丸切手が取り上げられたのである（図３－22）[36]。

一方、貯蓄を妨げ、軍需生産の支障となる民需に対して政府は徹底的な抑制を加えた。前節や前々節でも述べたように、無駄な消費は貯蓄意欲を減退させる大きな要因であり、貯蓄目標額を上回る貯蓄実績を残したい政府は、『写真週報』の誌面を通じて無駄な消費行為に対して厳しい態度で臨んだ。

二五一号（昭和一七年一二月一六日）の「こゝに貯蓄の余裕あり十二月の目標五十億円」では、浪費をする人々や遊興に耽る人々の姿を反面教師という形で取り上げた。例えば、華美な着物を着た女性が左手で買った商品を抱えて歩いている姿に対して、「今時、随分珍らしい」と皮肉って「こんな人はアメリカに行つてもらいませう」というキャプションを付け（図３－23）、パーマネントをかける女性達に対しては「是非は論じません」と言いつつも、「髪、形よりも心が大事。時と金を国家に捧げてこそ、銃後のはなを誇れます」と説いてパーマネントを暗に批判するなど、浪費や遊興が時局に逆行した行為であると共に利敵行為であることを国民に強く印象づけたのである。三一三号（昭和一九年三月一五日）では、二月二五日に閣議決定された決戦非常措置要綱の中で高級料理店や待合などの休業、劇場の閉鎖が謳われたことを機に[37]、これまでの誌面でも見られたように、消費や遊興に走る悪い例と貯蓄や節約などに励む良い例を対比させることで、今なお浪費をする人々に対して警鐘を鳴らし、模範的な国民生活を送るように読者に求めたのである（**図3−24**）。

また、前節と同じように無駄な消費を誘発する闇取引に対しても政府は厳しく取り締まった。本書第二章でも触れた二三九号（昭和一七年九月二三日）の「闇！　しかも帝都にこの行為」では、経済警察官が闇取引の証拠を押さえ、関係者を取り調べる様子を伝えており、二五九号（昭和一八年二月一七日）の「経済警察官の手帖から」では経済警察官が解決に導いた闇取引をめぐる事件を紹介し、闇取引は必ず摘発されることを国民に知らしめたのである。

しかし、以上の『写真週報』のメッセージが国民の間に広く浸透したかと言えば、必ずしもそうとは言い切れなかった。リベラリストの評論家であった清沢洌の『暗黒日記』には、劇場が超満員であることや[38]、酒を飲んで酔っ払う人が街中に多くいることが記されており[39]、政府の取り組みは必ずしも社会に受容されていなかったのである。同日記には、前出の決戦非常措置要綱が施行されているにもかかわらず、一部の軍人や軍需会社が高級料理屋や芸者を独占し享楽や遊興に夢中になっている事実や[40]、彼等による闇取引が司法や警察の介入を受けない「治外法権」によって許されているという実態についても記されており[41]、『写真週報』が主張している内容との間に大きな乖離があることが明らかになっていた。

また、軍需を優先するという理由から、民需物資の製造や使用に対する規制が一層強化された。衣類に関しては、これまでスフの普及や国民服の導入により衣料資源の節約を図ったが、開戦直後の昭和一七年一月、商工省は「繊維製品配給消費統制規則」を制定し、翌月からの衣料切符制の実施に踏み切った。羊毛や綿花を生産するオーストラリアやインドが日本の勢力下に入るまでの数年間、衣類資源をめぐる需給関係が逼迫するのは必至であり、与えられた

図3－25　衣料資源を節約しよう

総点数の範囲内で自分が必要とする衣服を購入する切符制を政府は導入したのである[42]。

続いて同年四月には、前節の男子用の国民服に続いて婦人標準服が導入された。導入の目的は、第一に、欧米を模倣した従来の衣服を排除し、日本的性格を表現した服を作ること、第二に、衣服資源を節約すること、第三に、女性の活動能率を向上させること、最後に、自分でも裁縫可能な衣服を作ること、以上の四点に基づいて、甲号・乙号の標準服を作成し実用化した[43]。このように、開戦当初から衣料に対する規制が質量面において強化されたのである。

昭和一八（一九四三）年に入ると、政府は「戦時衣生活簡素化要綱」を閣議決定し、一段と衣料資源の節約を国民に呼びかけるようになった[44]。その内容を特集として扱ったのが二七八号（昭和一八年六月三〇日）であり、「衣料は節約　切符は献納」と書かれた衣料切符のシートを手にした女性が表紙を飾った（**図3－25**）。「着物一枚から生まれる戦力」では、成年男女が一反の綿スフを作らないだけでも、その余剰物資で様々な兵器が製造できることが主張され、衣料節約の徹底を国民に促したのである。

次のページの「新調はやめよう」（**図3－26**）では、都会と農村に住む成年女性が各々所有する服を虫干ししている様子が誌面の右側で紹介され、その中で農村の女性で二二着、都会の成年女性に至っては七五着も退蔵していることを指摘し、退蔵衣料を活用すれば「二十年間は全然新調せずにすむ」ことを強調した。誌面の左側には、洋服を二一着持っている都会の成年男子が衣装合わせをしているところが取り上げられ、そのような行為を「芝居の早変り」

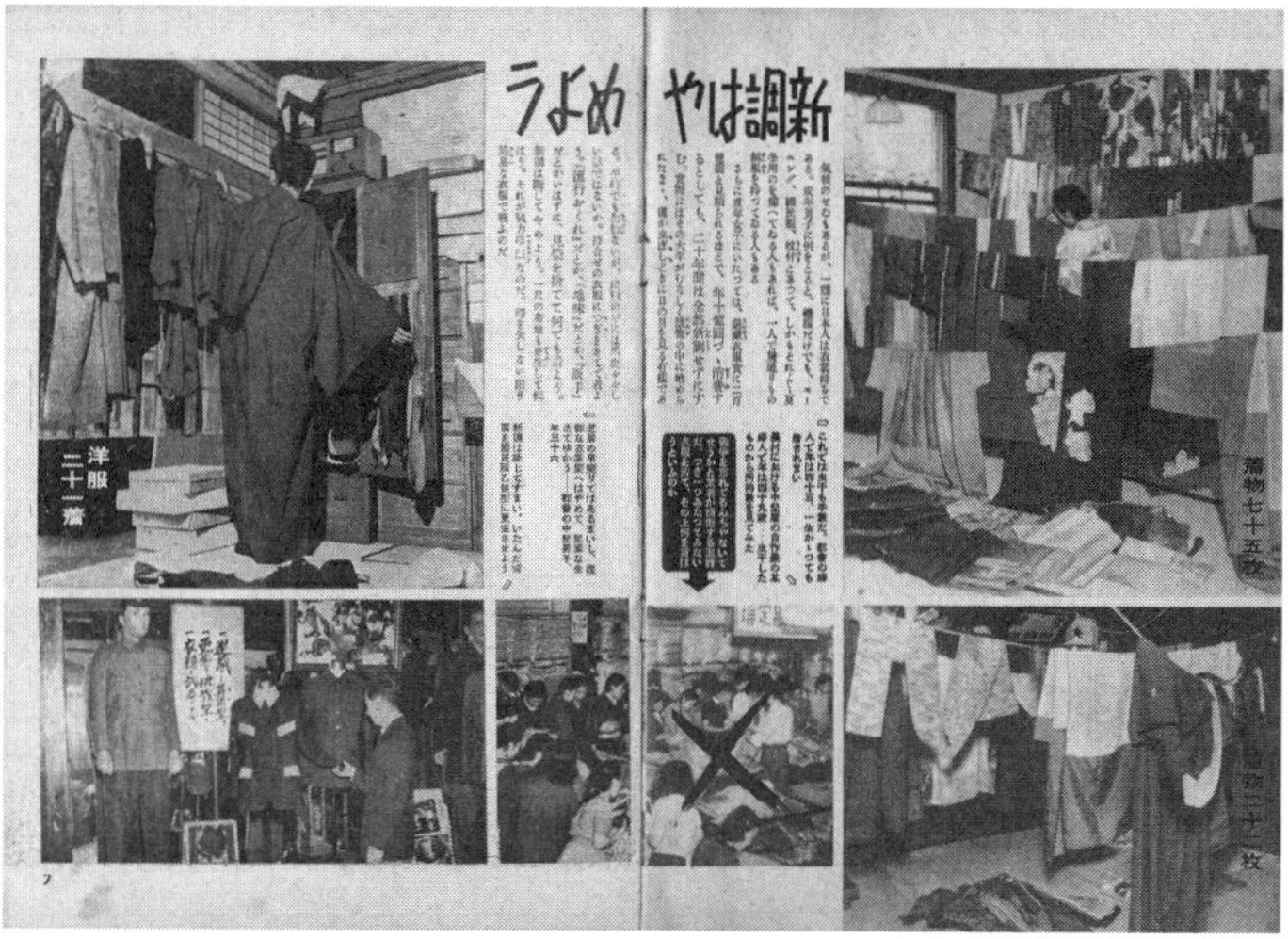

図３－26　衣服の新調をやめよう

のようであると皮肉った上で、「複雑な衣裳変へはやめて、簡素な生活でゆかう」と国民に対して呼びかけた。

さらに、「誰にも出来る御奉公」では、「衣料切符を上手に使ふときは終つた。使はないときなのだ」という合言葉の下、女学生や婦人団体を中心に行われている衣料切符の献納運動の紹介が誌面見開きを占めた[45]。

最後に、二七九号（昭和一八年七月七日）の「決戦衣服はこれだ」では、国民服や標準服をはじめ、退蔵衣料を改造し着用している人々を街中や仕事場の中から拾い集め、新調をしなくても日々の仕事や家事の妨げになることはなく十分生活できることを国民に示したのである（**図３－27**）。

以上のように、衣料資源の節約をめぐる様々な取り組みが『写真週報』の誌面で紹介されたが、敗色が濃厚となる昭和19年４月にはいよいよ衣料切符の総点数を半分以下に減らし、衣料の入手を難しくした。三一六号（昭和一九年四月一二日）の「新らしい切符をどう生かす」では、衣料資源が枯渇する厳しい現状を説明する一方で、「こんなに押し迫つても、なほ国民の衣料生活に相当の考慮が払われている」と強弁し、点数減点に対する国民の理解を求めたのである[46]。このように、スフの導入に始まった衣料に

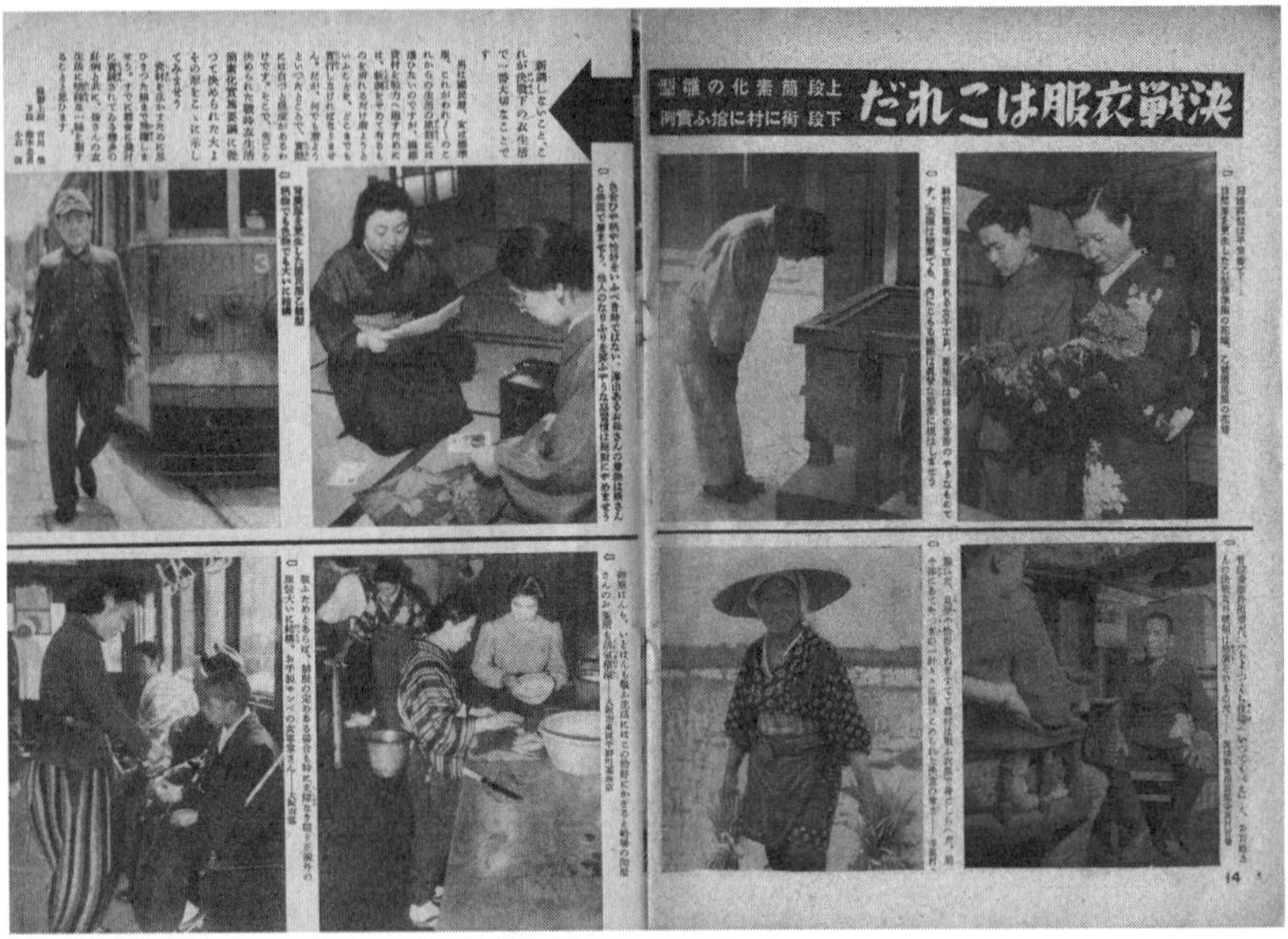

図３－27　退蔵衣料を活用しよう

対する統制は、開戦直後の切符制導入により量の面で一層強化され、国民は退蔵衣料を着ながら戦時を生き抜くことを迫られたのである。

衣料と並んで開戦以降、厳しい統制の対象となったのが白金（プラチナ）・銀などの金属や、ガス・石炭などの燃料であった。これらの民需物資は軍需生産へ転用できるだけでなく、航空機などの兵器製造にとって必要不可欠な原料として扱われ、『写真週報』の誌面にも該物資の調達や入手規制に関する記事が多く登場した。

まず、白金に関しては、軍需省が昭和一九年一〇月に「白金製品の譲渡に関する統制に関する件」という省令を施行し、百貨店や貴金属商などの取次を通じて政府が強制的に買い上げることになった[47]。その際、代金は即金で支払われることになり、もし、手放したくなければ、政府が一時借り上げて戦後に返却することも認めたのである[48]。白金の供出を扱った三四三号（昭和一九年一〇月一八日）の「決戦めざして白金ぞくぞく応召」では、日本俳優協会の幹部や東京都商工経済会の藤山愛一郎会長らが挙って白金の買い上げに応じている姿が誌面を飾り、新宿三越にも白金買い上げのために訪れる客が詰めかける様子が伝えられ、積極的な白金の供出を国民に求めた（図3－28）。そして、三四七号（昭和一九年一一月一五日）の「その後の白金」では、一一月一五日が白金買い上げの締切日にもかかわらず、一〇月末の段階で買い上げ目標の六割に達したことを指摘し、予想以上の成果があったことを強調したのである。

銀についても、政府の代行機関として中央物資活用協会

図3－28　白金の供出

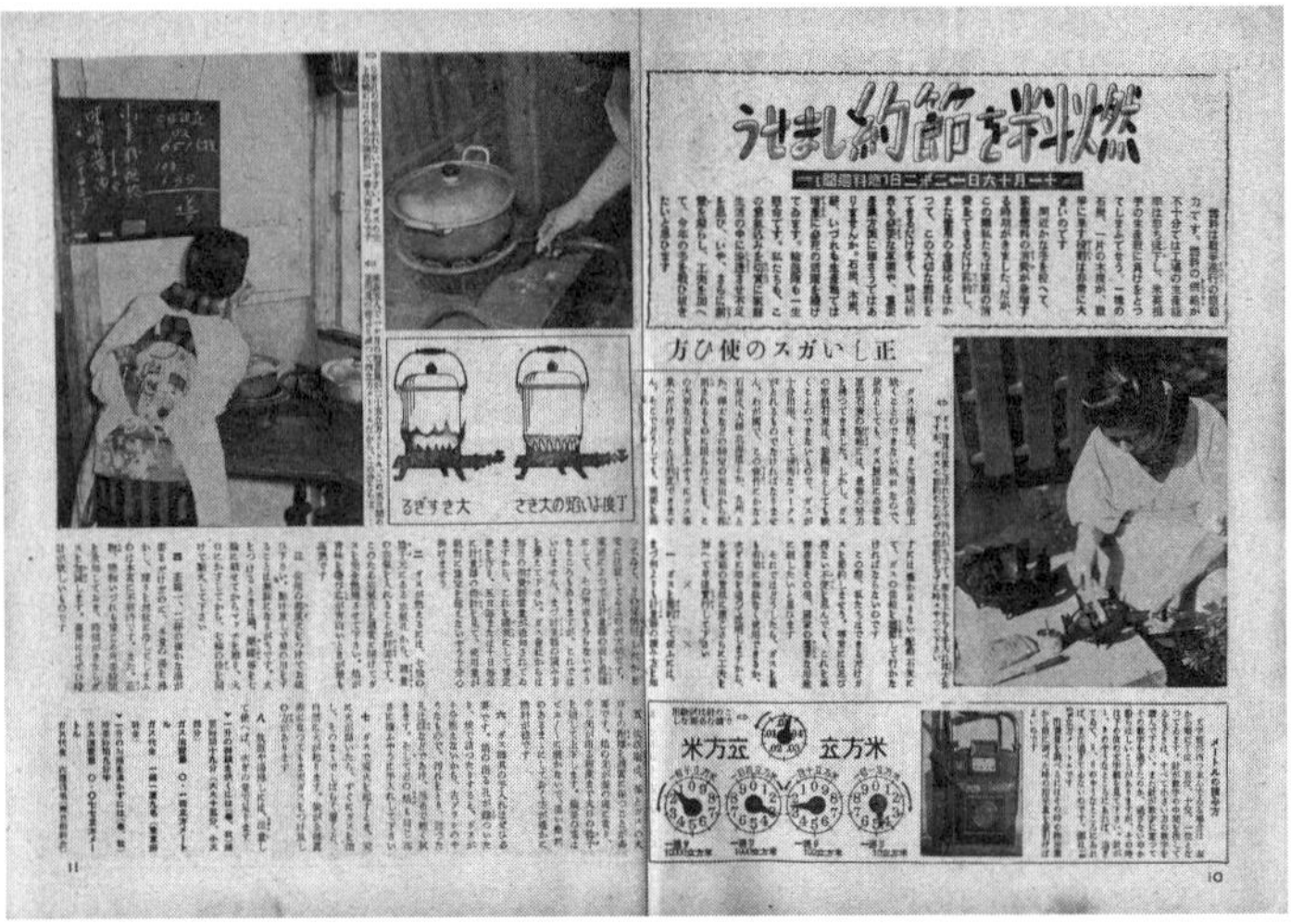

図3－29　ガスの節約方法

が出向いて銀製品を買い上げ、三五六号（昭和二〇年一月二四日）の「銀未供出者は直ぐ」では、銀供出の成績が良かった上位の都府県を紹介し、白金の場合と同様、銀の供出が順調に進んでいることが伝えられたのである。

有力な家庭燃料であるガスや木炭に関しては、開戦以前からガスの節約や木炭に対する配給制が実施されていたが[49]、開戦以降は統制が一層厳しさを増すようになった[50]。二四六号（昭和一七年一一月一一日）の「燃料を節約しませう　十一月十六日→二十日『燃料週間』」では、ガスの原料となる石炭を優先して軍需用へ充てるため、ガスの節約が必要不可欠であることを説き、その方法を具体的に説明した（図3－29）。例えば、誌面右側の女性のようにガス器具の手入れを普段から行い、ガスの熱効率を向上させるという取り組みや、誌面左側の女性のように、ガス計量器の読み方を覚えた上で一カ月のガス使用量から五日分または一〇日分を算出し、それを超えないように心掛けることなど、ガスの使用量を少しでも節減できる様々な知恵を提供したのである。

しかし、戦局の悪化が鮮明となる昭和一八年には、個人の節約努力も限界に近づき、隣組単位での燃料節約が叫ばれるようになった。二八八号（昭和一八年九月八日）の「こんなに助かる隣組

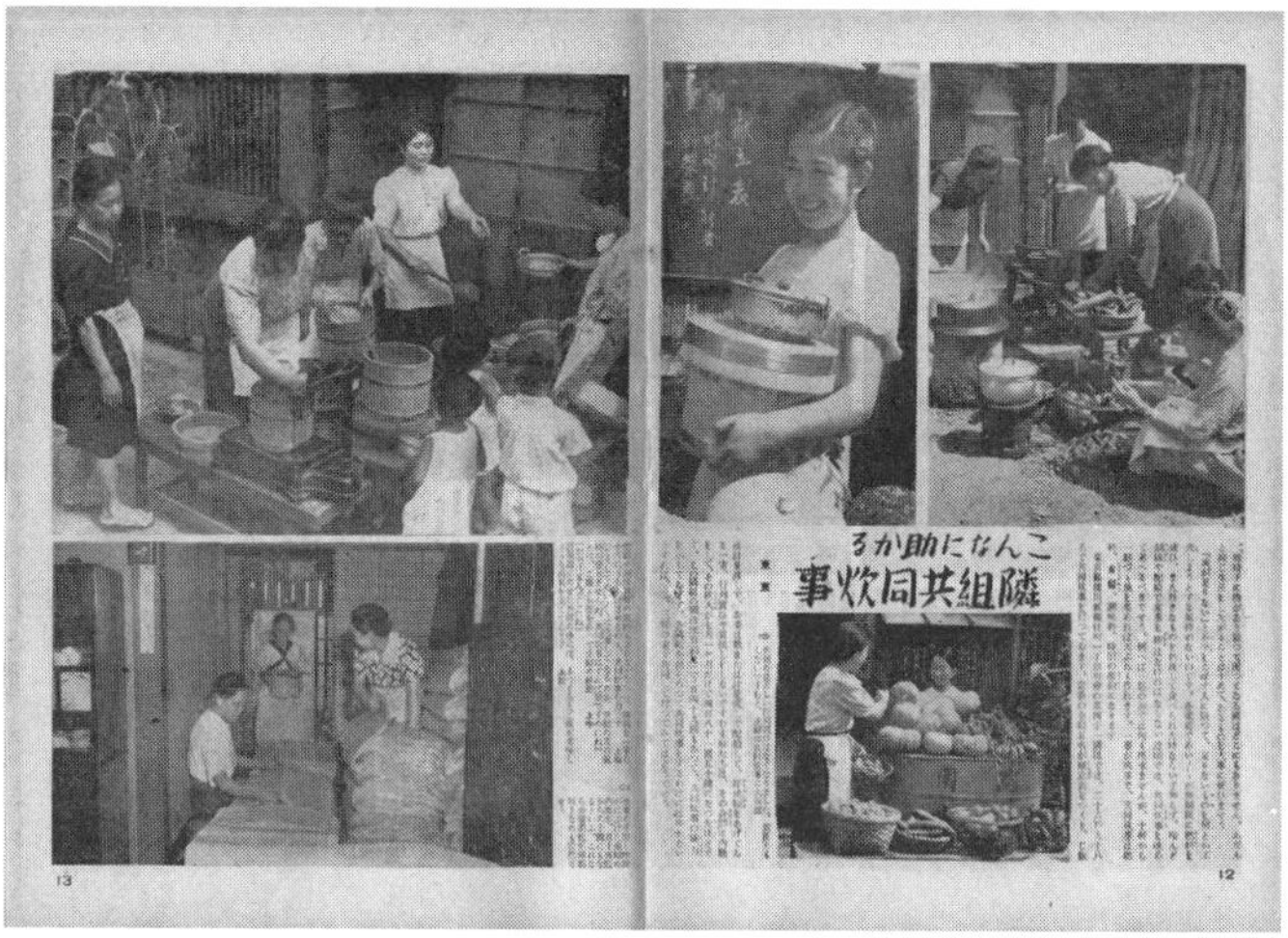
こんなに助かる
隣組共同炊事

図３－30　隣組共同炊事で燃料節約

決戦の冬だ
炭も自分で焼く努力

図３－31　自分で木炭を作ろう

共同炊事」では、炭が足りないという人々を「足りないものを何とか工夫しようとする気持がないのです」と決めつけ、足りないと嘆くのではなく隣組などの単位で節約に臨めば、燃料の炭はおろか食糧や労力の節約にもつながると説いたのである。該誌面には、実際、共同炊事に取り組んでいる隣組の女性達が登場した。「共同炊事にすれば楽ですのにね」と笑顔で語る女性や、炊いた米飯を隣組のメンバーに配る作業など、共同炊事が円滑にうまくいっているというイメージを国民に印象づけたのである（図3―30）。

燃料の原料となる石炭や木炭が足りなくなってくると、そのような不足を前提とする様々な「創意工夫」も誌面で紹介された。三四六号（昭和一九年一一月八日）の「決戦の冬だ　炭も自分で焼く努力」では、木炭が入手困難な状況において、ちょっとした空地さえあれば自家製の木炭を作ることができると述べ、窯の作り方、炭材の入れ方、点火の仕方や火の消し方など、本格的な木炭の作り方が絵図入りで詳しく説明されている（図3―31）。三五六号（昭和二〇年一月二四日）の「経済コンロの造り方」では、既存のコンロを薪で火を起こせるコンロへ改造する方法や改造コンロの使用の仕方について説明し、木炭を節約できることや今まで以上にご飯がおいしくできることなどの利点を挙げ、自力で現状の燃料不足を克服するよう強く迫ったのである。

以上のように、太平洋戦争勃発以降、軍需生産の多寡が戦局を左右することになり、その生産に必要な資金源となる貯蓄は国民の義務となった。さらに、軍需最優先の下、民需は統制強化の対象となり、浪費・奢侈行為は勿論のこと、衣服や家庭燃料など日常生活に対しても厳しい制約が課された。戦局が悪化すると統制は一層強まり、終戦まで国民は耐乏生活を強いられることになるのである。

＊　＊　＊

本章では、国策グラフ誌『写真週報』を通じて、政府が貯蓄・節約に関する問題についてどのような広報活動を展開したのかを論じ、以下のことを明らかにした。

日中戦争が勃発すると、悪性インフレと輸入超過に対する懸念が強まり、貯蓄奨励と民需抑制がその打開策として『写真週報』の誌面を飾るようになった。該誌面では、無駄な消費をなくし、余ったお金で貯蓄するとともに、代用品の使用や不用品交換によって民需物資の不足を補うことが国民に求められたのである。

しかし、日米関係が悪化の一途を辿ると、海外からの物資調達と外貨獲得が一層難しくなった。その一方で軍需生産は益々拡大し、その継続に必要な資金と物資が何をおいても必要となった。『写真週報』では軍需拡大の立場に立ち、貯蓄や債券購入を強く迫り、法令適用による消費の抑制と民需物資の使用制限を徹底させたのである。

太平洋戦争が始まると、軍需生産と戦局が密接不可分の関係になることから、『写真週報』は、軍需拡大を何よりも最優先すべき至上命題として国民に認識させた。貯蓄や債券購入は国民の義務となり、民需物資が枯渇しても国民の努力と工夫によって克服すべきであると『写真週報』は繰り返し国民に強く働きかけた。戦局が悪化するとそうした傾向は一層強まり、終戦まで国民は耐乏生活を余儀なくされたのである。

（小田義幸）

第四章
運べよ物資、耐えよ混雑
輸送力増強とその限界

昭和一二（一九三七）年に勃発した日中戦争が長期化の様相を呈すると、物的資源や人的資源を総動員して出口の見えない消耗戦に勝利することが戦時日本にとって至上命題となった。戦時法令に基づいて物的資源や資金を集め、それらを軍需生産へ優先的に配分できる仕組みが次々と整備されたが、それだけでは不十分であり、原料などを外部から生産活動の拠点となる銃後へ、軍需物資を銃後から戦地へ大量、かつ、安全に運搬できる戦時輸送体制の確立が急がれた。大量輸送を可能にするために輸送インフラを強化し、軍需関係の輸送を優先するためには法的強制力の行使も躊躇わなかったが、それでもやはり戦時輸送を実現するためには国民の理解と協力が必要不可欠であった。

海上輸送の場合、その成否が、周囲を海に囲まれ、原料の大半を輸入に頼る日本にとって死活問題となった。昭和一六（一九四一）年に太平洋戦争が勃発すると、原料調達に加え、軍需物資や兵員の運搬でも海上輸送が重要な役割を担うことになるが、その際、船舶の建造や船員の確保に対する国民の協力が欠かせなかった。陸上輸送では、軍需物資や人員の運搬で鉄道が活躍することになるが、限りある鉄道輸送力を最大限活用するために軍需物資の輸送を最優先せざるをえず、旅客輸送の制限について国民の理解を得られるかが重要となった。一方、陸上輸送・海上輸送に比べると輸送網や輸送量の点で大きく見劣りする航空輸送であるが、航空戦力の有無が戦争の勝敗に大きく影響することから、いざという時に備えて常日頃から航空旅客輸送の充実や乗員の確保が叫ばれるようになり、航空に対する国民の関心をどう高めていくかが課題となった。

以上のように、陸海空の戦時輸送を国民が一丸となって支える体制の構築が急務となり、国民の理解・協力を得るための政府による情報発信が重要になってくるが、従来の研究ではその点が十分明らかにされてこなかった(1)。そこで、本章では、国策グラフ誌『写真週報』が戦時輸送をめぐってどのような宣伝活動を繰り広げたのかについて論じ、太平洋戦争勃発以前とその後との違いを踏まえながら、陸上輸送（主として旅客輸送）、海上輸送（海運・造船）、航空輸送（旅客輸送）が抱えていた課題を国民にどのように理解させ、協力を引きだそうとしたのかを明らかにしたい。同時に、『写真週報』が政府広報を目的としている点に留意し、宣伝で語られる内容と伝えられない内実で形作られた戦時輸送の実像にも迫っていきたい。

一　アジアへ翼を広げる航空日本への理解醸成

『写真週報』の一号が刊行されたのは昭和一三年二月であるが、それまでの航空旅客輸送の歴史を振り返ると、日本初となる航空旅客輸送の運航開始は大正一一（一九二二）年であり、[2] その翌年、航空旅客輸送を管轄する逓信省航空局が発足し、[3] 昭和四（一九二九）年には、日本航空輸送が東京－大阪－福岡間で毎日一往復の旅客輸送を始めるなど、[4] 商業航空として航空旅客輸送はめざましい発展を遂げた。

しかし、昭和一二年の日中戦争勃発を契機に、日本の航空旅客輸送は大きな転換点を迎えることになる。日本の航空旅客輸送は内地をはじめ、朝鮮・台湾にまで航路を伸ばしていたものの、国際航空路と呼べるものは勃発直前の昭和一二年六月、大陸急行航空便として開設された東京－新京間にとどまり、[5] 中国をはじめアジア各地との間に航路を持っていた欧米諸国の航空会社に大きく遅れをとっていた。さらに、軍事航空へ人材を供給できる体制を航空旅客輸送の中に構築する必要に迫られ、独自に乗員を養成することが急がれた。航空機の製造についても、欧米諸国と比べて発展途上の域を出ておらず、自由放任・無統制のままだったので、政府の強い関与が求められたのである。[6]

そこで、日本の航空旅客輸送が抱えていた諸課題に取り組む体制を構築し、軍事航空との調整を円滑にするため、昭和一三年二月、逓信省の内局であった航空局が拡充して外局として再出発し、[7] そのことについて五号（昭和一三年三月一六日）の「航空日本」の中で言及された。続いて、「民間航空陣に入った二羽の荒鷲は語る」と銘打った、航空局航務課長の柴田信一陸軍大佐と同局乗員課長の千田貞敏海軍大佐の談話が掲載され、[8] 乗員育成や航空機工業の発

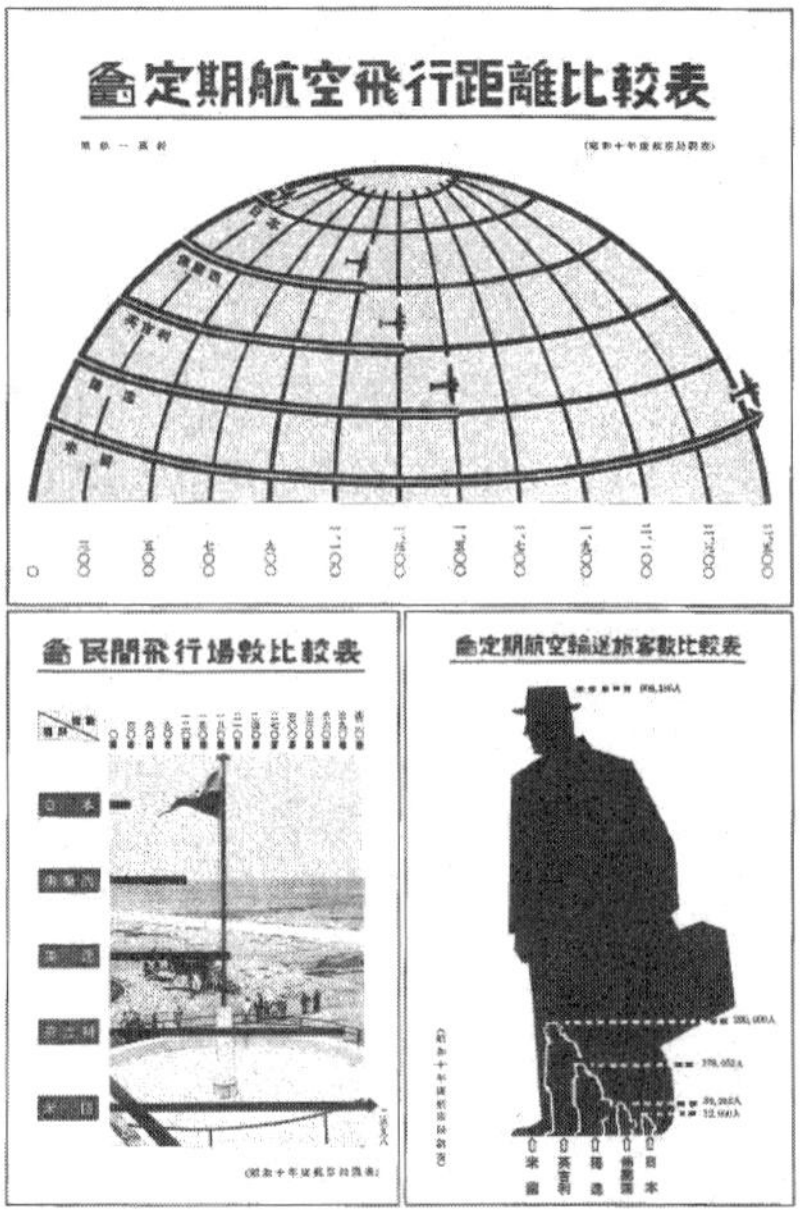

図４－１
航空分野で欧米の後塵を拝する日本

展において、軍事航空の補助的役割を果たす航空旅客輸送の重要性が改めて強調された。また、逓信省航空局は日本の航空界を取り巻く状況についても説明し、前出の「航空日本」の中で、欧米諸国の定期航空網がアジアを席巻する一方で日本は立ち遅れていると指摘すると共に、定期航空飛行距離・旅客数・民間飛行場数の点で欧米諸国に大差をつけられている日本の現状を、地球儀を模した半球上を飛ぶ飛行機の移動距離の長短や旅行鞄を持つ男性のシルエットの大小など、視覚的表現を用いた表を通じて読者へ伝えた（図４―１）。

昭和一四（一九三九）年九月、第二次世界大戦が勃発し、日米関係が次第に悪化していくと、『写真週報』は日本の航空旅客輸送がより一層大変な状況に直面していることを訴えた。例えば、一三五号（昭和一五年九月二五日）の「群翼競ふ東亜の空―東亜航空路の現状―」は、第二次世界大戦の影響によりこれまでアジア各地へ航路を伸ばしてきた欧州系航空会社が後退する中、それに代わって、アメリカの航空会社がアジアの航空網掌握に乗り出したことに警戒心を示し[9]、アメリカに遅れをとっている日本の憂うべき現状を包み隠さず述べた。また、「日本の翼は限りなく」（一三五号・昭和一五年九月二五日）は、大戦の勃発で航空技術に関する「各種知識の交換の道が途絶えた」ため、日本の航空工業も「自立独往」せざるをえなくなった厳しい航空界の現実を伝えた。

このように、『写真週報』は欧米諸国と比べながら、日本の航空旅客輸送が置かれている現状を直視させようとしたが、そうした危機意識の醸成だけでなく、航路伸張に積極的な姿勢を示すことも忘れなかった。中国に関しては、四六号（昭和一四年一月四日）の「翼で結ぶ四つの京」において、めざましい躍進を遂げる新京・北京・復興する南京の様子を取り上げ、東京－新京－北京－南京の四つの「京」が四日間で航行可能になったことをアピールした。南洋諸島については、南洋定期航路で使用される国産川西式二五人乗四発飛行艇が一一二号（昭和一五年四月一七日）の表紙を飾り、続いて、南洋定期航路開設を扱った「南洋定期航空路に就く新巨艇」では、横浜－サイパン－パラオ間の全航程四一〇〇キロメートルが実飛行時間一八時間で結ばれ、往復四泊六日で二つの島を見物できることが謳われた。その後、日米関係の雲行きが悪くなり、アジア太平洋をめぐる日米の覇権争いが本格化すると、南方への航路伸長がそうした国際情勢の緊迫化と関連づけながら誌面上で語られるようになった。一五七号（昭和一六年二月二六日）の「南十字星を截る 大日本定期航空路パラオ⇒デリー」は、南洋諸島のパラオとポルトガル領ティモール島の首都デリーとの間で三度にわたる試験飛行が成功したことを伝えたが、[10]同時に、ティモール島が蘭印・豪州の要港やシンガポールに近い「戦略的にも重要基地」であり、アジア太平洋へ航路を伸ばすアメリカやイギリスの動きを「南方包囲の態勢」・「南方圏包囲の輪」と見なした上で、日本・アメリカ・イギリスによる商業航空戦が「南半球の空を圧していよいよはなばなしさを加えて来た」と締め括るなど、英米との対決色を鮮明にした言動が目立つようになったのである。[11]

図4－2
そよかぜ号から身を乗り出す機長

以上、『写真週報』における航空旅客輸送の航路伸張関連の記事を分析したが、それ以外では親善飛行が取り上げられ、それに多くの誌面が割かれた。一朝有事に備えるためには、平時

図４－３　イランへ飛び立つそよかぜ号

の段階からアジア太平洋地域に航空路を拡張する必要があり、航空条約の締結や航空機の乗り入れに漕ぎ着けたいという思惑から、航空局は未開の地に対する親善飛行を積極的に仕掛けた[12]。その一つとして数えられるのがイラン国訪問親善飛行であり[13]、イラン国皇太子とエジプト王妹の結婚に対して日本政府が慶祝の意を表すため、外務省や航空局の関係者などを乗せて、東京－テヘランを結ぶ航程一万二〇〇〇キロメートル余りの往復祝賀親善飛行が大日本航空によって敢行された[14]。六一号（昭和一四年四月一九日）の表紙にはそよかぜ号から身を乗り出して笑顔で手を振る機長が登場し（**図４－２**）、その後に続く「そよかぜはイランへ」では、そよかぜ号の出発式や、東京飛行場（現在の東京国際空港／羽田空港）で待機するそよかぜ号が日の丸を持った見送りの人達に取り囲まれている様子が映し出されている（**図４－３**）。タイへの親善飛行を扱った九四号（昭和一四年一二月六日）の「南へのびる日本の翼」は一一月二七日、日泰親善機やまと号がバンコクに無事到着したことを報じ、次号となる九五号（昭和一四年一二月一三日）では「世界の大通りに出る日本の国際航空路」の中で日泰定期航空協定の締結について言及した上で[15]、各国の定期航空路が実線・太線・点線など

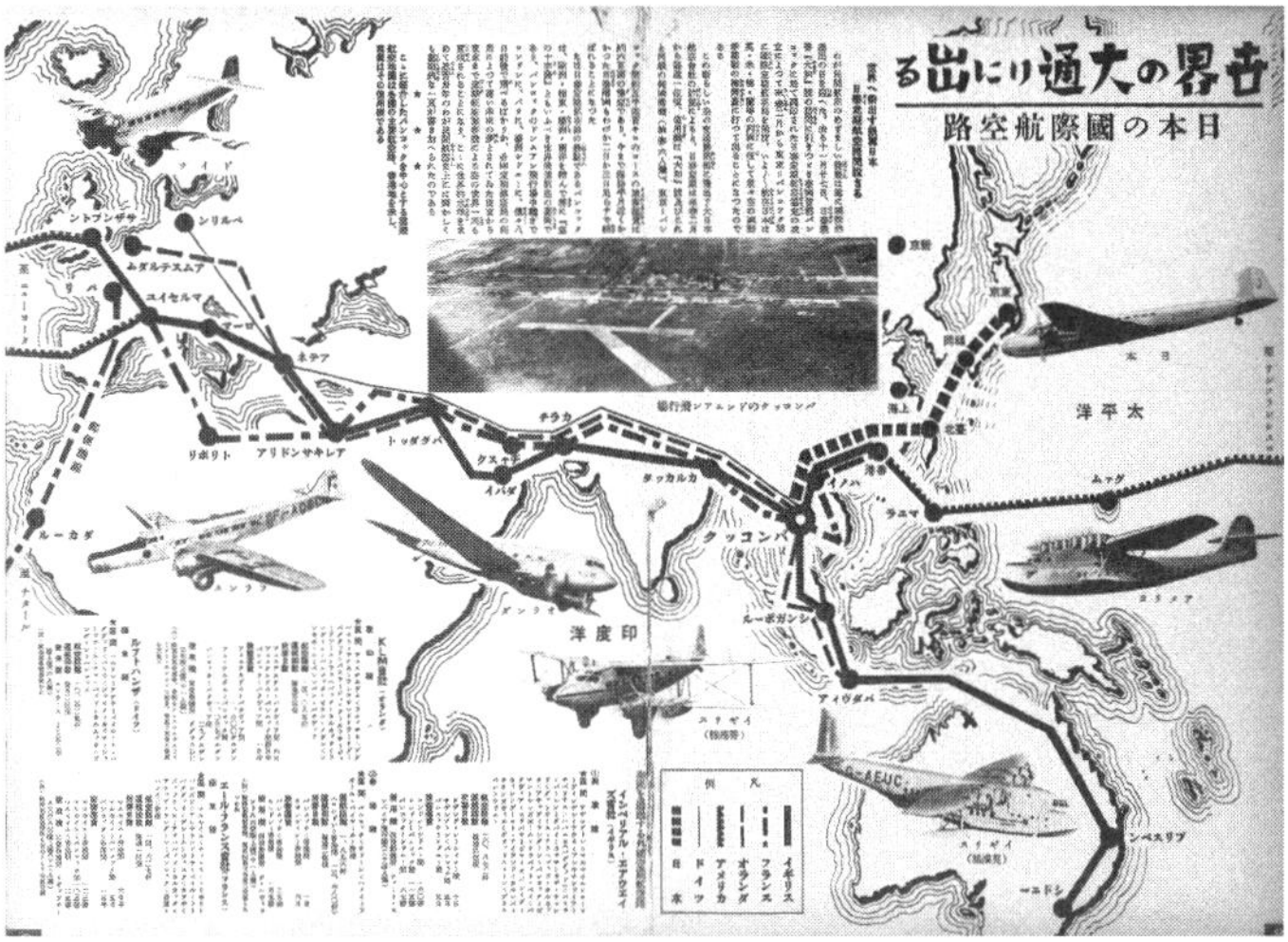

図4－4　世界とつながった日本の国際航空路

で描かれ、ドイツのルフトハンザやフランスのエール・フランスなど国別旅客機の写真が掲載された世界地図を示しながら、「空の十字路」と呼ばれるバンコクを中継地に各国定期航空路を乗り継げば、東京から東京までの定期航空旅客機による世界一周が実現されることを指摘し、「忍苦卅年のわが民間航空史上には輝かしくも画期的な一頁が書き加えられた」と絶賛した（図4－4）。

また、『写真週報』は民間主体の試験飛行にも注目し、大阪毎日新聞・東京日日新聞の企画であるニッポン号の世界一周を取り上げた八九号（昭和一四年一一月一日）の「ニッポン号世界一周の壮途完成」では、出迎える大勢の人々を前に東京飛行場へ着陸態勢に入ったニッポン号の姿が掲載され[16]、その下に記された説明には「着陸各地に於て国際親善の実をあげる」と共に「航空日本の威力を全世界に宣揚した」とあり、ニッポン号世界一周の偉業を高く評価したのである。このように、『写真週報』は、アジア太平洋の航空網をめぐる欧米の航空会社との競合について言及し、航路伸張や親善飛行など航空旅客輸送の取り組みを積極的に伝えることで[17]、航空に対する興味を読者に抱かせると同時に、航空を通じてアジア太平洋や国際社会の動向に読者の目を向けさせようとしたのである。

一方、『写真週報』は特定の人達に対象を絞り、航空に対する関心の喚起と航空知識の普及にも力を注いだ。第一に、将来の日本の航空を支える若い男性、とりわけ、青少年達である。まず、昭和一五年から九月に設定された「航空日」である。[18]「航空特集」と題した一三五号（昭和一五年九月二五日）は全ページが航空関連の記事で占められている特集号であり、[19]「航空日九月二八日 空だ男のゆくところ」は、これからは飛行機のことは飛行機の専門家に任せるのではなく、「空は一億国民のものだ」という認識の下、航空に対する知識を深めるだけでなく、積極的に行動へ移していこうと呼びかけた。その具体的事例については「空の教室の三部作」で紹介されており、グライダーの訓練に励む中学生、航空理論の研究とその実践に余念が無い大学生、羽田飛行場に向かう二等操縦士免許を持つ会社員のこれら三つをモデルとして提示した。その一年後、航空日は九月二八日から九月二〇日へと変更されたが、一八六号の「九月二〇日 航空日」は、航空日章の販売について言及した上で、その売上で得た純益を全部グライダー製作に充てられることを表明し、グライダー作りに励む青少年への支援を約束した。そのグライダー作りであるが、本書第七章で明らかにされているように、模型グライダーの作り方や飛ばし方を紹介する記事などを通じ、青少年達に大空への憧れを喚起し、航空に対する関心を高めようとしたのである。[20]

第二に、青少年達の思考に影響を与える親（母親）である。一七二号の「来れ！ 大空に！ 航空機乗員養成所とは？」（昭和一六年六月一一日）の中で、「子供が航空の職に就こうとすると親は危険だといって反対する」と記されているように、[21]いくら青少年を啓発しても親がその障害になっていることが明らかになり、そうした親の意識を改める必要があった。一八六号の「お母さん飛行機が好きになつて下さい」（昭和一六年九月一七日）では、大日本飛行協会主催の「母と子の同乗飛行」が取り上げられ、航空機に対する恐怖心を捨て、航空機に関する常識を身につけてもらう航空局の狙いの下、ダグラスＤＣ３に搭乗し、見送りの人に手を振る母子の姿が誌面を飾ったのである（**図４－５**）。

ここまで、『写真週報』の誌面上に見られる、航空をめぐる啓発活動について論じてきたが、その最終目的は有事

図４－５　ダグラスDC３に搭乗する母と子

に備えて即戦力となる乗員を確保することであり、当然のことながら乗員の育成や乗員養成学校の入所者募集に関する記事が掲載されることになる。そもそも、航空局には旅客輸送機の操縦士や機関士を育てる施設が存在せず、陸軍飛行学校・海軍航空隊・東京府立工芸学校（現在の東京都立工芸高等学校）などにその養成が委託されていた[22]。しかし、日中戦争の勃発を境に航空局自らが乗員育成に乗り出し、昭和一三年、米子・仙台・熊本・新潟・愛媛に地方航空機乗員養成所（以下、地方養成所と省略）を設置したのを皮切りに全国各地に乗員育成の拠点を築き、昭和一五年四月には、地方養成所卒業生を対象に一等操縦士資格の取得を主目的とする中央航空機乗員養成所（以下、中央養成所と省略）が千葉県松戸に誕生することになった[23]。一〇三号の「航空局の乗員養成」（昭和一五年二月一四日）には四ページにわたって乗員養成所の一日が紹介され、軍人勅諭の奉読に始まり、場外飛行・練習機の組み立て・エンジン整備・パラシュートのたたみ方訓練などに励む操縦生の健気な姿がカメラに収められている。その記事の冒頭には「航空機操縦生を志願するには」という表題が掲げられ、養成所へ入る方法や操縦生の待遇などが説明されており、教育費の官費負担や手当の支給といった特典の付与や、二等操縦士の資格獲

図4－6　練習機に集う航空機操縦生たち

得についても言及された。また、一七二号の「翼持つ喜び」（昭和一六年六月一一日）では中央養成所が取材の対象となっており、練習機のプロペラを囲むように機体へ寄り添い、笑みを浮かべる操縦生たちが見開き二面に登場した（図4－6）。その後に続いて、中央・地方養成所がどういう場所なのかについて中央養成所所長自らが語った「来れ！　大空に！　航空機乗員養成所とは」が掲載されたが、前掲の「航空機操縦生を志願するには」をはるかに上回る文章量で養成所の教育内容や魅力などが伝えられ、とにかく「褌一本で入所すれば、無一文で一等操縦士、或いは機関士に、または甲種工業学校卒業資格と二等操縦士の免状をもらうことができる」と太字で強調された。

以上、航空機の乗員養成をめぐる『写真週報』の記事について紹介したが、昭和一六年度の養成所入所志願者が約一万人であることに「決して多いものではない」と中央養成所の所長が嘆いていることにも表れているように(24)、航空に関する啓発活動が乗員の確保に必ずしも結びついておらず、日米開戦直前においても航空に対する国民の認識は当局を満足させるには至らなかったのである。

その直後、日本は太平洋戦争へと突入し、航空旅客輸送は軍事航空の下請け的役割を果たすことになる。『写真週報』でも航空旅客輸送に関する記事は激減し[25]、軍用機や飛行兵募集に関する記事がたびたび誌面を飾った[26]。その陰で、航空旅客輸送を支えてきた航空機が軍用機へと転用され、養成所を巣立った操縦士の中には神風特別攻撃隊として出撃して戦死した者もいたが[27]、そうした事実について『写真週報』ではほとんど言及されることもなく終戦に至ったのである[28]。

二　持続的な海上輸送確保に対する協力の要請

日本が島国であることから、物資の補給や国民の生存にとって不可欠な輸送手段として位置づけられる海上輸送であるが、日米開戦以降は大きく取り上げられるものの、以下明らかにするように、『写真週報』刊行後しばらくの間は目立たない存在であった。

図４－７
練習船に向かって櫂を漕ぐ練習生たち

そもそも、海上輸送に関する記事が『写真週報』に初めて登場したのは一〇号（昭和一三年四月二〇日）であり、「腕は飛沫をあげて」と銘打った、東京高等商船学校（現在の東京海洋大学）の練習船・大成丸に向かって櫂を漕ぐ練習生たちの姿が表紙を飾り（図４－７）、その後に続く「黒潮に鍛へる国防第二陣」は、南洋における大成丸の練習航海（学校内での訓練も含む）について誌面を八ページ割き、中腰で甲板を洗い、縦帆を上げようと懸命に綱を引く練習生たちや、明るいユーモアを交えた訓示に彼らが白い歯を見せて笑うなど、船中での厳しい訓

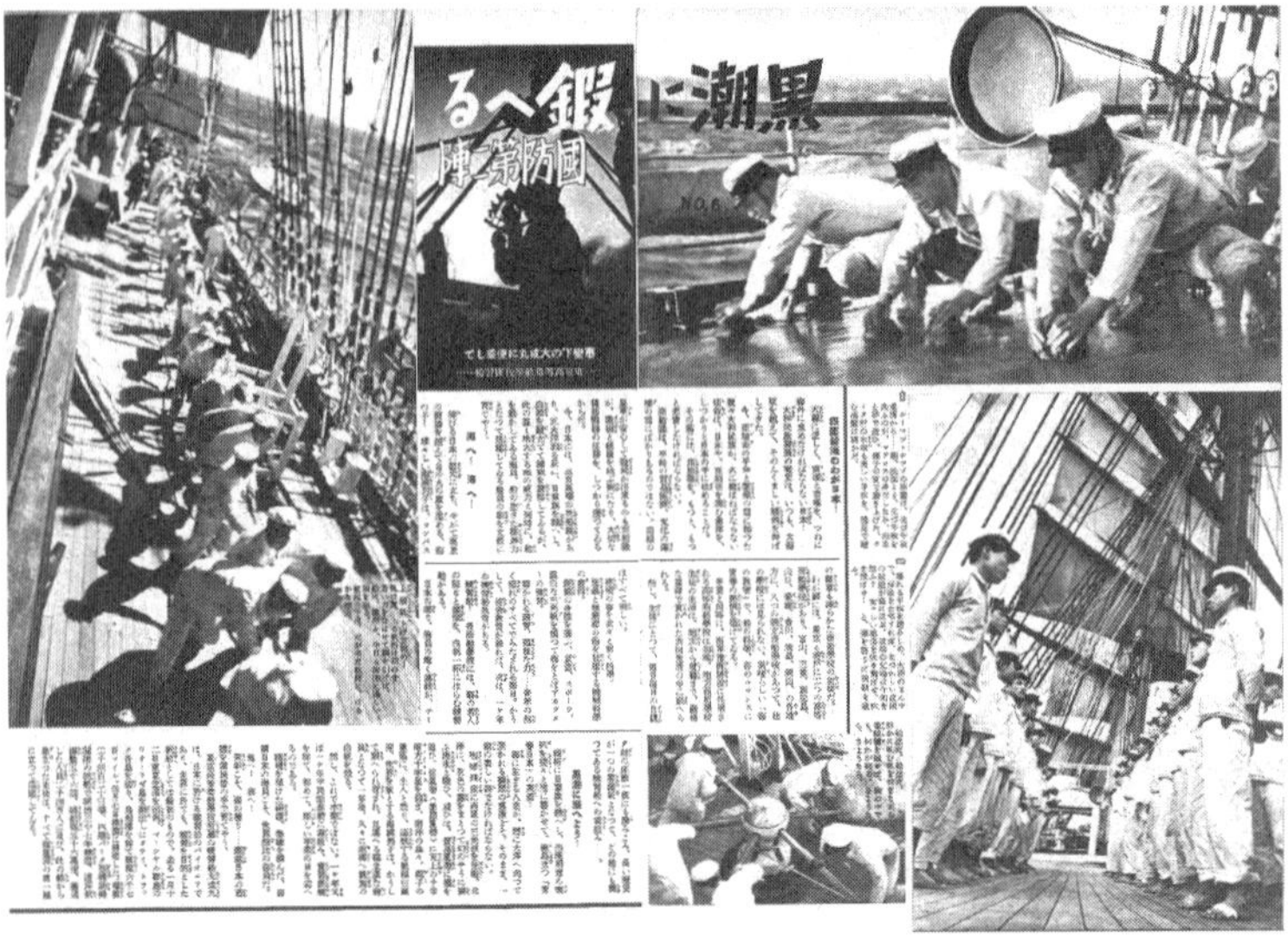

図４－８　南洋での練習航海

練に取り組みつつも、楽しくもある約三カ月の練習航海の様子を伝えている（図4－8）。また、四九号（昭和一四年一月二五日）の「南十字星の下へ 文部省練習船東京港出帆」と五九号（昭和一四年四月五日）の「南海に鍛へて 文部省航海練習船帰る」では、全国八カ所の公立商船学校航海科卒業生らが文部省航海練習船である日本丸と海王丸の二隻に分乗し、日本と南洋群島を往復する二カ月間の練習航海が取り上げられている。『写真週報』特派カメラマンも同船し、彼のカメラを通して、船上の訓練風景は勿論のこと、相撲をとるなどして息抜きをする練習生たち、上陸したサイパン島やクサイ島の原住民や現地の風俗・文化などが、時系列で綴られた航海日誌と共に掲載されている。そのような誌面から感じとれるのは、きびきびとした中に垣間見られるのどかさであり、日米開戦以降の海上輸送関係の記事から伝わってくる切迫感や緊張感は当該期にはほとんどなかった(29)。

以上のように、日米開戦以前における海運関連の記事がそれ以降と大きく異なるのは、海運が国防上それほど重視されていなかったからである。二八号（昭和一三年八月二四日）の「時局と海運」には、冒頭、永井柳太郎逓信大臣からの寄稿が顔写真付きで掲載され、大幅な輸入超過によって貿易決済に必要な金の準備高を増やすことが政府の至上命題であった当時、[30]海運関係収入が貿易外収支の「尤もたるもの」として国際貸借上「寄与する所大なるものがある」と強調し、海運の発展が貿易の促進にもつながることから国際収支改善の手段としての海運業に期待感を示した。また、逓信省が「我が国の海運」という表題で日本の海運が置かれている現状と課題について論じ、日本が世界三位の海運国であるにもかかわらず、船舶量、収容能力や速力などで英米に水をあけられている現実や、日中戦争の勃発に伴う急激な船舶不足により、海運業が「経済的に相当の動揺を来した」ことを指摘し、四ヵ年にわたり三〇万トンの新規建造を盛り込んだ「海運国策」の樹立を謳った。勿論、永井も逓信省も、国防の観点からも海運発展の重要性を説いてはいるが、あくまでも様々挙げられている理由の一つにすぎなかった。その後、『週報』では船舶と船員の需給逼迫が声高に主張されるようになり、その解消策として、造船・海運に対する政府の統制を強める海運統制令の施行（昭和一五〔一九四〇〕年二月）、[31]優秀な船員の確保と待遇改善を目的とする諸制度の導入（昭和一四年一月、昭和一五年一二月）と続き、[32]日米関係が悪化すると、不測の事態に備えて戦時海運管理要綱が実施（昭和一六年一一月）されるなど、[33]海運に関連する戦時法令が次々と制定されるものの、『写真週報』の誌面ではそうした話題が取り上げられることはなく、そのまま日米開戦の日を迎えることになる。

昭和一六年一二月八日、真珠湾攻撃をきっかけに太平洋戦争の火蓋が切って落とされると、逓信省の外局として海務院が設立され、従来の逓信省主導の海運行政がここにきて事実上の海軍主導へと切り替わった。[34]言うまでもなく、『写真週報』の海上輸送関係の記事も従来とは打って変わり、戦争勝利のためには海上輸送が欠かせないことが誌面上で繰り返し訴えられた。早速、年が明けて二〇三号（昭和一七年一月一四日）掲載の「輸送船団とその護衛」において、近代戦争の勝利が「重要物資の輸送如何にかかわる」と主張した上で、華々しい戦果の裏側に存在する「黙々と任務遂行に当たっている護衛艦艇将兵の労苦」に対して「大いに感謝」するよう呼びかけた。

昭和一七（一九四二）年四月からは戦時輸送強化運動が始まり、輸送船、なかでも、戦時標準船が南方からの資源運搬などで期待を集めた。戦時標準船とは、膨大な量の船舶建造に対応するために「華を去り実を採る」、すなわち、不必要な部分が削られ、外観などを犠牲にした輸送船であり、一定した船型の船舶が連続的に建造できるようになった。[35] それを可能にしたのが、開戦直後に断行された海運統制の強化であった。昭和一七年三月に施行された戦時海運管理令により船舶の改造・修繕が許可制となり、五月の海運統制令改正では、船舶等の製造・修繕事業、船舶運航・製造・修繕に要する物品の販売業、船舶救助・引き揚げ・解撤事業等の事業者に対して、逓信大臣は設備譲渡、出資、事業に供する物資の使用・保有・譲渡等を命じることができるようになった。[36] さらに、海運関係業者に対しては規格を指定して船舶等の製造、修繕と作業順位の変更命令が可能になり、戦時標準船の量産体制と、修繕能力の計画的な利用のための海運・船舶市場の統制機構が整備されたのである。[37]

以上のような動きを受け、『写真週報』でも戦時標準船を扱う記事が登場した。二二九号（昭和一七年七月一五日）の「戦時標準船建造は進む」は、長期戦に備え、大東亜共栄圏内の各地に散在する豊富な資源を有効に活用するために、優秀な船舶の大量生産を可能にする戦時標準船の導入が欠かせないことを説き、船ごとに違う設計ではなく、予め標準となる船型を四～五に絞り込むことで労力や資材の無駄を省くことができる利点も強調した。また、三〇一号（昭和一八年一二月一五日）に掲載された「勝ち抜け造船　補給戦は勝敗の鍵」は、船の性能と運転の能率に重点を置いた、非常に簡素な設計により戦時標準船が成り立っていることを謳い、外観や戦時に不必要と認められるものを犠牲にする、いわゆる「実質主義」を標榜した。無論、そうした特色を持つ戦時標準船の建造については、強度や安全面などで懸念を抱かれることが想定されるが、それに関しては、代用資材の活用などで品質が少し低下することは避けられないとしつつも、船体の強度を減らしてまで構造を簡単にするのではないと言い切った。[38] 以上のように、日米開戦後、戦時輸送船が急増する海上輸送の切り札として登場し、『写真週報』でもその関連記事がさかんに掲載されるが[39]、そのような期待とは裏腹に、造船に必要な資材の逼迫などにより増産態勢は整わず、慢性的な船舶不足を抜本的に解消するには至らなかった[40]。

さらに、米軍の反攻が本格化し、潜水艦攻撃や航空攻撃によって輸送船が次々と沈められると[41]、船舶不足が一段と深刻化した。その補充に追われた政府はこれまで以上に輸送力の増強が戦争勝利の絶対条件であると強調し、例えば、前掲の「勝ち抜け造船　補給戦は勝敗の鍵」における、「大東亜戦争は大消耗戦で大補給線、船腹確保戦、造船の戦い」という海軍艦政本部・飯河技術大佐の主張に表れているように、輸送船の建造に対する国民一丸の取り組みこそが勝利を引き寄せることを訴えた。『写真週報』では、戦時標準船が建造され、進水するまでの過程が誌面で何度か紹介され、三一五号（昭和一九年四月五日）の「国民合唱」のコーナーでは「輸送船行進歌」の楽譜と歌詞が掲載されるなど[42]、読者の関心を輸送力の強化に向けさせる努力を怠らなかった。

そして、ここにきて、輸送船航行の現状や輸送船の乗組員たちの声が伝えられ、『写真週報』の読者は海上輸送の現実を目の当たりにする。日米開戦以前では、揚子江をさかのぼる危険を冒しながら任務を遂行する輸送船団を扱った「揚子江輸送船隊」（四一号・昭和一三年一一月二三日）の中で、土嚢で囲まれた船橋から眼を離さずに食事をとる船長の姿や、輸送船から見える揚子江流域の様子が誌面を飾る程度であったが、開戦後、しかも、戦況が悪化した段階に至って、命の危険を賭して任務を遂行する輸送船や船員のことが詳しく語られるようになる。三〇八号（昭和一九年二月九日）の「わが補給船破壊に敵は手段を選ばず」では、沈みゆく病院船「ぶえのすあいれす丸」の写真を掲載し、補給船遮断に躍起となった米英が「悪鬼」のように船へ襲いかかり[43]、輸送船・病院船の区別なく攻撃を受ける最前線の様子が伝えられた（図4−9）。その後に続く「断じて守れ補給線」には、敵潜水艦の出現に備えて海上を見渡す補給船の監視員や、救命胴衣をつけて避難訓練に臨む乗組員など、命の危険と隣り合わせにいる海員たちが登場し、補給線を取り巻く厳しい状況を読者に実感させる誌面作りとなっている。また、日本郵船所属の船長や操機長

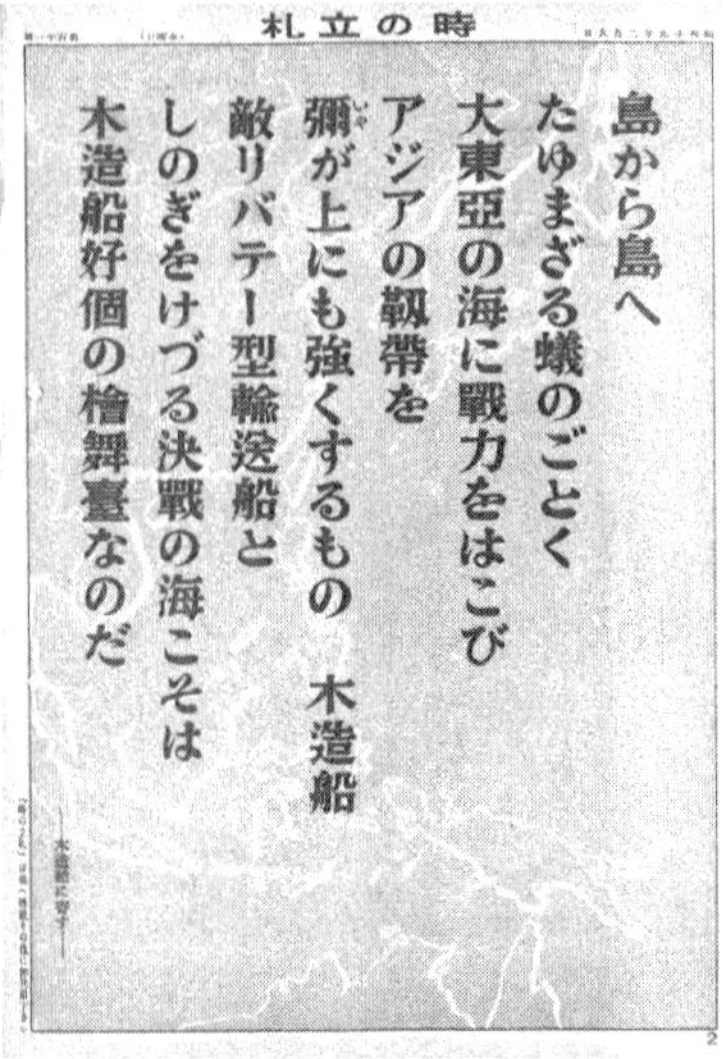

図４－10
木造船に期待を寄せる「時の立札」

図４－９　敵の攻撃で沈没する病院船

など八名による「戦ふ海の座談会」（二八〇号・昭和一八年七月一四日）において、敵襲に遭いながらも武器弾薬や将兵を前線へ運び、資材を後方へと送る補給の仕事が「一番働き甲斐がある」というお決まりの発言が出る一方、例えば、補給船が攻撃を受けて「そこら中に敵弾が落ちる。一番近いやつは左舷二百五十メートルに落ちた」けれども荷役に夢中だったから全くわからず、あとで知って「肝を冷やした」甲板長の体験談や、魚雷攻撃で船が沈みかかっていても「これを最後まで頑張って機関をたきつづけ、沿岸まで持って来た」が、もうその時は「腰まで浸かっていた」鬼気迫る船内の状況など、九死に一生を得たエピソードが美談を交えながら現役船員の口から発せられた(44)。こうして補給船やその船員が直面する厳しい状況を国民は目にするようになったが、だからこそ、戦争に勝つためには補給線を一層強化すべきであると『写真週報』は主張し続け、補給線死守への協力を国民に強く訴えたのである。

　その一方で、政府は足りない船舶を何らかの手段で補おうと打開策を模索していたが、昭和一八（一九四三）年に入り、新たに木造船を投入した。開戦直後の昭和一七年か

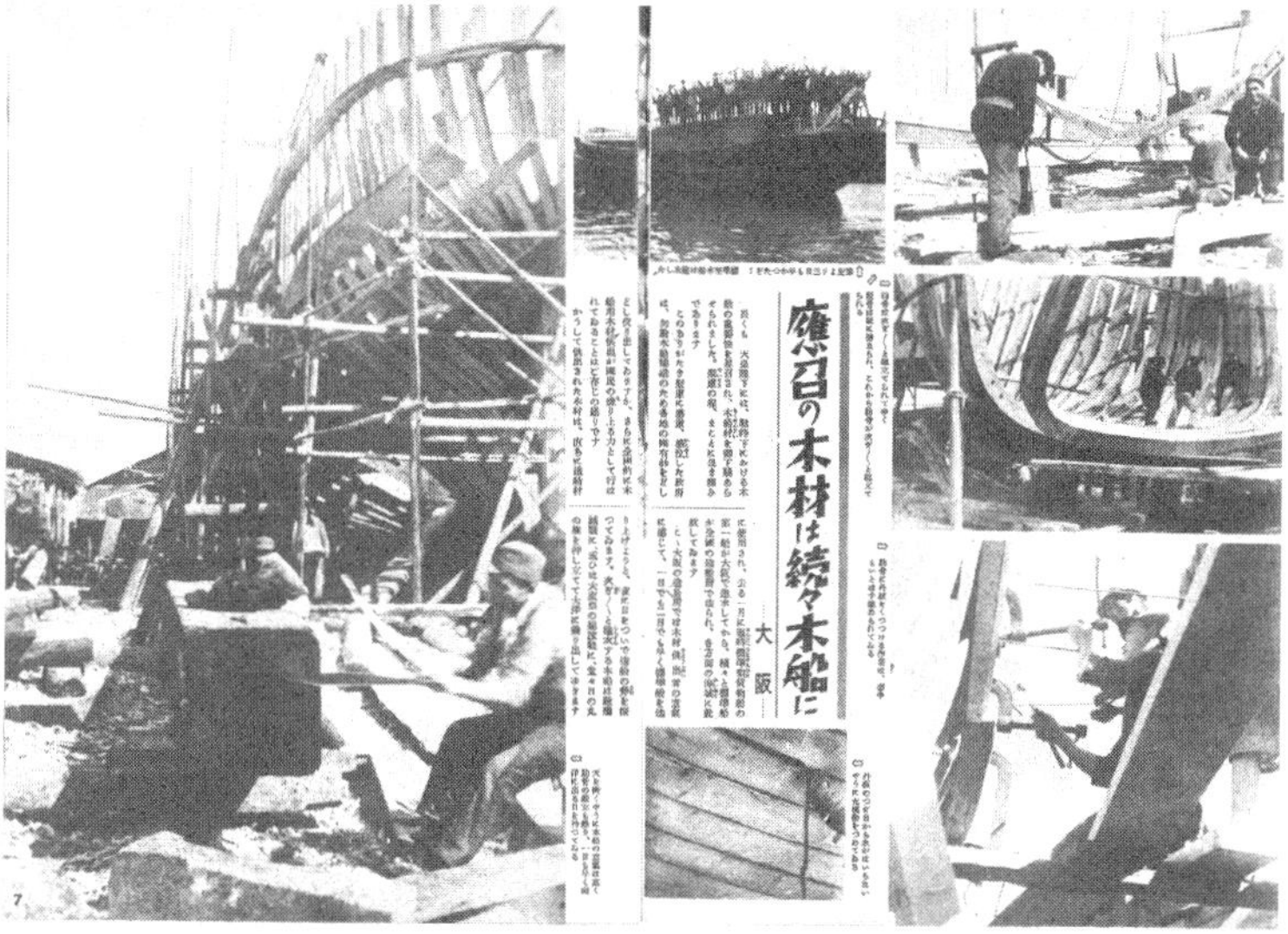

図４－11　木造船の建造

ら戦時標準船が登場したことは前述したが、昭和一八年一月、「木造船建造緊急方策要綱」が閣議決定されたことを受け、目標値を四〇万総噸とする戦時標準船型の木造船建造が本格化した。(45)『写真週報』でも木造船の話題が取り上げられ、三〇八号（昭和一九年二月九日）の「時の立札」では、アメリカのリバテー型輸送船と鎬を削る決戦の海こそが「木造船好個の檜舞台」であると述べ（図４－10）、同じく「木造船驀進」では、木造船が「決戦輸送の寵児」としてもてはやされるなど、木造船の活躍に対する期待感をにじませた。二六三号（昭和一八年三月一七日）の「応召の木材は続々木船に大阪」は、各地の国有林から集められた木材が戦時標準船型貨物船へと生まれ変わり、無事、進水を迎えるまでの過程を追っている（図４－11）。

このように、木造船建造が『写真週報』の中で大々的に扱われたが、現実はそれほど甘くはなかった。山崎志朗氏の研究によると、昭和一九（一九四四）年の木造船建造計画は機関不足により下方修正を余儀なくされたが、機関を持たない船種に重点が置かれたために竣工実績が前年度の約二倍に達し、木造船が急減する汽船の輸送力を補うことになった。(46)と

図4－12　海員養成所での訓練

ころが、昭和二〇年になると、木造船への依存度が大きくなったものの、苛烈になる空襲や資材難などでその建造量はさらに急減し、輸送力は縮小せざるをえなかった[47]。それでも、わずかな資材をやりくりし、三六〇号（昭和二〇年二月二一日）の「決戦の海に乗出す新鋭合板船」では、艤装と機関を除いた木製全船体を特殊な合成樹脂で接着した合板船の航行や製造過程の様子が誌面を飾り、木材の使用量が木造船よりも少量で済み、修理もしやすく、特殊な造船技術も必要でないため学徒・挺身隊や経験の浅い工員でも建造できることがアピールされた。しかし、船の強度や運搬能力は優先順位の後方に置かれ、資材不足や労力不足に対応可能な輸送船の建造が最優先されてしまったため、合板船は輸送力低下の歯止めはおろか、木造船の代替にもなりえなかったのである。

ここまで、木造船に関する記事に考察を加えたが、船舶不足と共に深刻だった船員不足についても『写真週報』は大いに関心を持った。しかし、開戦以前においては船員不足を問題視し、直截的に船員募集を呼びかける記事はほとんどなかった。わずかに、日本大学商経学部の学生が練習船・大成丸に乗船し、東京高等商船学校の学生と共に実習訓練した体験談をまとめた「海の道場　大成丸に便乗して」（七三号・昭和一四年七月一二日）には、苦楽を共にする船中での共同生活に日大生が好意的評価を与えたことを通じ、船員になることへの心理的ハードルを下げる編集側の意図が垣間見られるものの、強い働きかけはなかった。それが顕著となるのは船員不足に喘ぐ日米開戦以降になってからであり、二二九号（昭和一七年七月一五日）の「船が勝利を運ぶのだ　少年よ海へ」では、開戦前の海運関連記事と同様、岡山県兒島海員養成所における航海科生・機関科生の訓練風景を三ページにわたって取り上げているが、違いは論説の最後に「逓信省兒島海員養成所案内」という学科生募集告知の掲載であり、対象となる年齢・学歴、募集学科、給与の支給や制服・帽子などの貸与、卒業後の特典・義務について紹介されていた（図4－12）。このような海員募集を伴う記事はその後も見られるが、著しい船員不足に陥る戦争末期に入ると、養成期間の短縮や待遇改善などを謳い、なりふり構わず船員の確保に乗り出した。三三二号（昭和一九年八月二日）の「僕は海員だ　猛特訓の商船士官」では、大量海員養成の建前の下、かつて五年を要した課程を三年に縮めたことに触れ、三五七号（昭和二〇年一月三一日）の「補給に勝ち抜く若い力」の中で、船舶待遇職員令についての解説があり、海員を準戦闘員・待遇官吏として優遇することが記されている。こうして『写真週報』では海運への理解を促すと共に、船員の募集に全力を入れたが、一般国民の海に対する関心は当局が思ったほど高まらず、情報局の分析では昭和一九年九月の時点においても「依然低調の憾みを免れな」かった(48)。船員供出割当でも割当以上を船員に送り出す県がある一方で、割当の数％程度に止まる県もあり、船員の確保は難航を極めていたのである(49)。

以上のように、太平洋戦争の勃発を機に、前線と後方を繋ぐ補給線、そして、それを支える船舶や船員が脚光を浴び、『写真週報』の誌面上でも「脇役」の位置に甘んじていた海上輸送が、日米開戦と同時に戦争の「主役」へと躍り出た。しかし、そうした変化をよそに、誌面で語られている以上に海上輸送に突き付けられた現実は非常に厳しかった。倉沢愛子氏によると、日米開戦前、海軍軍令部が船舶被害について予測を立てており、開戦初年度は八〇万～一〇〇万、二年度には六〇万～八〇万、三年度には四〇万～六〇万総トンと見込み、三年間で最大二四〇万トン喪失すると目算していたが、開戦から終戦までの日本の商船の喪失船腹数は八一四万六〇七二トン、使用不能になった船舶数総数は八九〇万二八七四トンにのぼったという(50)。船腹数で見ると、連合軍による日本船舶の撃沈数は、潜水艦によるもの四八六一隻、航空機によるもの二七二二隻、機雷によるもの五一三隻で、合計八〇九六隻に及んだ(51)。また、戦没した船員も六万六〇九名にのぼり[52]、日本の海上輸送は多大な犠牲を払ったのである。

三　陸運統制による利便性後退とその甘受

陸上輸送は、これまで論じた航空輸送・海上輸送以上に国民生活とは密接な関係にあり、通勤・通学や長距離移動の足として、小包を送る手段として、当時の一般国民の間で広く利用されていた。しかし、長引く日中戦争のしわ寄せが陸上輸送に及ぶと、様々な形で戦時下の国民は不便な生活を強いられることになる。

その嚆矢として、戦争長期化の影響を直接受けたのが、ガソリンを燃料とする自動車の利用者、例えば、自家用車の保有者や、タクシーなど自動車を使って生計を立てる人々であった。貴重な外貨で手に入れた石油を民需に割くことは、軍需優先に逆行する経済行為であり、「石油の一滴は血の一滴」の掛け声の下、民需を抑制するためにもガソリンの節約はまさしく「焦眉の急」であった[53]。昭和一三年三月七日、政府は輸出入品等臨時措置法に基づいて揮発油及び重油販売取締規則を施行し、米の配給や衣料切符の支給に先駆けて石油の切符制度を導入した[54]。同規則第二条により、石油の販売業者、及び、精製業者は地方長官（東京府では警視総監）が発行した購買券との引換えでなければ、原則として揮発油や重油を購入することはできなかった。それに加え、揮発油・重油を消費する前々月の五日までに購買券交付申請書を提出しなければならず、申請書を提出した翌月の二五日から月末までの間に購買券を受け取ることができた[55]。これらを所管する主務官庁が商工省燃料局であり、同局が提出された申請書と供給量を勘案して各地方行政機関へ割り当て、その範囲内で購入券を発行させた。一一一号（昭和一三年五月四日）の「ガソリン一滴は血の一滴」では、「燃料節約の機密室」と称される同局第一部油政課分室内での慌しい切符の割当算定作業をはじめ、所轄警察署燃料係から交付を受ける運転手たちの姿をとらえた写真などが掲載されている（**図4－13**）。

図4−13　本格化するガソリンの節約

さらに、できるだけガソリンの消費を抑えるため、今度は大蔵省専売局が音頭をとり、七月一日を境にガソリンにアルコールが混入されることになった。合理的な消費節約の正当性を論じた「七月一日からガソリンにアルコールが混入されます」(二〇号・昭和一三年六月二九日・原文ママ)では、アルコールの原料となる藷を生産する農家が潤うと主張し[56]、アルコール混入ガソリンの利点について「ノッキングは反って少くなり熱効率は向上するので、運転手諸君も決して心配いらない。寧ろ歓迎してよい」と言い切るなど、予想されうる利用者側の懸念や不平不満を見越した、専売局の弁明が綴られた。

このように、自動車の利用者は『写真週報』を通じてガソリンの節約を迫られたが、それだけにとどまらず、ガソリン自動車の使用を根本的に見直すことも求められた。一二号(昭和一三年五月四日)の「ガソリン自動車に代るもの」では、新たに木炭(薪炭)自動車・電気自動車・ガス自動車などガソリン以外を燃料とする自動車が取り上げられており、木炭自動車の動く仕組みがコマ送りのように紹介されている(図4−14)。その性能については、木炭自動車の弱点である上

図４－14　解説・木炭自動車が動く仕組み

り坂での減速を意識してか、これまでは「木炭自動車は坂がのぼれぬ」と言われていたが、今では「相当の坂でも悠々登《ママ》れる。いよいよ急坂となれば、すぐガソリンと切り替えることも出来る」ことを指摘し、木炭自動車がガソリン自動車と比べても遜色ないことをアピールしたのである。

以上のように、『写真週報』はガソリンの節約や代替燃料への転換を呼びかけたが、しばらくしてそのような記事は姿を消した。しかし、その後も引き続き自動車の利用者はガソリンの節約を強いられ、次第に追い詰められていったが、その辛さを骨身に染みるほど味わったのが喜劇俳優の古川ロッパであった。当時としては大変珍しく自家用車を所有し、仕事やプライベートでもハイヤーを頻用していた古川は、自家用車に使われる月七ガロン（約二六・五リットル）のガソリン支給が打ち切りとなったことに「この辛さは、何よりも激しい。日々吐息をつくばかりである」と愚痴をこぼし[57]、ガソリン不足の影響でハイヤーに「一寸乗ってもすぐ五六円」かかってしまうことから、「うるさくつきまとう円タク洪水の時代が懐しい」と嘆くなど[58]、大変な思いをしたのである。さらに、日米開戦直前には一部を除いてガソリンの使用自体が事実上禁止され、[59]究極の不便を味わった。[60]それでも、古川のような自動車の利用者はそれほど多くはなく、国民生活への影響は限定的であったといえよう。

一方、日中戦争の長期化は鉄道輸送に対しても暗い影を落としたが、鉄道は自動車以上にあらゆる階層の国民によって利用されており、国民生活に与える影響は非常に大きかった。以下、『写真週報』の鉄道輸送に関連する記事に注目してみよう。

『日本陸運十年史』によると、日中戦争が勃発した昭和一二年当時、旅客鉄道輸送は漸次萎縮する傾向にあったが、戦勝祈願・体位向上を目的とする旅行者の激増、さらには、省営自動車の運賃改定、新線開業による営業キロの増加などにより、再び活況を呈した。[61]昭和一三年には長距離旅客が著しく増加し、旅客輸送は飛躍的な好成績を収めていた。[62]しかし、その副産物として車輛内や駅構内の混雑が生じ、乗客の乗降・乗車マナーが問題視された。『写真週報』は、後述するように、輸送力増強など混雑の根本的解決に臨む政府の対応についても言及するが、まずは、各人のマナー向上により混雑の克服を乗客に求めた。一〇号（昭和一三年四月二〇日）の「守れ公徳　やさしい義務だ」は、列車内や駅構内におけるマナー違反となる行為を写真・キャプション付きでいくつか紹介し、それらを反面教師とし、東亜の盟主、そして、「文明国民」にふさわしい公徳心を持つよう説いた。鉄道省・日本観光連盟等の主催による観光報国週間の下、二年後に開催が予定されていた紀元二千六百年祝典や東京オリンピックを意識し、対外的にも恥ずかしい姿をさらさないように今のうちから交通道徳の大切さを説く該記事は、キャプションに書かれている「停車場の出札口や改札口では整列して順番を待ちませう」や「降りる人が降りきってから、順序正しく乗りませう」などのように丁寧語を用い、やさしく諭したのである（図4－15・図4－16）。

しかし、混雑が慢性化し、乗降・乗車マナー改善の見通しが立たなくなると、鉄道省は厳しい姿勢でマナー違反に臨むことになる。一〇三号（昭和一五年二月一四日）の「混雑を二倍に揉み合ふ我れ勝ち組」は、我先に座席へ坐ろ

図４－15　東亜の盟主にふさわしい公徳心を持とう①

図４－16　東亜の盟主にふさわしい公徳心を持とう②

うとする乗客や夜行列車の洗面台を独り占めする乗客など、マナー違反となる事例を写真・キャプション付きで見開き二ページにわたって列挙しているという点で前掲の「守れ公徳 やさしい義務だ」と同じような誌面作りとなっているが、例えば、座席にすわっている子供が通路にゴミを散らかしている姿を取り上げ、「こんなのは子供よりお母さんのしつけが悪い！」と一喝し、二人分の座席を独占して狸寝入りする乗客を「もっての外！」だと怒りをあらわにするなど、語気を強めた表現で問題行為を批判し、「再思三省の上、秩序ある訓練された乗客」になることを読者に求めた（図4―17）。また、一六三号（昭和一六年四月九日）の「一列の一降り二乗り三発車」では、われ先にと列車に乗り込む乗客の表情が「修羅の巷に住む餓鬼の形相」であり、そのような行為が聖戦下の国民として「甚だ不名誉」だと厳しく指摘した上で、乗降の一列励行が混雑緩和に貢献していることを宇都宮駅や熊本駅の事例を挙げながら訴え、同様の行動をとるよう促したのである（図4―18）。

ここまで、混雑に端を発した乗客マナーの低下をめぐる様々な取り組みについて見てきたが、さらなる混雑の火種を消すことにも『写真週報』は力を入れた。日中戦争以前から増加し続ける、踏み切りでの列車と自動車・馬車・通行人との衝突事故が鉄道輸送を妨げ、一時的ではあっても混雑を助長する可能性があった。そうした事態を未然に防ぐため、「きしゃにちうい《ママ》」（七一号・昭和一四年六月二八日）では、線路上や踏み切りでの模範行為や迷惑行為、そして、踏切事故直後の生々しい現場の写真を通じ、戦時輸送の遅滞を招く鉄道事故を起こさないよう注意喚起したのである（図4―19）。

以上のように、『写真週報』は、乗客マナーの向上や鉄道事故防止など国民への啓発活動を通じ、戦時の鉄道輸送に対する国民の協力を求めたが、鉄道輸送を支える現場の取り組みや逼迫する戦時輸送の抜本的解決策を示し、努力する政府の姿勢を打ち出すことも忘れなかった[63]。機関車の修繕に焦点を当てた六〇号（昭和一四年四月一二日）の「戦時輸送と機関車」では、修繕の工程を紹介しつつ、普段から体位向上に取り組み、工程会議において効率的な修繕の

図４－17　車輌内で見られるマナー違反の数々

図４－18　乗降時の一列励行

あり方を模索するなど、意識向上に前向きな修繕担当の職員の姿が誌面を飾り、そうした彼らの努力により、一カ月以上かかっていた機関車の修繕が今では五日〜六日程度に短縮され、諸外国の「驚異の的」になっていることをアピールした。また、一〇四号（昭和一五年二月二一日）の「白魔と闘ふ人々」は、人力と機械力で除雪作業に臨み、積雪による輸送の遅滞を回避すべく努力する現場の様子を伝えている。

このような現場職員の奮闘ぶりが注目される中、輸送力増強の切り札として期待されたのが、当時、世界初の海底トンネルとして注目を浴びた関門鉄道トンネルである。着工までには長い紆余曲折があったものの[64]、昭和一一（一九三六）年九月に鉄道トンネルの起工式が行われ[65]、昭和一六年の完成予定を目指して工事が進められた。それ以前、本州と九州を連絡するルートは、乗客を運ぶ関門連絡船と貨物航送船で関門海峡を渡る航路のみであったが、トンネル工事の進捗状況を四ページにわたって伝えた五二号（昭和一四年二月一五日）の「工事進む関門隧道」によると、トンネル開通がもたらす利益として、旅客の運搬に関しては、連絡時間が三〇分あまり短縮され、二回も乗り換える面倒が省かれること、貨物についても平均一〇時間ほど短くなることが謳われた（**図4―20**）[66]。こうして念願の工事が本格化したが、その進捗は時局の影響を受けることになる。もともとは単線トンネルの工事であったが、昭和一五年に単線トンネルをもう一本掘削することになり、いわゆる、単線並列の海底トンネルへ変更された[67]。その後、資材・労力不足の中で工事の完成が急がれたが、昭和一一年着工のトンネル（下り線）については昭和一七年七月一日に貨物車輌、一一月一五日には旅客車輌の通行が始まり、昭和一五年着工のトンネル（上り線）は昭和一九年九月九日に開通した[68]。

一方、関門鉄道トンネルと並び、もう一つの切り札として注目されたのが、新幹線計画、通称、弾丸列車である。昭和一三年、国の大動脈である東海道・山陽本線の輸送力が将来逼迫することを受け[69]、鉄道省内部で東海道・山陽本線の輸送力改善策に関する検討が始まったが、その過程の中で、同省建設局から持ち上がったのが新幹線計画、つま

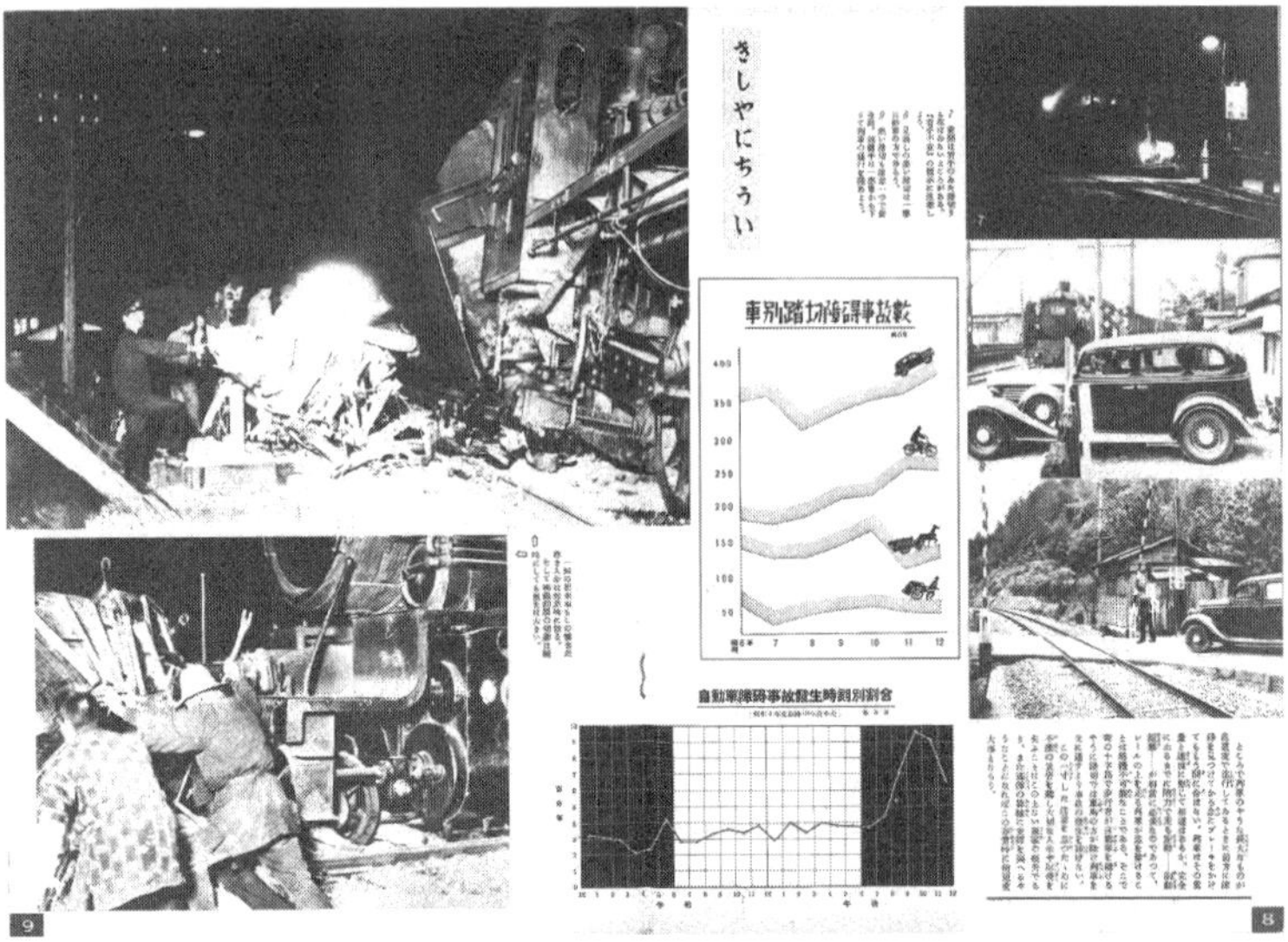

図４－19　鉄道事故への警鐘

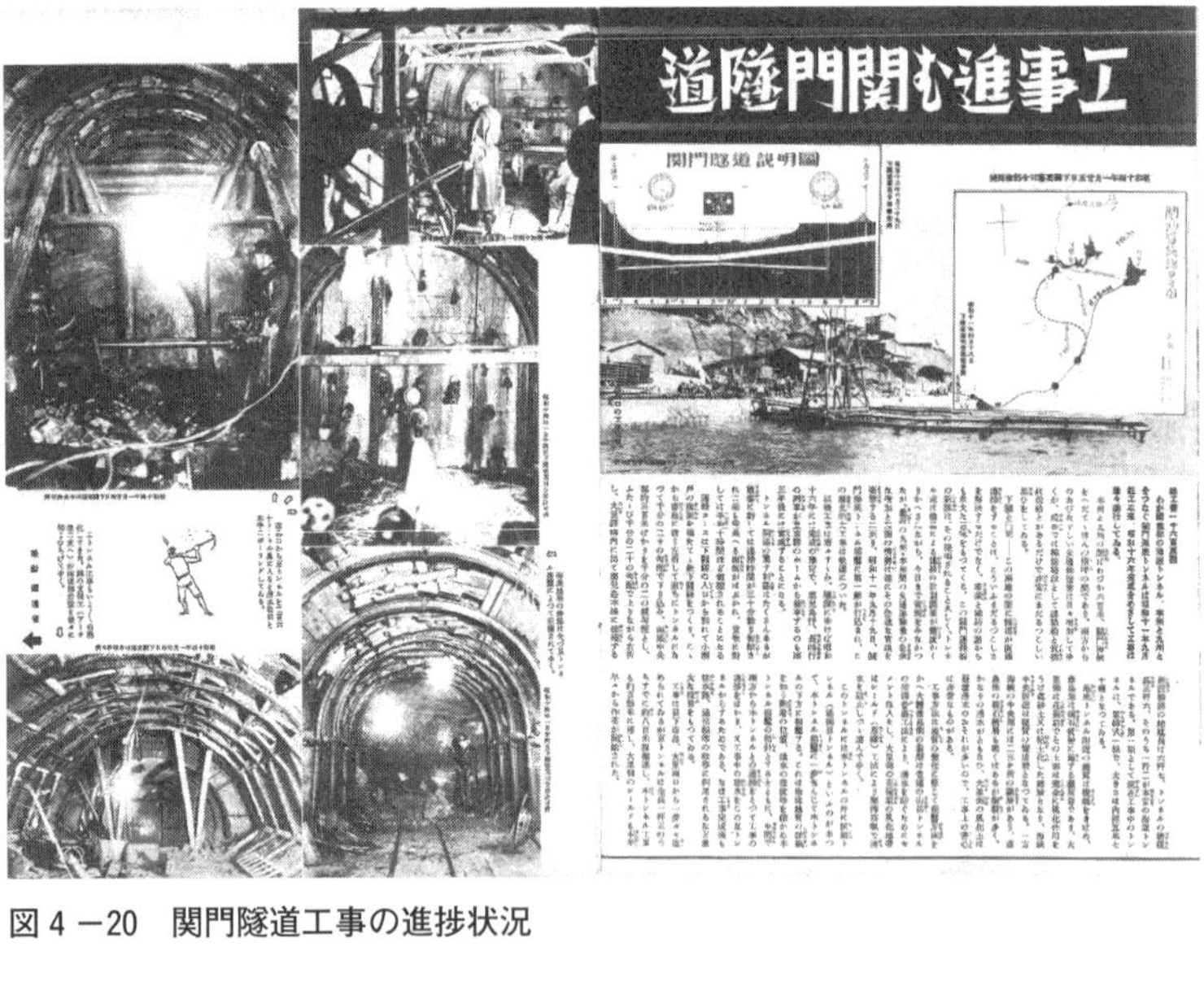

図４－20　関門隧道工事の進捗状況

り、線路の軌間を広軌とし、東京－下関間を九時間で走る超高速鉄道の実現であった[70]。前間孝則氏の研究によると、昭和一四年、鉄道大臣の下に置かれた鉄道幹線調査会とその附属の特別委員会の中で、該計画の詳細について検討が重ねられた後、同調査会の答申に基づいて「東京、下関間新幹線増設に関する件」が鉄道省の諮問機関である鉄道会議で原案通り支持され[71]、昭和一五年三月の第七五回帝国議会にその関連予算が成立した[72]。この一大事業に関しては、後日、『写真週報』の誌面でも取り上げられ、宮沢裕鉄道省政務次官の名で掲載された論説「時の話題　時局下の鉄道旅客輸送に就て」（一一五号、昭和一五年五月八日）の中で、東京・下関間を約九時間で結ぶ広軌複線の新設について言及された。工事は昭和一六年から本格的に始まり、日米開戦後ではあるが、昭和一七年四月に最大の難関である新丹那トンネルの起工式が行われた[73]。二四二号（昭和一七年一〇月一四日）の「脈うつ国鉄七十年　新丹那隧道工事始まる」にはその様子をはじめ、トンネル内での掘削作業などが写真に収められていると共に、一七年の歳月を費やした丹那トンネルよりも短い工期での完成を目指すこと[74]、このトンネルを通って走る列車が当時の超特急「つばめ」の倍のスピードで走り、「朝食を東京で夕食は下関で」食べられることが謳われた（図４－21）。

図４－21　新丹那隧道工事の開始

　こうして『写真週報』は様々な角度から混雑への対応策や解消策を訴えたものの、根本的な解決には至らなかった。輸送力増強とはいってもその実現までには時間を要し、それを上回るペースで軍事関連の輸送が増えたほか、ガソリン自動車の使用自粛などで鉄道を利用する乗客が増えたため、限られた輸送力であらゆる輸送をすべてカバーできなくなった[75]。このような陸上輸送を取り巻く厳しい状況を乗り切るには何かを犠牲にせざるをえず、政府は究極の政策判断を迫られることになる。

四　旅客輸送制限の徹底と正当性強調

日中戦争が長引くにつれて輸送の逼迫が問題となり、政府がその善後策に追われたことは前節で述べた通りであるが、それに拍車をかけたのが、昭和一三年の国家総動員法制定を機に活発化する個人間での物資のやり取りであった[76]。そして、そのような輸送量の急増に対応しきれなくなると、政府は輸送に優先順位をつけ、軍需物資の輸送を最優先する一方、旅客や不要不急品の輸送は抑制されることになった。その法的な根拠となったのが昭和一五年二月に施行された陸運統制令である。国家総動員法に基づく委任勅令である同令は、国鉄をはじめとする陸上運送事業者に対して貨物運送に関して各種の指示・命令を発することを可能にし、輸送機関の利用者に重要物資の輸送へ協力する義務を課した[77]。さらに、日米開戦直前の昭和一六年一一月には改正が行われ、輸送の順序決定、不要不急物資の輸送抑制、乗車区間・運送経路など条件付きの輸送受け入れを陸上運送事業者に命ずる、広汎な権限が政府に与えられたのである[78]。

この一連の法令制定・改正については、その解説記事などが『週報』や『写真週報』に掲載され、以下紹介するように、陸上輸送に対する統制強化を正当化する言説で占められた。それによると、陸運統制令の制定はあくまで、限られた輸送能力を最も効率的に、かつ、国家目的に即して活用することが「本意」であり、「徒らに制限をして能力の不足を糊塗する考えではない」と釈明した[79]。その一方で、政府は、従来の「サーヴィス本位、営業本位ということを捨て」て不便の甘受と不要不急の利用自粛を国民に求めると共に[80]、国民の「徹底的に『旅行を調整せよ』という意見が続々と当局の手許に寄せられている」と主張し、統制強化に対する「国民の理解が深まりつつあることが看取されることは、まことに欣ばしい」と自画自賛したのである[81]。

以上のように、陸運統制の必要性を強調した政府は、言葉だけでなく、行動を以て国民に対して戦時輸送への協力を呼びかけた。早速、大量に荷物が押し寄せる年末年始に限定して荷物の重量制限と受託制限の実施に踏み切り[82]、一四六号（昭和一五年一二月四日）の「年末年始の贈答品が津波のやうに国策輸送を呑まうとしてゐます」では、贈答品を小荷物として送る女性と、荷物で満載の車輌内や搬入口の様子が見開き二頁の誌面の中に収まっており、そのような女性の行為が鉄道輸送の逼迫を招くことを印象づけた。また、避暑や遊覧目的の旅行に対する乗車券の販売制限・停止、急行券の販売制限、三等寝台車や食堂車の廃止、運賃割引の廃止など[83]、平時の旅客輸送に求められる利便性や快適さなどがことごとく犠牲になった。ただし、これは物流が最も活発な年末年始に限っての話であり[84]、この段階における陸運統制はそれでもまだ緩やかだったと言えよう。

太平洋戦争が勃発すると、陸運関連の誌面においても戦争を強く意識させる傾向が強まった。例えば、『写真週報』では、戦時輸送強化運動（四月一日～六月三〇日）を機に輸送を「兵器」と位置づけるキャンペーンが展開され、二一五号（昭和一七年四月八日）の「船は兵器だ」のほかに、「汽車も兵器だ」という記事も掲載された。内容自体は不要不急の旅行・物資輸送の自粛を呼びかけるなど以前とあまり変化はないが、解説文の中にある「鉄道は兵器だ」という言葉や、「『戦争と輸送』について正しい認識をもつとき、戦時輸送強化に対していかに協力すべきかは自ずと判明される筈」というメッセージに象徴されるように、輸送と戦争との関連性が強調された。また、戦時輸送に非協力的な人々は敵であると位置づけられ、二二六号（昭和一七年六月二四日）の「整然たる混雑へ　交通道徳を守りませう」は、乗車マナーの良い例と悪い例を対比させる誌面作りになっており、マナーを守らない人を「「没法子《しょうがない》」と

図4－22　混雑していても交通道徳は守ろう

いうような重慶的な考え方、「エゴイズム《われさきに》」というような米英的な考え方」であると決めつけたのである（図4－22）。

このように、太平洋戦争への突入を機に、戦局に直結する陸上輸送の重要性が再認識されたが、海上輸送が逼迫の度を深めるにつれ、陸上輸送の果たすべき役割がより一層大きくなった。つまり、海上輸送が船舶・船員不足により輸送能力を失い、陸上輸送が唯一の代替受入先として、本来、海上輸送が担うはずの軍需物資の輸送をも背負わざるをえなくなったのである。そのきっかけとなったのが、昭和一七年一〇月六日、東條英機内閣によって閣議決定された「戦時陸運ノ非常体制確立ニ関スル件」であり、計画輸送の下、極力「造船ノ促進ヲ期スル」以外に、「内地沿岸海上輸送ノ貨物ハ極力之ヲ陸上輸送ニ転移」させるに至った[85]。そのため、陸上輸送の増強は不可欠となり、以前から陸運統制のしわ寄せを受けてきた旅客輸送がここにきて一段と抑制され、それに伴う混雑の発生も正当化されることになった。前掲の「整然たる混雑へ　交通道徳を守りませう」でも、「整然たる」という言葉が用いられているように、旅客輸送の抑制によって生じる混雑の解消を半ば諦めた上で、「工夫」や「研究」、要するに、個々のマナー次第で「卍巴の混雑」から「整然たる混雑」へと改善されると強弁した。さらに、旅客輸送の抑制以外にも、輸送力増強に必要な「資材、人員ノ供出」について言及されており、二五二号（昭和一七年一二月二三日）の「滞貨一掃の奉仕隊　東京」では、翼賛壮年団員や商業報国会員に混じって大学生や中学生たちが荷物の運搬を担う姿が、二九四号（昭和一八年一〇月二〇日）の「国鉄の現場にも女性の敢闘始まる」では、男性職員に代わって改札・出札業務などに従事する女性が誌面を飾るなど、逼迫する戦時輸送を懸命に支える人々の活躍ぶりが伝えられたのである。

一方、前述の閣議決定の中でも、「所要輸送施設ノ急速増強ヲ図ル」と謳われているように[86]、輸送力不足の抜本的解決を諦めることはなく、例えば、進行中である関門鉄道トンネルの工事については昭和一八年度中に繰り上げ竣工することになった。また、開戦直後の快進撃から生まれた余裕もあって、前節で述べた新幹線計画以上の壮大な事業が実行に移されようとしていた。国鉄七〇年を記念した特集号の二四二号（昭和一七年一〇月一四日）では、大東亜縦貫鉄道計画を紹介した記事「特急昭南行」が掲載され[87]、東京をスタートし、朝鮮海峡の下を走る海底トンネルを通過後に、京城・奉天・北京を経て、上海を下り、南方のハノイ・サイゴン・プノンペン・バンコク、そして、昭南（シンガポール）に至る間のトンネル工事や架橋工事などについて語られている。同時に、予定路線図が書かれたアジアの地図をはじめ、東京駅のプラットホームから出発する下関行き富士号と、昭南駅に到着する汽車の写真が大きく誌面を割いており、ひょっとすると計画が近い将来に実現するかもしれないという幻想を読者に抱かせたのである（図4－23）。

しかし、戦況の好転が望めない昭和一八年以降、建設資材の調達や人員の確保が次第に難しくなり、新規幹線の建造による輸送力強化は絶望的となった。輸送力増強を目的とする大規模計画は泡沫の夢に終わり、相次ぐ中止・縮小を余儀なくされた。大東亜縦貫鉄道計画はいうまでもなく、工事中であった新丹那トンネルをはじめとする東京・下関間の新幹線計画は、深刻な資材・労力不足に直面したために昭和一八年には中止に追い込まれた[88]。一方、関門鉄道

図4－23　東京－昭南を結ぶ鉄道の予定路線図

トンネルは昭和一九年に完成したものの、まだ道半ばの国道トンネルの工事は大幅に遅れ、終戦までに完成できなかった[89]。

さらに、日増しに輸送能力が低下していく中、それでも軍需物資の輸送を最優先する立場から利用者に過重な負担を背負わせることになったが、その根拠となったのが、決戦非常措置要綱に基づく旅客輸送制限に関する件である。昭和一九年二月二五日、東條内閣は戦局悪化に対応するための戦時統制強化策として同要綱を閣議決定したが、その中には「重点輸送の強化」という項目があり、旅行の徹底的な制限・線路の転用強化・戦力増強や疎開に必要な輸送の強化が盛り込まれた[90]。そして、三月一四日には前述の旅客輸送制限が閣議決定され、同要綱の趣旨に則り、遊楽や買い出しを目的とする不要不急の旅行禁止をはじめ、一〇〇キロメートル以内の近距離旅行に対する乗車券の販売制限[91]・一〇〇キロメートルを超える遠距離旅行に必要な所轄警察署や所属官庁の許可・急行列車の全廃・二等車の連結廃止・時差通勤の強化など、広範囲にわたる大々的な旅客輸送の統制が断行されたのである[92]。

以上のような旅客輸送の制限は四月一日に施行されたが、三一五号（昭和一九年四月五日）の表紙には「旅行制限発表三日後の上野駅」と記されており、荷物を持った乗客の群とその整理に大わらわの駅員でごった返す上野駅構内の騒然とした様子が写し出された上で、同じ表紙に掲載された「時の立札」には「『自分さえ旅行できればよい』／この根性の行列が続く限り決戦輸送は空転する／君たちが空費した時と金と精力を増産に／君たちが乗った列車に軍需品を／頭も、ダイヤも切替えてさあ出発だ」と書かれており、旅行を利己主義的な行為であると厳しく断じ、一連の旅客輸送統制に対する協力を呼びかけた（図4－24）。また、同号掲載の「勝つために旅行は献納」では、白抜きの字で「こゝに旅行制限強化の必要がある」と記され、例えば、二〇〇〇トンの貨物船で運搬できる石炭を列車で輸送するには一五トン積貨車三五輌連結の列車が五つ必要であるとか、旅客列車を一〇本減らして、五〇輌連結の貨物列車を一〇本走らせても飛行機二五機分の原料しか運べないことにも触れ、さらなる旅行の自粛や旅客輸送の制限により新たな戦力が生み出されることを指摘したのである（図4－25）[93]。

図4－24
上野駅構内の混雑ぶりと旅行制限の呼びかけ

こうして、旅客輸送の厳しい制限は『写真週報』などを通じて国民に伝えられることになったが、戦時下の国民に待ち受けていたのは、切符購入のための長い行列と殺人的な混雑であり[94]、通勤通学の利用客は勿論のこと、講演や芝居など仕事で遠距離列車を利用する人達も大変な苦労を強いられた。リベラリストの評論家である清沢洌はそのうちの一人であり[95]、この一連の制限をはじめ、政府の戦時輸送政策に対して厳しい目を向けていた。清沢は旅客輸送制限の閣議決定翌日の日記の中で、それが「ひどい制限」であると不満を漏らし、「弁当の問題、その他について具体策がなくて実行」されていること[96]、つまり、制限によって生じる乗客の不便や不

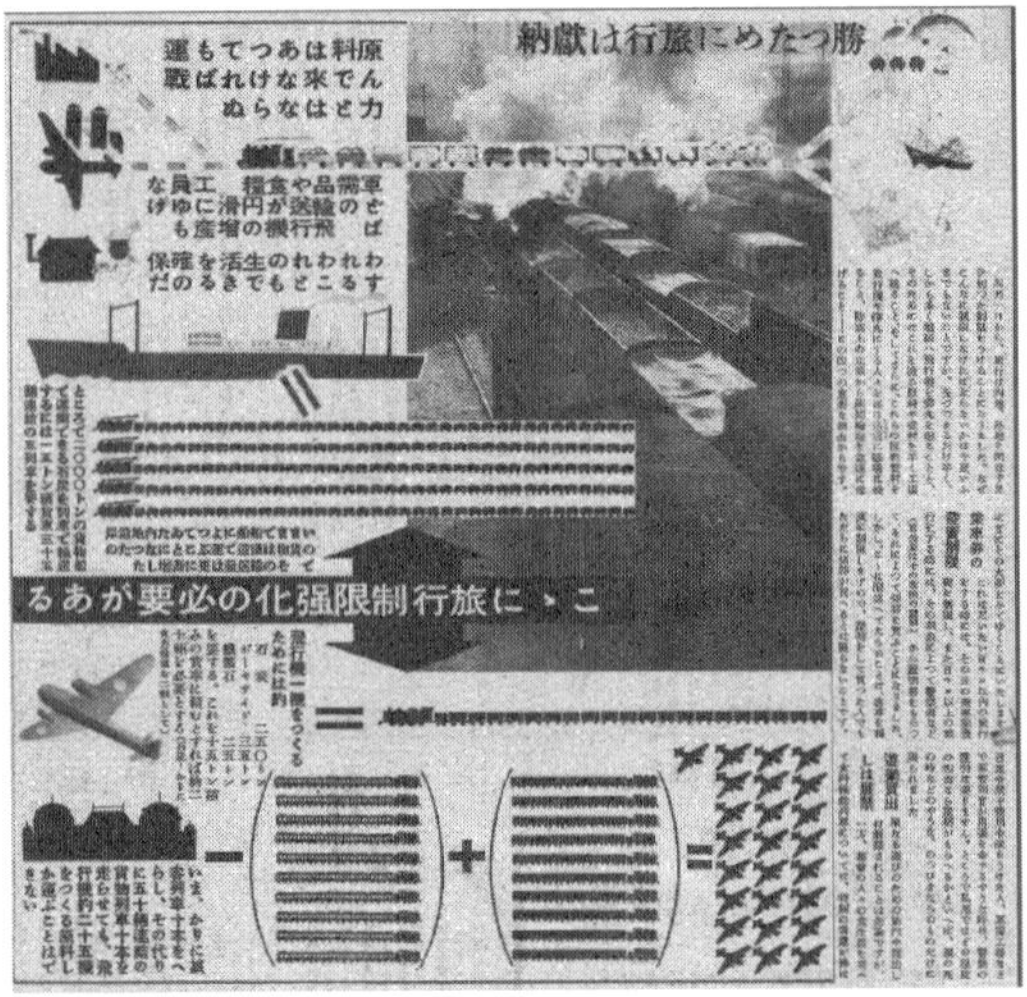

図４－25　旅行制限で生み出される新たな戦力

利益を緩和するための策が示されていないことを問題視した。また、彼は同年二月一九日〜三月七日まで、運輸通信省通信院の嘱託により樺太や北海道の各地に出かけて講演を行っており、その際に見聞きしたことをまとめた「観察記　北海道から樺太へ」の中で列車に乗車したときの体験を赤裸々に綴った。具体的には、わずかな時間差のために、同じコストをかけたにもかかわらず十数時間も列車内で立ち続ける者がいたり、鉄道職員が乗客へ権柄づくで対応したりするなど、鉄道輸送が引き起こす様々な弊害を指摘した。さらに、鉄道の幹線が狭軌で、単線が多いことが輸送力増強の足を引っ張っていると述べ、鉄道をそのような「見すぼらしい状態」に放置した鉄道当局をも含む政治家の責任を追及した。(97) この紀行文は、昭和一九年四月、『東洋経済新報』に三回に分けて連載されたが、前述の制限が四月一日に施行されたこともあってか、政府から「当局者を批議するもの」であると注意を受けると、清沢が四月一〇日の日記の中で「官僚政治の特徴を現わすもの」と反論を加え、政府批判の姿勢を曲げることはなかったのである。(98)

以上、昭和一九年三月の旅客輸送制限に関する閣議決定に端を発した、一連の戦時輸送政策に対する清沢の批判的見解について言及したが、こうした見解は清沢だけに限ったものではなかった。清沢の論説を掲載した『東洋経済新報』は「社論　旅客輸送の制限と政府　其輻輳の根因を除去すべし」の中で、不要不急の旅行や買い出し目的の鉄道利用を制限する政府に対して、そもそも「旅行出歩きを多く必要とせざる環境」を作らないまま、一方的に厳しく規制すれば「其の無理は意外の邊《ママ》に弊害となって現れ」ることになり、到底「償い得ざる禍を生ずる危険がある」と警鐘を鳴らした[99]。そうならないようにするには「東條首相の常に云う深き親切の心」で「旅行出歩きを必要とせざる環境」を作ることであると結論づけ、統制経済全般にまで視野に入れつつ、皮肉交じりに政府批判を展開した[100]。

また、新聞各紙も一連の旅客輸送制限を取り上げ、その制限の内容や問題点について報じた。該制限の閣議決定直後、政府の決定に理解を示す記事があったものの[101]、上から押さえつける権力行政的手法が「とかく国民の不平不満を招く虞れがある」と懸念し[102]、許可を出す警察が個々の旅行目的を見極められるのか、さもなければ「情実に陥ることはないであろうか」と警察の対応能力を疑問視する報道が相次いだ[103]。

以上のような報道は施行後も続き、読者投稿欄・コラム・社説などを通じ、旅客輸送制限に対する不平不満や改善を求める声が次々と発信された[104]。施行前から問題になっていた警察による許可書の発行であるが、証明書の交付が混乱を引き起こすことなく順調であるという報道がある一方で[105]、証明書の持参者が切符購入に長蛇の列を作り、これまでと「同じ混雑に逆戻り」している現実も伝えられた[106]。旅客輸送の制限が銃後の生産活動に与える悪影響についても言及があり、制限という「不便を與えれば與えるほど、外出が面倒になり、従って乗客が減り交通緩和になる」という政策的見通しは「机上の考え」にすぎず、乗客のほとんどを占める通勤客が「どれだけエネルギーを浪費し、その結果生産能率を阻害しているか」を思案すべきであると主張した[107]。次に、閣議決定直後の報道でもあったように、今回の制限が国民の反発を買っていることであり、中でも、定期券を利用する乗客による近距離の乗り越しを禁じられたことが「親心のなさ過ぎる仕打ち」であると糾弾され[108]、買出しや悪意の乗越しとそれを区別することに「吝かなるなかれ」と注文をつけるなど[109]、強い批判が巻き起こった。それに加え、駅員の不親切な対応がそうした批判を一層助長させることになり、若い駅員や女子駅員から「頭ごなしに扱われた」ことや[110]、法令遵守に熱心な私鉄の従業員が「警察官的態度をもって乗客に乗車理由を詰問し、命令的措置に出る」ことで利用者の不平不満が鬱積し[111]、最後には爆発したのである。以上のように、旅客輸送の制限を国民に強く迫る『写真週報』とは裏腹に、多くの新聞・雑誌は不平不満を論い、統制強化一辺倒の政府に対して批判的な態度をとったのである。

一方、国民やメディアから批判を浴びせられた、国鉄をはじめとする陸上輸送の担い手も日米開戦前後から急激に増える輸送を支えきれなくなり、余裕を失いつつあった。日中戦争が長期化すると戦地へ赴く職員も増え、慢性的な労力不足に直面したが、太平洋戦争が勃発すると、出征や徴用などで現場から多くの職員が離れ、戦局の悪化がその傾向をより一層強めることになった。そのような問題を解決する方法が女性の登用であり[112]、前掲「国鉄の現場にも女性の敢闘始まる」では彼女たちによる懸命な職務の遂行が読者の目を引き[113]、三三八号（昭和一九年七月五日）の「決戦輸送に女学生頑張る 名古屋市立第一高女（現在の名古屋市立菊里高等学校――引用者注）」のように、女学生までもが動員されたのである[114]。

しかし、労力不足を急遽、女性の採用で穴埋めし、短期間で現場を任せられるまでに育て上げねばならないため、その無理が様々な形で現われた[115]。第一に、業務の遅滞である。「肉体的にも精神的にも不適当な職員を、充分な訓練を施さず十一年度に比し六割も激増した業務に従事」させており[116]、それが、出札窓口での混雑や荷物の渋滞などを招いた[117]。第二に、死亡事故・怪我などのトラブル多発である。業務上の死亡者に関して、昭和一一年度と比べると昭和一七年度はその二・六倍、業務外傷病者も三・二倍に達し、そのうち、結核性患者は実に三・八倍にまで膨れあがった[118]。第三に、前述の清沢の言説に見られるような、乗客に対する鉄道職員の不親切な態度である。『週報』では、鉄道職員の対応やサーヴィスへの苦情、例えば、「駅員が不親切だとか、事故があってもお客に何等通報しないとか、列車内には一滴の水も出ないとか、時計が止ったきりになっているとか、車内がゴミ箱のようになっている」ことについて言及しながらも、現時点で「そのようなことの出来ないことは今更説明する迄もない」と悪びれなかったが[119]、『週報』が開き直るほど、乗客に対する鉄道職員の態度の悪さは常態化していた。『写真週報』では、そうした問題を解決するための取り組みが三七四－三七五号の「やさしく強く輸送を守る 東鉄教室」（昭和二〇年七月一一日）の中で取り上げられ、東京都日本橋区楓川実践女学校東京駅分校における女学生の修養と鉄道職員としての実践が紹介された。こうした修養の場を作った背景には、最近「とかく女らしさを失ってきた」働く女性の存在があり[120]、技能を身につけることだけでなく「規律とか、礼儀、作法とかその方面にも力を注いで」もらう必要があったと、東京駅長・天野辰太郎が分校設立に至った経緯を語っている。誌面には、発車時刻表が掲げられた案内所で女学生が乗客に対応する写真が掲載され、その下には「優しく丁寧に応対する案内係の親切は人々の心をやわらげてくれます」というキャプションが添えられており、乗客への応対を改める姿勢が打ち出された（図4－26）。しかし、それでも鉄道職員と乗客とのトラブルはあとを絶たず、中には女性だからという理由で苦情を言われることもあり[121]、鉄道職員・乗客共に相当の負担を強いられる戦時輸送の下で、両者の距離が縮まることは難しかったのである。

図4－26
それぞれの持ち場で働く駅の女性職員たち

ここまで人員不足で職員の質が低下する輸送機関の実態と『写真週報』の伝え方について明らかにしたが、戦時輸送の強化は鉄道職員だけに限らず、鉄道の運行全体にも負担を強いることになり、様々な問題を引き起こしていた。

前述の通り、日中戦争の勃発を境に輸送量は増加の一途を辿り、太平洋戦争が始まるとそれに一層の拍車がかかったため、車輌やレールが酷使され、車輌の故障やレールの損傷が相次いだ。例えば、客車・貨車の故障に関しては、昭和一一年度と比べると、昭和一七年度は一一倍、昭和一八年度は二三倍となり、昭和一九年ではそれ以上の二八倍にまで急増した[122]。情報局の分析によると、輸送力拡充のために昭和一八年五月に実施された「増積（貨車標記荷重延数引上）等の影響」がこうした傾向を強めた[123]。また、鉄道職員が漫談家の徳川夢声に話した内容によると、山陽線の輸送量が戦前の七倍であるにもかかわらず、東海道線と比べると山陽線のレールは貧弱であり、レールが悪くなると車輌が傷み、車輌が傷むとレールがなおさら悪くなる悪循環に陥ったため、日本国内の列車が「二時間も三時間も常時に遅着するという現象」は当たり前となっていた[124]。さらに、運転事故件数の増加も顕著であり、列車粁当たりの運転事故件数が三倍以上にのぼった。仮に山陽線などで事故が起きれば大惨事になる可能性が高く、それが全国の列車運行にも大きな影響を及ぼすことが懸念された[125]。このように、日米開戦以降、「国有鉄道の運営は相当低下」していたが[126]、『写真週報』はそのような真相を伝えないまま、乗客である読者に対して戦時輸送への協力とそれに伴う不利益の甘受を一方的に求めた。

最後に、鉄道職員や乗客の生命を脅かした米軍機の機銃掃射について指摘しておきたい。昭和一九年七月のサイパン島陥落により本土空襲が現実味を帯びると、列車運行中に警戒警報や空襲警報のサイレンが鳴り、米軍機の攻撃を受けることが予想された。三三五号（昭和一九年八月二三日）の「旅行は必ず防空服装で 空襲時の乗車心得」では、敵機が列車に接近する想定の下、列車の通路寄りに両手を目でふさいだままでうずくまる乗客や荷物を持たずに列車から退避する乗客を収めた写真などを通じ、敵機来襲時に乗客のとるべき対応が記されており、列車の運行・乗車変更・旅客や荷物の扱いについても読者に伝えられた。こうして、戦争末期の鉄道輸送は新たに米軍機の攻撃に晒されるという大きなリスクを背負うことになり、実際、全国各地で運行中の列車が機銃掃射を受け、乗客に数多くの死傷者が出た[127]。しかし、そうした事実は『写真週報』で取り上げられることなく終戦を迎えたのである。

＊　＊　＊

本章では、戦時輸送をめぐり国策グラフ誌『写真週報』がどのような宣伝を展開したのか、陸上輸送（旅客輸送）、海上輸送（海運・造船）、航空輸送（旅客輸送）に注目しながら論じ、以下のことを明らかにした。

商業航空として華々しい発展を遂げた航空旅客輸送は、日中戦争の勃発を契機に軍事航空の補助的役割を担うようになり、それが『写真週報』の誌面に強く反映された。太平洋戦争が勃発するまでの間、アジア太平洋上で繰り広げられる各国間の航路拡張競争はたびたび記事として取り上げられ、その熾烈さや日本の劣勢ぶりを伝えると共に、それが緊迫する国際情勢と連動することを『写真週報』の読者に意識させた。一方、航空知識の普及と乗員の確保であるが、宣伝のターゲットを青少年に絞り、模型飛行機の作り方にはじまり、訓練風景を伝える記事や人材募集の記事を通じて航空への関心を喚起しようと懸命だったが、その効果は必ずしも満足できるものではなかった。

海上輸送は、当初、外貨獲得や交易拡大など国防上の役割以外についても期待されており、日米開戦直前に至るまで、商船学校訓練船による遠洋航海など、戦争とは直接関係のない話題が『写真週報』の誌面を飾った。しかし、開戦後は一変し、戦時標準船や木造船に関する記事が頻出するようになり、戦争勝利のためには補給線の確保と船舶建造に対する国民の協力が不可欠であることを周知徹底させた。また、戦局が悪化の一途を辿ると、船舶建造に加え、船員の確保も至上命題となり、船員の仕事ぶりやその育成が『写真週報』の中で取り上げられた。こうして、海上輸送は日米開戦を機に『写真週報』において一躍脚光を浴びる存在になったが、その一方で相次ぐ輸送船沈没と船員喪失という厳しい現実に晒され、『写真週報』誌面上での様々な呼びかけや訴えが成果を生まないまま、壊滅的打撃を被った海運は終戦を迎えることになった。

陸上輸送、その中でも旅客輸送は、日中戦争の長期化に伴い、軍需物資の輸送を優先したい政府にとっては抑制の対象となりうるものであったが、最初はゆるやかであり、関門鉄道トンネル建設の進捗ぶりや混雑車内でのマナー遵守が『写真週報』で取り上げられるにすぎなかった。ところが、太平洋戦争が勃発し、海上輸送に必要な船舶の需要が急激に高まると、これまで船舶によって運搬されていた物資を陸上輸送が一手に引き受けることになり、そのしわ寄せは旅客輸送への厳しい制約という形となって戦時下の国民生活に大きな影響を及ぼした。『写真週報』は制約によって引き起こされる大混雑や不便さを仕方がないものであると一方的に決めつけ、その甘受を国民に求めたものの、彼らの反発を抑えることはできなかった。また、陸上輸送を支える側も人員不足や資材不足に直面し、それが乗客へのサーヴィス低下を招くことになったが、その点についても『写真週報』は目を瞑り、利用者である国民と鉄道事業者との溝を深める結果を招いたのである。

以上、『写真週報』における戦時輸送の扱いについてそれぞれ振り返ってみたが、それからわかることは総力戦における輸送の重要性が軽視され、戦時輸送の強化が遅きに失したことである。本来であれば、戦時輸送が円滑に行われるか否かが総力戦の勝敗に直結するため、もっと早い段階で国民へ理解と協力を促すことができたはずである。ところが、太平洋戦争勃発以前の『写真週報』では、戦時輸送の強化が急務であることを強く訴えることはほとんどなかった。そのため、誌面から切迫感・緊張感は伝わらず、記事の量も太平洋戦争勃発後と比べると少なかったことから、読者に対するインパクトも小さくなり、戦時輸送体制は不十分なままであった。その後、太平洋戦争が始まって戦線が急拡大すると、それに対応しようと『写真週報』も戦時輸送の強化を声高に主張し始め、輸送力増強に対する国民の理解と協力を繰り返し訴えた。しかし、増強自体に元々無理があり、戦局の悪化や物資の消耗がマイナスに働いたため、対米戦争が始まって急に訴えても「時すでに遅し」であり、開戦前、輸送を蔑ろにした皺寄せが及んだ。結局、『写真週報』は、新味の無い国民への理解・協力の呼びかけか、または、不利益の受け入れと耐乏を国民に強いることに終始し、戦時輸送の縮小に歯止めをかけることもできなかったのである。

（小田義幸）

第五章
産めよ増やせよ　鍛えよ体
健民運動の変容

戦時体制下の日本では、総力戦に勝ち抜くため「人的資源」の量的・質的拡充が国家目標となった。そこで国民には人口を増やすとともに（いわゆる「産めよ殖やせよ」）、国民一人一人が兵員として労務者として、あるいは子供を産み育てる母として、国家に貢献できるよう「健康」であることが求められたのである。本章の目的は、『写真週報』が「人的資源」の量的・質的拡充という目標達成のため、どのような宣伝活動を行ったのか、その実際を明らかにすることにある。[1] 特に、本章は政府の健康増進キャンペーン[2]と関連させながら、誌面を分析していきたい。

健康増進キャンペーンとは、昭和一三（一九三八）年から一九（一九四四）年にかけて行われた、国民の健康増進を目的とした啓蒙活動、教化活動である。**図表5―1**ではこのキャンペーンの概略を一覧にしているが、ここから次の点を確認しておきたい。昭和一三年から一六（一九四一）年までのキャンペーンは、五月と八月の二本立てであった。五月は病気予防がテーマの健康週間（健康増進運動）であり、その重点目標は、結核予防、母子乳幼児の体力向上、国民栄養の改善がいわば定番であった。八月のキャンペーンは体力向上がテーマであり、体操、徒歩、武道、水泳が毎年、実行要目として挙がっている。しかし、昭和一七（一九四二）年からこうしたパターンが崩れる。同年より五月のキャンペーンが「健民運動」という名称に変わり、その重点目標も、病気予防に体力向上、人口増産が加わり包括的なものになった。

こうした健康増進キャンペーンの中で、『写真週報』も啓蒙活動の一つのツールとして使われた。したがって本章で扱う課題は、このキャンペーンと関連させて分析することで、理解が深まると思われる。以下では「人的資源」の量的・質的拡充に関する記事を、①体力向上、②病気予防、③人口増産の三つの観点に分けて紹介、分析していきたい。

図表５－１　政府の健康増進キャンペーン

年	名称	期間	重点目標・実行要目
昭和13年	国民精神総動員健康週間	５月17日～23日	①保健衛生思想の涵養②心身の鍛練③環境衛生の改善④栄養の改善⑤結核の予防⑥花柳病の予防⑦消化器伝染病の予防⑧母性乳幼児の保健⑨公衆衛生道徳の向上⑩保健施設の利用
	国民心身鍛錬運動	８月１日～20日	①ラジオ体操の奨励②徒歩の奨励③集団的勤労作業の奨励④武道水泳の奨励
昭和14年	健康週間	５月２日～８日	①国民栄養の改善②母性乳幼児の体力向上③結核性病の予防撲滅
	国民心身鍛錬運動	８月１日～20日	①体操②徒歩③武道、乗馬④集団的勤労作業④相撲、水泳
昭和15年	健康増進運動	５月１日～10日	①結核の予防撲滅②母性乳幼児の体力向上
	国民心身鍛錬運動	８月１日～20日	①体操（特に大日本体操、国民保健体操の普及徹底を期する）②武道（剣道、柔道、弓道）③徒歩（徒歩通勤、遠足、徒歩旅行、登山、長距離行軍）④水泳⑤集団勤労作業
昭和16年	健康増進運動	４月28日～５月７日	①結核の予防撲滅②母性乳幼児の体力向上③国民栄養の改善確保
	国民心身鍛錬運動	８月１日～20日	①体操（大日本体操、国民保健体操）②武道③歩行の奨励（徒歩通勤、遠足、徒歩旅行、剛健徒歩旅行、強歩会、登山、長距離行軍）④水泳の奨励⑤集団的勤労作業⑥体力章検定練成会
昭和17年	健民運動	５月１日～８日	①皇国民族精神の昂揚②出生増加と結婚の奨励③母子保健の徹底④体力の練成⑤国民生活の合理化⑥結核および性病の予防撲滅
	健民運動夏季心身鍛練	７月21日～８月20日	１体連（①体操②歩行、登山③水泳④相撲⑤体力章検定練成会⑥集団勤労作業）、２練武（①剣道②柔道③弓道④銃創道⑤射撃道）
昭和18年	健民運動	５月１日～10日	①皇国民族精神の昂揚②戦争生活の徹底③皇国民族精神の昂揚④母子保健の徹底⑤国民心身の練成⑥結核および性病の予防撲滅
昭和19年	心身鍛練夏季強調週間	８月１日～20日	冷水摩擦、寒中稽古、体操、行軍、水泳、登山、相撲、練成会、講習会、航空適正体育、国民戦技武道基本訓練、海洋訓練

注１：昭和13年のキャンペーンは、吉田裕、吉見義明編『資料日本現代史10』（大月書店、1984年）69-72頁、79-80頁参照、昭和14年の国民心身鍛錬運動は『公衆衛生』（昭和14年８月）による。その他は『内務厚生時報』の昭和14年４月、昭和15年５月、同年８月、昭和16年４月、同年８月、昭和17年５月、同年８月、昭和18年６月、昭和19年８月。

注２：昭和19年夏のキャンペーンはそれまでのキャンペーンと通牒の形式が異なっているので、一概に比較できない。

一　体力向上

そもそも、戦時下の日本で国民の体力向上が重視されるようになったのは、満州事変以降、国防の強化が緊急の要務になったにもかかわらず、壮丁（徴兵検査の適齢者）の体力が年々低下していたからである。さらに日中戦争の長期化にともない、兵力の増強と生産力拡充に必要な労働力の確保を図るため、国民の体力増強方策を確立することが「国策の一重点」とされるに至った。(3)

こうした背景の下、政府は健康増進キャンペーンを行うわけであるが、『写真週報』はこれに呼応して、国民の体力を向上させるべく、運動奨励の記事を頻繁に掲載した。**図表5－2**は、同誌が健康増進キャンペーンに連動して掲載した運動種目をカテゴリー別に一覧にしたものであるが、当然のことながら、これは図表5－1で示した毎年夏の国民心身鍛練運動の実行要目とほぼ一致している。すなわち、国民心身鍛練運動の中で推奨された運動種目は、体操、徒歩、武道、水泳、集団勤労作業となるが、(4)『写真週報』では体操、水泳、(5)徒歩が繰り返し登場し、これが昭和一七年まで継続するのである。以下に運動種目別に記事を紹介、分析していこう。

第一に体操であるが、これはキャンペーンの中で毎年筆頭に挙がる種目であり、政府が最も力を入れた運動種目と考えられる。(6)この体操に関する誌面を通観して見出される特徴は、団体で体操する姿が強調されている点である。例えば、「暑熱吹き飛ぶ一！　二！　三！」（二二一号、昭和一七年七月二九日）という記事では、浅草の大通りで「老若男女二万人」が早朝のラジオ体操を行う姿を写し出している（**図5－1**）。こうした構図は、この年に限ったことではなく、昭和一三年夏の「鍛へよ　銃後の夏」（二四号、昭和一三年七月二七日）は、写真を横長に引き伸ばして、海岸で数千人単位の労働者が一斉に体操する構図を作り、昭和一六年の「二万人のラジオ体操」（一八一号、昭和一六年八

図表５－２　『写真週報』が推奨した運動種目

号	年月日	体操	水泳	徒歩	その他	記事名
13	昭和13. 5. 11	ラジオ体操（山形県の老若男女、茨城県の工場労働者）		ハイキング（都市生活者）	市民農園での農作業（都市生活者）	「健康への道」
24	昭和13. 7. 27	ラジオ体操（兵隊、労働者、街の人々、家族）	水泳（「小僧さん」）		剣道	「鍛えよ銃後の夏」
76	昭和14. 8. 2		水泳（ホテルの女性従業員）	強歩会（14～64歳まで様々）	乗馬	「鍛えよこの夏」
124	昭和15. 7. 10		水泳（オフィス街に勤める職業婦人）			「健やかなあすの母」
127	昭和15. 7. 31			徒歩（東京丸の内を歩く男女）		「正しい歩行に近づく健康」
180	昭和16. 8. 6			強歩会		「百キロ二十八時間」
181	昭和16. 8. 13	ラジオ体操（東京市民）	水泳（東京市世田谷区の隣組）			「二万人のラジオ体操」「隣組水泳騒動記」
231	昭和17. 7. 29	ラジオ体操（東京市民）	水泳（東京に勤務・在住する若い婦人たち）			「暑熱吹き飛ぶ １！２！３！」、「躍る逞しさ美しさ」
269	昭和18. 4. 28				竹槍訓練（千葉県の主婦）	「健兵の母を鍛へよう」

注：括弧内は写真で運動する国民の属性（記事内容、キャプションから確定できるもの）。

図5－1　暑熱吹き飛ぶ一！ 二！ 三！

月一三日）と題された記事は、靖国神社の鳥居を背景に二万人の市民が体操する写真を掲載した。

こうした誌面構成は、厚生省の体操奨励の目的を反映したものと思われる。すなわち、厚生省は「体操の大きな魅力は集団体操にある。団体の統制のある動作が一号令、一メロディーにあはせて行動する所に団体としての精神が湧く（中略）すべての者が一斉に体操を行ふ風景は全く躍進日本の姿を表徴するものである」と説明していた(7)。『写真週報』の誌面はこうした趣旨を汲んだ可能性が考えられる。

第二に徒歩であるが、『写真週報』は、イベント的、レジャー的な徒歩運動にスポットを当て、その推進を行っている(8)。その典型がハイキングである。ハイキングは、一三号（昭和一三年五月一一日）では「ハイキングこそは都会生活者にとつて、健康の増進と精神の鍛錬と知識の涵養とを兼ね具へた質実剛健且つ近代的な旅」と紹介され(9)、昭和一四（一九三九）年夏の心身鍛錬運動（七六号、昭和一四年八月二日）ではハイキングをする女性が表紙を飾ることもあった（**図5－2**）。もう一つの典型が「強歩会」である。「強歩会」とは長距離徒歩競争のことであり、七六号「鍛へよこの夏」は、明治神宮を出発して調布、府中を経由し多摩御陵に至る四五キロを歩くイベントの様子を写真入りで伝えている（図5−3）。昭和一六年の心身鍛練運動ではさらにコースが拡張され、「百キロ二十八時間」（一八〇号、昭和一六年八月六日）というタイトルが示す通り、溝口と明治神宮の間百キロを歩くという企画となったが、真夏の炎天下の行軍でさすがに一一九二名中八〇〇名以上が落伍したと伝えている。

ちなみに、こうしたイベント性の強い徒歩運動は、昭和一六（一九四一）年を最後に誌面から姿を消すことになる。これは昭和一七年、政府が出した「健民運動夏季心身鍛練実施要綱」[10]の中に、「徒歩旅行行軍登山ノ実施ニ際シテハ成ルベク汽車電車等ノ輸送機関ヲ利用セヌヤウ指導スルコト」という文言があったことを反映していると思われる。すなわち、鉄道輸送が逼迫する中、政府は鉄道利用をともないがちな、イベント性の強い徒歩運動を奨励しなくなり、それが誌面に変化を生じさせたと考えられる。

第三に水泳であるが、これは図表5−2に示したように毎年夏に取り上げられているが、特徴的なのは海や川ではなく、プールでの水泳が多いことである。例えば、昭和一五年の夏の健康増進キャンペーンでは、職業婦人が仕事帰りにプールで水泳を楽しむ姿が掲載されたが（図5−4、一二四号、昭和一五年七月一〇日）、昭和一三年から一七年までの水泳奨励の記事で、水泳の場所がプール以外だったのは昭和一四年だけである。このプールの利用は、「心身鍛練運動実施要綱」[11]において「公私ノ施設ニ係ルプールヲ積極的ニ利用セシムル等之ガ推奨ヲ行フコト」と政府が推奨するところであり、『写真週報』もこの趣旨に沿った記事作りを行った可能性が考えられる。

図5－2
ハイキングの工場づとめの少女ら

図５－３　鍛へよこの夏

図５－４　健やかなあすの母　職業婦人夏の鍛錬

以上三種類の運動を紹介したが、ここから指摘できるのは、これらの記事が都市在住の国民をターゲットにしたことである。すなわち、ラジオ体操、徒歩運動、水泳のいずれも、その被写体となっているのは、ほとんどが都市部在住の国民である。当時は都市部の国民の「体力」が劣っていることが問題視されており[12]、それゆえこうした誌面が構成されたと推測される。

ところで、昭和一八（一九四三）年以降、戦局が悪化してくると、体力向上に関する誌面は大きく変化する。

第一に、運動があまり奨励されなくなる。まず昭和一八年の夏には、毎年夏の恒例行事だった運動奨励の特集が組まれなかった。さらに昭和一九年の夏を控えて掲載された三二七号（昭和一九年六月二八日）「この夏も健康で頑張らう」は、これまでの広報を大きく修正する記事になっている。すなわち、この記事では健康のためとして、第一に休養が奨励される。次いで栄養改善、そして三番目に毎日一定の「体練」の実行という順序になるのである。さらに注目すべきは、体練の説明に続いて「夏と練成はつきもののやうな皮相な考え方から、水浴や遊山、登山など行きすぎた練成は、現在体力の回復に困難を来し、休養どころか、消耗を重ねて、有害無益ですから十分注意して下さい」と、これまで奨励してきたことを否定している点である。「有害無益」という強い言葉を使わねばならないほど、この時期の国民は労務動員あるいは買い出しなどで、疲労を蓄積していたといえよう[13]。

第二に、推奨される運動が健康のための運動ではなく、戦争に直接役立てるための運動になる。空襲が本格化し始めた昭和二〇年冬、三五五号（昭和二〇年一月一七日）「防空に身体の準備」という記事が掲載されたが（下巻第二章参照）、そこで紹介された「体操」は、健康のための体操ではなく、空襲警戒態勢にある間、体を温めるためという、現実の戦争に直結した体操である。さらに、敗戦直前の三七四・三七五合併号（昭和二〇年七月一一日）では、本土決戦を想定して格闘技の習得を求める記事が掲載された。**図5－5**の「醜敵を叩き砕かん」という記事がそれであるが、この記事は図のように、①歩走、②斬突、③体当、④投擲、⑤護身の方法五種類を写真付きで紹介し、しかもこ

図5－5　醜敵を叩き砕かん

うした格闘技は女性も習得すべきであるとした。本文には次のような文章が記されている。「我が国古来の女性は、その凛乎たる気魄において、男子に一歩も譲らなかつたのみでなく、中には男子とともに戦場を馳騁し、武勲を建てた婦人も少くないのであるから、女性は弱いものであるとの旧い観念を捨て、決戦下にふさはしい強く逞しい皇国女性の錬成に努めなければならぬ」と。このように、戦争末期「運動」は戦闘訓練そのものに転化したのである。

二　病気予防

『写真週報』では病気予防、あるいは病気への対処を広報する記事が数多く掲載されたが、創刊から昭和一四年頃までに特徴的なのは、取り上げる病気の焦点が定まっていなかったことである。それを端的に示すのが昭和一四年八月から一二月まで掲載された「家庭救急箱」全一三回という連載記事である。このコーナーで取り上げられた病気は**図表5－3**でまとめたが、疫痢という深刻な病気から、乗り物酔い、不眠症まで実に幅が広く、それほど緊急性のない病気まで取り上げられている。また、その誌面構成も戦時色がかなり薄い。例えば、八八号（昭和一五年一〇月二五日）の「乗り物に酔はないには」のモデルの男女は、豪華な客船で旅行したり、汽車旅行の際には食堂車でコーヒーを飲むなど、庶民の生活からかけ離れた生活ぶりである。

しかしながら、昭和一五年以降、病気予防の記事は戦時体制に特化したものになる。すなわち、昭和一五年から一七年にかけて取り上げられる病気は結核がほとんどになるが、それは次のような当時の医療行政を背景としている。そもそも結核は戦前期日本人の死因の第一位を占めていたが、とりわけ結核で死亡する率が最も高いのが、戦時に最も重要な人的資源となる青年層であった[14]。そしてこの結核予防の機運が高まったのは昭和一四年である。まず昭和一四年四月、皇后による結核予防を要望する令旨が下され、この令旨を体する形で、官民一致の結核予防対策がとられるようになった。昭和一四年五月、厚生省に結核課が新設され、同月、財団法人結核予防会も設立された。こうした背景の下、政府の健康増進キャンペーンでも、昭和一五年と一六年に結核が筆頭項目に挙げられ、それに呼応して『写真週報』も重点的に結核を取り上げるようになったのである。

それでは『写真週報』はどのような誌面作りを行ったのか。端的にいえば、同誌が一貫して呼びかけたのは、結核早期発見のために健康診断の受診を促すことであった[15]。そして、そのために用いられた手法が、等身大の国民を使い、分かりやすいストーリーを使うこ

図表5－3　「家庭救急箱」テーマ一覧

号	年月日	テーマ
79	昭和14. 8. 23	疫痢
80	昭和14. 8. 30	火傷
81	昭和14. 9. 6	毒蛇
82	昭和14. 9. 13	虫歯
83	昭和14. 9. 20	感電
86	昭和14. 10. 11	中毒
87	昭和14. 10. 18	目に異物
88	昭和14. 10. 25	乗り物酔い
89	昭和14. 11. 1	感冒
90	昭和14. 11. 8	毒ガス
91	昭和14. 11. 15	結核
92	昭和14. 11. 22	ハイキングの携行品
93	昭和14. 11. 29	不眠症
94	昭和15. 2. 9	凍傷
95	昭和15. 12. 13	吃逆（しゃっくり）
96	昭和15. 12. 20	救急箱の中身

とであった[16]。例えば九一号（昭和一四年一一月一五日）の「結核ない国強い国」と題する記事は次のようなストーリーである。ある農村出身の女性は都会に憧れて都市の工場に就職したところ忙しい仕事が続き、しかも休日は静養すべきところ映画見物などで不摂生をしたために体調を崩す。耐え切れなくなった女性が保健所で検診を受けたところ結核と判明する。帰農した娘は自宅で安静に過ごすとともに、村の保健婦の指導を忠実に守って生活していたところ、やがて結核を克服し、晴れ晴れとした生活に復帰した、という単純明快なストーリーである。この記事は、分かりやすいストーリーを用いて、国民が健康診断を受けること、保健所を活用することを意図していたと考えられる[17]。

昭和一五年の健康増進運動で特集された一一四号（昭和一五年五月一日）「銃後は明るく健康に」という記事もほとんど同じ構図である。ここでモデルとなった工場の女子従業員は、体調の悪さを感じ集団検診を受けたところ結核と判明する。そこで家に戻り換気や掃除、万年床の追放といった措置をとるとともに、郊外の親戚の家で新鮮な空気を吸って生活したところ、容態は目に見えて回復し、やがて工場にも復帰することができた、というストーリーである。このような健康診断受診を呼びかける記事は、昭和一四年から一七年にかけて毎年掲載された。

昭和一八年以降、戦局が悪化してくると、病気予防に関する記事に変化が生じる。この時期の特徴は次のようにまとめられる。

第一に、結核を特集した記事が激減することである。昭和一八年以降、結核を特集した記事は、BCG予防接種の開始を伝える記事があるだけである[18]。しかしながら、記事の激減は結核の脅威が薄らいだことを意味するものではない。むしろ戦局が悪化し、労務動員が強化されるにつれ、**図表5－4**にあるように結核死亡率は上がる傾向にあったのである。それにもかかわらず、記事が激減する理由は判然としないが、その理由の一つとして、結核の集団検診が日常化したことが考えられる。すなわち、政府の結核対策が組織的になり、昭和一七年以降、結核予防のための検診（ツベルクリン、エックス線検査）を受けた人数は年間一〇〇〇万人を超えたという[19]。そのため、限られた誌面の中であえて周知する必要性が低くなったことが推測される。

第二に、工場の健康確保に焦点が当てられるようになったことである。例えば、昭和一八年の健民運動では、二六九号（昭和一八年四月二八日）「職場の健康を確保しよう」という記事が組まれた（図5－6）。ここで取り上げられた会社では、次のような取り組みをしているという。すなわち、写真に示すように、女性工員は休憩時間を盆踊りを取り入れた健康体操で過ごし、少年工は会社の農園で汗を流し、郷土の匂いを感じることができる。雨の日は紙芝居で保健衛生の知識を分かりやすく解説してもらい、寮に帰れば健康を気遣う母親代わりの寮母がいる。そして、要保護工員は午後の一定時間、職場から離れて休養でき、医師の診察も受けられるとこの記事は伝えている。

第三に、結核の記事が減少する中でも、冬は風邪の予防、夏は伝染病予防の呼びかけが継続することである。例えば、三〇九号（昭和一九年二月一六日）「感冒の撃退戦術は」という記事がそれであるが、その「戦術」とはマスクの利用、うがいの励行、新鮮な空気と日光を浴びることなど常識的なものである。この時期『写真週報』の頁数は少なくなっていたが、あえてこうした常識的な記事を掲載した事情は、「もし一人の人が感

図表5－4　結核死亡者数、死亡率（人口10万人対）の推移

年	死亡数	死亡率
大正15・昭和元	113,045	186.1
昭和２	119,439	193.7
昭和３	119,632	191.1
昭和４	123,490	194.6
昭和５	119,635	185.6
昭和６	121,875	186.2
昭和７	119,196	179.4
昭和８	126,703	187.9
昭和９	131,525	192.5
昭和10	132,151	190.8
昭和11	145,160	207.0
昭和12	144,620	204.8
昭和13	148,827	209.6
昭和14	154,371	216.3
昭和15	153,154	212.9
昭和16	154,344	215.3
昭和17	161,484	223.1
昭和18	171,473	235.3
昭和19	不明	—
昭和20	不明	—
昭和21	不明	—
昭和22	146,241	187.2
昭和23	143,309	179.9

出典：厚生省五十年史編集委員会編『厚生省五十年史　資料篇』（厚生問題研究会、1985年）、666-8頁。

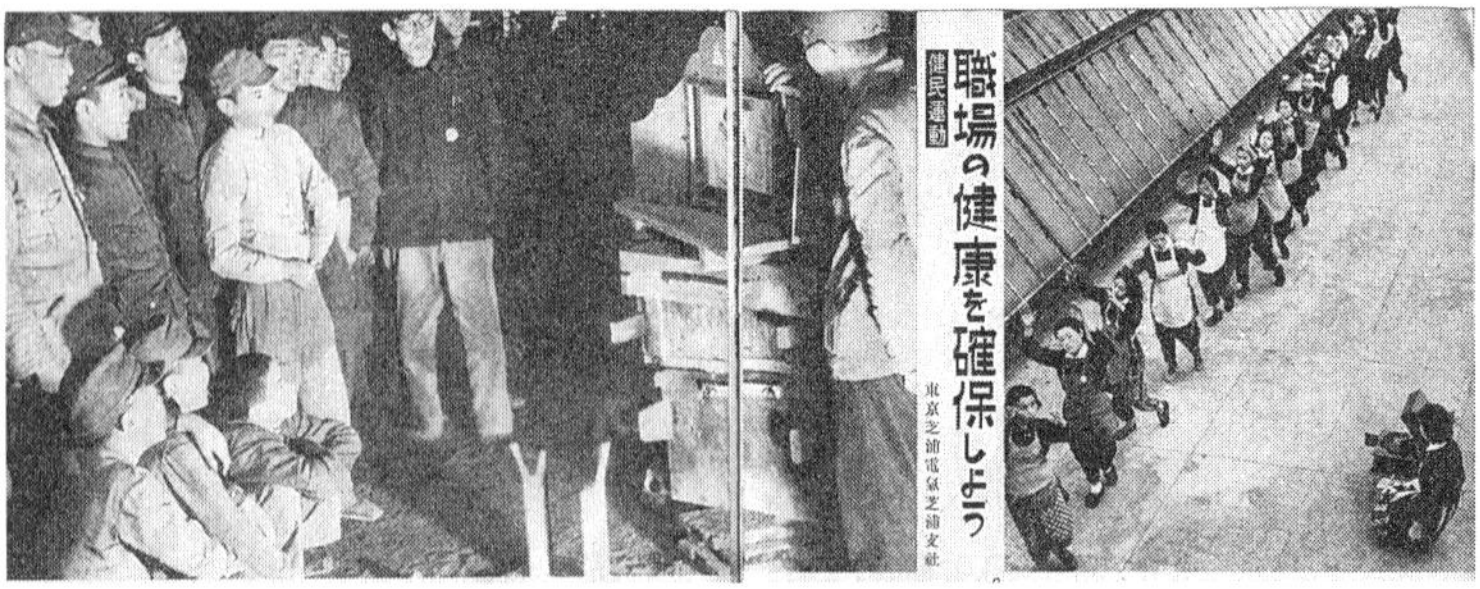

図５－６　職場の健康を確保しよう

冒でたふれたら、それだけ日本の戦力が弱まるのです（中略）感冒など撃退し、いやしくも光栄ある一億戦列の中から落伍するやうなことのないやう努めようではありませんか」という説明に示されている。[20] すなわち、国内では深刻な労働力不足がある一方で、国民は疲労、栄養不足などが重なり、風邪にかかりやすい状態にあった。[21] そのため、風邪という死に直結しない病気の予防に向け、広報活動を行わなければならなかったと考えられる。

また、三七二号（昭和二〇年六月一一日）「敵機より病気が恐い」という記事では、伝染病予防対策として、灰汁（チフス菌、赤痢菌を二分半で殺す力があるという）の作り方、蝿、蚊、虱の退治法が詳しく報じられている。厚生省がまとめた『医制百年史』によれば、戦局が悪化する中で、伝染病の予防対策は行き届かなくなり、伝染病が流行しても人手不足、医薬品不足で見るべき対策が立てられず、そのまま終戦を迎えたという。[22] 政府として伝染病対策ができなくなったこの時期ゆえに、国民の自助努力が不可欠であり、こうした広報が行われたと考えられる。

三　人口増産

ここでは人口増産という目標に関する記事を、乳幼児死亡率の低下と出産奨励の二つの観点に分けて分析していく。

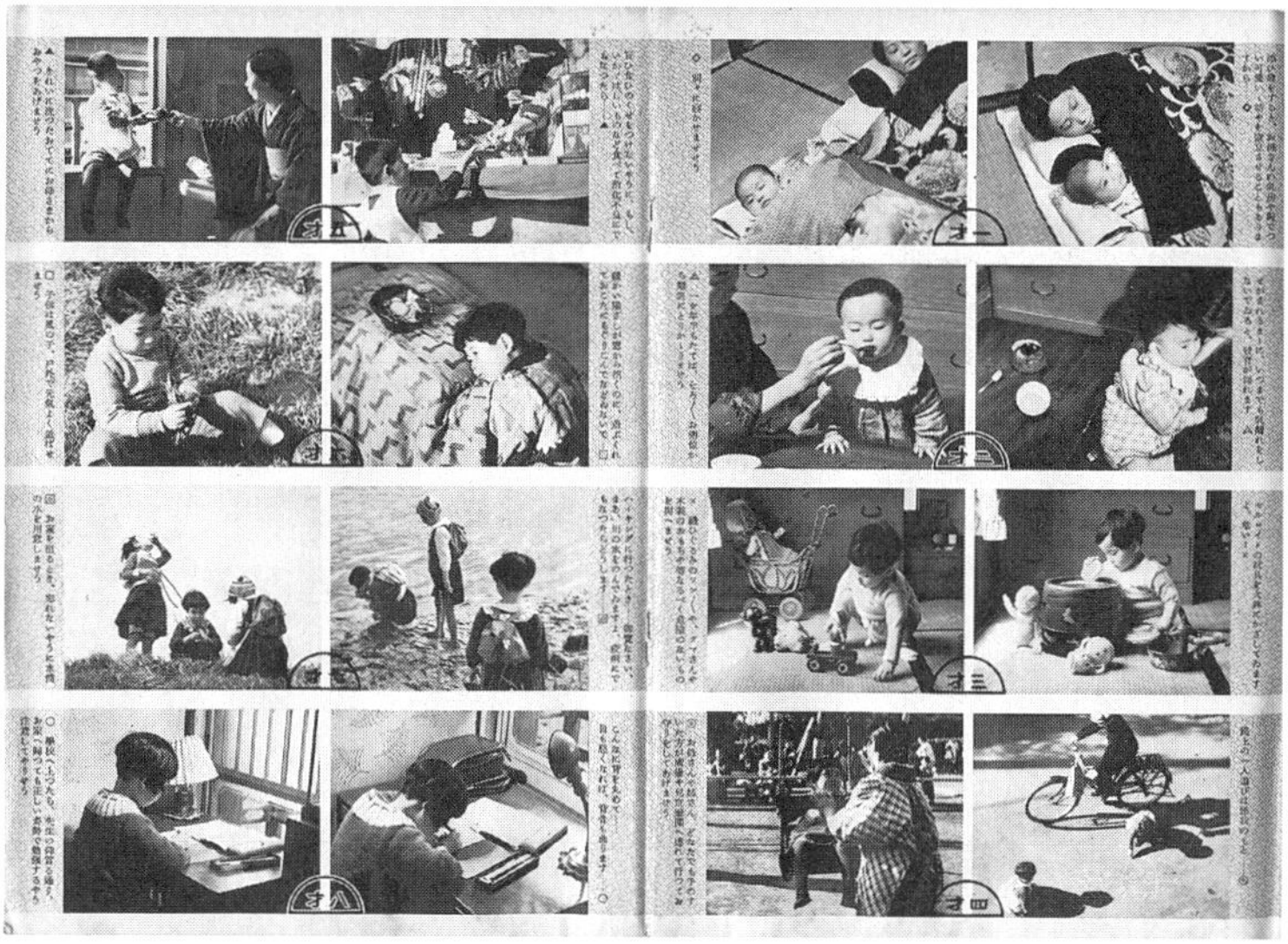

図5－7　児童愛護週間　強く正しく愛らしく

（1）乳幼児死亡率の低下

人口を増やすという政策課題を達成する上で、政府が取り組まなければならなかったのは、生まれた乳幼児をいかに死なせないか、つまり乳幼児死亡率の低下という課題である。そもそも日本の乳幼児死亡率は欧米に比して著しく高く[23]、それゆえこの問題は大正期より注目されていたが[24]、政府の医療行政上の最重要課題になるのは、図表5－1の健康増進キャンペーンを踏まえて考えると昭和一四年からである。昭和一三年段階では乳幼児死亡率の低下は、重点項目の八番目に挙がる問題にすぎなかった。

こうした位置づけは、『写真週報』の初期の誌面にも反映されている。一一号（昭和一三年四月二七日）の「児童愛護週間　強く正しく愛らしく」という記事は、児童愛護週間にちなんで企画された六頁にわたる特集であるが、最初の四頁は貧困にあえぐ母子家庭のための収容施設や最先端の児童医療施設の紹介などにあてられ、乳幼児死亡率低下のための記事は最後の二頁が割り当てられるに過ぎない。なお、その二頁を紹介すると（図5－7）、この左右を対比させた写真は、年齢ごとの注意点を示したもので、右が悪い例、左が良い例という組み合わせとなっている。例えば右ページ上段の一歳では、右側の写真で添い寝による窒息の危険を指摘し、左側の写真で親と別に寝かせることを勧める。三歳ではセルロイドのおもちゃ発火の危険を知らせ、ぬいぐるみや木製のおもちゃを使うこと、四歳では交通事故の危険性、七歳では汚染された水により疫痢に罹る危険性を警告し、水筒を持たせることを親に勧めている。『写真週報』はこのような視覚的に分かりやすい構図で、乳幼児死亡率を低下させるための啓蒙活動を行ったのである。

このように創刊当初、乳幼児死亡防止の取り組みは広義の児童愛護運動の中で取り上げられる問題であったが、それに変化が現れるのが昭和一四年である。それには次のような時代状況があった。日中戦争の長期化にともなう男子の大量出征により、わが国の出生数は昭和一三年、一四年にそれぞれ前年に比して二五万人余りも減少した（**図表5－5参照**）。これに危機感を抱いた政府は、乳幼児を死なせないことに力を注ぐことになった。すなわち、厚生省は昭和一四年に四五万円の予算を計上して、乳幼児の検診指導、育児思想の啓発に努めることになった。昭和一五年には、出生児全員を対象とする全国的な無料健康診断を実施するとともに、助産婦に育児の講習を施して巡回保健指導にあたらせるなど、実地レベルの組織的な対策をとった(25)。こうした行政の懸命の取り組みと軌を一にして、健康増進キャンペーンにおいても乳幼児死亡率の低下（「母性乳幼児の体

図表5－5　出生率、婚姻率の推移

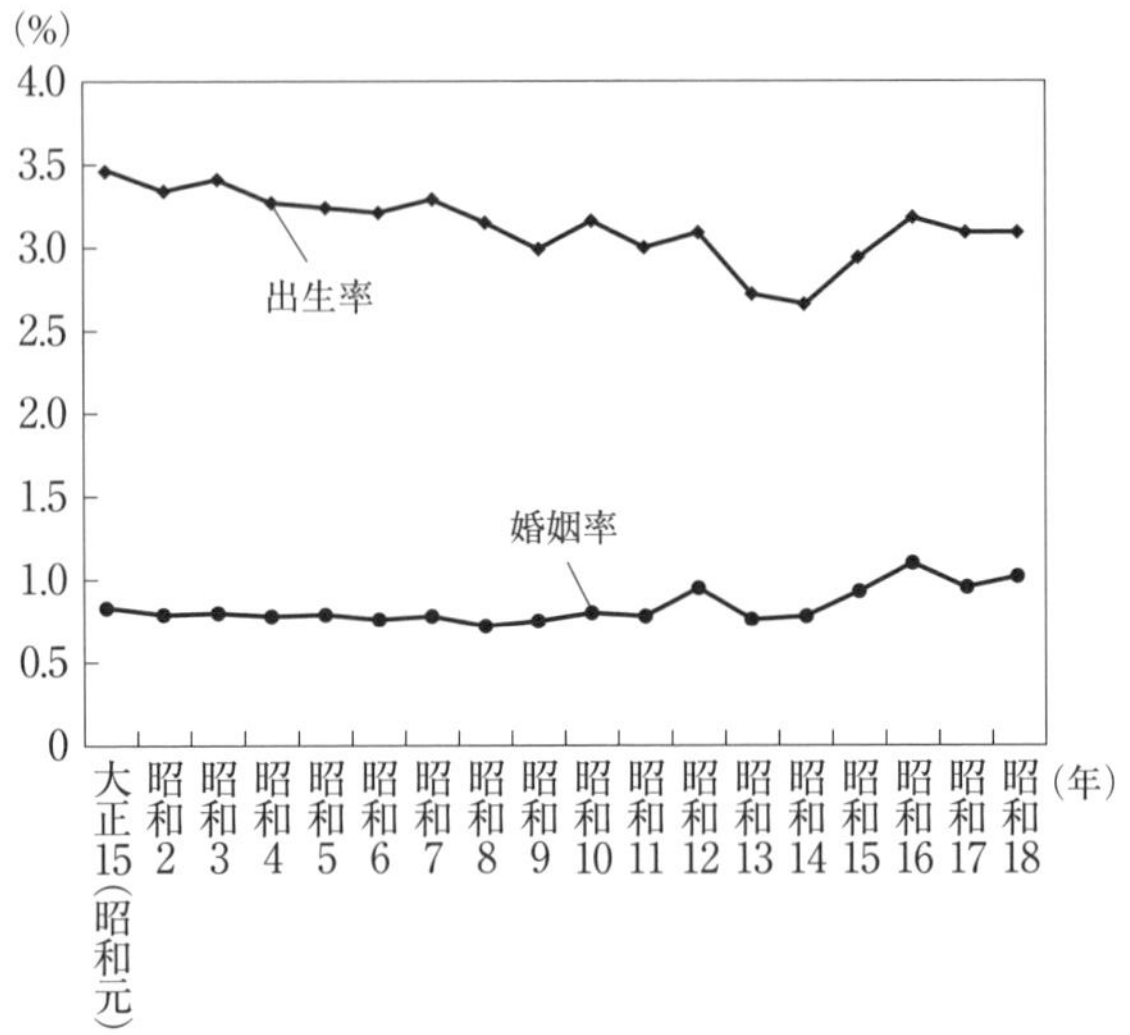

出典：『厚生省50年史　資料篇』（厚生問題研究会、昭和63年）、644-5頁。

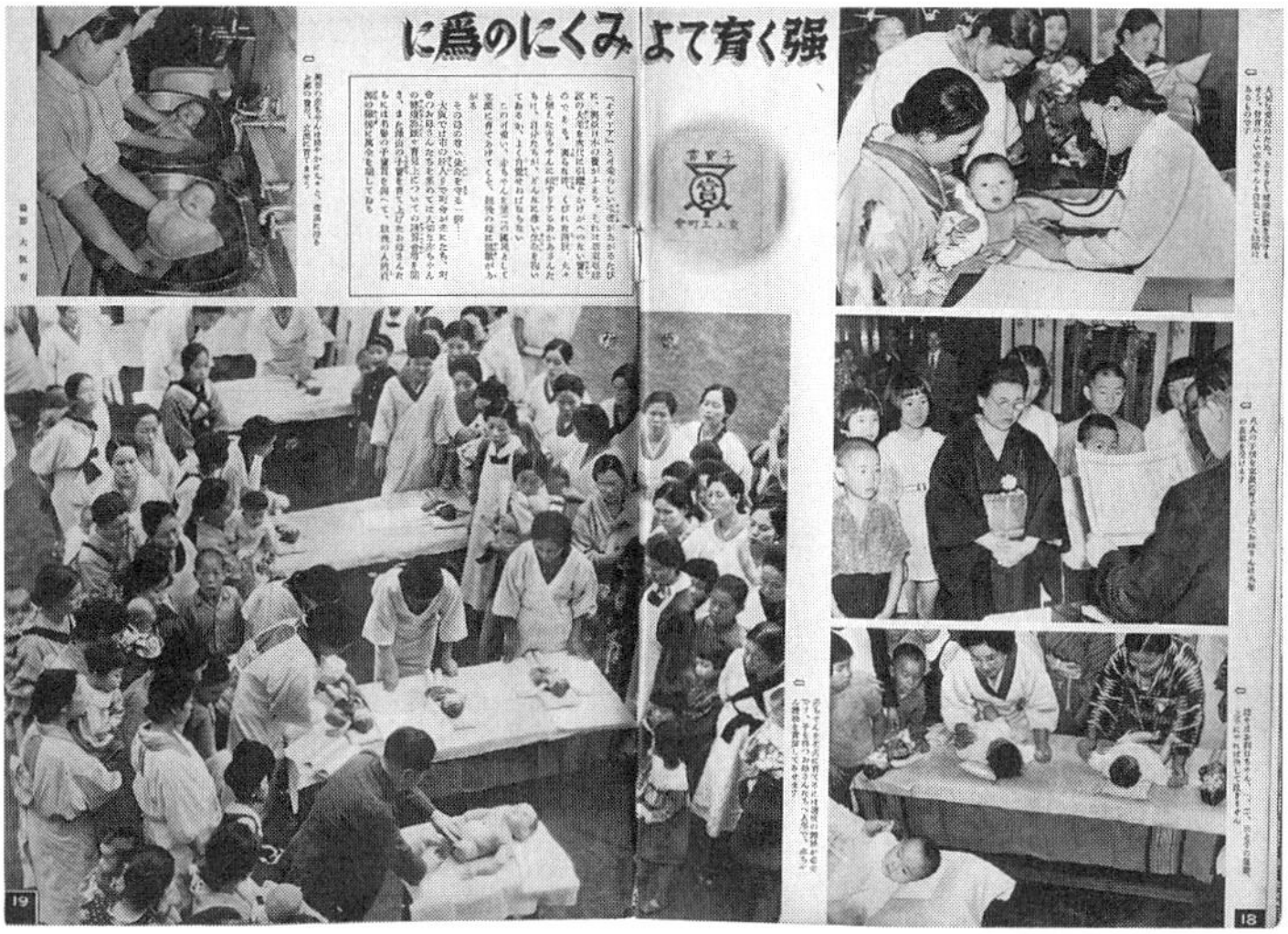

図5－8　強く育てよみ国の為に

力向上」）が最重点項目として取り上げられるようになり、それとともに『写真週報』の中でも次のような乳幼児死亡防止のための啓蒙・宣伝活動が始まったのである。

第一に、実用的・専門的な知識の普及が行われた。昭和一五年の健康増進運動の特集記事、一一四号（昭和一五年五月一日）「興亜の赤ちゃんはまるまると」では、母乳が出ない母親のために、人工栄養の作り方が特集され、月齢ごとの人工乳の配分割合が細かく指示され、牛乳の保存方法、衛生上望ましい哺乳瓶の形などについても、かなり細かい知識が伝えられている。また竹内茂代（医学博士）執筆の「次代国民の育て方」といったシリーズも一一〇号（昭和一五年四月三日）から一〇回にわたり連載され、乳幼児を育てる際の実用的で具体的な医学知識の普及が図られている。

第二に、健康な乳幼児の顕彰がこの時期、頻繁に行われる。例えば、一二五号（昭和一五年七月一七日）「強く育てよ　みくにの為に」（**図5－8**）では、八人の子供を育て上げた女性が表彰され、赤ん坊が産湯につかる写真には「産湯に浸るお国の宝だ、立派に育てませう」というキャプションが付され、赤ちゃん＝国の宝というイメージが強調された。また昭和一四年の

図5－9　健康優良児審査会

健康増進運動が特集された六三号（昭和一四年五月三日）では、健康優良児審査会に集まる赤ちゃんが表紙を飾った（図5－9）。

第三に、政府の実地レベルの組織的な取り組みが行われる中で、誌面においてもその活動に光が当てられた。昭和一六年の健康増進運動と連動した記事、一六六号（昭和一六年四月三〇日）「生れてからでは遅い」では、乳幼児死亡率低下にむけて全村的な取り組みを行うモデルケース（西多摩郡調布村）が紹介されている（図5－10）。この村では妊婦は村役場に届け出ることになっており、妊婦には出産前から保健婦による保健指導が行われ、出産後も育児相談、育児指導が熱心に行われる。こうした先進的な取り組みを写真入りで伝えたのである(26)。同様に昭和一八年の健民運動では、二六九号（昭和一八年四月二八日）に「生んだ子は必ず育てよう」という記事が掲載されたが、構図は昭和一六年の記事と大体同じである。健民特別地区に指定された千葉県中根村では、かつて乳幼児死亡率が高かった経験から、全村的に死亡率低減にむけて取り組んでいる。保健婦が自転車をとばして、家庭で、あるいは田圃の畔道で妊婦の保健指導にあたり、保健所では乳児の健康診断が温かい雰囲気の中で行われる姿が報じられている。

ところで、戦局の悪化は乳幼児死亡率低下の誌面にも変化を生じさせた。アメリカの反攻が本格化する中で、空襲の脅威が現実化したため、昭和一八年末以降、乳幼児関連の記事は、空襲対策の文脈の中で扱われるようになったのである。

昭和一八年冬はまだ本格的空襲が始まる前の時期であるが、二九七号（昭和一八年一一月一〇日）の「敵機から幼児

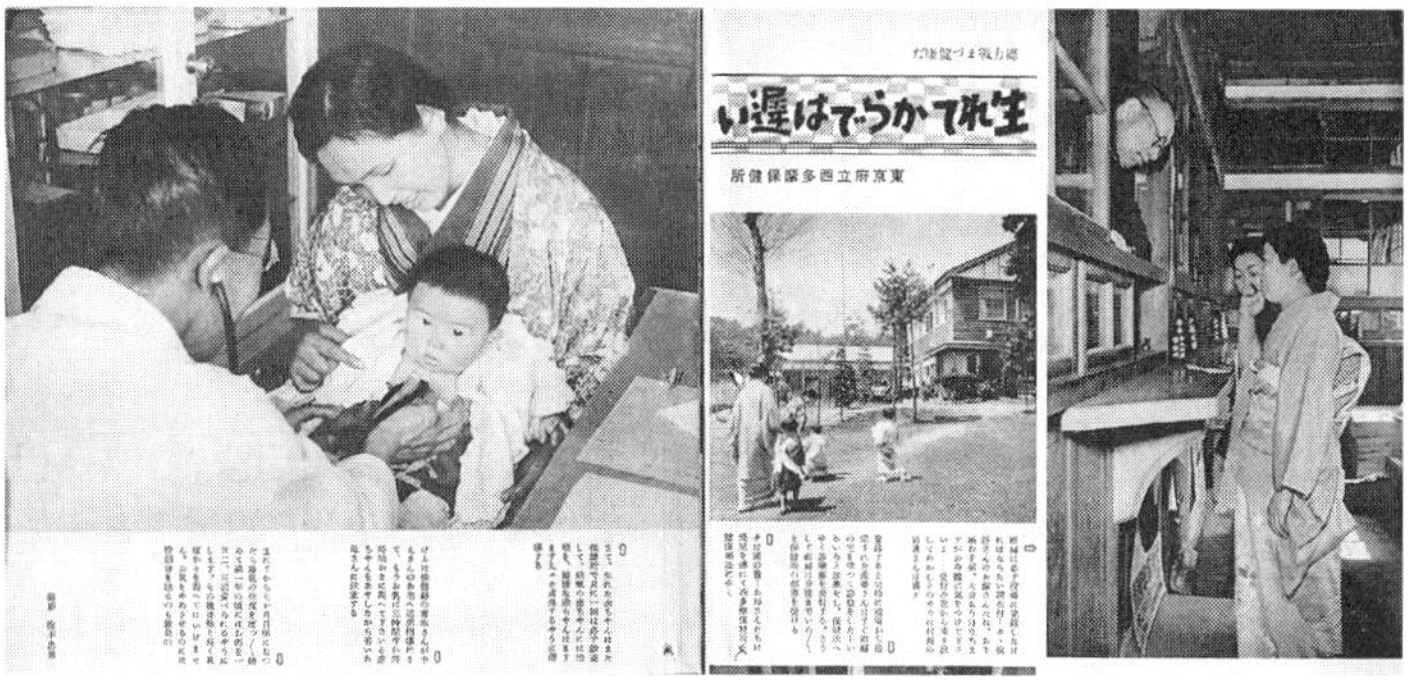

図5−10　生れてからでは遅い

を守りませう」では、特に幼児の心理面に重点を置いて、幼児に恐怖心を起こさせない工夫が説かれる（下巻第二章参照）。すなわち、親が恐怖心を持つとそれが幼児に伝染するため、親がまず慌てないことが大事であること、待避所におもちゃを持ち込んでおけば、幼児はそれに集中して落ち着くことなど、実際の空襲を想定した具体的な情報提供がなされた。そして昭和一九年より日本各地は本格的な空襲を受け、学童疎開も始まることになるが、乳幼児は学校単位の疎開ができないので、母子を単位とした疎開を促す必要があった。三七二号（昭和二〇年六月二一日）の「お母さんも赤ちゃんも健やかに」は、田舎に縁故先のない母子および親を失った乳幼児が、日本愛育会の世話で山梨県甲府市の郊外の寺に疎開し、健康に過ごしているという記事である（図5−11）。この記事は、田舎に疎開した赤ちゃんは二週間もたたぬうちにめきめき健康を取り戻しているとして、集団疎開の有効性を説明する。写真も幼児が優しい住職や地元の人々の温かい視線に見守られる構図になっている。この記事によれば、東京都は今後二万人の母子疎開を計画していたという。『写真週報』は先進的な取り組みを広報することで、今後実施される母子疎開のための地ならしをしていたと解釈できよう。

（2）出産奨励

出産・結婚といったテーマに光が当たるようになったのは、昭和一五年のこ

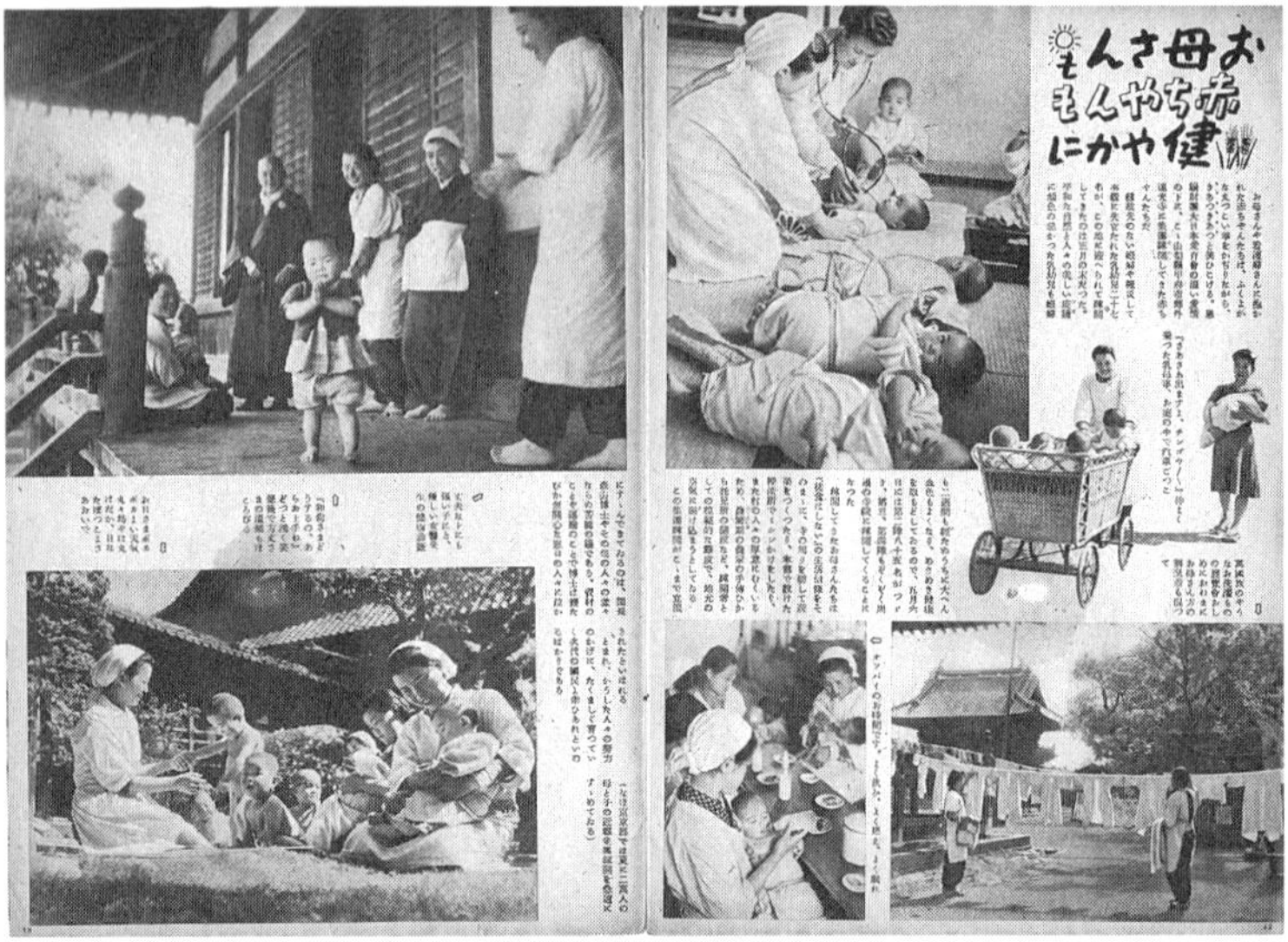

図５－11　お母さんも赤ちゃんも健やかに

とである。昭和一五年五月に国民優生法が制定されたことにともない、優生手術関連の記事が掲載されたのがその端緒である。国民優生法とは、「悪質な遺伝的疾患」をもつ者への優生手術を行うことを主眼としたものであるが、優生手術は本人（または保護者）の申請によって行うことが原則とされた[27]。つまり、優生手術は通常国民の側からの申請が必要であるため、その申請を促すための記事が掲載されたのである。

　これに関する記事の特徴的な点を挙げるならば、第一に、優生手術が国家のためだけでなく、本人・家族にとっても重要であることが強調された。一一六号（昭和一五年五月一五日）「国立『優生結婚相談所』店開き」の記事では（図５－12）、「徒らに多産を奨励しても同時に悪い素質のもの（中略）が増加しては却つてこれは国家としても、家庭としても困ることになる」、「結婚が自己の一生の一大事であると共に子孫に対し、国家に対し、重大な関係を持つことを考へたならば、是非優生結婚を勧めたい」といった説明がなされている。また挿絵では「精神分裂病家系の一例」という系図を示し、精神病が遺伝することを強く印象づけている。

　第二に、優生手術への抵抗感を軽減することも図られた。

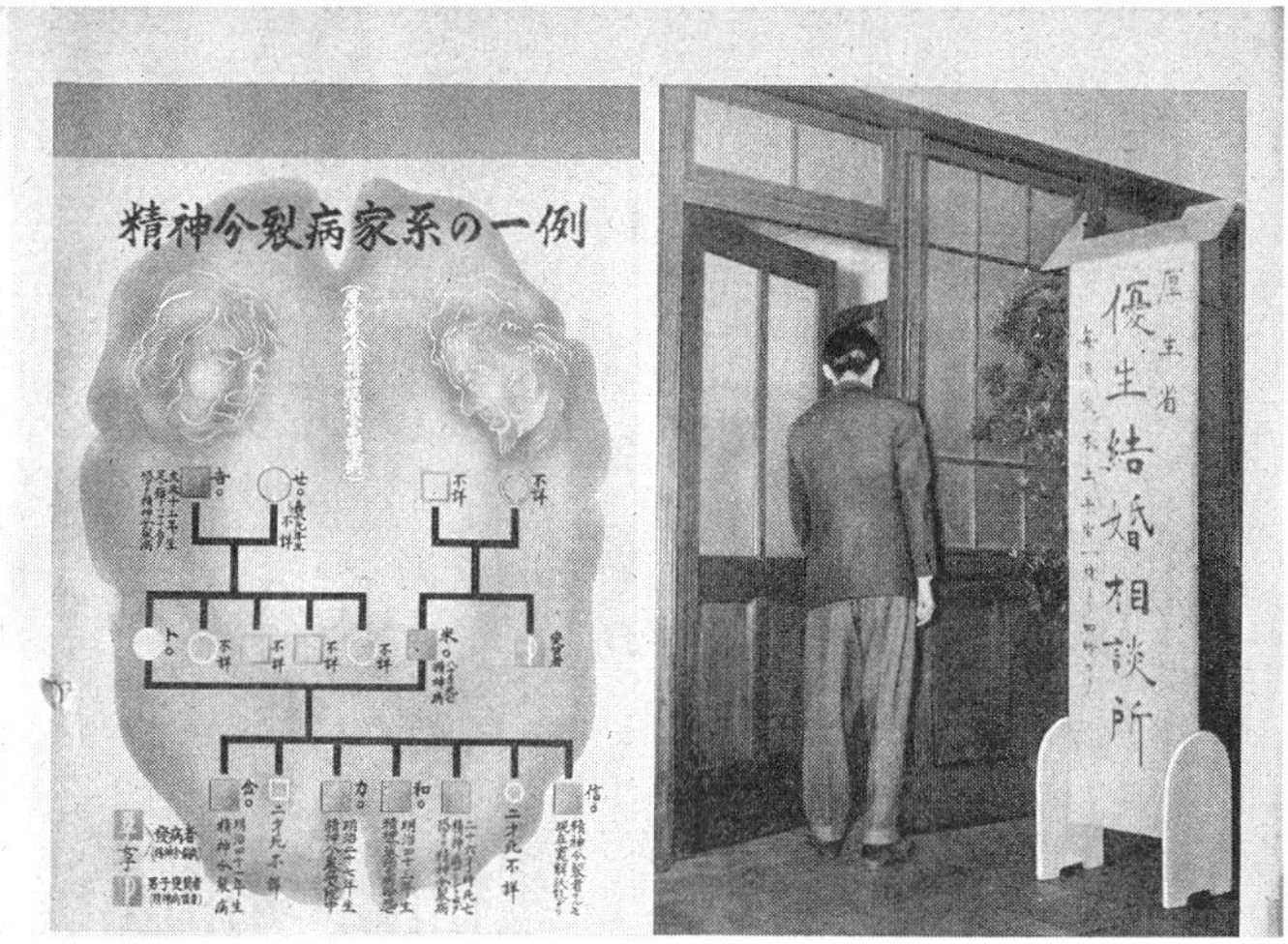

図5－12　国立「優生結婚相談所」店開き

「家庭常識　優生学の話（上）」（一〇二号、昭和一五年二月七日）という記事では、優生手術は去勢ではなく、あくまで輸精管、輸卵管を結える手術であり、安全で性欲にも変化がないと説明される。また前出の図5－12の優生結婚相談所の写真の横には、「叩けよ、然らば開かれん。諸君はおづおづためらふ必要はない。すゝんで相談にやつて来給へ（中略）相談所で話した内容は秘密保持を厳守し、絶対に公開されることはない」とのキャプションが付され、気軽に相談するよう説得がなされた(28)。

昭和一五年七月、政府は基本国策要綱を策定し、「国是遂行の原動力タル国民ノ資質、体力ノ向上並ビニ人口増加ニ関スル（中略）根本方策ヲ樹立スル」という方向性を打ち出し、それは昭和一六年一月、閣議決定された人口政策確立要綱として具体化された。同要綱は、「人口政策ヲ確立シテ我国人口ノ急激ニシテ且ツ永続的ナル発展増殖ト其ノ資質ノ飛躍的ナル向上」を図ることを「喫緊ノ要務」としたのである(29)。この閣議決定直後から、出産数増加をめざす記事が急増する。

最も多いのは、多子多産を顕彰するもので、その初出は一四九号（昭和一六年一月一日）の「子宝の春　誉れの家を訪ねて」という記事である。ここでは一五人の子供を生んだ二組の家庭が表彰

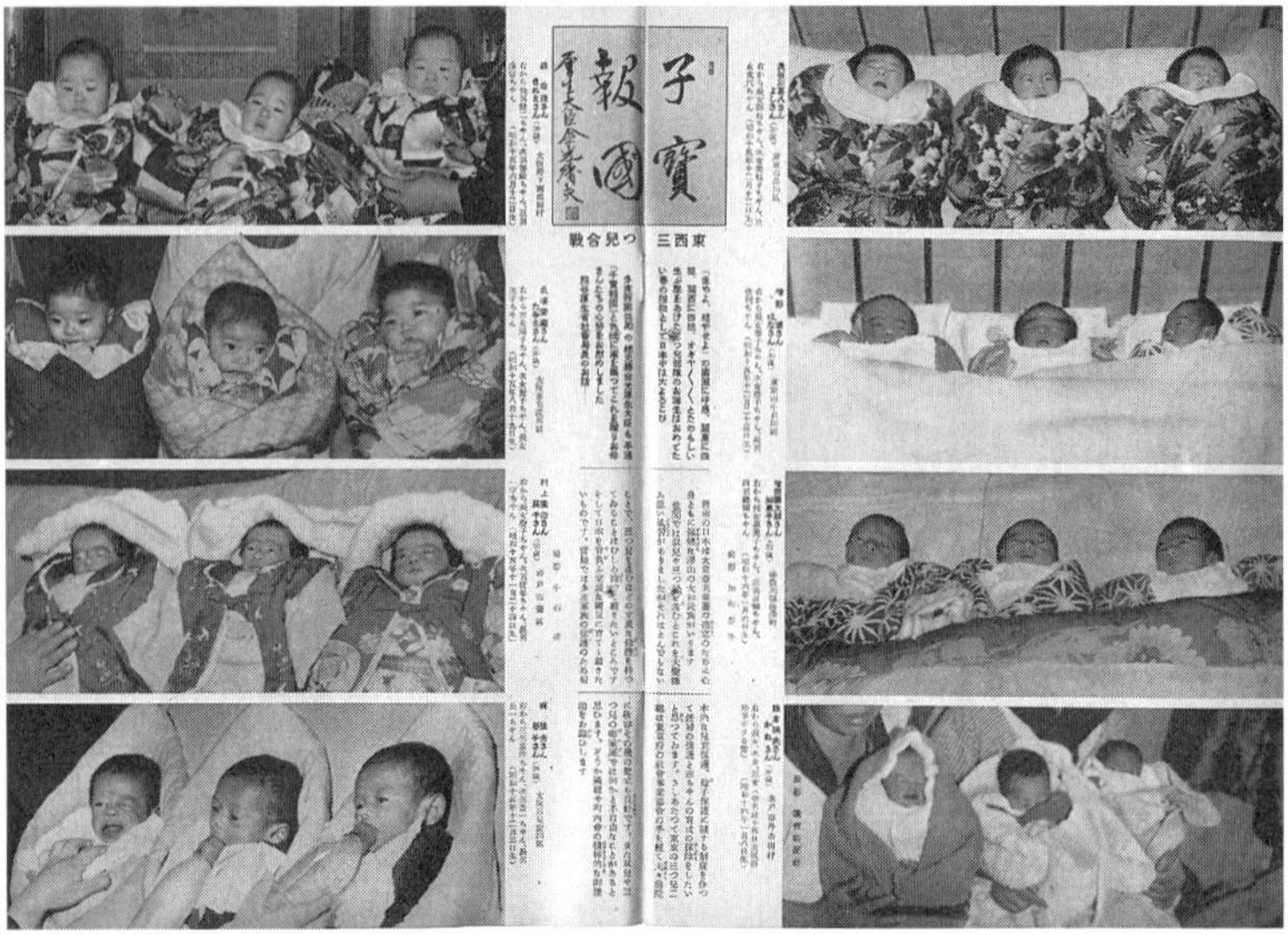

図５－13　東西三つ子合戦

され、家庭で乳児をどう育てたか（人工栄養の作り方など）、その秘訣を主人が語る記事構成になっている。同様に一五二号（昭和一六年一月二二日）の「東西三つ子合戦」では八組の三つ子が顕彰されている（**図5－13**）。この記事には、「世間では双児や三つ児を産むとこれを大変嫌ふ悪い風習がありましたがそれはとんでもないことで（中略）むしろ誇って戴きたい」という厚生省社会局長のコメントがあり、多子多産が国家の要請に適うことが強調されている。

また出産の前提となる結婚の奨励も行われた[30]。記事を紹介する前に、ここで政府の結婚奨励に関する通牒、「結婚奨励に関する件」（昭和一六年一〇月）、「人口対策実施予定目標に関する件」（昭和一七年三月）を紹介しておきたい。その内容は**図表5－6、5－7**でまとめてあるが、前者では結婚思想の普及啓発、結婚の奨励および斡旋の重要性などを盛り込み、後者では結婚、出生に関する具体的な数値目標が設定されている。次に紹介する記事は、おおむねこの二つの通牒に沿ったものになっている。二一八号（昭和一七年四月二九日）「これからの結婚はこのやうに」では、まず男性二五歳まで女性二一歳までの結婚が奨励されているが（**図5－14**）、これは先述

図表５－６　「結婚奨励に関する件」（昭和16年10月27日）（抄）

第一、結婚思想の普及啓発に関する事項
一、適齢結婚の普及を図ること
成るべく速に結婚して労苦を共に健全なる家庭を築き以て優良なる次代国民を多数育成するやう指導すること。之が為に成るべく男子は25歳、女子は21歳までに結婚するやう奨励すること
二、健全なる結婚の普及を図ること
成るべく結婚前相互に結婚証明書を交換し悪質なる遺伝病者或は性病者等との結婚を避くるやう指導すること
三、結婚に関する迷信を打破すること
合性、年廻り、丙午、方位の吉凶、巳の吉凶等科学的に何等根拠なき荒唐無稽の迷信に捉わるる弊風は速に打破するやう努むること

第二、結婚の奨励及幹旋に関する事項
一、一般に結婚の奨励及幹旋の風を盛にすること
国民一般並びに各種団体等に対し国策に協力するの主旨を以て結婚の奨励又は幹旋に心掛くるやう指導すること
二、事業所等に於ける結婚幹旋施設の設置を奨励すること
会社、銀行、工場、鉱山其の他相当多数の従業員を有する事業所等に対し従業員又は其の家族の結婚の奨励及幹旋を目的とする施設をなすやう奨励すること
三、公共団体に対し結婚相談施設の設置を奨励すること
市区町村に対し結婚相談所又は結婚幹旋委員等の結婚相談施設を設くるやう奨励すること
四、結婚幹旋施設相互間の連絡の方途を講ずること
結婚幹旋施設相互間の連絡を目的とする会合、組織等に付適当なる措置を講ずること
五、帰還軍人ならびに傷痍軍人の結婚に関して固より尚左の者の結婚に付ては特に適当なる方途を講ずること（以下、略）

第三、結婚費用の徹底的軽減に関する事項
結婚費用特に仕度、披露宴等の費用の徹底的削減を図り戦時下国民生活を強化すると共に結婚促進の実を挙ぐること

出典：『内務厚生時報』、昭和16年12月（一部要約）。

の政府の数値目標を掲載したものである。また健康証明書を交換することは、「結婚奨励に関する件」の中にある「健全なる結婚の普及」、簡素な結婚式を執り行うことは、同通牒の「結婚費用の徹底的軽減」を反映したものといえよう。また二四五号（昭和一七年一一月四日）「同じ職場から新郎新婦」（**図５－15**）は、当時一般には歓迎されなかった職場結婚を推奨する記事であり、職場単位で職場結婚を推進している模範例として東京第一陸軍造兵廠にスポットが当てられている。写真を右上から見ていくと、職場には親身に結婚幹旋の労をとって

図表5－7　「人口対策実施予定目標に関する件」（昭和17年3月20日）

一、出生増加の目標出生の増加は今後十年間に結婚年齢を現在に比し概ね三年早めると共に一夫婦当りの出生児数を平均五児に達せしむるに在るを以て次の諸点の実施を要すること
（イ）結婚年齢の目標は遅くとも男子二十五歳女子二十一歳とすること
（ロ）妊孕年齢（15歳～44歳）女子人口中配偶率は昭和十年に於いては女子千に対し655.3なるも之を少なくとも大正十四年程度の666.8に向上せしむること
（ハ）出生率は昭和十三年度に於て人口千に対し26.7なるも之を少なくとも大正十四年度の34.9程度に向上せしむること

二、死亡減少の目標
　（以下、略）

出典：『内務厚生時報』、昭和17年6月（一部要約）。

図5－14　これからの結婚はこのように

くれる担当者がおり、相談者は結婚前に健康診断を受ける。結納は結婚相談所の所長を前にした簡素なものであり、挙式の日程を示す黒板には挙式予定がぎっしりと並ぶ。かくして、工場に勤める男女はめでたく挙式を迎えるというものであるが、これらの写真も多くは、図表5－6、5－7にまとめた指針と合致するものである。

　なお、こうした中で実施された昭和一七年の健民運動では、二一八号（昭和一七年四月二九日）のようなポスター調の誌

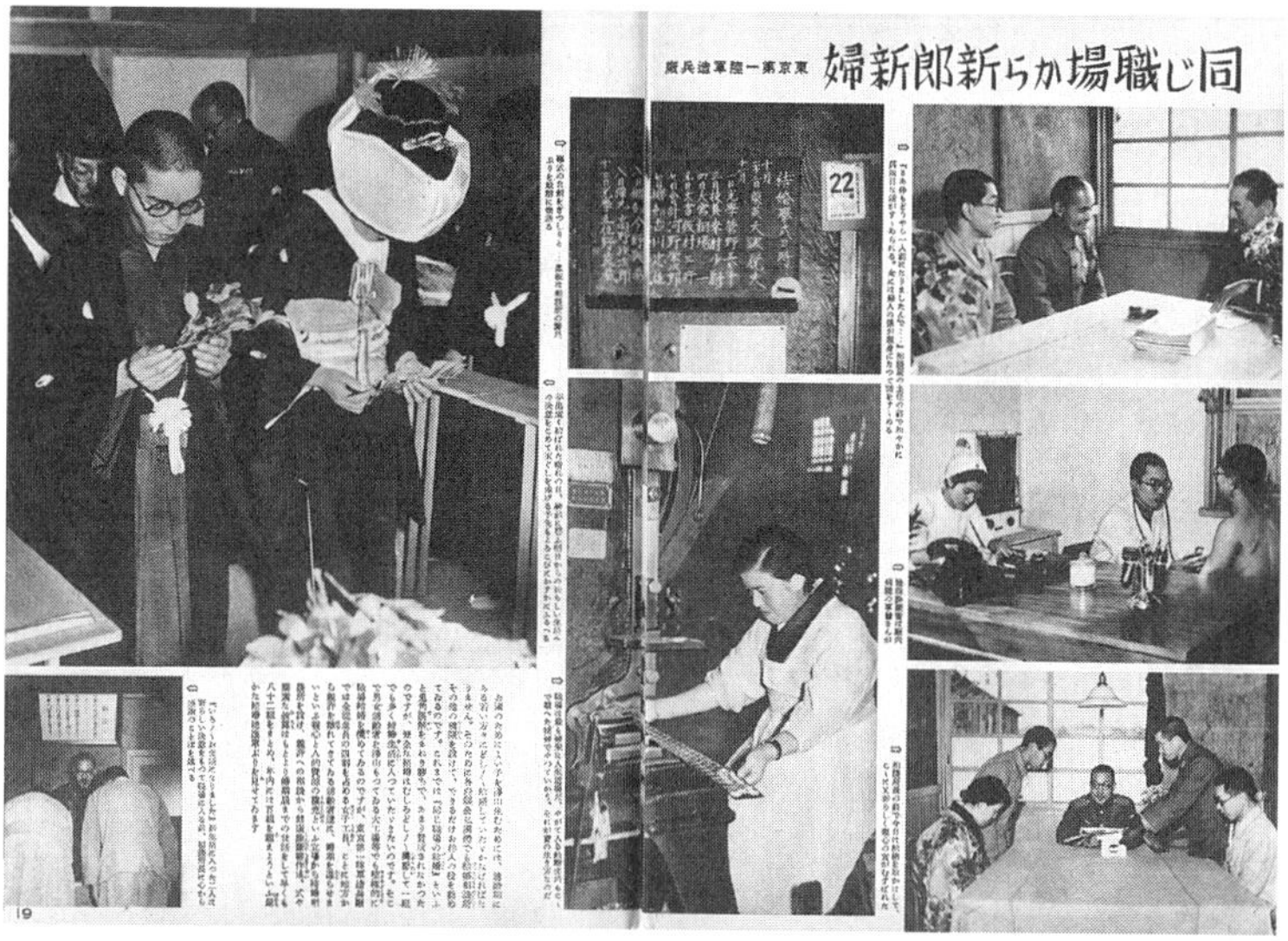

図５－15　同じ職場から新郎新婦

図５－17　三ツ子の兄弟

図５－16　殖やせ強い子強い民

図表5－8　乳児死亡率、新生児死亡率の推移

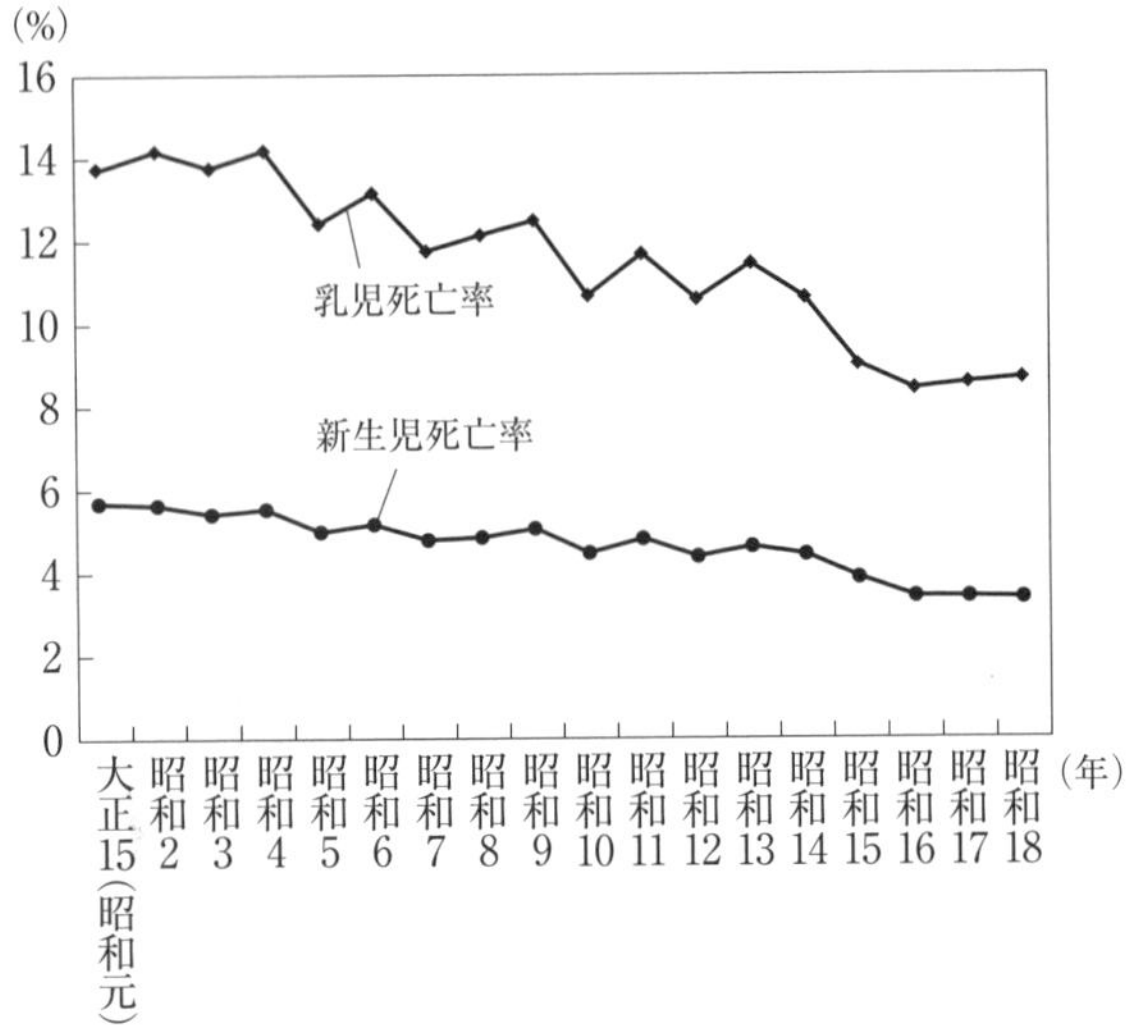

出典：『厚生省50年史　資料篇』（厚生問題研究会、昭和63年）、644–5頁。

面が掲載された（図5－16）。「殖やせ強い子強い民」と題されたこの記事では、笑顔の子供たちの写真を背景に、昭和三五年までに人口一億人達成という政府の目標（人口政策確立要綱）がグラフ化される。そして、上両脇の大人の写真は戦闘服と工員服と思しき服装であることから、兵員と労働力を充実させるための人口増産であることが示唆される。

以上のような出産奨励に関する記事は昭和一六年から一七年がピークであった。結婚奨励の記事は昭和一八年に入ると見られなくなる。多子顕彰の記事も散発的に掲載される程度であり、しかもその内容は、**図5－17**（三三七号、昭和一八年九月六日の表紙）のようなものになる。すなわち、これは昭和一六年に生まれ、前出の一五二号で取り上げられた三つ子が現在順調に育っているという記事で、出生と時間的な隔たりが生じている[31]。こうした記事の変化は、昭和一八年以降の動員兵力の著増にともない（本書第六章参照）、結婚の対象となる男子が少なくなったことが影響していると思われる。

＊　＊　＊

以上本章では、体力向上、病気予防、乳幼児死亡率の低下、人口増産という国家目標を達成するために、『写真週報』の行った宣伝活動を跡づけてきた。最後にこれらの目標がどの程度達成されたのか、まとめておきたい。

第一に、体力向上であるが、そもそも「体力」の指標は難しい。ただし、厚生省健民局が昭和一八年にまとめた参考資料[32]には「国民体力の現状」という章があり、「体力」は、①体格および栄養、②疾病罹患状況、③運動機能から判断されていた。同資料によれば、昭和一四年から一七年にかけて、①、②では数値は悪化の傾向を示しているものの③は良好であった。すなわち、体力章検定[33]の合格率は昭和一四年二一・〇九％、昭和一五年三一・〇八％、昭和一六年三四・二二％、昭和一七年三三・九六％と上昇傾向にあり、特に荷重速行は「累年著明の増加を来しつゝあ」った。そのため、厚生省は「国民体力は低下の傾向にあるもの、如く思料せらるゝも運動機能は顕著なる上昇を来しつゝあり」という評価を下している。しかし昭和一八年以降の「体力」の状況がどのようなものであったかは定かでない。

第二に、病気予防の中で特に重視された結核であるが、これは既出の図表5－4にあるように政府の運動にもかかわらず、低減する傾向は見られなかった。昭和一九年以降はデータがないので実情は定かでないが、時局の推移からみて改善した可能性は考えにくい。

第三に、乳幼児死亡率の低下であるが、これは顕著な効果が見られた。**図表5－8**に示したように乳児死亡率は昭和一五年より一〇％台をきり、戦時中の物資不足にもかかわらず昭和一八年まで低減を続けたのである。

第四に、出産の前提となる婚姻率であるが、これも図表5－5に示したように、昭和一四年で底を打ち一五年より上昇傾向に転じている。出生率も昭和一三、一四年と急激に落ち込んだものが、一五年より上昇に転じ一六～一八年まで三％台を維持した。

このように戦争中に物資、人員の不足にもかかわらず、国家の目標はある程度達成できたといえよう。そしてその背景には政府の懸命の取り組みがあったことは確かである。『写真週報』の広報活動も、こうした政府の取り組みの一環として位置づけることができよう。

（奥　健太郎）

第六章
工場へ、工場へ
労務動員政策の展開

図表6－1　陸海軍総兵力の推移

（単位：千人）

年（12月現在）	陸軍	海軍	合計
昭和6	200	78	278
昭和12	459	134	593
昭和13	1,130	195	1,325
昭和14	1,240	180	1,420
昭和15	1,350	223	1,573
昭和16	2,100	311	2,411
昭和17	2,400	429	2,829
昭和18	2,900	708	3,608
昭和19	4,100	1,295	5,395
昭和20	5,472	1,693	7,165

出典：大江志乃夫『徴兵制』（岩波新書、昭和56年）144頁。

戦時体制下の日本では、兵力動員にともない労働力が減少する一方で、生産力拡充のための労働力需要が拡大した。そのため労働力の需給のバランスが崩れ、国民に対して様々なかたちで労務動員が行われた。本章は、『写真週報』が労務動員政策を手助けするため、どのような記事を掲載したかについて分析を行う。具体的には、①軍需部門への国民の動員（学卒者等新規労働力・不急部門就業者の軍需部門への誘導、徴用等の強制的動員）を円滑に進めるため、②労働者の勤労精神昂揚・増産を促すため、どのような広報活動を展開したのか、その実態を検討したい[1]。また『写真週報』の中に描かれた「世界」と、現実世界の落差にも適宜言及していきたい。

本論に入る前に戦時期の労務動員の概況を整理しておく。そもそも戦時下に労務動員が必要となる主因は、前述のように男子が徴兵され国内の労働力が不足するからである。そこで日中戦争・太平洋戦争期の動員兵力を**図表6－1**でまとめたが、昭和一三（一九三八）年～一五（一九四〇）年が一〇〇万人台の段階、昭和一六（一九四一）年～一七（一九四二）年が二〇〇万人台の段階、昭和一八（一九四三）年以降は毎年二〇〇万人増加したことが分かる。そして、この動員兵力の推移は**図表6－2**に示した労務動員計画（昭和一七年から「国民動員計画」と改称）と相関関係を持つ。すなわちこの表は、企画院が昭和一四年度から作成した各年度の「労務動員計画」における新規労働力の供給目標数を一覧にしたものであるが、昭和一四（一九三九）年度～一五年度までは毎年一〇〇万人の人員充足を目標とし、昭和一六年度～一八年度は毎年二〇〇万人、昭和一九年（一九四四）度に入ると倍増して四五〇万人を新たに就業させる計画を策定したのである（なお昭和二〇年度は策定されなかっ

図表6－2 昭和14年度～19年度労務動員計画

（単位：千人）

項目	細目	14年度			15年度			16年度			17年度			18年度			19年度		
		男	女	計	男	女	計	男	女	計	男	女	計	男	女	計	男	女	計
学校卒業者	新規小学校（国民学校）卒業者	266	201	467	410	329	739	256	167	423	418	353	771	460	318	777	456	334	790
	新規中学校卒業者				32	10	42	68	22	90	56	38	94	78	71	149	130	170	300
就学中の学生生徒	各種学校在学者													35	18	53			
	学校在学者																1,133	920	2,053
無業者	女子無業者	0	50	50	0	40	40										30	240	270
	無業者							45	124	169	29	61	90	55	200	255			
	農村以外ノ未就業者	64	23	87	35	12	47												
	農村未就業者、農業従事者	191	65	256	122	80	202				84	14	98	60	23	83	24	14	38
現存の労働者	労務節減可能ナル業務ノ従事者	82	11	93	145	19	164												
	物資動員関係離職者	70	31	101	174	44	218												
	動員強化ニヨル転職者							1,076	304	1,380	523	172	695				102	185	287
	其ノ他ノ有業者							62	7	69	78	22	100	71	57	128			
	企業整備ニヨル転換者													418	173	591	70	73	143
	男子就業禁止ニヨル転換者													190	0	190	16	0	16
	男子配置規制ニヨル転換者																225	0	225
	勤労報国隊																50	50	100
移入朝鮮人	移入朝鮮人労務者	85	0	85	88	0	88	81	0	81	120	0	120	120	0	120	290	0	290
	内地在住朝鮮人労働者													50	0	50			
	華人労務者																30	0	30
総計		758	381	1,139	1,006	534	1,540	1,588	624	2,212	1,308	660	1,968	1,537	860	2,396	2,536	1,986	4,542

出典：細目の各年度のデータは西成田豊「労働力動員と労働改革」（大石嘉一郎編『日本帝国主義史3　第二次大戦期』、東京大学出版会、平成6年）に依拠した。ただし、細目のまとめ方については（表の「項目」の欄）、J・B・コーヘン『戦時戦後の日本経済　下巻』（岩波書店、昭和26年）、55頁の方法を採用した。なおコーヘンは「農村未就業者、農業従事者」を昭和14年度から15年度までは「無業者」として、昭和17年度以降は「現在の労働者」として計算している。

た）。

こうした労務動員状況を踏まえて、以下では次のような時期区分を行い考察を進めたい。第一の時期は、労務問題は浮上したものの、労働力に比較的に余裕があった時期である（昭和一三年～一五年）。第二の時期は、供給目標数が二〇〇万人台に上昇し、労働力不足が深刻化した時期である（昭和一六年～一八年前半）。第三の時期は、戦局が悪化する中、労働力の不足を解消すべく、女性や学徒に対する強制的な動員が行われるようになった時期である（昭和一八年後半～昭和一九年七月）。第四の時期は、日本の戦争遂行能力が急速に失われる時期である（昭和一九年七月～終刊）。

一　労務問題の浮上――昭和一三年～一五年

前述したように、この時期は労働力に比較的余裕のあった時期である。例えば、昭和一四年度と一五年度の労務動員計画は一〇〇万人の供給目標を掲げながら、その方策は一四年度の場合、「専ら職業紹介機関による小学校卒業者、女子等の新規労務の給源確保が中心」であり、一五年度も「前年度と大体同様の方針」で計画が策定された[2]。つまり、この時期の労務動員は、新規に労働市場に参入してくる労働力を、必要労務に誘導する段階だったのである。こうした状況を念頭において、以下誌面を紹介していきたい。

（1）労務動員

先述したように、この時期の労務動員の主眼は毎年発生する新卒の小学校卒業者の吸収であった[3]。したがって、六一号（昭和一四年四月一九日）「土から油と旋盤へ」（図6－1）には、秋田から集団就職列車で上京する新卒の少年たちにスポットを当てた特集が見られる。この特集では、少年たちが期待と不安の中で秋田から上京し、東京に落ち着

図6－1　土から油と旋盤へ

くまでの数日の様子を収めているが、ここで強調されるのは彼らが温かく都会に迎えられる様子である。東京に着き求人側に引き取られるとまず弁当が手渡され、美味しそうにそれを食べる。東京を象徴するビルを背景とした写真には、「はじめての大都会、ビル街だ。うら、かな日曜の朝日が小倉服の少年たちを祝福してゐる」とキャプションが付され、宿舎でくつろぐ少年たちの写真には「新らしい生活を少年にもたらす見習工、養成工の第一日。東京の第一夜はやすらかに暮れる」とあり、都会の新生活での明るい未来が印象づけられている。このような記事は、貴重な給源である農村の新卒者を、都市の工業労働者へ誘導するために作られたものと考えられる。

次に女性動員であるが、昭和一八年以降女性の労務動員は重要な課題となるが、この時期は図表6－2の供給目標数からも分かるように、その緊急性は高くなかった。(4) 政府としても女性労働の「勧奨」(5) はしていたが、特に具体的な政策は持ち合わせていなかったのである。(6) そのため誌面の中でも女性労働の訴えかけに切迫感は見られない。例えば、「戦ふ織手」（一三号、昭和一三年五月一一日）は、内閣情報部印刷局の印刷室、百貨店の慰問袋売り場、海軍省の電話交換室、ニュース映画のフィルム室など、日中戦争に関わりある職場で働く「職業女性」たちの姿を明るく描いた特集である（**図6－2**）。この記事で興味深いのは、女性の労働を四頁にもわたって特集しながら、女性労働を呼びかける文言が見当たらず、政府の要請の所在が不鮮明な点である。『写真週報』はおそらく、「職業女性」にポジティブなイメージを付与することで、女性労働の「勧奨」は意識していた。しかし、女性動員に本格的に取り組んでいない時期であるがゆえに、これを促す直接的な文言は書き込まれなかったものと思われる。

女性動員に切迫感がなかったことを示す、もう一つの記事を紹介する。八六号（昭和一四年一〇月一一日）「お嬢さんも街に出た」（**図6－3**）は、「お嬢さん」の奉仕活動を模範例として掲載したものである。記事の説明によれば、「世間知らずの箱入娘と、とかく非難されがちであつたお嬢さんたち」が「戦時下銃後一億一心の意気をみせ街頭に進出」したというものであるが、ここで注目したいのは写真からも分かるように、その奉仕活動の内容が子供の簡単

図６－２　戦ふ織手

図６－３　お嬢さんも街に出た

な遊び相手だったことである。未婚の有閑女性は、戦時体制が進むと労務動員の主たる対象となっていくが、この時期はこの程度の活動でも、模範たりえたのである。以上紹介した二つの女性労働関連の記事は、女性労働の緊急性の程度を象徴しているといえよう。

図６－４　公休日をご破算で

（2）勤労精神昂揚

勤労精神昂揚を直接的な題材にした記事は、この時期にはほとんど見られない。むしろ、逆に休み方を特集する記事すら登場する。「公休日を誤《ママ》破算で　商店法実施報告」（四〇号、昭和一三年一一月一六日）という記事は、昭和一三年一〇月に施行された商店法に関連する記事である（図6－4）。商店法とは、商店員に毎月少なくとも一日以上の休日を与えることを義務づけた法律であるが、ここには休日を得た若年労働者の模範的な休日の過ごし方が描かれている。「答　その一」では、明治神宮参拝の後、映画（内容は国策映画）を見ること、「答　その二」では運動会に参加すること（写真はパン食い競争、スプーンレースなど）、「答え　その三」では、女子店員が実家に戻り、母の手伝いや母との買い物する姿などを取り上げ、これらを模範的な「休み方」としている。こうした「休み方」を六頁も使いわざわざ広報するところにも、(7)戦局が悪化していないこの時期の余裕が示されているといえよう。

二　労働力不足の深刻化——昭和一六年～一八年前半

昭和一五（一九四〇）年九月の日独伊三国同盟締結以降、日本をとりまく国際情勢は緊迫化し、翌年六月、独ソ戦が開始されると関東軍特殊演習のため、新規動員五〇万人という空前の兵力動員が行われた。(8)こうした状況を背景に昭和一六年度の労働力の供給目標数は二二一万人と倍増、労務動員は俄然緊急性を帯びることになる。(9)こうした中、日米開戦直前の昭和一六年一一月、国民勤労報国隊令が公布された。これにより、年間三〇日以内の比較的簡単な作業という制限はあるものの、国民の広い範囲の層が強制的な動員の対象となった。(10)また、昭和一四年に制定されていた国民徴用令は、昭和一五年一〇月、一六年一二月の改正を経て、その動員先が拡大された。(11)その結果、図表6－3のように新規徴用者数は昭和一六年に二〇万人を超えた。このように労務動員は強化されたが、女性に焦点を当てた労務動員や学徒勤労動員は未だ行われていない。

（1） 労務動員

昭和一六年から一七年にかけて新たな給源として注目されたのが、図表6－2の「動員強化ニヨル転職者」「其ノ他ノ有業者」であり、具体的には中小の商工業者であった。彼らは物資動員の強化による原料不足や、奢侈品等製造販売制限規則（昭和一五年七月公布、いわゆる七・七禁令）により、失業あるいはその危機に瀕していたのである。政府は彼らに職業訓練を施した上で、軍需部門に転業させることを企図していた。昭和一六年度企画院は「本年度の労務動員計画の給源は殆んど大部分職業転換の円滑な実施によつて初めて確保することが出来る」と説明し[12]、昭和一七年も「本年度の国民動員計画の成否は、一に懸つて職業転換が円滑に行はれるかどうかにあるといつても過言でない」と転業政策の重要性を説明している[13]。

図表6－3　新規徴用者・累計の推移

年	新規徴用者数	累計
昭和14	850	850
昭和15	52,692	53,542
昭和16	258,192	311,734
昭和17	311,649	623,383
昭和18	699,728	1,323,111
昭和19	229,448	1,552,559
昭和20	47,771	1,600,330

出典：前掲『戦時戦後の日本経済　下巻』、71頁。

こうした行政を背景として、この時期には中小の商工業者の転業にスポットを当てた記事が度々登場する。ここでは二つ記事を紹介したい。一五一号（昭和一六年一月一五日）「転業へ身を捨て国とゆく心」（図6－5）は、かつて頭飾造花の職人だった「甲君」、鞄職人だった「乙君」、嫁入り用品の製造販売をしていた「丙君」、そして理容師だった「丁嬢」に光を当て、彼らが職を離れた後、職業補導所で真剣に学び、現在は国家の要請する軍需関連部門で働く姿を特集したものである。この記事に登場する転業者の写真の隣には、彼らの「心境」、「発言」を示す次のようなキャプションが付される。すなわち、乙君の写真には「思ひ切り新らしい職場へ出発した現在では、かへつて不安がなく家の中も明るい」といった乙君の心境、丁嬢の写真には「これから開業するには大変資本がいりますし、第一、こ

図6－5　転業へ身を捨て国とゆく心

れに身を打ちこんでいくには私の気持が許しません……少しでもお国のためにもなれるんでしたら」といった発言が加えられる。つまりこの記事は、国家の要請する仕事に転職し、晴れ晴れとした生活を送る転業者の姿を印象づけることにより、転業を促進しようとしたと考えられる。

二つ目は太平洋戦争開戦後の記事であるが、二一六号（昭和一七年四月一五日）の「新しい職場は光る　転業者の更正手記」では、パン屋の主人と料理見本の職人の手記が掲載されている。この二人の手記の内容は大同小異である。パン屋の主人の手記によると、彼は事変前、毎日の売り上げが四、五〇円程度あったが、物資不足の中で廃業を余儀なくされ、職業補導所に入所した。訓練所で新しい技術を身につけ、現在は見習い工として働き、月収は七〇円程度である。その収入は前職と比べれば多くはないが、毎日何の不安もなく、仕事にさえ打ち込んでいればよい日常に満足している、という。一方、料理見本の職人は職人時代、月二〇〇円の収入があったが、原料が入手できなくなったので職を離れ、職業補導所で勉強した後、現在は仕上げ工として生活をしている。月収は歩合も含め大体一〇〇円程度であるが一家の生活もでき、職人時代と比べて規律正しい生活で、健康上も「ずっといい」との手記を寄せている。要するに、収入の減少は避けられないものの、精神的に満足する国民を登場させることにより、転業を促そうとしていたのである。

このように『写真週報』は、転業後の世界を魅力的に伝えたのであるが、実際のところ非熟練工として賃金も立場も低いところから始めざるをえない彼らにとって、その生活が充実したものであったとは考えにくい[14]。

次にこの時期深刻化した鉱山労働者の不足に関連する記事を検討したい。鉱山業ではかねてより労働者不足に悩まされていたが、昭和一六年、それは深刻になった。政府は昭和一六年一月一日～三月三一日を全国石炭増産強調週間に定めて特に労務問題に力を置き[15]、五月一日から七月三〇日までを全国金属増産強調週間に定めている。こうした政府方針を反映して昭和一六年以降、鉱山労働者を充足しようとする記事が頻出するようになる。その一例が一七四号（昭和一六年六月二五日）の「行けよ鉱山男の職場」と題された記事である（**図6－6**）。この記事は、ある帰還兵士が募集に応じて鉱山に就業し、「坑道戦士」になっていく様子がルポルタージュ風にまとめられている。この記事の写真を見ていくと、募集広告を見た帰還兵士が健康診断を受け入山する。衣食住にあまり金がかからない鉱山では金もたまり貯金もできる（写真は貯金通帳を見て微笑む労働者）。しかも、鉱山には消防隊や救命隊が組織されているので安全であり（写真はガスボンベを背負い訓練する救命隊）、プールや日光不足を補う太陽灯も完備しているので健康が維持され、雨の日には将棋や新聞を読んでゆったりとくつろぐことができる。写真に描かれた世界はおよそこのようなもので、要するに鉱山の職場としての魅力を伝え、人員の充足を企図したものといえよう。なお、鉱山の労働力不足は恒常的であったため、その後も鉱山の魅力を伝える記事は継続的に掲載される[16]。しかしこうした広報とは裏腹に、実際の労働環境は厳しく、同時代の資料でも「極めて恵まれざる条件のもとに国家産業を担当している部門[17]」と評された。この点、鉱山への労務動員に関する記事は虚偽性を含んだものといえよう。

以上は国民の意思に依存する動員であるが、強制的な動員である徴用に関する記事がこの時期登場する。二一六号

図６－６　行けよ鉱山男の職場

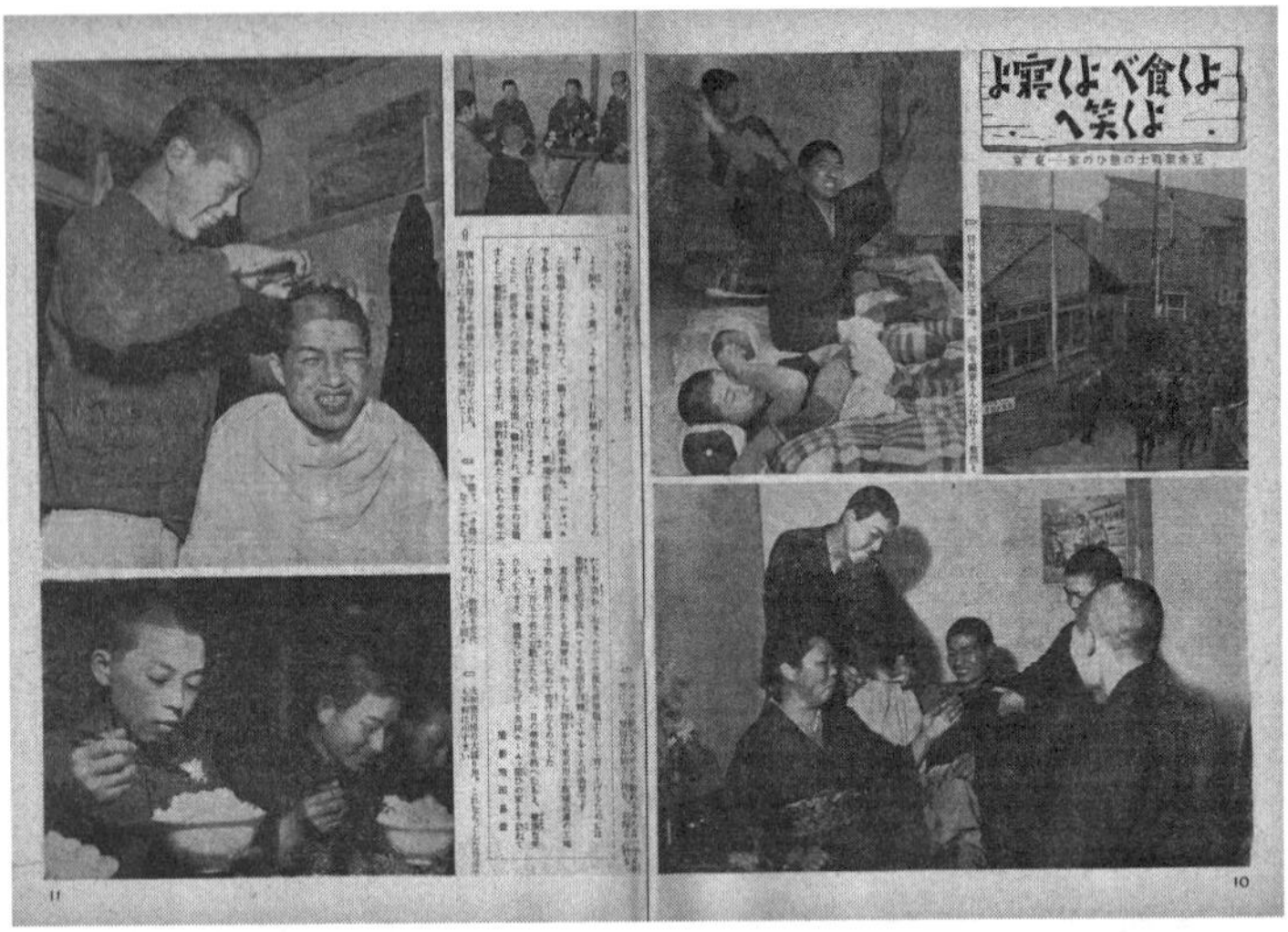

図6－7　よく食べよく寝よ　よく笑へ

（昭和一七年四月一五日）の「よく食べよく寝よよく笑へ」という記事が光を当てているのは、徴用された少年工のために作られた寮の生活である（**図6－7**）。記事は、少年工が共に目覚め、和気あいあいとして工場に出勤、仕事から帰れば綻びを直してくれる母親代わりの寮母がおり、寮では山盛りの白米が食べられる姿を写し出し、楽しそうな寮の生活を強調している。こうした誌面が作られた背景には、昭和一六年以降の徴用者の増加とそれへの不満[18]があり、それがために徴用先の生活を魅力的に伝える必要があったと思われる。

　このように、労務動員が重要な課題となる中、女性の動員も緩慢ながら強化された。昭和16年度の労務動員計画には「女性ニ付テハ男子労務者ノ代替トシテ未婚女子ヲ主タル対象トシテ之ガ動員ヲ強化ス[19]」と明記され、女性の動員により力が注がれるようになった。図表6－2を見ると女性動員の目標数は倍増していることが確認できるが、特に「女子無業者」の動員目標は前年度の三倍となった（昭和一五年度は「女子無業者」、一六年度は「無業者」の女子の欄参照）。こうした中で、一八九号（昭和一六年一〇月八日）で「一人の無業者もなし　お花のお稽古も余暇を国家へ」という記事が組まれた（**図6－8**）。この記事では本文冒頭に「私

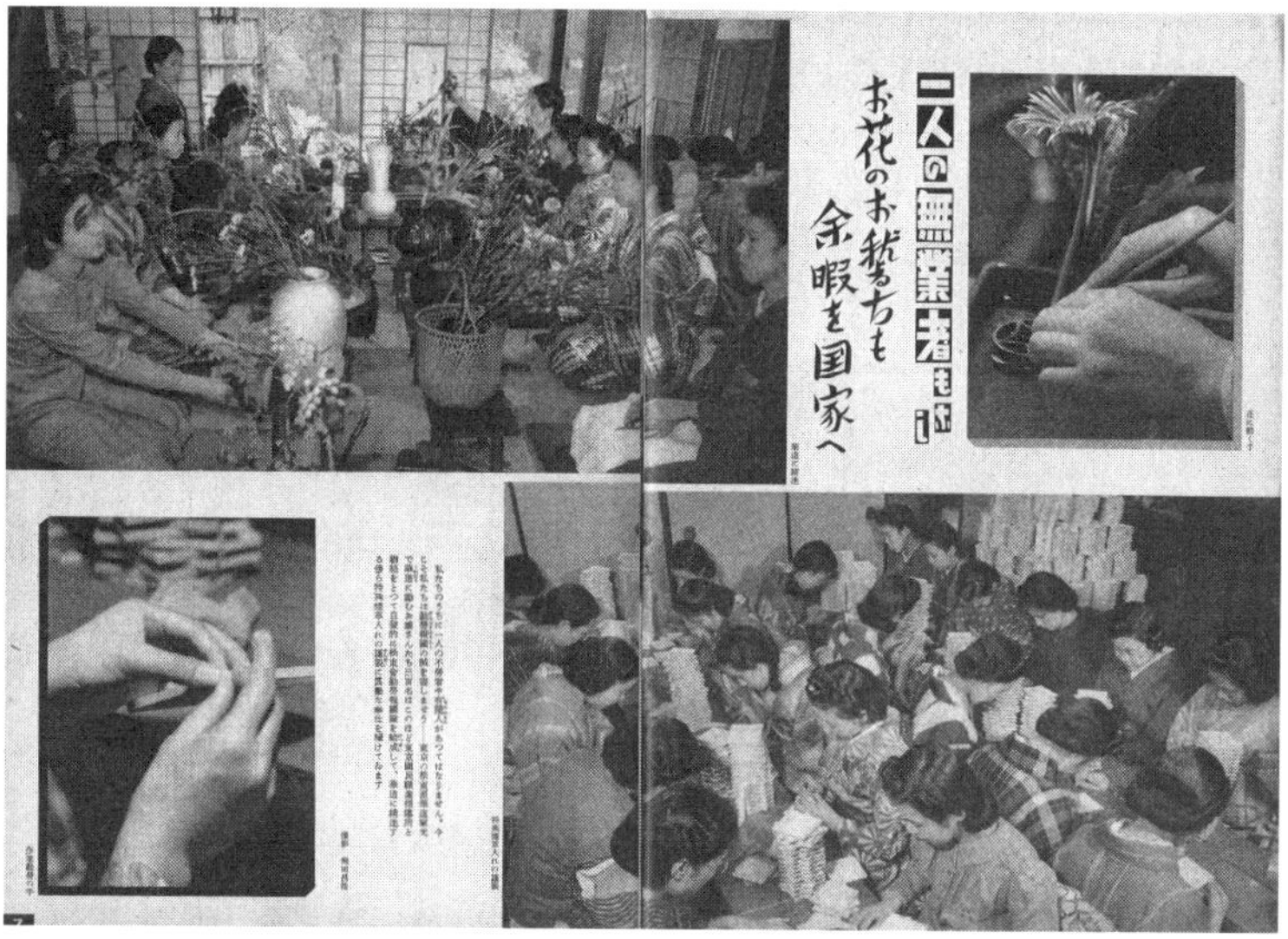

図６－８　一人の無業者もなし　お花のお稽古も余暇を国家へ

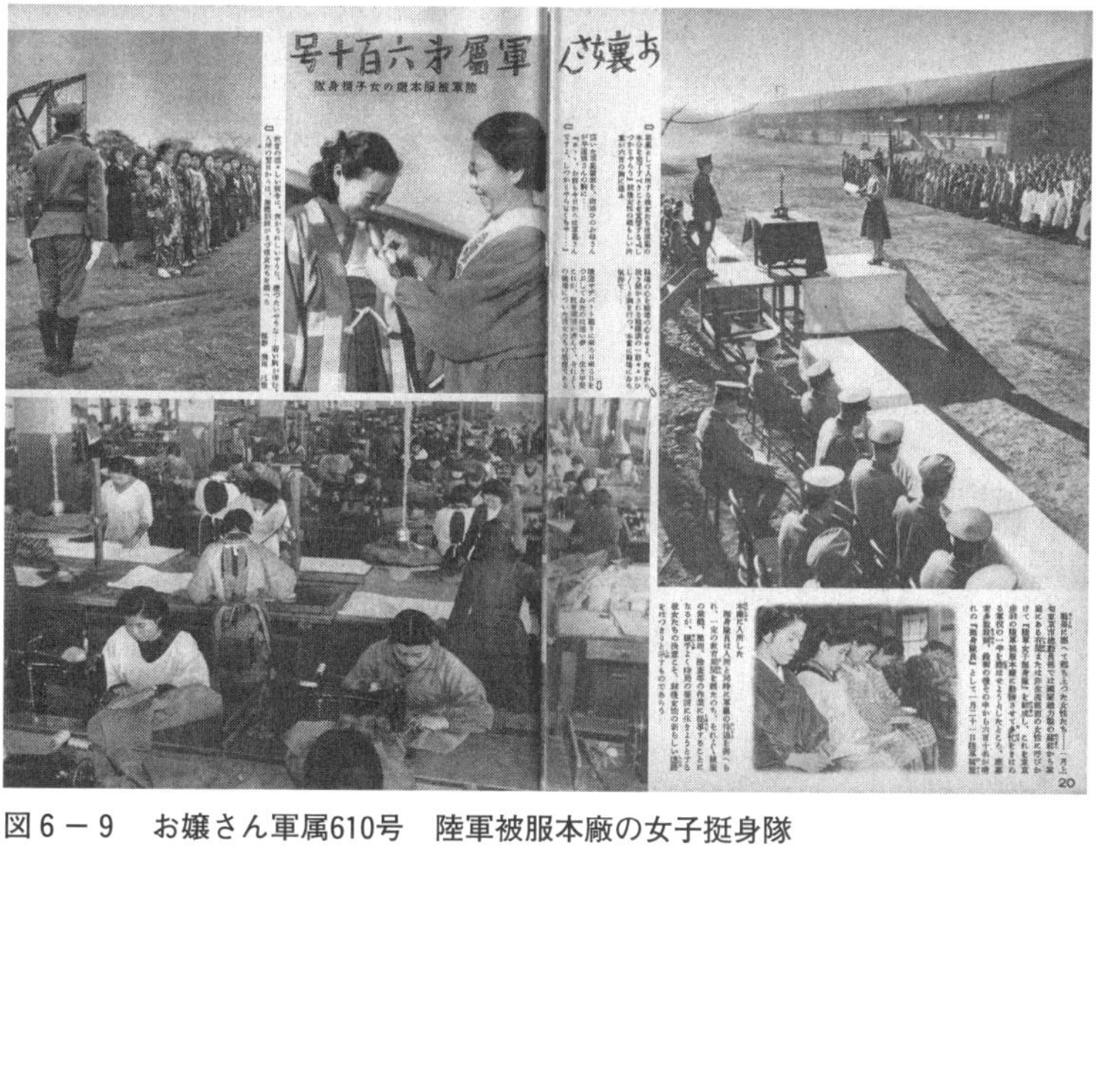

図６－９　お嬢さん軍属610号　陸軍被服本廠の女子挺身隊

たちのうちに一人の不労務者や有閑人があってはなりません」と政府の要請が明記され、続けてその模範例として、普段は華道を習っている有閑女性が、華道の傍らで特殊煙草入れ製造の奉仕活動をしている姿が写し出される。同様に日米開戦後の二〇六号（昭和一七年二月四日）の「お嬢さん軍属第六百十号　陸軍被服本廠の女子挺身隊」も有閑女性にスポットを当てた記事である（図6－9）。この記事によれば、東京市総動員部が「有閑」女性と非生産部門の女性に対して呼びかけを行い、陸軍女子挺身隊を結成しようとしたところ、応募者が「殺到」したということである。女性の写真には、「何かうれしいやうな、擽ったいやうな、若い胸が弾む」と国家に尽くす女性の晴れ晴れとした心境が強調される。そして、本文は「彼女たちの決意こそ、銃後女性の新らしい進路をはっきりと示すものであらう」と結ばれている。この二つの記事は、前節の時期に比べると、直截的に女性労働の必要性を訴えるようになっているが、女性の「自覚」に漠然と訴えかけるものばかりであり、切迫性を帯びた記事とは言い難い。これが次節の時期になると大きく変化することになる。

（2）勤労精神昂揚

労務動員が強化されると、勤労者を鼓舞する記事が登場することになる。まず太平洋戦争開戦前の誌面を紹介する。この時期の『写真週報』[20]には、昭和一五年一一月の産業報国会の結成を背景として、労働者に「健全な娯楽」を与えよという記事が頻出する。その初出は一二二号（昭和一五年六月二六日）「働く歓びをリズムに乗せて」という記事である（図6－10）。この記事は、ブラスバントや合唱を楽しむ労働者の写真を配した上で、音楽は慰安・疲労回復だけでなく、労働を喜びに高め、団体訓練、士気の鼓舞等にも想像以上の効果があると説明し、職場で音楽団を結成するよう奨励する。その後もこうした労働者参加型の娯楽を推奨する記事は続き、一六二号（昭和一六年四月二日）「あすは吾等の舞台の日　産業戦士厚生大会」では、従業員の素人演劇に熱心な会社として、わかもと工場と栗原紡

図6－10　働く喜びをリズムに乗せて

織工場が紹介され、演劇の練習に精を出す従業員の写真が掲載されている。

また、上のような労働者参加型の娯楽に加えて、労働者が聴衆として楽しむ興行的な娯楽の広報にも誌面が割かれた。一五六号（昭和一六年二月一九日）「石炭へいま増産の動員令」という記事では、上演会場に続々と集まる労働者の写真を掲載し、その横には「増産運動は単なる労働の強化ばかりであってはならない。むしろ一面に明朗な娯楽があってこそ一層運動の効果が挙がるのだ」と娯楽の意義が説かれ、下段には楽しそうな聴衆の姿が大写しされている。

このようにこの時期は、労働者の「娯楽」が一つのテーマとなり、誌面にはそれを満喫する労働者の姿ばかりが映っているが、実際の反響はどのようなものだったか。産業報国会がまとめた『産業報国運動に関する希望調査[21]』によれば、産業報国会に寄せられた「希望又は感想」（選択式ではなく自由回答式）の七八五七の回答のうち、「映画紙芝居等の催を多くし慰安と共に時局認識の徹底を図られたし」という回答は七四四も寄せられた。これは同会文化部に対する「希望」の中で二番目に多かったものである。しかし、「健全娯楽を指示奨励されたし」は三九、「素人演芸会の

図6－11　地下二千尺の東條総理

開催を図られたし」は七、「ブラスバンドの結成に尽力されたし」はわずか三にとどまった。調査方法に自由回答式という問題はあるものの、従来から庶民が楽しんできた興行的な娯楽は比較的高い支持を集めた一方で[22]、『写真週報』が推奨した労働者参加型の「健全な娯楽」は空回りしていたことが窺えるデータである。

昭和一六年一二月、太平洋戦争が勃発すると、勤労精神を昂揚する記事が頻出するようになる。その昂揚の「方法」に注目すると、次のようにまとめることができる。

第一は、社会的地位の高い政治家あるいは会社経営者が現場に下りて労働者に感謝し、あるいはねぎらうことで、労働意欲を引き出そうとする記事である。二一六号（昭和一七年四月一五日）「地下千二百尺の東條総理」（図6－11）は、東條英機首相が作業服を着て炭坑を視察、「しっかり頼むよ」と労働者を激励したという記事であり、二四一号（昭和一七年一〇月七日）「岸商相地下千尺に入る」（図6－12）では、岸信介商相が作業帽をとって労働者に「これだけの増産を確保されるには並大抵の御苦労ではないでせう……」と頭を下げる写真が掲載される。一方、「社長を陣頭に」（二四四号、昭和一七年一〇月二八日）は一〇頁にわたり、三菱重工、日産自動車、片倉製糸紡績、昭和電工等の経営者が労働者をねぎらう姿が特集された（図6－13）。この図では、片倉製糸紡績と昭和電工のケースを紹介しているが、写真では片倉社長が工場に足を運んで、女性工員を覗きこみ「ホウ積んだナ、危くないか…」と心配する姿、昭和電工の専務がスコップを手にしながら「どうだ君、工合はい丶か」と声をかけ、労働者をいたわる姿が写し出されている。これ以外の会社の場合も、普段は背広姿の経営者がこれを脱いで、現場に下りて労働者を激励するというパターンで

図６－12　大臣を陣頭に　岸商相地下千尺に入る

図６－13　社長を陣頭に

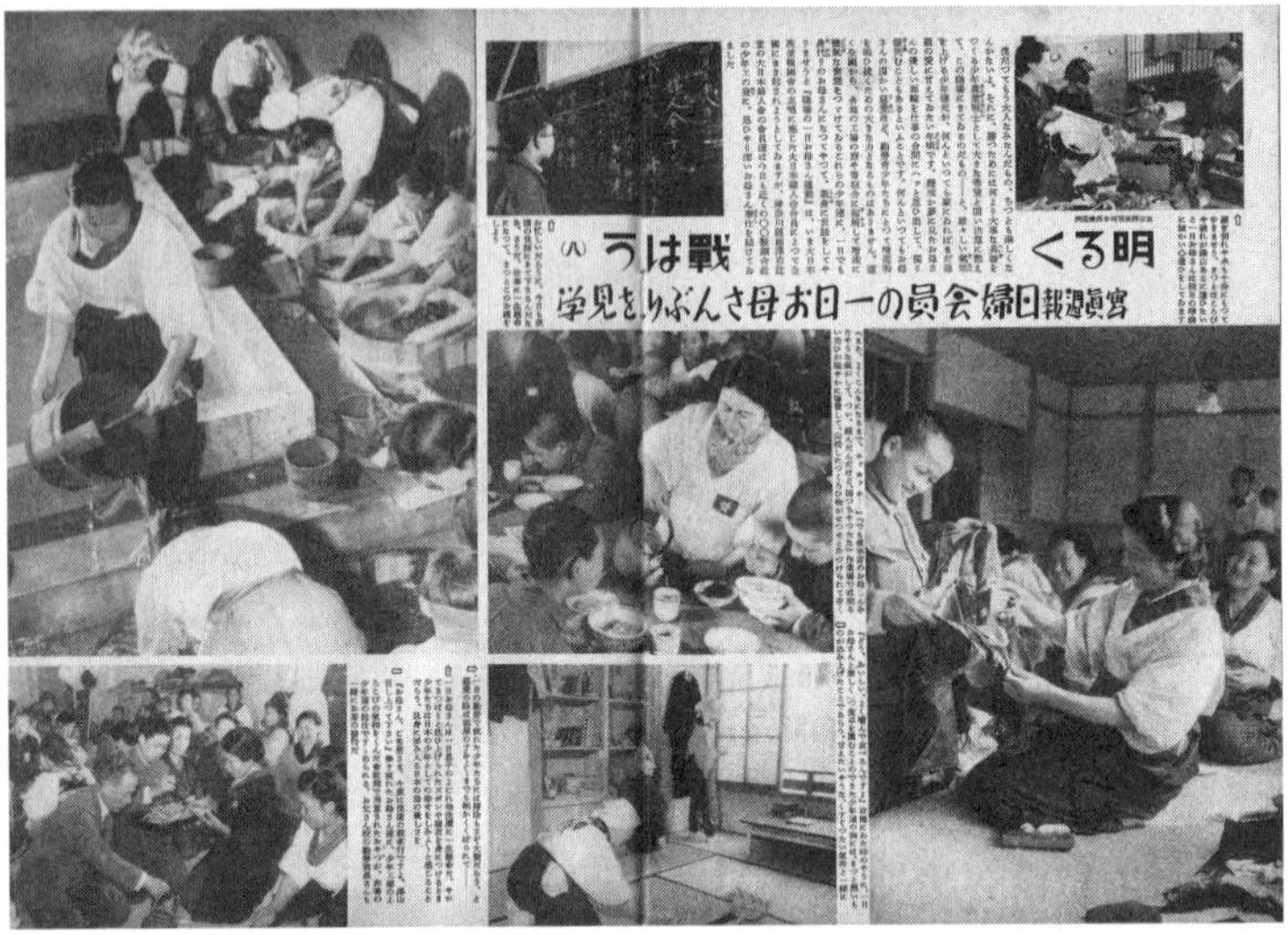

図6－14　明るく戦おう　日婦会員の一日お母さんぶり見学

構成されている。(23)

第二は、国民に緊張感を与え、勤労、増産を促すものである。例えば、二四九号（昭和一七年一二月二日）「敵アメリカは戦備に狂つてゐる」（下巻第七章、図7－46）は、アメリカの地図の上にアメリカの豊富な物資、卓越した工業力を描写し、本文では「アメリカが一般に、物資において格段に豊富であり、その資力に物いはせて、少なくとも武器だけはふんだんに造つて、我に反攻を試みようとしていることは知つておかねばならない」とする。直接的な表現はないが、緊張感を与えることで国民の勤労精神を刺激しようとしたものと思われる。また、二五五号（昭和一八年一月二〇日）の「歴戦の荒鷲は銃後に何を望んでゐるか」という航空隊員の座談会の記事では、ある隊員が「我が機は決して性能でも何でも負けやしないが、敵は何んといつても量でくる（中略）一機でも多く飛行機を造つてわれわれに与えて貰ふことが大切だ」と述べれば、別の隊員も「銃後の人達は浮かれ過ぎてゐるやうな気がする（中略）一機でも余計に造つてわれわれに与えて戴くことが必要だ」と発言する。つまり、実戦で活躍する兵士の言葉を借りて、国民の勤労意欲を引き出そうとしたのである。

第三に、この時期には少年工をいたわることに力が注がれた。

これは当時少年工の「不良化」が大きな問題となっていたためであるが[24]、産業報国会と関係機関の対策協議会では、田舎から出てきた少年工は「母恋しい」から、潤いを与えるために「母性的指導」が必要だとする意見が挙げられていた[25]。こうした中で、二七一号（昭和一八年五月一二日）の「明るく戦はう　写真週報日婦会員の一日お母さんぶり見学」と題された記事では、ボランティアの大日本婦人会の女性たちが、「少年工」の身の回りの世話をやく微笑ましい姿が描かれる（図6－14）。この記事の写真には、裁縫、洗濯、掃除と「お母さん」のように世話を焼いてくれる婦人たちに、少年工が「お忙しいだらうに、今日も僕達の世話にきて下さるんだなあ。さうだ一生懸命になつて、きつとこのお礼をしよう」と感謝する場面がある。つまり、この記事は周囲の大人たちに母親のように優しく接することを求め、一方、少年工には周囲の期待に応え、真面目に労働に勤しむことを促した記事といえよう[26]。

三　労務動員の全面化――昭和一八年後半～昭和一九年七月

昭和一八年から労務動員は急速に強化された。第一に女性に対する動員が強化された。その経緯を略述しておくと、同年六月、労務調整令が改正され、一定職種（軽作業）の男子就業が禁止された。その結果、代替労働力として女性労働の緊急性が増した。そこで同年九月、「女子勤労動員ノ促進ニ関スル件」が次官会議で決定され、女子挺身隊の結成による労務動員が行われることになった。これは初めて女性に焦点を絞った労務動員政策である。ただし、この段階の女子挺身隊は、市町村長、町内会、部落会などの協力の下で、女性を自主的に挺身隊に参加させるものであったため、挺身隊の加入状況は芳しくなかった。そこで昭和一九年三月、「女子挺身隊制度強化方策要綱」を閣議決定するに至り、これにより非協力者に対し就業命令を下すことが可能となり、さらに同年八月の女子挺身勤労令により、女子挺身隊は法的根拠が与えられることとなった[27]。第二に、新規徴用工の数も図表6－3に示した通り、昭和一八年

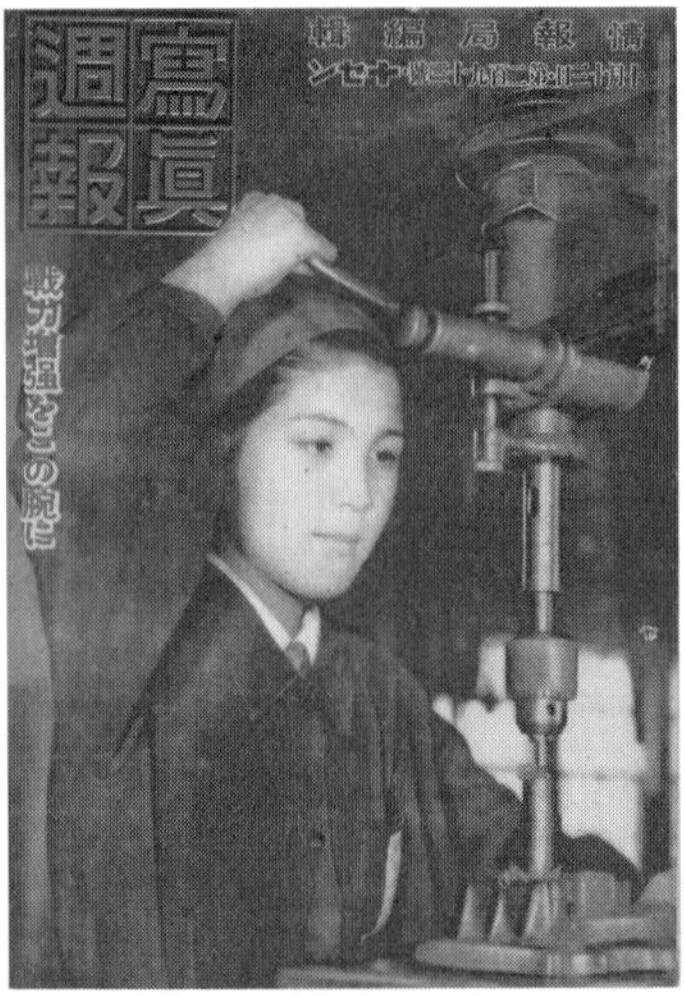

図6―15　神田橋女子機械工補導所

図6―16　お母さんたちよ安心して娘さんを職場へお送り下さい

に倍増し総数は一〇〇万人台に到達する。第三に、昭和一八年後半以降、学徒の勤労動員も本格化していくが、これについては本書第七章で論じる。

(1) 労務動員

既述の経緯により、この時期の誌面には女性（とりわけ未婚の若年女性）の労務動員に関する記事が頻出する。特に女子挺身隊が昭和一九年三月強制加入になるまでは、『写真週報』には女性の就労を促すべく多数の記事が掲載された。それを象徴的に示すのが表紙である。**図6―15**は女性の工場労働がテーマとなっている表紙の一例を紹介しているが（二九三号、昭和一八年一〇月一三日）、こうしたテーマが表紙を飾るのは昭和一八年後半から昭和一九年前半に集中していたのである。[28] それでは、具体的にはどのような呼びかけが行われたのか。

第一に、娘の就労を厭う比較的余裕のある親に狙いを定めた記事が多数掲載された。[29] 二七四号（昭和一八年六月二日）「お母さんたちよ安心して娘さんを職場へお送り下さい」はその表題が示す通り、親をターゲットにした記事である（**図6―16**）。この記事は、女性が働くある工場を取り上げ、工場では洋裁、和裁、華道といった女性の「たしなみ」を教えていること、工場の中庭に清潔な洗濯場があることを写真入りで解説する。さらにこれを見学した女性の感想として「これなら安心して送り出せると思ひます」というコメントも付け加えられている。つまり、清潔で花嫁修業も行える職場環境を強調し(30)、娘の就労への抵抗感を軽減させようとしたのである。工場＝清潔で花嫁修業も行える場所、という図式の記事は、その後も繰り返し掲載されることになる(31)。

第二に、女性労働が戦争遂行上不可欠であることを強調して、女性の就労を促した。例えば、三二〇号（昭和一九年二月二三日）「飛行機工場は昼夜兼行の増産だ」は、七頁にもわたって女性が飛行機工場で働く姿を特集した記事であるが（図6―17）、ここで興味深いのは被写体の従業員がほぼ全て女性であり、写真の解説にも「こゝでは女子工員は単なる男子工員の補助ではない（中略）重要部分の組立まで立派に女手ばかりで行はれてゐる」と、工場があたかも女性だけで動いているかのような誌面が構成されている点である(32)。また女性の作業の正確性も評価され、真空管を作る女性の写真のキャプションでは、「挺身隊と女子工員の血の出るような増産魂で造られた真空管には、検査の必要もないほどだ」と激賞されている。このように、この記事は、量的にも質的にも女性労働が重要であることを強調した上で、「アメリカは既にその全能力を出し切つてゐる」のとは対照的に、日本には「日本精神」と「労務給源として未だ日本女性が控へてゐる」と解説して、女性の就労を強く訴えかけたのである。

図6―17　飛行機工場は昼夜兼行の増産だ

敵アメリカの女さへこんなに動員されてゐる

女子動員

9

8

図6－18　敵アメリカの女さへこんなに動員されてゐる

第三に、敵国アメリカの女性動員を引き合いに出す記事も散見される。二九二号（昭和一八年一〇月六日）の「敵アメリカの女さへこんなに動員されてゐる」と題された記事（図6－18）は、次のような文で始まる。「ジャズに浮かれ、スポーツに溺れ、世界一にだらけ切つたヤンキーと誰しも考へたアメリカも、開戦と同時に態度を改めた。（中略）若い女はもとより主婦までが軍需工場へ（中略）あのヤンキーでさへこんなに必死なのだ。むしろわれわれの方が、ある点では立ち遅れてゐなかつたであろうか」と書き出した後、「バルチモア、デトロイト、バッファローの各地では幼児をもつ主婦まで既に募集してゐる」といった例を挙げ、写真には航空機工場で働く大学卒の女子技術者の姿を配している。つまり、女性が動員されている国アメリカというイメージを強調することで、(33) 女性就労を促していたのである。(34)

　このように、『写真週報』は女性の就労を懸命に求めたのであるが、結果的に期待したような人員は確保できず、昭和一九年三月、女子挺身隊は強制をともなうものとなった。これを受け三一四号（昭和一九年三月二二日）の「工場はあなた方挺身隊を待つてゐます」という記事は、「『可愛い娘を工場なんぞに』という間違つた考え方をする母親がこれまでなかつたらうか」と親に非難の矛先を向け、これからは「勇躍出産陣に参加しようといふ娘達の出鼻を、母親たちのこの無自覚と無理解が再び挫いてしまつてはならない」と強く戒めた。なお、昭和一九年三月以後、女性の就労を促す記事はほとんど見られなくなるが、それは強制的な労務動員が可能になったことにより、宣伝する必要が少なくなったためと考えられる。

次に徴用関連の記事を検討したい。図表6－3に示したように、徴用者数は昭和一八年激増したが、それに対応して徴用についての特集が組まれた。二九九号（昭和一八年一一月二四日）の「征くも送るも赤紙と同じ心で　応徴者の心をくんで迎へませう」は、徴用された中年の元喫茶店主が、出征している弟に出した「手紙」を紹介するという形式で記事が構成されている（図6－19）。その「手紙」の一部を紹介すると、徴用の出頭命令の直後に出された第一信では、「ほんたうに晴れの応徴だ」「気の早い僕は、もう油にまみれて、旋盤なんかに取組んでゐる自分の姿を思ひ浮かべては、にこついてゐる」といった、いささか空々しい誉れの気持ちを弟にむけて綴る。徴用検査を済ませて書かれた第二信では、応徴前後で収入に大きな差がある場合には、差額を補給する制度があることに触れ、「全く至れりつくせりの取扱をうけるわけだ」と記す。そして写真に示されるように、近所の住民から盛大に送り出されたことについて、出征した弟と同様「激励と恩情の中に包まれてゐる」と感謝の念を手紙に綴っている。この記事は、応徴者の手紙という形を借りて、応徴が名誉なことであることを強調し、近隣住民にも応徴者を盛大に送り出すことを求め、そしてまた、応徴者への政府の救済措置

図6－19　征くも送るも赤紙と同じ心で　応徴者の心をくんで迎へませう

図6－20
撃ちてし止まむ（兵器は俺が造る）

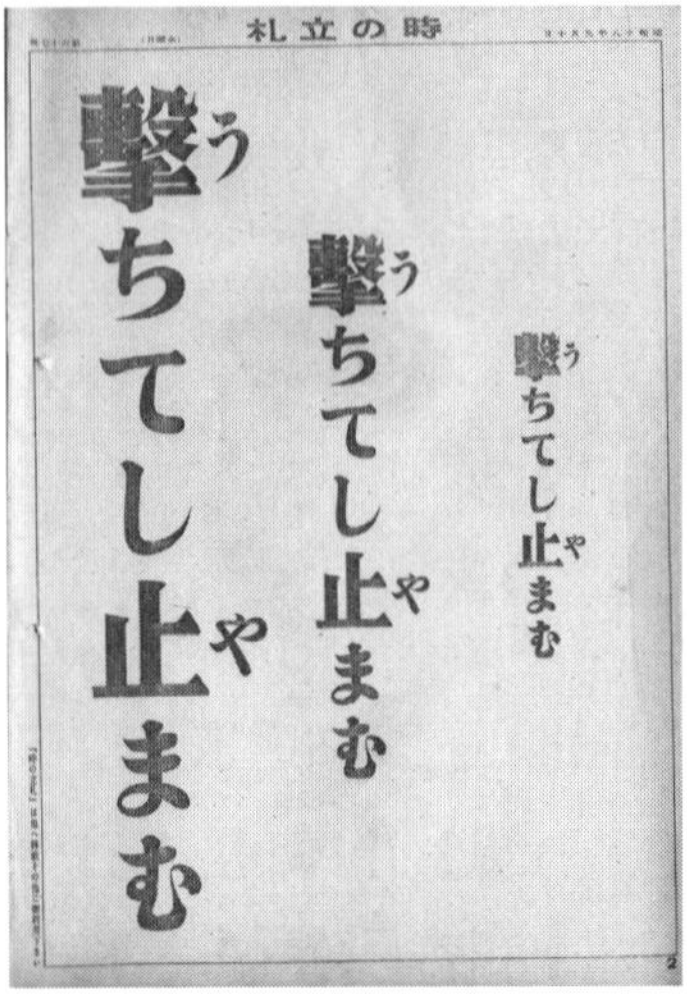

図6－21
「時の立札」撃ちてし止まむ

を伝えることにより、徴用という強制動員への不満を緩和しようとしたといえよう[35]。

（2）勤労精神昂揚

昭和一八年後半以降の特徴は、勤労を呼びかけるために仇討ち精神、敵愾心が利用されるようになったことである[36]。その初出は二六二号（昭和一八年三月一〇日）「撃ちてし止まむ」という記事である（**図6－20**）。ここでは四名の国民が登場し、それぞれ敵愾心を口にしながら労働している。例えば、写真に示した日の丸の鉢巻をした青年は、少年飛行兵となった幼馴染みの「サブちゃん」を思いながら、飛行機のベアリングを懸命に作り、「サブちゃんよ！　うんと敵機を叩き落してくれ」と叫んでいる。また戦場で片手片足を失った工員は、亡くなった戦友を思いながら工場で働き、「この旋盤のバイトに仕上げられてゆくピストンリングの一つ一つが鋼鉄の武器となつて君の、僕の代りに宿敵の息の根を止めてくれるのだ」と敵愾心を露わにする。そして上の記事が掲載された号の「時の立札」には、「撃ちてし止まむ」の標語が国民の目に焼き付くよう、レイアウトに工夫がなされていた（**図6－21**）。

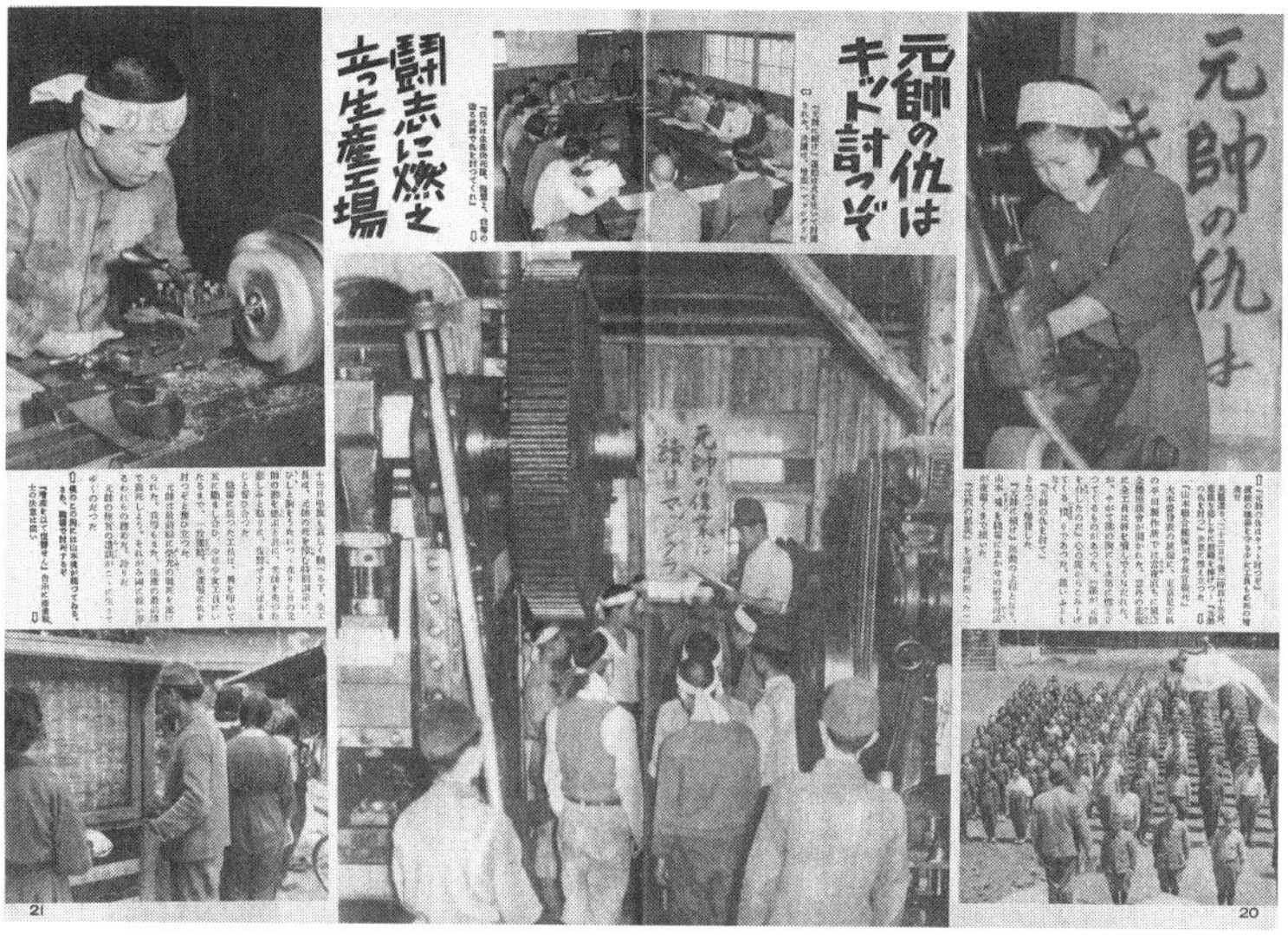

図６－22　元帥の仇はキット討つぞ　闘志に燃え立つ生産工場

図６－23　われら一億英魂に応へん

その後も敵愾心に訴える記事は続き、山本五十六戦死公表直後には、二七四号（昭和一八年六月二日）「元帥の仇はキット討つぞ　闘志に燃え立つ生産工場」で、元帥の仇を討つために増産を誓う年少の工員の姿が取り上げられる[37]（図6―22）。またアッツ島玉砕を受け、二七六号（昭和一八年六月一六日）「われら一億英魂に応へん」では、図のように様々な職種・年齢の国民の写真を掲載し、キャプションの中に彼らの「発言」が付される（図6―23）。ある「産業戦士」が「第一線で皇軍将兵と生死を共にする兵器を造る私どもは、兵隊と一緒に突撃するつもりで、この職場を死守します」と決意を述べれば、炭坑で働く勤労報国隊員が「辛い、とんでもない。みんな、あたりまへなこつと思つてゐます」と談じ、品の良さそうな中年男性は「こん畜生、と思ひましたね。役員でございと腕章を巻いて威張つてゐる時ぢやありませんや。自分が真先立つて転業しなきあ駄目だ、と軍需品のミシン下請工場に転じましたよ」と軍需関連部門に職種を転換したことを語る。こうした「発言」一つ一つが政府の要請そのものだったことは言うまでもない。

四　崩壊する戦時体制――昭和一九年七月〜終刊

昭和一九年七月、サイパン島が陥落し、日本の敗北は決定的となる。動員兵力は昭和一九年から激増したため、一九年度の国民動員計画では四五〇万人の動員目標が決定された。しかし、翌年になると、もはや「生産青年層における新規給源はほとんど皆無の窮状にたち至り、勤労動員の需給調整はきわめて至難な事態[38]」となったため、昭和二〇年度国民動員計画の策定は中止された。したがってこの時期の誌面に、軍需関連部門の労働人口の増加を主眼とした記事は見当たらない。そこで以下では、勤労精神を昂揚させるための記事を紹介、分析していきたい。

サイパン陥落後、勤労精神の昂揚のさせ方に一つの変化が生じる。それは訴えかけの論理が、単なる仇討ちではなく、そこから一歩進んで敵国の残虐性を強調し、「怒り」から労働を引き出そうとしたことである。例えば、三三〇・三三一合併号（昭和一九年七月二六日）「きつとこの仇は討つぞ」は先に示した図6－22と同様、仇討ちが主題となっている（**図6－24**）。しかし今回の記事が違うのは、本文の中に「かよわい婦女やいとけない幼児にまで鉄と砲弾の嵐を浴びせ、その血潮を流れてゐる上を進んだ敵、この憎い敵を撃ちのめすわれらの道はたゞ一つ、職場に闘ふことだ」とアメリカの残虐性が強調され、キャプションにも「この祈り、この怒り、さあ、全精力をあげて石炭を掘るのだ」とあるように「怒り」が労働の理由となっている点である。こうした変化の背景を推測するならば、サイパン陥落による国民の戦意喪失があった[39]。戦意を喪失しつつある国民を刺激し、労働意欲を高めるために、アメリカの残虐性を強調することが必要になったと思われる（下巻第七章[40]）。

図6－24　きっとこの仇は討つぞ

また、これまで『写真週報』には模範的な労働者ばかりが登場してきたが、この時期から批判すべき労働者、すなわち怠業者が登場する。例えば、三四八号（昭和一九年一一月二二日）「写真劇闘はんかな時いたる」は菊田一夫原作の「写真劇」であるが、劇のストーリーをまとめると、以下のようなものである（**図6－25**）。徴用されて懸命に働く主人公だったが、職場にはサボる労働者がおり、図に示したように「まあ一杯やれよ……馬鹿正直な奴ほど損をするんだぜ。お前がやらなくたつて、誰かがやつてくれらあな」と談笑している。そこへサイパン島全員戦死の報が伝わり、主人公は「だれが、さうさせたのだ」と呆然と座り込む、というものである。敗退の理由を銃後国民の怠慢に求め、増産を訴える

図6－25　写真劇 闘はんかな時いたる

記事[41]となっているが、こうした怠業者が登場すること自体、労働者の勤労意欲の低下が相当深刻になっていたことを示しているといえよう。

さて昭和二〇年に入り空襲が激しくなると、労働者の勤労意欲はさらに低下し、欠勤率は急上昇した[42]。そのため、三六八号（昭和二〇年四月二五日）「押し切れ！この一戦」では、「戦災に名を藉りて戦列を離脱してゐる者は果していないであらうか。或ひは隘路（戦災に伴う物資供給の途絶を指す――引用者注）を口実として、或ひは他の致さざるを顧みて生産への努力を惜しんでゐるものはいないか」と、半ば政府当局者の悲痛な叫びとも思える文言が並ぶようになる。

こうした中で、『写真週報』が労働者の勤労精神を刺激するため利用したのが、特攻隊であった。特攻隊は昭和一九年一一月より『写真週報』でも大々的に報じられていたが、その特攻隊の精神に報いるためにも労働せねばならぬ、というレトリックが頻繁に登場するようになる。三六七号（昭和二〇年四月一八日）「特攻につゞくぞ生産陣」という記事は（図6－26）、敵艦の上に散った特攻勇士たちは、ますます多数の特攻機の生産を念じながら敵艦に命中していったと述べ、「造れ！そして送れ！」というメッセージを大書する。そして写真には、空襲があってもそれにめげることなく、黙々と生産現場に向かう工員の列の後姿を配し、「特攻に続く生産陣」が象徴的に表現されている。また、終戦間近の三七一号（昭和二〇年六月一日）「勝利の翼」でも、「前線勇士が祖国を背負って敵艦にとび込んで行く気概で俺たちもまたこの腕のつゞくかぎり造らねばならぬ。造ろう。造りま

図６－26　特攻につゞくぞ生産陣

図６－27　勝利は国民の士気にあり

くろう！」と増産を繰り返し訴え、同号の「勝利は国民士気にあり」と題する記事では、日の丸の鉢巻をした少年工の写真に、「我等は職場の特攻」といったキャプションが付け加えられる（図６－27）。

このように、労働を放棄した国民を生産現場に引き戻すための広報という、創刊当初には考えられなかったような宣伝を行わざるをえない状況の中、日本は終戦を迎えることになる。

＊　＊　＊

本章で扱った労務動員という政策領域は、元来国家の要請と個人の利害に鋭い対立を含むものである。そのため『写真週報』は多くの紙数を割き、国民の積極的あるいは消極的協力を引き出すための懸命な広報活動を行った。『写真週報』の中で用いられた手法をまとめると次のようになる。

図表6－4　有業者人口の変化（主要産業の男女別）

（単位：千人）

内訳		昭和11年10月	昭和15年10月	昭和15年10月	昭和19年2月	昭和22年10月	増減 昭和11～15年	増減 昭和15～19年	増減 昭和19～22年
男子	農林業	7,814	6,618	6,626	5,787	8,431	－1,196	－839	2,644
	機械工業	789	1,897	1,879	3,524	971	1,108	1,654	－2,553
	繊維工業	869	689	583	239	409	－180	－344	170
	商業	3,072	2,652	2,464	879	1,497	－420	－1,585	618
	飲食店その他	530	395	552	279	349	－135	－273	70
女子	農林業	6,714	7,223	7,223	7,784	8,671	509	561	887
	機械工業	33	227	225	787	148	194	562	－639
	繊維工業	1,263	1,122	1,044	570	641	－141	－474	71
	商業	857	1,193	1,119	684	693	336	－435	9
	飲食店その他	951	742	811	573	389	－209	－238	－184
合計	農林業	14,528	13,842	13,850	13,571	17,102	－686	－279	3,531
	機械工業	822	2,123	2,095	4,312	1,120	1,301	2,217	－3,192
	繊維工業	2,132	1,811	1,626	809	1,050	－321	－817	241
	商業	3,929	3,845	3,583	1,555	2,190	－84	－2,028	635
	飲食店その他	1,480	1,137	1,363	852	738	－343	－511	－114

出典：大門正克・柳沢遊「戦時労働力の給源と動員」（『土地制度史学』1996年4月）。なお大門論文が依拠したデータは、梅村又次・新居玄武他『長期経済統計2　労働力』（東洋経済新報社、1988年）、208-15頁、260-1頁。

第一は、利益の提示である。鉱山労働者が不足すれば職場環境を魅力的に報じ、転業が課題となれば転業後の生活環境が精神的に満足できるものであることを伝え、政府の労務動員計画を達成させようとしたのである。第二は、賞賛することである。『写真週報』は時局を認識して労働に参加するようになった有閑女性、空襲にもかかわらず働く工員など模範的な国民を取り上げ、それに見習うことを求めた。第三は、感謝することである。誌面には、政府指導者や会社経営者が労働者に感謝する写真が度々登場し、労働者の自尊心を満足させる努力が行われた。第四は、安心させることである。例えば清潔な職場環境を宣伝して女性工員の充足を行おうとし、徴用者に対しては徴用後の収入減少を補う政府の措置があることを伝え、労務動員を円滑に進めようとした。第五は刺激することである。山本五十六戦死直後はその仇討ちのための労働を国民に求め、あるいはアメリカの残虐性や特攻精神を強調することにより、勤労意欲を高めようとした。第六は戦争末期に特徴的なものであるが、批判も行った。戦局が悪化する中で怠業者へ批判を浴びせ、労働者の勤労意欲の低下を防ごうとしたのである。

最後に、戦時期の労務動員が就業構造にもたらした変化について確認しておきたい。**図表6－4**は主要産業における有業者人口の変化を示している。まず男子労働力について見てみると、兵力動員により男子労働力の減少は著しいが、特に転業の対象となった商業において著しく、昭和一五年から一九年にかけて一五〇万人以上の減少が見られる。一方、女子について見てみると、昭和一五年から一九年にかけて繊維工業、商業などは減少するが、農業と機械工業で五〇万人以上の増加が見られる。増加率でみれば、機械工業の場合、昭和一一年と一九年を比較すると、二〇倍以上の増加が見られたことが分かる。総力戦体制下の労務動員はこのような大規模な就業構造の変化をもたらしたのであり、こうした大転換を円滑に進めるためにも、『写真週報』のような政府宣伝は不可欠であったといえよう。

（奥　健太郎）

第七章

学校を動員せよ

児童学徒の報国精神

国家総力戦となった日中戦争・太平洋戦争は成人だけでなく、在学中の学生・生徒・児童[1]（以下、学徒・児童と略）の生活にも大きな影響を及ぼした。総力戦を遂行する上で、彼らに期待された役割は大きかったのである。その役割としては、主に次のようなものが指摘できよう。第一は、勤労である。本書第六章で論じたように、国内の労働力が不足する中で、それを補塡すべく学徒に対する動員が行われた。いわゆる学徒勤労動員である。第二は、兵員として活躍することである。徴兵制の下で男子は満二〇歳になると兵役に就く義務があったが、在学中の学徒に対しては一定の年齢まで徴集が延期されることになっていた。しかし兵員が不足する中で、まず昭和一六（一九四一）年に在学期間を短縮すべく繰り上げ卒業が行われ、昭和一八（一九四三）年になると徴集延期制度が停止され、いわゆる学徒出陣が行われることになる。一方、徴兵年齢前の男子に対しては、陸海軍の少年兵に志願することが求められるようになったのである。第三は、科学の振興である。戦争に勝ち抜くためには科学の進歩が必要であるため、学徒には日本の科学振興の担い手になることが期待されたのである。

本章は、上のような学徒を対象とした三つの目的、すなわち学徒勤労動員、兵力動員、科学振興を推進する上で、『写真週報』がどのような広報活動を行ったのか、その実際を跡づけていきたい。

一　学徒勤労動員

本節は学徒勤労動員関連の記事を分析していくが、そのためにまず学徒勤労動員の概要を整理しておきたい[2]。

学徒勤労動員は一般に昭和一三（一九三八）年、文部省が実施を指示した「集団勤労作業」が出発点とされる[3]。文部省通牒「集団勤労作業運動実施ニ関スル件」（昭和一三年六月）により、中等学校以上の学徒は夏季休暇前後などに年三日から五日の集団勤労作業に従事することになったのである[4]。昭和一六年に入ると、学徒勤労動員は次の段階を迎える。本書第六章で論じたように、企画院は昭和一四（一九三九）年以降、労務動員計画を策定したが、一六年から臨時要員についての動員計画も策定し、その員数として学徒を計上するようになったのである。**図表７－１**は臨時要員の動員計画のうち学徒の部分を抜粋したものであるが、その動員先は主として農業であったことが分かる。そして昭和一八年になると、さらに次の段階に入る。本書第六章の図表６－２で示したように、学徒は昭和一八年度から動員計画の中で常時要員として計上されるようになり（六月閣議決定）、昭和一九年に至ると動員される人数が激増し、学徒は労務動員の柱となったのである。なお、図表６－２には動員の対象業種が記されていないので、**図表７－２**で補うと、昭和一九（一九四四）年から二〇（一九四五）年にかけて、農業だけなく軍需生産にも多くの学徒が動員されたことが分かる。

以上を踏まえて、本節は学徒が①動員計画対象外の時期（昭和一三年～一五年）、②臨時要員として動員された時期（昭和一六年～一八年前半）、③常時要員として動員された時期（昭和一八年後半～）に分け、学徒の勤労動員に関する記事を、勤労動員行政の展開と重ね合わせながら分析していきたい(5)。また、文部省の姿勢と誌面との関連にも適宜言及していきたい。

図表７－１　昭和16年度～18年度臨時要員（学生・生徒）供給目標数

（単位：万人　延べ人数）

	昭和16年度	昭和17年度	昭和18年度
軍需産業	500	137	209
生産拡充計画産業	0	74	58
同附帯産業	—	60	24
生活必需品産業	150	38	30
農業	600	1,513	2,281
運輸通信業	50	—	—
交通業	—	122	52
国防土木建設業	500	330	36
災害復旧・災害防除事業	150	180	15
警備要員	200	—	—
金融保健業	—	5	—
公務要員	—	621	516
総数	2,150	3,080	3,221

注：項目は毎年一定ではないので、年度によっては存在しない項目もある。その場合には「—」を付した。
出典：逸見勝亮「ファシズム教育の崩壊——勤労動員を中心として」（『講座・日本教育史（第四巻）』、第一法規出版社、昭和59年、所収）より作成。

(1) 動員計画対象外の時期――昭和一三年～一五年

既述のように、この時期「集団勤労作業」が始まっていたが、それは政府の労務動員計画に基づくものではなかった。それでは何のための勤労作業であったかというと、文部省は「集団勤労作業運動実施ニ関スル件」の中で、集団勤労作業の「趣旨」を次のように説明している。

図表7－2　昭和19年7月～20年7月の学徒動員数とその動員先

(単位：千人)

	軍需生産	食料生産	国土防衛および疎開	雑	合計
	昭和19年7月				
大学、専門学校、および実業学校	85	26	12	3*	126
中学校	761	280	108	0	1,149
小学校	129	560	34	0	723
合計	975	866	154	3	1,998
	昭和20年2月				
大学、専門学校、および実業学校	139	25	16	0	180
中学校	1,220	280	129	0	1,629
小学校	587	710	0	0	1,297
合計	1,946	1,015	145	0	3,106
	昭和20年7月				
大学、専門学校、および実業学校	145	31	19	0	195
中学校	1,046	342	176	39**	1,603
小学校	517	753	211	153**	1,634
合計	1,708	1,126	406	192	3,432

出典：J・B・コーヘン著、大内兵衛訳『戦中戦後の日本経済　下巻』(岩波書店、昭和26年)、78頁より作成。
注：*　医学上の仕事に動員されたもの
　　**　通信および運輸産業に動員されたもの

「集団的勤労作業ハ実践的精神教育実施ノ一方法トシテ生徒ヲシテ勤労作業ノ体験ヲ通ジテ団体的訓練ヲ積マシメ以テ心身ヲ鍛錬シ国民的性格ヲ錬成スルヲ以テ趣旨トスルコト」[6]

つまり、集団勤労作業は、教育の手段であって労働力不足を補うための活動ではなかったのである。

こうした行政を背景として、『写真週報』は「実践的精神教育」としての集団勤労作業の意義を伝えるようになる。まず「集団勤労作業運動実施ニ関スル件」の通牒から三カ月後に「夏季診療奉仕」(二七号、昭和一三年八月一七日)という記事が掲載された(図7－1)。これは

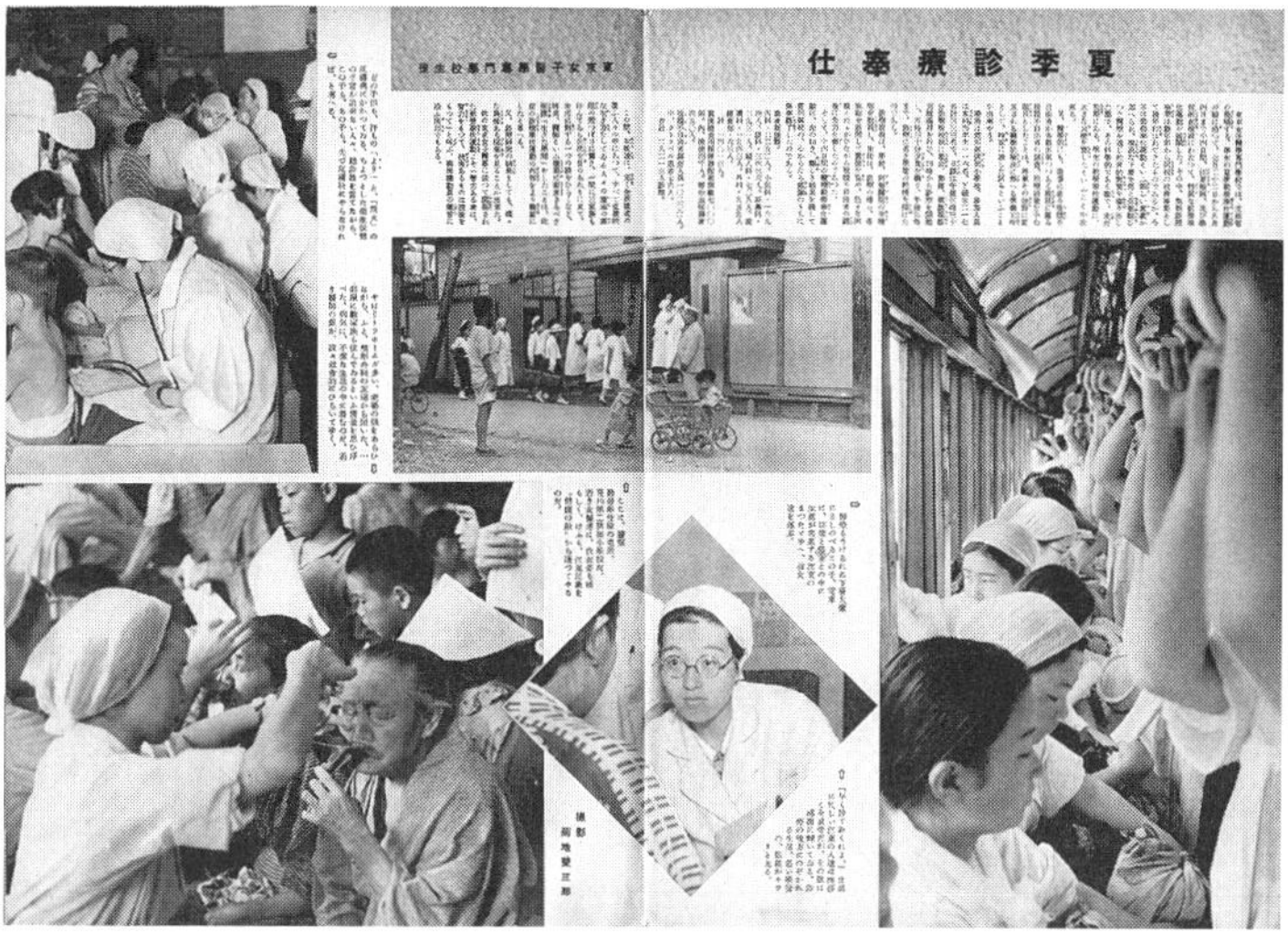

図７－１　夏季診療奉仕

東京女子医学専門学校の学生が東京下町の江東地区の住民を対象に、無料医療診療を行ったという記事である。誌面は老女の目を洗浄したり、多数の子供を相手に聴診器をあて奮闘する女学生の写真を配した上で、「（生徒が下町住民の――引用者注）荒つぽさに驚き、一間に三家族も住んでゐる生活を目のあたりに見て（中略）所謂『生きた学問』をしたことは、此度の診療奉仕活動の内容をより豊富にしたと言へる」、「（今回の活動は――引用者注）未だ初期にある、学生の勤労奉仕活動に、大きな示唆を齎した」などと説明する。

中等学校生徒の集団勤労作業に関しては、一三二号（昭和一五年八月二八日）「勤労女性隊報告書」という記事がある。ここで取り上げられた栃木県のある女学校では、夏休みを利用して三泊四日で勤労作業（内容は開墾作業、軍服修理などの軍役奉仕、洗濯作業、校舎清掃、農園管理など）を行った。記事は上段に勤労作業のある一日のスケジュールを挙げ、下段の「勤労日記」には作業を終えた女学生の手記を掲載する。その手記には「働くといふことは肉体的よりも精神的により効果があることを痛切に感じ」た、軍服の修繕を体験して「兵隊さんがこれほどまで繕つて着ようとされるのを見て、今までの生活に深く反省されるところが多かつた」、「私たちも濫りに洋服の新調などはやめて、つとめて節約しなければならないことを痛切に感じました」とい った感想が並ぶ。これらの感想を受け、この記事は、「かうして一同は全員勤労の尊さを知り、また兵隊さん同様国策の第一線に参加した喜びを満喫したのでした」と結んでいる。つまり集団勤労作業の教育的意義を伝える記事といえよう。

また、集団勤労作業は児童の休業中の活動としても奨励された。七四号（昭和一四年七月一二日）「夏休みをすてゝ」（図7－2）は、都会と農村における児童の模範的な夏休みの過ごし方を示したものであるが、そこでは①剣道、水泳、キャンプといった武道や運動、②地図作り、顕微鏡を使った観察といった学習と並んで、③出征者のいる農家に対する草刈り奉仕、農作業、壁の清掃、応召遺家族宅での洗濯の手伝いといった集団勤労作業を行うことが奨励されている。ちなみにこの誌面は、昭和一四年七月に出された文部省の通牒「学校ニ於ケル夏季及冬季心身鍛錬ニ関スル件」[7]を背景としている。同通牒によれば、夏休みは「業ヲ休ム」のではなく「心身鍛錬」にあてるべきであり、心身鍛錬は「雄渾ノ気魄ト強健ノ体軀トヲ練成スル」ことを目標とする。そして、その「練成」の具体的な方法として次の項目を挙げている。①集団勤労作業（生産力拡充に対する協力、応召者家族に対する勤労奉仕等）、②軍事訓練、③武道その他の行的修練、④運動（体操、水泳、スキー、スケート等）、⑤見学鍛錬旅行（聖跡の巡拝、内外地見学、山野跋渉、農工場の見学、徒歩旅行等）。つまり、図7－2の記事は文部省の指針を、写真を用いて分かりやすく伝えたものだったのである。

（2）臨時要員として動員された時期――昭和一六年～一八年前半

上に見たように昭和一五年まで学徒・児童に求められた勤労は、いわば教育の手段の一つとしての勤労であった。しかし本書第六章で論じたように、昭和一六年動員兵力の増加に対応して労働力不足が顕著となると、学徒・児童に

図7－2　夏休みをすてゝ

図7－3　ペンを鍬に持ちかへて

は勤労そのものが求められるようになる。特に求められたのは、農業の労働力不足（農業就業者のデータについては本書第六章の図表6－4参照）を補うことであり、昭和一六年二月、学徒の農業への動員を求める通牒が出された。文部次官と農林次官の連名で出された「青少年学徒食糧飼料等増産運動実施ニ関スル件」[8]がそれである。同通牒は、学校が食糧増産に関し労力の援助を求められた時は、速やかにこれに応じること、年間三〇日以内は授業を勤労作業に振り替えても差し支えないことなどを通知したのである[9]。

この「青少年学徒食糧飼料等増産運動実施ニ関スル件」にあわせて、『写真週報』では早速一五五号（昭和一六年二月一二日）で「ペンを鍬に持ちかへて」という記事が掲載された（**図7－3**）。これは東京の大学専門学校生が「なれないスコップ」をふるって尊い汗を流し、江戸川堤下の荒野原を開墾したという記事である。記事は、彼らの日没までの懸命な勤労によって灌漑用の水路もできあがり、荒野原は「見違えるやうに耕された」と学生の勤労を顕彰し、「食糧増産戦線に一役買つて出た角帽部隊の役割も大きい」と今後の学生の活動に期待を寄せる。ところで、ここで興味深いのは、記事は学生に期待しながら、今後の活動は「土曜日の午後や日曜日」という授業と重ならない日時であることが説明されている点である。これは学徒の食糧増産運動について、「本運動ヲ実施スル為成ル可ク休業日又ハ放課後ノ時間ヲ充当スル」とした文部省の指示を反映していたと思われる。[10]

この食糧増産運動には児童も動員された。ただし、文部省は「作業ノ種類ハ生徒、児童等ノ技能ニテモ増産達成上支障ナキ作業ヲ選択」するよう指示を出しており、[11]『写真週報』は、児童でもできる勤労作業を取り上げることになる。その典型が一六〇号（昭和一六年三月一九日）「空閑地も見逃がすな」という記事である。[12]これは東京市のある小学校が近くの沼に鯉の稚魚、わかさぎの卵などを放流し、食糧増産運動に協力したという記事である。そして、その続報である翌年の二一四号（昭和一七年四月一日）の「みんなで育てた鯉はこんなに」では、丸々と太った鯉を抱く小学生の写真を掲載し、空閑地を生かした食糧増産運動が成功したことを報じる（本書第二章、図2－12）。また鮒をさばく写真には「自分たちの手で育てた鮒は『養魚場の鮒』として理科の教材に使ひました」と説明が加えられ、魚の養殖が理科教育にも有効だったことを伝えている。『写真週報』は、こうした分かりやすい素材と写真を使い、児童でもできる食糧増産運動のあり方を広報したといえよう。[13]

さて、先述のように昭和一六年九月に決定された昭和一六年度の労務動員計画は、学徒を臨時要員として初めて計上した。これと並行して昭和一六年八月、集団勤労作業を円滑に実施するための文部省訓令「学校報国団ノ体制確立方」が出された。[14]これにより文部省内に本部を置き、ピラミッド型の階層構造を持つ学校報国団が各学校に結成され、この報国団が勤労動員に出動する単位となった（動員期間は年間三〇日以上）。

こうした中、学校報国団の活動ぶりも、一八八号（昭和一六年一〇月一日）「オイ集レ！　今日は勇士の家の稲刈だ」で紹介された（**図7－4**）。これは山形県鶴岡中学校の生徒が、農繁期の召集遺家族の稲刈りを手伝った記事である。この記事で使われている写真を追うと、まず学帽を被った生徒が隊列を組んで学校を出発する。学帽をとって

図7－4　オイ集レ！　今日は勇士の家の稲刈だ

稲刈りの手伝いを申し出て農民から感謝され（馬を引く農夫の写真には「それはそれは毎度お手伝ひをしていたゞいてすみません。戦地の留治が聞いたら涙を流すことでせう」というキャプションが付される）、農家の人々と楽しく昼食をとる。そして最も大きい写真には、生徒の活躍によりすっかり刈り取られた田圃のショットが配され、生徒の動員の効果を印象づける記事となっている。また、この記事には活動に参加した生徒の感想文が掲載される。そこには、この奉仕活動により「勤労の喜び」を体験できた、「一億の同胞が力を合せてお国のために尽さなければならない」という新たな「感激」が得られたなどと綴られる。つまり、この記事は学校報国団の動員が食糧増産と教育の両面で有益であることを伝えるものであったといえよう(15)。

以上のように、この時期の『写真週報』は、学徒・児童の食糧増産運動への動員を活発にすべく、彼らの動員が成果を収めたことを伝えた。しかし実際のところ、こうした生徒の活動は農村の助けにはそれほどならなかったようである(16)。

（3）常時要員として計上された時期――昭和一八年後半

本書第六章で論じたように昭和一八年後半から労務動員が強

図7－5　汗に結ぶ兵学一如

化されたが、それは学徒にも波及した。同年六月一八日、動員期間の上限が六〇日へと倍増し、六月二五日には「学徒戦時動員体制確立要綱」が閣議決定された。この閣議決定は、学徒の「勤労動員ノ強化」という基本方針を打ち出し、学徒をして「食糧増産、国防施設建設、緊急物資生産、輸送力増強等ニ重点ヲ志向シ之ガ積極強力ナル動員ヲ図ル」ことを定めた。この決定を受け、『写真週報』は、長期間の勤労に従事する学徒の姿を取り上げるようになる。

二八二号（昭和一八年七月二八日）「汗に結ぶ兵学一如」は、一高生が炎天下、夏休みを返上して、土木作業（国防施設建設）に従事する姿を取り上げた記事である（**図7－5**）。学帽を被り動員先に向かう学生の写真には、「炎天下の灼けつく暑熱も、意気軒昂たる寮歌にふつとんでしまふ」、鍬を振るう写真には「掘つて掘って掘りぬいて、山も原と崩してやるぞ」といった勇ましいキャプションが付け加えられ、学生の献身的で頼もしい姿を強調する。

また二八五号（昭和一八年八月一八日）は、学徒勤労動員に関する特集が組まれた号である。「鍬振ふ一万五千の援農生徒隊」という記事では（**図7－6**）、広島県の農学校生徒が夏休

北海道 鍬振ふ一万五千の援農生徒隊

図７－６　鍬振ふ一万五千の援農生徒隊

みを返上して、北海道の農家に六〇日間泊まりこみで農作業を手伝ったことを取り上げ、写真には農家で家族同様に暮らす姿、乗馬の腕も上げた逞しい生徒の姿を写し出している。

ところで、学徒の勤労動員がこのように長期間になると、なぜ在学中の彼らがそれほど長期間の勤労をしなければならないか、その理由づけを積極的に行う必要が生じたようである。『写真週報』[17]にはその理由づけが、動員と教育の親和性からなされている。例えば前出の北海道への農業動員の場合、農作業を手伝ったのは農業学校の生徒であり、しかも勤労の合間に学課の授業もあるので（写真には勤労の合間に木陰で授業する様子が伝えられる）、農業動員は「学課と実習の知行合一」であると説明されている。もっとも、一高生の場合は土木作業と学業の間に親和性は見出しがたかったようで、「労働の成果も元より大切であらうが、それにも増して大事なことは、勤労の汗によつて心身が鍛えられることだ。馬車馬のやうにたゞ働くのではなく、お国のために働くのだと学徒が身を以て感じ取つた時、もはや勤労奉仕ではない。それが勤労を通しての兵学一如の教育なのだ」と理解困難な説明が付け加えられている。

さて、学徒の勤労動員は、その後さらに強化された。昭和一八年一〇月に動員期間は四カ月が上限となったが、さらなる動員期間の延長が求められ、昭和一九年二月の「決戦非常措置要綱」が閣議決定された。これにより中等学校以上の学徒の通年動員が可能となり、学徒の動員先は軍需産業へと広がっていく(18)。

こうした中で『写真週報』では、工場で働く「模範的」な学徒にスポットが当たるようになる。ここでは三二六号（昭和一九年六月二一日）に掲載された「工場の輝く希望　逞し学徒工員」（図7－7）と三三三号（昭和一九年八月九日）の「強く明るく働く乙女の湖上教室」（図7－8）を紹介しよう。前者は東京都立第四中学校の生徒が工場で働く姿を、後者は滋賀県大津高女の生徒がやはり工場で働く姿を特集したものである。

この二つの記事の共通点を二点指摘したい。第一に当然ではあるが、学徒のひたむきな勤労ぶりを顕彰している。図7－7の記事では、学徒は「今はその誠実さ明るさで工場内の輝く希望となつてゐる」と説明を加え、図7－8の記事では、鉢巻姿の女学生の写真のキャプションにも「暑ければ暑いほど、職場が戦場だといふことが身に沁みてわかります。どんなに辛くとも私たちは頑張ります。戦ひ勝つまで」と付して、純真に働く学徒の模範的な姿を強調する。こうした誌面は学徒を鼓舞するとともに、純真な学徒の勤労ぶりを見せることで、停滞しがちな徴用工や一般工員の士気を高める目的があったと推測される(19)。

図7－7　工場の輝く希望　逞し学徒工員

第二に、二つの記事は勤労動員の中でも教育が行われ

図7－8　強く明るく働く乙女の湖上教室

ることを強調している。図7－7の記事は、作業の終わった後、野外で一時間半の授業が行われる写真を配し、「一時間半足らずの授業は、五時間、六時間に匹敵する実のこもつた講義だ」と苦しいキャプションが付される。同様に図7－8の記事でも、誌面の半分を船上で熱心に授業を聞く女学生の写真に使っている。記事の説明によると、この女学校は一週間に六時間の授業もとりやめになったが、幸い工場まで琵琶湖を船で往復する時間があるので、これを授業に当てているという。こうした誌面が作られた一つの背景には、長期間の動員により勉学、進学に支障が出ることを心配する生徒や保護者の存在があったと思われる[20]。つまり『写真週報』は、勤労動員の中でも勉強ができるよう努力する学校の姿勢を伝え、動員への不満、不安の解消に役立てようとしたと推測される。

さて、敗色が濃厚になった昭和二〇年三月には国民学校初等科を除いて授業は全面停止となり、学徒は専ら労働力としてのみ扱われるに至った。戦争末期の記事を見ていこう。

敗色濃厚の中で、児童すらも戦争と直接結びついた勤労をする姿が掲載されるようになる。三七三号（昭和二〇年六月二一日）「幼き手も逞しく―戦ふヨイコたち―」では、本土要塞建設、偽装網造りといった戦争と密着した勤労に従事する児童が「ヨイコ」として描かれた（図7－9）。この記事にはもはや勤労と心身鍛錬の関連づけはなく、勤労はもっぱら戦争に勝ち抜くための活動として位置づけられている。そして『写真週報』最終号となる三七四・三

図7−9　幼き手も逞しく—戦ふヨイコたち

七五合併号（昭和二〇年七月一一日）には、「心は焼かれぬ—青空教室—」という記事が掲載された（図7−10）。これは女学生が空襲で生じた瓦礫の片付けを行った後、青空教室で懸命に勉強する姿を写し出したものである。ここでは動員と教育の両立が再びテーマとなっているが、その教育の場所は学校でも工場でもなく校舎の焼け跡であり、勤労の内容も瓦礫の片付けであった。敗戦直前の日本を象徴した記事といえよう。

二　兵力動員

(1) 大学生と兵力動員

本項では学生を対象とした兵力動員に関する記事を検討していく。

前述したように、在学中の学生は一定年齢まで徴集が猶予される制度があったため、学生と兵力動員は『写真週報』創刊から暫くの間、結びつかないテーマであった[21]。しかし日米開戦が近づくと、昭和一六年一〇月に学生の在学期間を六カ月以内短縮できる勅令が公布され、それと同時に出された文

図7－10　心は焼かれぬ—青空教室

部省訓令第七九号によって、昭和一六年度は学生の卒業が三カ月繰り上がることとなった。いわゆる繰り上げ卒業である。この措置により、昭和一七年三月に卒業、一八年初めに入隊するはずであった学生が、一六年一二月に卒業、一七年初めに入隊することとなり、一年早く兵役に服することになったのである。[22]『写真週報』は、この繰り上げ卒業の措置をどのように伝えたのか。

まずは海外の事情を説明して、繰り上げ卒業の措置への理解を求めた。昭和一六年の繰り上げ卒業を伝える一九八号（昭和一六年一二月一〇日）、一九九号（昭和一六年一二月一七日）の「戦ふ列国の学生たち（上）（下）」という記事は、まず本文冒頭で、繰り上げ卒業によって「個人的にはいろいろの不便や手違ひ等の興つたものもありませうが、この非常の時においては一身の利害を忘れ、一路国難に赴くことが、皇国の学徒としてのぞましいことといはねばなりません」と、学生への一定の配慮を見せる。その上で、「こゝにご参考までに、戦う列強の学生生徒の状況の一端を記してみませう」として独英米ソの学生のほとんどが兵役に就いている状況を説明し、繰り上げ卒業への理解を求める記事構成となっている。

また翌年の卒業シーズンには、二四一号（昭和一七年一〇月七日）の「時の立札」に次のような文章が掲載された。

卒業生諸君へ餞の言葉
君たちが学窓に在つた時同じ年頃の多くの青年は泥濘を、峻嶮を、熱砂を進軍していつた　しかしいくたりかは
還らない

若いものの自負が、そして若いものの倫理が何処に立たうと安易な途をいくことを許さない筈だ　さあ、進んで苦難を背負はふぢやないか

このように「時の立札」は、同年代の若者が戦場で国家に殉じている現実を強調して、学生が進んで兵役に就くことを促すのであった。

ところで、昭和一七年のミッドウェー海戦、ソロモン海戦で大量のパイロットが失われると、陸海軍はパイロットの短期大量養成を急遽開始することになった。特に大学生の場合、「身心とも成熟し、高い知能を持つ[23]」ため、彼らへの期待は大きかった。こうした中で海軍は昭和一八年、**図表7－3**で示したように、海軍予備学生[24]（受験資格：大学、高等学校、専門学校卒業見込み以上）の大量採用を行い、『写真週報』もその募集宣伝の媒体として使われたのである。

二七五号（昭和一八年六月九日）「学生から海鷲への道」がその募集記事であるが（**図7－11**）、この記事は予備学生のきびきびとした訓練生活を写真で伝えるとともに、二人の予備学生の手記を掲載している。その一つである「母校後輩に寄する」という手記は、次のようなものである。すなわち、空を制することによって世界を制する時代が到来してお

図表7－3　海軍航空（飛行科）予備学生採用員数の推移

期	採用年月日	採用数*	採用数**
1	昭和 9.11.	6	6
2	昭和10. 5. 1.	15	15
3	昭和11. 4.13.	17	17
4	昭和12. 4.12.	14	14
5	昭和13. 4.15.	20	20
6	昭和14. 4.11.	30	30
7	昭和15. 4.15.	33	33
8	昭和16. 4.15.	44	43
9	昭和17. 1.12.	239	38
10	昭和17. 6.20.		100
11	昭和17. 6.20.		85
12	昭和17. 9.30.		70
13	昭和18.10. 1.	8,182	4,800
14	昭和18.12.10.		2,690
15	昭和19. 9.30.	2,278	約2,360

注：各期の採用年月日、採用数*は『別冊一億人の昭和史　学徒出陣』（毎日新聞社、昭和56年）、244頁による。ただし同書のデータは不明確な期もあるので、採用数**において補った。採用数**は小池猪一『海軍飛行予備学生・生徒第1巻』（図書刊行会、昭和61年）による。

図7－11　学生から海鷲への道

り、国家にとって搭乗員の大量養成が不可欠であるが、我々はその国家の切実な要求に即応しようとしているのであり、その気持ちが第一の「幸福感の基」をなしている。また空を飛ぶということは、何といっても楽しいことであり、さらに我々は「空中戦士」「卓越せる飛行隊指揮官」にならねばならず、その大きな責任は大きな誇りでもある。加えて海軍航空隊の生活は「明朗で若々しく」「家族的な親しみ」で結ばれた生活であり、我々は「幸福な気持で真実に意義ある日々を送つてゐる」とする。その上で手記は、「今こそ、われら青年が起つべき秋である。共に仇敵米英を葬り去らうではないか」と結び、後輩の学生たちに志願を呼びかける内容となっている。

　ちなみに海軍予備学生は訓練期間修了後、予備将校として海軍少尉に任用される特典があり、同号の誌面でも「とくに学生のみにゆるされた道」であると強調された。こうした制度は、卒業後いずれにしても徴兵される学生にとって魅力的なものであり、昭和一八年一〇月採用の第一三期海軍予備学生には、六七〇〇〇名の採用予定（実採用一万一五〇名）に対し、五万名以上の応募があったという(25)。

　昭和一八年九月、いよいよ学徒に対する徴集延期制度が停止

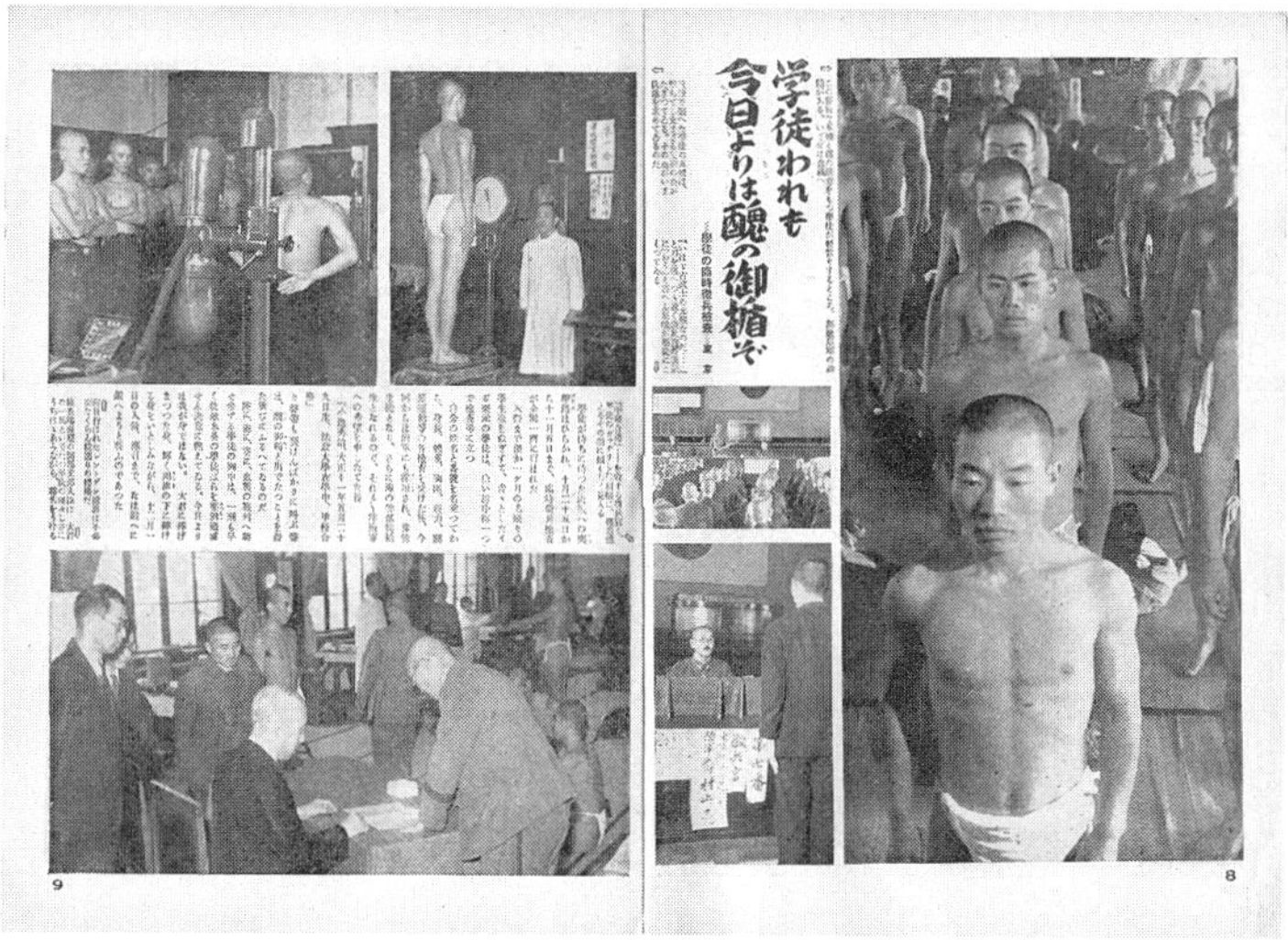

図7－12　学徒われも今日よりは醜の御楯ぞ

され、徴兵年齢に達した学生は在学中であっても徴集されることになった。これにより有名な学徒出陣が実施されることになったのである。

学徒出陣についての『写真週報』の報じ方は、勇ましく堂々とした学徒の姿を強調することに主眼が置かれている。例えば、二九七号（昭和一八年一一月一〇日）「学徒われも今日よりは醜の御楯ぞ」では（図7－12）、堂々たる体躯の学徒が徴兵検査を受ける写真を大きく配し、徴兵官の前で体重測定する学生の写真では「『甲種合格』――を宣する徴兵官も、学徒のガッチリした肩幅に、戦意燃えるその顔に頼もしく見入る」とキャプションが付され、逞しい学徒が印象づけられる。しかし、現実の学徒はそれほど立派な体格ではなかったようである[26]。また学徒の入営を伝える記事（三〇一号、昭和一八年一二月一五日、「学兵凛乎として入営す」）でも、営門をくぐる学徒の写真の横には「夢にまで見た営内だつた。それがいま我らの眼前にたつてゐる」とし、入営し着替えをした学生の写真には、「次ぎ次ぎと軍人になつてゆく自分の姿に我ながら歓びに胸がふるへる」といった、いささか空々しいキャプションが付されている[27]。

このように学徒出陣の記事は、繰り上げ卒業の記事に比べ過度に勇壮感を高める誌面構成になっているが、その背景の一つには、国家社会のエリートである大学生が進んで兵役につく姿を印象づけることにより、緩んできた国民の士気を高める狙いがあったように思われる[28]。

(2) 生徒と兵力動員——少年兵募集

本項では生徒を対象とした兵力動員、すなわち少年兵募集の記事を分析していきたい[29][30]。

そもそも陸海軍が少年兵の大量募集を行うようになったのは、昭和一七年後半からである。**図表7-4**は陸軍の各種少年兵の生徒数、**図表7-5**は海軍飛行予科練習生数の推移を示したものであるが、昭和一七年から一九年にかけて少年兵の採用人数が急増すること、その中でも飛行兵の増加が著しいことが分かる。こうした陸海軍の意向は当然誌面に反映された。『写真週報』では、少年兵募集の記事が昭和一七年後半から急増するが、それを象徴的に示すのが表紙である。**図7-13**(二八九号、昭和一八年九月一五日)と**図7-14**(三四一号、昭和一九年一〇月四日)はそれぞれ海軍、陸軍の少年兵が表紙を飾った一例を示しているが、表紙に少年兵が掲載された号は昭和一七年後半から一九年にかけて集中していたのである[31]。それでは具体的に、どのような訴えかけにより少年兵を集めようとしたのか。誌面の内容を整理して紹介してみたい。

第一に少年兵への憧れのイメージを増幅させるための記事が度々掲載された。例えば、二七五号(昭和一八年六月九日「君たちも空へ来るんだ」)は(**図7-15**)、少年飛行兵が母校を訪問して、後輩に入隊を呼びかける記事であるが、詳細は次のようなものである。まずは、隊列を組んで出発、凛々しい制服姿で母校の国民学校に戻った少年兵は、立派な体格で後輩の児童と相撲をとる。自宅に戻ったら自宅で着ていた着物は既に小さくなっており、少年が逞しく成長したことを印象づける。そして浜辺で少年兵は凱旋将軍のように「閲兵」し、村のヒーローの扱いを受ける。こうした誌面が少年兵への憧れの感情を抱かせたことは想像に難くない。

図表７－４　陸軍少年兵採用数（概数）

（単位：人）

年	少年戦車兵	少年通信兵	少年野砲兵	少年工科兵	少年飛行兵	船舶特別幹部候補生
昭和 8		15				
昭和 9		15			170	
昭和10		15			260	
昭和11		25			260	
昭和12		25			310	
昭和13		150			1,310	
昭和14	150	200			2,000	
昭和15	230	300		840	2,300	
昭和16	600	400		1,665	2,700	
昭和17	600	720	100	1,000	10,950	
昭和18	900	1,600	150	1,350	20,300	
昭和19	680	1,600	180	1,100	13,800	3,790
昭和20	570	800	180		4,100	4,230

出典：『別冊一億人の昭和史　陸軍少年兵』（毎日新聞社、昭和56年）。

図表７－５　海軍飛行予科練習生採用数の推移

（単位：人）

年	甲	乙	丙	乙（特）	合計
昭和 5		79			79
昭和 6		128			128
昭和 7		127			127
昭和 8		139			139
昭和 9		200			200
昭和10		184			184
昭和11		204			204
昭和12	250	218			468
昭和13	510	440			950
昭和14	522	763			1,285
昭和15	590	1,212	258		2,160
昭和16	1,296	1,446	2,077		4,819
昭和17	2,288	2,980	2,999		8,267
昭和18	30,203	7,303	1,346	4,577	43,429
昭和19	76,899	34,182		2,384	113,465
昭和20	25,047	33,061			57,148

出典：逸見勝亮「少年飛行兵素描」（『日本の教育史学』、33集、平成２年）。ただし一部合計人数に誤りがあるので訂正した。

図７－14　猛訓練の少年戦車隊

図７－13　甲種飛行予科練習生

図７－15　君たちも空へ来るんだ

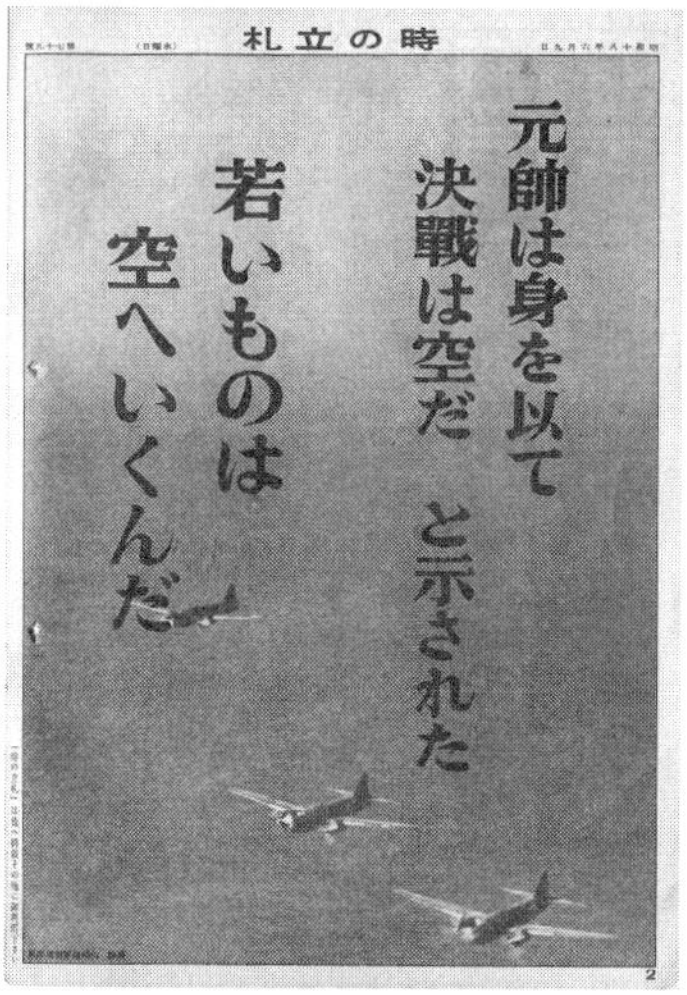

図7－16　「時の立札」　元帥は身を以て決戦は空だと示された

第二に、国家、国民全体が少年たちの活躍に大いに期待する雰囲気を醸成した。例えば、山本五十六の戦死が公表された直後の二七五号（昭和一八年六月九日）の「時の立札」では、図に示したような言葉で（図7－16）、若者に山本の仇討ちを求めた。また「米本土攻撃の任務は君達の双翼にかゝつてゐる。少年よ、来れ、そして選ばれた戦士になれ」[32]などと、少年たちの奮起を促す文言も多く見られた。

第三に、少年兵のなりやすさが強調された。すなわち「大空にゆく門はひろく、極めて簡単だ」（海軍）[33]、「（陸軍少年飛行兵になるためには――引用者注）学歴は何の制限もありませんが、国民学校初等科修了程度の学力があればいいのです。（中略）身体検査はしつかり行はれますが、人並以上でなければならないといふことはなく、人並の体格であればよく」[34]とそのハードルが高くないことが繰り返し述べられている。従来、少年飛行兵の競争率は高く狭き門であったが[35]、『写真週報』はこうしたイメージの修正を図ったといえよう。

第四に、少年兵の昇進の早さとその将来性が宣伝された。海軍の飛行予科練習生の場合は、「甲種は入隊三ヵ月で上等飛行兵に、半年で飛行兵長といふやうに進級し、乙種も二年後には飛行兵長になれます」[36]、陸軍飛行兵学校では「学校を卒業すると同時に、少年飛行兵達は兵長となり、各部隊附となつて更に猛訓練を重ね、半ヵ年後には『任陸軍伍長』の辞令を戴いて、判任官となり、こゝで少年飛行兵の名を捨てて航空下士官として任務につくのです」[37]、「（本人の努力次第では――引用者注）かゞやかしい将校または技術将校になることが出来るのです」[38]（陸軍兵器学校）といった文言が並ぶ。

第五に、生徒の親に対する呼びかけも行われた。二八二号

図7－17　欣然と子等は羽ばたく

（昭和一八年七月二八日）「欣然と子等は羽搏く」は、少年航空兵に応募した三組の親子にスポットが当てられた記事である（図7－17）。一組目（上の写真）は中学校在学中でありながら、陸海の少年飛行兵に志願した双子の兄弟である。双子の母親は「私にはとつく『二人の子供は既にないもの』との覚悟ができて居ります。召されたその日に大空に散りませうとも何等の悔は御座いません」と、「模範的」な母としての心境を語る。二組目（下の写真）は、東京音楽学校在学中の有名音楽家の子息が志願したケースで、「ヴァイオリンを捨てて空の決戦場を目指して起ち上った」模範例として紹介されている。そして三組目は盛岡市で祖母と二人暮らしの国民学校高等科の少年である。少年は少年飛行兵への志願を希望したものの、祖母のことを思うと決心がつきかねたが、祖母はこれを快諾、さらに学校を訪ねて「年寄一人孫一人の暮しですが、孫は私のものではありません。ぜひ私の孫も飛行兵にして下さい……」と願い出たという。『写真週報』は、こうした「美談」を広報して、子供が少年兵に志願することに抵抗感を持つ親の気持ちを動かそうとしたのであろう。

　以上のような少年兵募集の記事は[39]、昭和一九年春まで継続的に掲載されたが、それ以降はほとんど見ることができない。

(3) 児童と兵力動員——軍人援護

軍人援護とは出征兵士、傷痍軍人、召集遺家族、戦没した遺家族に対して行われる様々な社会的援助行為を指す[40]。したがって、兵力動員とは直接関係しないが、兵力動員を円滑に進めていく上で重要な活動であり、間接的に兵力動員と関連しているといえる。ここでは児童の軍人援護の記事を検証していきたい。

『写真週報』において、児童が軍人援護を行う姿が本格的に登場するのは意外に遅く昭和一七年のことである[41]。これは社会的に軍人援護の必要性が強くなったというよりも、おそらくは教育行政との関連、すなわち軍人援護教育が開始されたことと関係している。『週報』の解説によれば[42]、軍人援護教育は昭和一五年より始まり、特に国民学校児童を対象とした。その理由は「児童は純真で、極めて感受性に富んで」いること、児童の数は一八〇〇万人にも及び、「児童を通じて家庭へ、家庭を通じて社会一般に及ぼす影響力」が高いためである。この教育は昭和一五年にまず教職員への講習から始まり、翌年は全府県にわたり講習を行い、昭和一七年度より全国に軍人援護研究指定校を五二二校設けて活動が始まったという。つまり、昭和一七年から学校教育の一環として軍人援護教育が始まったことに呼応して、そのあり方を宣伝すべく、記事が掲載されたと考えられる。

それではどのような記事が登場したのか。一番多いのは出征した兵士への慰問文をテーマにしたものであり、二〇二号（昭和一七年一月七日）「前線の兵隊さんに郷土便りを」がその一例である（図7-18）。この記事によれば、小田原の早川国民学校では、郷土のニュースを集めた「早川通信」と題する新聞調の印刷物を刷り、これを慰問文として送る活動を取り入れているという。その通信の中身は学内の相撲大会、みかんの収穫、集団登校をする児童の姿など、田舎の素朴なニュースであり、戦時色がほとんど感じられないものである。また、慰問文には児童画を送ることも推奨された。どのような絵が推奨されたかというと、二二〇号（昭和一七年五月一三日）「兵隊サン　ボクラガカイタ絵デス」にその模範が示されている（図7-19）。ここに九枚の絵が並んでいるが、兵隊や戦争を直接の題材とした絵は、

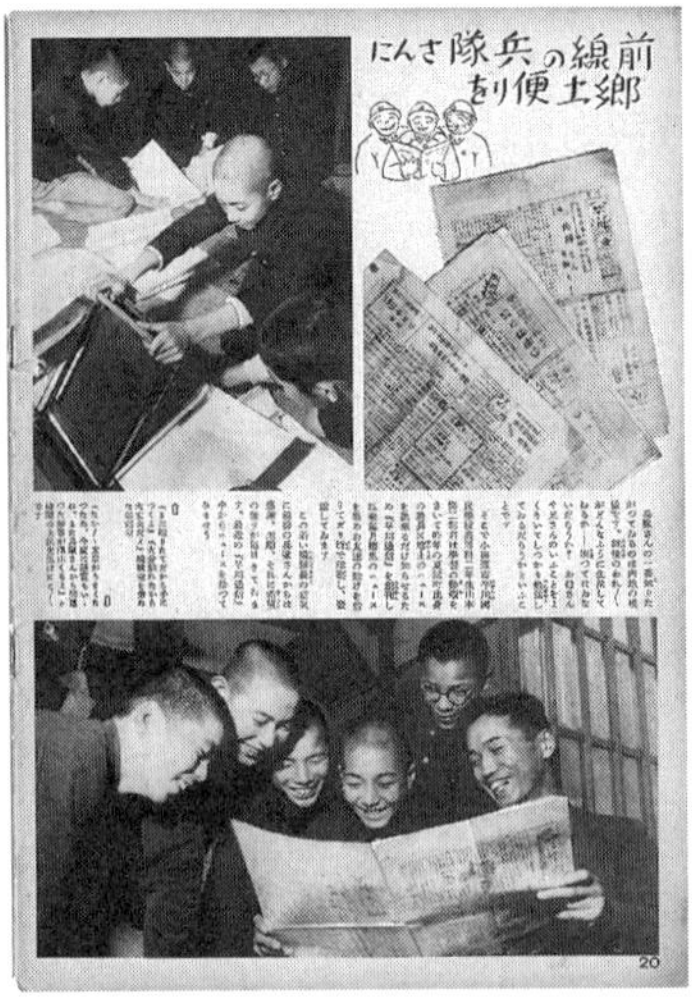

図7－18
前線の兵隊さんに郷土の便りを

兵士の肖像画と敵前上陸の絵、出征兵を見送る絵の三枚だけであり、残りはそばの種をまく子供たち、冬の夜の屋内の様子、餅つき、「立ツテ　センセイニ　オコタヘ　スルトコロ」と題された児童の姿など、戦時色の感じられない素朴な絵の方が多い。

これらの記事は、おそらく軍人援護を担当する軍事保護院の意向を反映したものと考えられる。すなわち、軍事保護院の推奨する慰問状、慰問図画とは、「可憐なる小学生の無邪気な慰問文」であり、具体的には「（イ）偽らざるもの、粉飾少なく有のまゝなもの、（ロ）無邪気なもの、その中に故郷の消息など含まれて居ると一層嬉しい」などと説明し、一方喜ばれない慰問文としては、「（イ）あまり整ひ過ぎた文（ロ）あまり粉飾に過ぎ内容の具体的でない文（ハ）教訓がましきもの、過ぎたる激励の文」といったポイントが挙げられている[43]。上に紹介した早川通信や児童画は軍事保護院が要望するモデルとして、取り上げられたと考えられる。

二番目は亡くなった兵士への慰霊、顕彰である。例えば、二二四号（昭和一七年六月一〇日）「真心咲き匂ふ慰霊花壇」という記事は、大阪のある国民学校の軍人援護活動を報告したものである（**図7－20**）。この学校では写真のように、児童が学校の花壇で花を栽培し、その花を持って亡くなった兵士の遺族を訪問する活動を取り入れている。写真には少女が花を栽培する姿、学校で花壇の手入れをする姿、教員に引率されて遺族を訪れ、霊前に花を手向ける姿が写し出される。そして花を抱える少女の写真の横には、「花束を霊前に捧げて心から『ありがたうございました』と申しました。そして『いつまでもいつまでも美しく咲けよ、お花たち、兵隊さんの手柄を忘れないで――』といっ

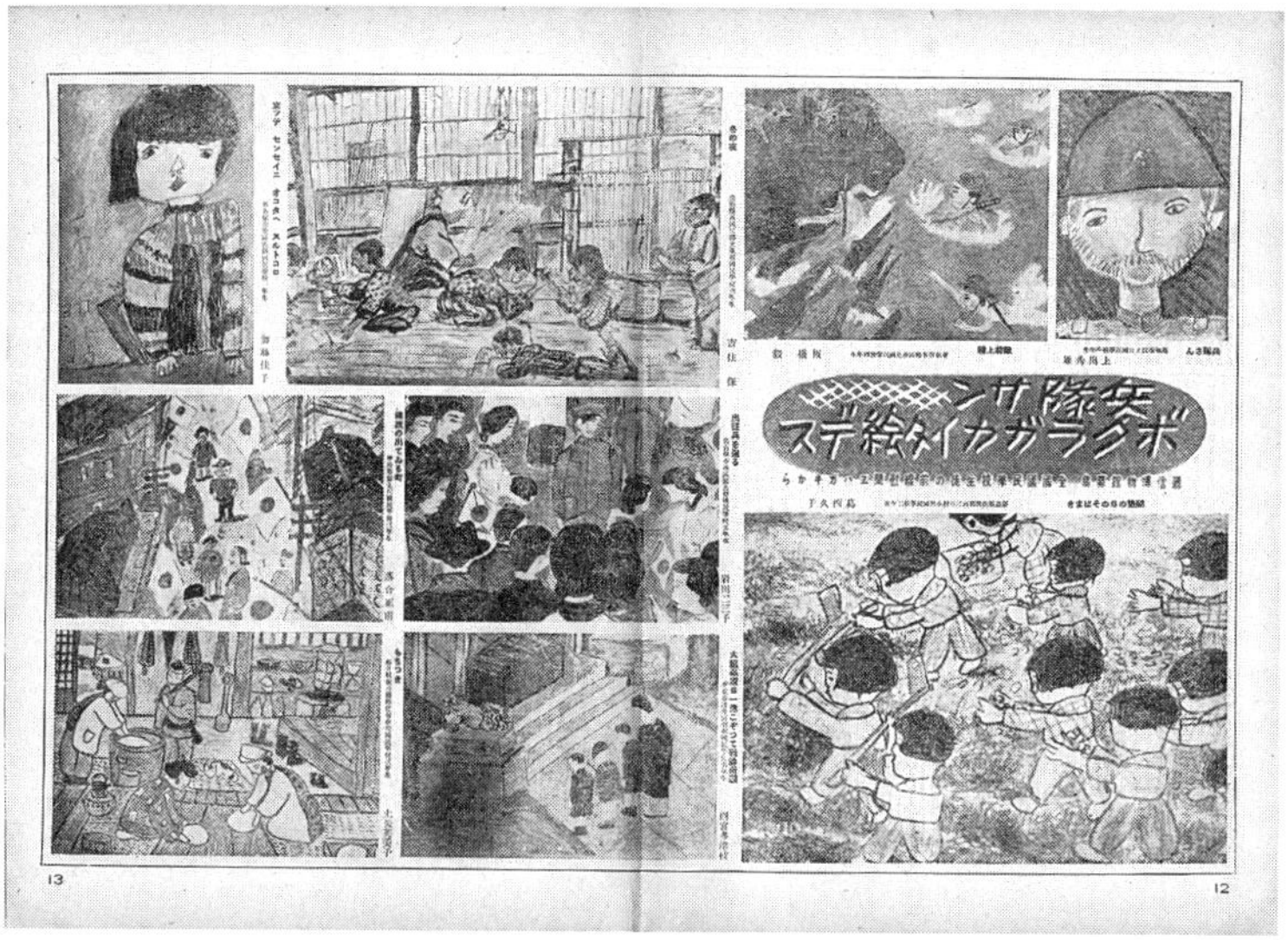

図７－19　兵隊サンボクラガカイタ絵デス

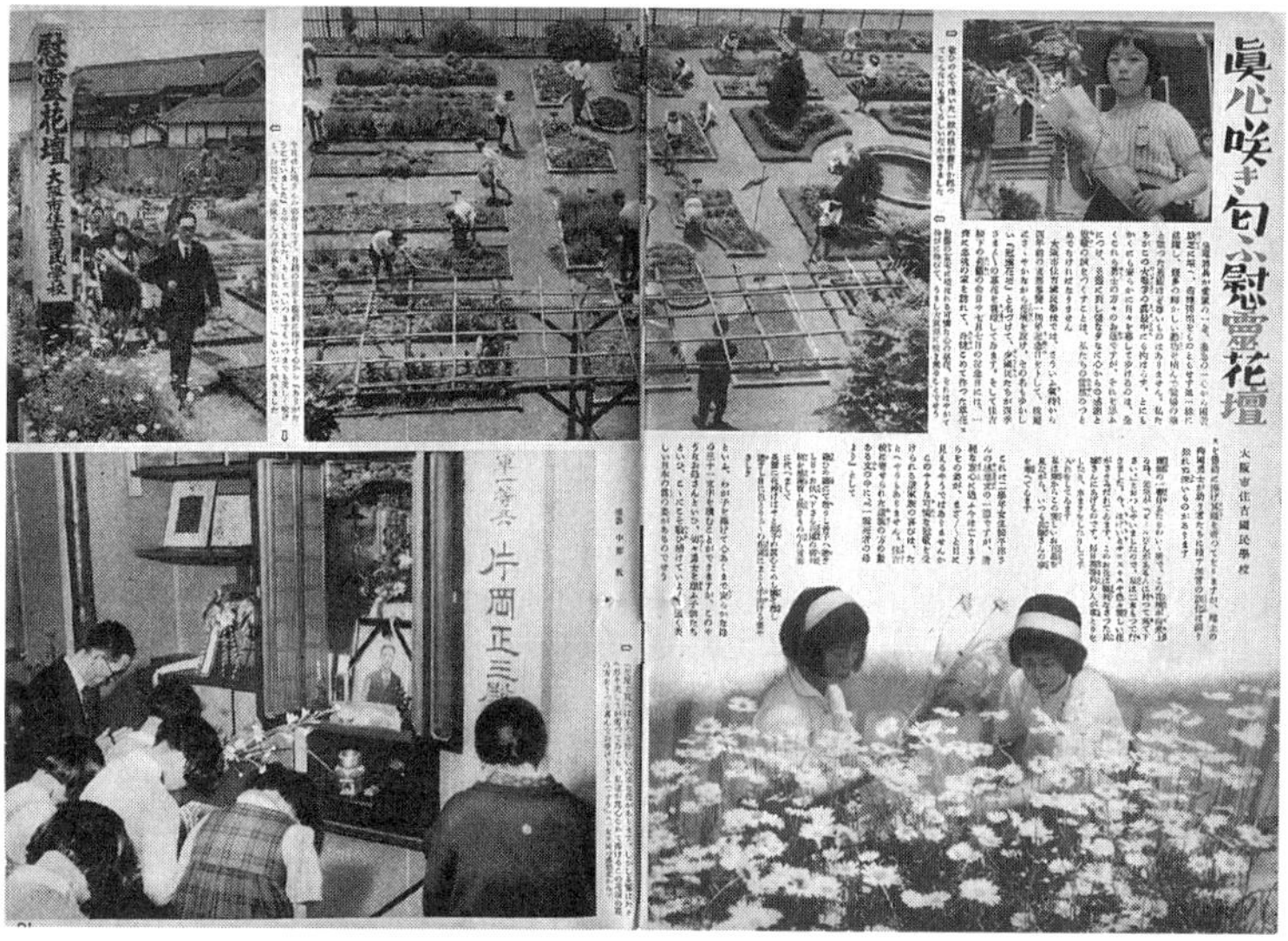

図７－20　真心咲き匂ふ慰霊花壇

て帰りました」との説明が加えられ、模範的な児童の姿が表現されている。

なお、一般に軍人援護活動には、遺家族に対する労務の提供も含まれるが、『写真週報』には児童の労務の提供はほとんど取り上げられていない。[44] 児童に期待されたのは労務という現実的な援護ではなく、精神的な援護だったと推測される。

三　科学・航空教育

本節においては、科学技術関連記事の内容分析を行なう。全体的な傾向として、創刊当初から最終号に至るまで一貫して航空関連記事が頻繁に掲載され、九月二〇日の航空日[45]には特集号が編集されていた程であった。この背景には、一三五号（昭和一五年九月二五日）の「近代戦と航空」で主張されているように、航空機の重要性が訴えられていたことが挙げられよう。このため、創刊当初から戦闘機や爆撃機といった軍用機も頻繁に登場することになる（下巻第一章）。以下、第1項では日中戦争期を、第2項では太平洋戦争勃発後の科学技術関連記事を紹介していく。

（1）日中戦争期における科学技術振興

航空関連記事の中では、グライダーや模型飛行機に関する記事が多数掲載されていた。[46] グライダーについては、創刊当初の五号（昭和一三年三月一六日）で、「青空へのあこがれ」と題目が付けられた表紙が登場している（図7−21）。特集記事では、「今日こそうまく飛んで見せるぞ」等と、期待に胸を膨らませながら訓練に励んでいる様子が六頁にわたって説明され、特に「飛んだ、飛んだ、見事に飛んだぞ」と、実際に飛んだ瞬間の感動が強調されていた。

航空特集号の一八六号（昭和一六年九月一七日）の表紙でも、優雅に滑空しているグライダーが登場し、「夕陽に美

図7－21　青空へのあこがれ

図7－22　マイゼ号

しい機体を輝かせながら大きく旋回すると長く尾を引く虹色の雲の上を滑り出した……」との説明がなされ、新年号以外の表紙では珍しく、濃緑色と薄緑色の大地、青い線が入った白い機体など、鮮やかな着色が施され、一層優雅に舞っているグライダーの姿が印象付けられていた（図7―22）。

また、少女がグライダーに乗る様子を掲載した「娘心は青空へ」（九八号、昭和一五年一月一〇日）、小学生がグライダーに乗る様子を掲載した「僕達のグライダー　大阪市平野高等小学校生徒」（一五八号、昭和一六年三月五日）の他、「読者のカメラ」や「写真週報問答」でも取り上げられ[47]、いずれの記事においても、子供たちでも操縦できることや実際に飛ぶことの喜び・感動が強調され、大空を飛ぶことに対する憧れを喚起するものとなっていた。

一一一号（昭和一五年四月一〇日）では、模型飛行機を持つ少年たちが表紙を飾っている（図7―23）。「少年の空への憧れと果てしない希望を乗せて飛べよ飛行機！」と、模型飛行機に大空への想いを馳せる少年たちの様子が説明され、特集記事では小学生を対象にした、簡単な設計図も添付され、子供たちにも手軽に模型飛行機が製作できるように配慮されていた（図7―24）。

図７－23　模型飛行機と少年

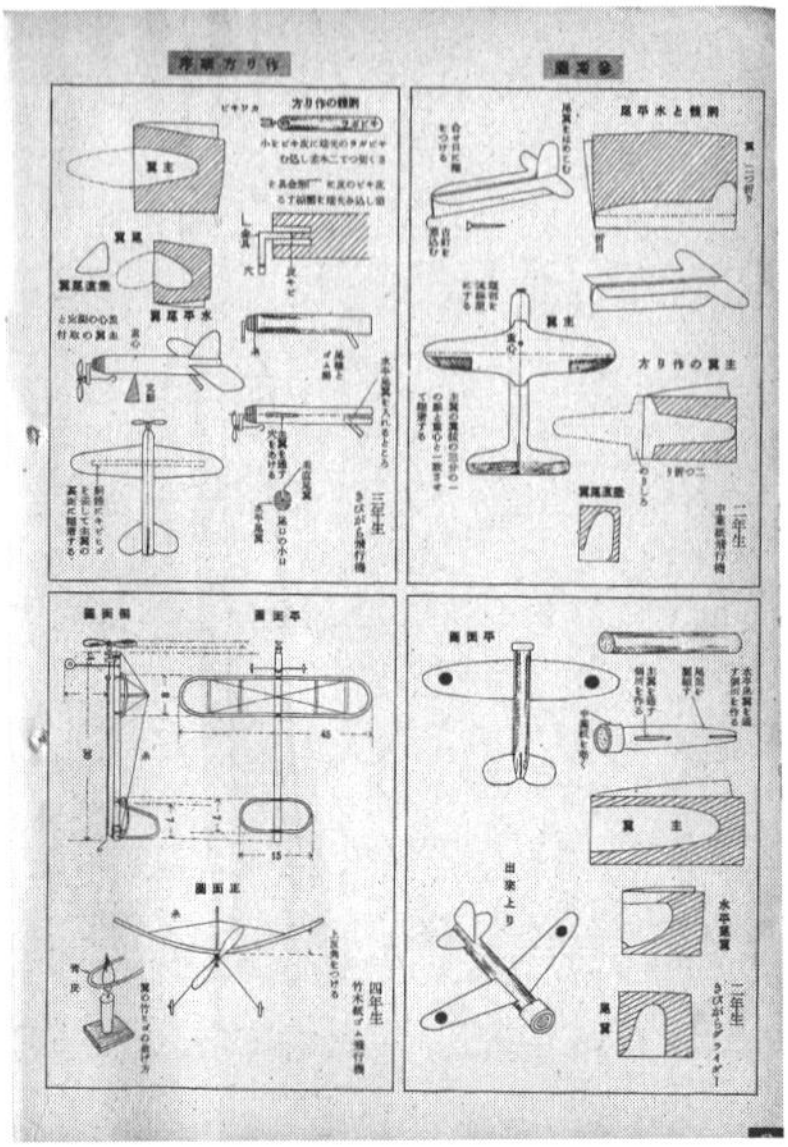

図７－24　参考図　作り方順序

模型飛行機に関する記事はその後も掲載され、次第に精巧なものとなっていた。例えば、一八六号（昭和一六年九月一七日）の「ドイツの模型グライダー　その作り方　その飛ばせ方」では、詳細な設計図と共に、製作上の手順や注意点などが四頁にわたって写真を用いながら逐一説明され、飛ばし方についてもイラストを用いて詳しく解説されていた。

民間旅客機に関する記事も散見された。例えば、九四号（昭和一四年一二月六日）の「児童科学室」では、最新の旅客機であったダグラスＤＣ４型機を取り上げ、「空のグランドホテル」として同機が優雅に空を飛んでいる様子や豪華な機内の様子等を掲載し、華々しく日本の航空路に就航したことを伝えていた[48]。

グライダーや模型飛行機といった軍用機以外の航空機に関する記事が多数掲載されていた背景には、一七二号（昭和一六年六月一日）の「来れ！　大空に！」の中で、「わが国の航空に対する認識は真に徹底してゐるでせうか（中略）例へば子供が航空の職に就かうとすると親は危険だといつて反対するし、旅行等も飛行機より汽車汽船の方が安

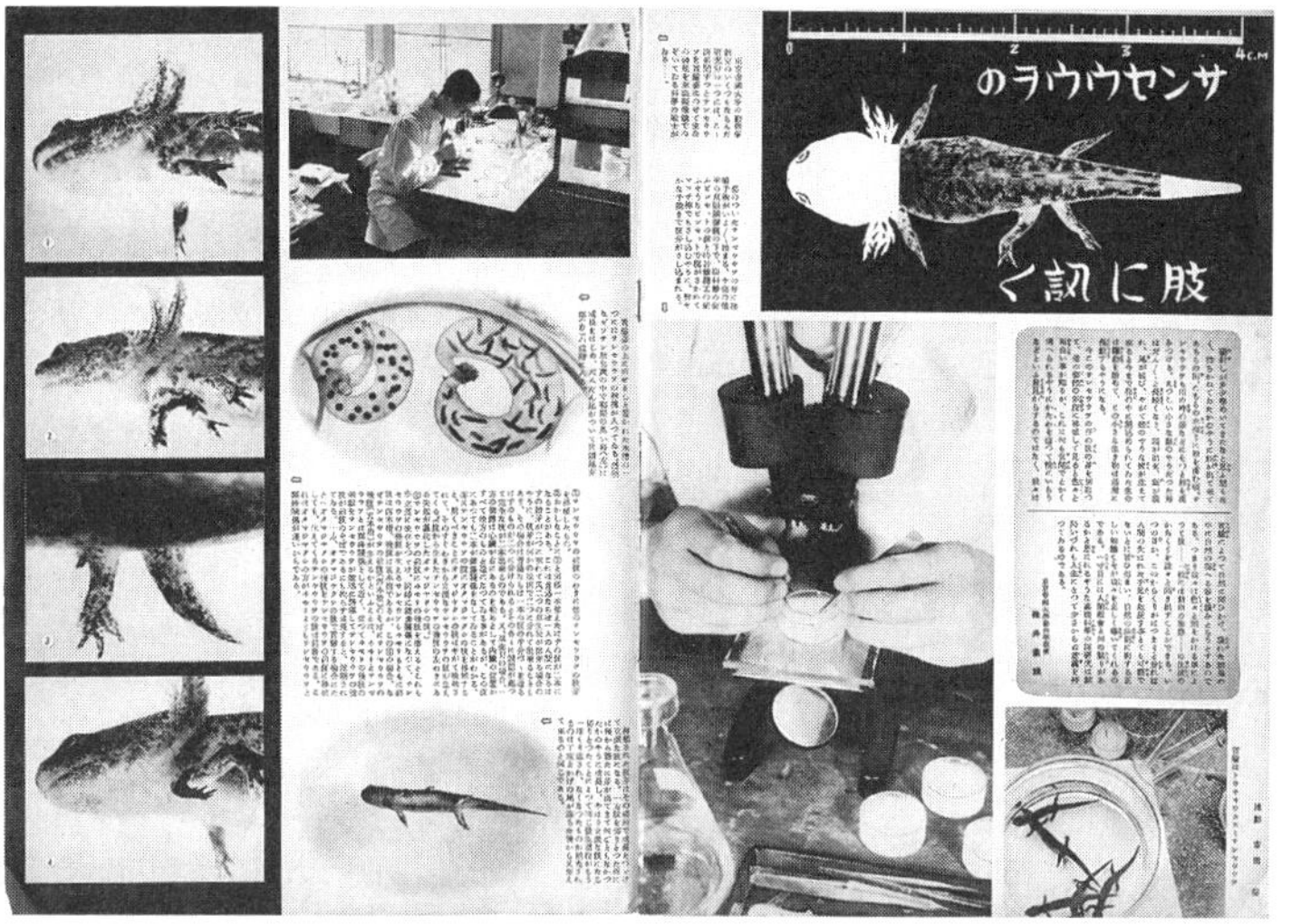

図7―25　サンショウウオの肢に訊く

全だと思ひこんでゐる。（中略）水盃をして飛行機にのつたのは昔の話です」と吐露されているように、航空機に対する国民の理解がなかなか得られておらず、航空員の養成が遅れていることがあった。このため、先の「僕達のグライダー　大阪市平野高等小学校生徒」において、「折紙のヒコーキから模型飛行機へ、そして遂に『僕たちのグライダー』へ、科学する童心の飛躍は止まるところを知らない。『エンヂンのある飛行機』も、もうすぐそこだ」と述べられているように、児童や生徒たちに対して、将来の航空要員として、まず模型飛行機やグライダーといった身近なものから「大空への憧れ」を喚起し、航空機に対する関心を高めようとしていたことが窺える。

その他、航空関連記事だけでなく、身近な題材を取り扱った記事も多数掲載されていた。例えば、六〇号（昭和一四年四月一二日）では、サンショウウオが取り上げられている（図7―25）。サンショウウオの生態について、難解な数式や文字、専門用語は交えず、顕微鏡で撮影された写真を用いながら丁寧な説明が加えられ、「我々は実験によつて自然に問いかけ、現れた結果の中に自然の与える答を読み取ろうとするのである」と、机上による理論ではなく、実際の自然に触れることの重要性が

図7−26　自然を視つめて　国民学校の新らしい理数教育

訴えられていた。

　一七八号（昭和一六年七月二三日）の「自然を視つめて　国民学校の新らしい理数教育」では、児童たちが教師と一緒に朝顔や金魚などに触れ合いながら、楽しく数や量の概念などを学んでいる様子が掲載され（図7−26）、「できるだけ子供にとつて、興味のあるものを取りあげてきて、（中略）その物の実際について色々と考へてみようという気持ちを自然に湧き起らせるやうに仕向けてゆくことが最も大事」と説明されていた。この他、地震（五一号、昭和一四年二月八日）、映画（六四号、昭和一四年五月一〇日）、トンボ（七一号、昭和一四年六月二八日、一八三号、昭和一六年九月三日）、可動橋（九九号、昭和一五年一月一七日）等、身近な題材を数多く扱い、内容も分かりやすくすることで、子供たちの科学技術に対する関心を高めようとしていたことが窺える。

　しかし、日中戦争が次第に長期化してくるようになると、内容もやや複雑化し、時局に関係した題材も掲載されるようになっていた。例えば、一三〇号（昭和一五年八月二一日）の表紙では、「これは九〇ミリ望遠レンズで撮影された稲の花です（中略）雄蕊も雌蕊もちゃんとありませう」と説明された稲の花が掲載されている（図7−27）。特集記事では、稲の花がどのように開花し、どのような作りになっているのかについて、「雄蕊」「雌蕊」「子房」「風媒花」といった専門用語を交えながら説明されていた。しかし、丁寧な解説に加えて、専門用語には全てルビが付され、専門知識がない読者でも理解することができるよう配慮もされていた。

一〇〇号（昭和一五年一月二四日）、一〇一号（昭和一五年一月三一日）では、陸軍砲兵少佐の吉永義尊による「新兵器のはなし――火気と機械化兵器を中心に」が連載され、機関銃や戦車などについて、「口径」「射程」「砲数」といった軍事的な専門用語を交えながら、第一次世界大戦からどのように進化してきたのかが説明されていた。しかし、先と同様、専門用語には全てルビが付され、あまり軍事的知識がない読者でも理解できるよう配慮されていた。この他、機雷、火薬等、時局に関係した題材が取り扱われるようになっていたが、いずれも難解な数式や専門用語は用いられることはなく、ルビを付すことや簡単な図・イラストを用いることによって、専門知識がない読者にも配慮されていた。

また、学生や児童に対しても、より高度な機械に触れるよう訴える記事も掲載されるようになっていた。例えば、一七三号（昭和一六年六月一八日）の「学生の機械化」では、学生が自動車や高射砲等の機械を扱っている様子が掲載され、一八六号（昭和一六年九月一七日）の「国民学校と航空機　名古屋市大曽根国民学校」では、実際の航空機と触れ合う児童の様子が掲載されていた（図7―28）。

図7―27　90ミリ望遠レンズで撮影された稲の花

一方、日中戦争が長期化するに伴って、日本の科学技術の歴史に対しても修正が加えられ、日本の水準の高さを強調するものが掲載されるようになっていた。例えば、二八号（昭和一三年八月二四日）の「灯台の起源」では、「我が灯台事業は恰も西洋文明輸入の先駆であつたのである」と、西洋から学んだ歴史が肯定的に説明されていたが、三八号（昭和一三年一一月二日）の「国民精神作興週間に就て」では、「徳川三百年の鎖国の夢から覚めた日本は軍事に、経済に、文化にすべて欧米から学ば

図７－28　国民学校と航空機　名古屋市大曽根国民学校

ねばならなかつた。然るに今や七十年の努力が酬《ママ》いられて、日本は欧米文化を醇化し、新日本文化を建設し、東亜の新建設に取りか丶つたのである」と、欧米文化を「醇化」し、「新日本文化の建設」に着手していることが強調され、六七号（昭和一四年五月三一日）の「時局下の学生生活」では、学生の一人が「明治以降七十年、西欧文明の翻訳と鵜呑みを清算し、真に日本的なものとして、その裡にこそわれわれの行くべき道を見出すべきだと信じます」と、西洋から全てそのまま学んできた姿勢を「精算」し、現在は「日本的なもの」を打ち立てるべきだと主張する記事が掲載されていた。

また、一二三号（昭和一五年七月三日）の「黴と人生」では、「黴を工業上に使ふことにかけての学問は、わが日本の方が西洋よりは遥かに進んでいるといつてもよいと思います」と、日本の学問には西洋より優れている点も存在していることが説明され、一三八号（昭和一五年一〇月一六日）の「科学と日本人」でも、「日本人の持つてゐる科学人としての素質は、現代科学の形では発展せずに、独特の芸術的作品のうちに、その才能に、あらはれてゐるのであります」とし、その実例として日本刀などを挙げ、日本人の科学的素質は決して西洋人のそれに劣っていないことが強調されるようになっていた。

一方で、ドイツ軍の快進撃を受けて掲載された一六七号（昭和一六年五月七日）の「躍進する陸軍機械化」では、陸軍中佐で情報局情報官の藤田實彦が、日本軍もドイツ軍に劣らず目下機械化を進めていることを強調しつつも、「戦車については真剣に研究せられつゝ、あつたにも拘らず、（中略）なほ自由主義思想は軍備縮小思想と共に時代を風靡し（中略）これに多額の経費を使用することが認められず戦車隊の拡充は遅々として進まなかつたのである」と、機械化が遅れたのは陸軍が戦車の価値を軽視していたからではなく、「自由主義思想」と「軍備縮小思想」のためであると懸命に弁明していた。日本の科学技術、とりわけ軍事技術の遅延を事実上認めるものであって、日中戦争の長期化やドイツ軍の快進撃を受けて、日本の科学技術に対しても国内には不信や疑念が少なからず生じていたことが窺える。

（2）太平洋戦争勃発後における科学技術振興

真珠湾攻撃に始まる日本軍攻勢期においては、軍用機の華々しい活躍が誌上に大きく掲載される一方、科学技術関連記事はほとんど掲載されることはなかった。

しかし、昭和一七年六月にミッドウェー海戦において日本軍が敗北し、米軍が反攻に転ずるようになると、中には見開き二頁以上にわたって連載記事が組まれる等次第に科学技術関連記事が再び掲載されるようになり[49]、その内容は以前とは大きく異なり、軍事的で複雑なものとなっていた。例えば、二九二号（昭和一八年一〇月六日）から二九五号（昭和一八年一〇月二七日）では、「新兵器の科学」が四回にわたって連載され、第一回の「新兵器の科学一　電波探知機」では、陸軍兵器行政本部の塚原和夫中尉が、電波探知機の基本原理から実際の構造までを三頁にわたって説明している（図7-29）。まず、「周波数」「波長」といった専門用語を用いて、電波の性質を説明することから始まり、

図7－29　新兵器の科学1　電波探知機

次に「直接波」「反射波」「最大感度方式」「振幅比較方式」等の専門用語を多々交えながら、図式と共に「平行」「近似」といった数学の概念まで用いて、距離や方向を測定する方法が説明されていた。さらに、実際の兵器においては、どの部分がどのような役割を果たす機械なのかが、写真を用いながら一つ一つ細かく説明されていた。しかし、ほとんどの専門用語にはルビは付されておらず、内容も軍事的で複雑なため、専門知識がない読者には理解し難いものとなっていた。

その後も、「僕らの科学」等において、継続して科学技術関連記事が掲載されるようになっていたが、もはや身近な題材を取り扱った記事は掲載されることはなく、この傾向は戦局が悪化するに伴って、一層顕著なものとなっていた。例えば、三四〇号（昭和一九年九月二七日）から三四四号（昭和一九年一〇月二五日）では、「飛行機の基礎的な科学常識を分かりやすく解説する」ことを目的とした「家庭航空読本」が五回にわたって連載されている。第一回では、速度と空気抵抗の関係および引き込み脚について説明されている。まず、航空機の速度を増すにはどうすればよいのかという説明に始まり、図を用いて空気抵抗を減らす方法が説明され、その代表的方法である引き込み脚について、図や写真、「油圧」「扇形歯車」といった専門用語を用いながら説明がなされていた。ここでも、全ての語句についてルビが付されておらず、一部に流体力学の概念も用いられ、内容は詳細で複雑化していた。残りの四回についても、航空機エンジンの構造や揚力の発生原理等が取り上げられ、内容も先と同等程度であり、到底「家庭」では理解し得ない内容となっていた。

また、従前同様、日本の科学技術が決して欧米に劣っていないことを強調している記述も見られた。三三六号（昭和一九年八月三〇日）の「新兵器を造る力」では、まず「緒戦のあの大戦果は何によつて得られたか。（中略）戦前わが国は科学技術でも圧倒的に敵に勝れていたといえるのである」と、太平洋戦争開戦当初の快進撃を例に挙げ、開戦以前から決して劣っていなかったことを説明した上で、「卑近な例では味噌、醤油であるが（中略）この生産技術は正に世界に冠絶するものであり（中略）科学技術においても日本は絶対不敗の力を持つてゐるのである」と、味噌や醤油を例に挙げ、「絶対」という語句も用いて、日本の科学技術が決して劣っていないことを懸命に強調していた。

一方で、「最近の戦況と、それから敵の物量に眩惑されて、わが国の科学技術がまるで敵に劣つているやうに考へている人があるが、この考へ方も危険である」としつつも、「わが国では緒戦の戦果と皇軍将兵の勇戦善謀に信頼するあまり、科学技術の方面が多少閑却された。（中略）ために、この方面に対する打つ手段が少しづつ遅れて来て、遂に今日の戦況を招く状態となつたのである」と、科学技術の遅延を認めていた。戦局の悪化という現実に直面し、もはや認めざるを得なかったといえよう。

実際、清沢洌は、「この白昼、敵が帝都の上を堂々と通過するのである。それを我軍が、どうもすることができないのである[50]」と、本土が空襲を受けるようになって大きな衝撃を受けたことを吐露し、「帝都上空に米国機が来たのに何故に落とさないかとの疑問が一般人に在るとのこと[51]」、「大正大学教授浜田とかいう人。（中略）B29号の東京を飛んだのに対しては、これをどうにもできなかった日本空軍力に失望していた[52]」、「日本側飛行機が、ほとんど問題にならないことが何人にも話題になつている」[53]等と記し、日本の航空技術に対して国民の信頼も大きく失われつつあったことが確認できるのであった。

＊　＊　＊

以上、本章は学徒の勤労動員、兵力動員、そして科学振興に関する『写真週報』の記事を紹介、分析してきた。ここでは各節の結論をまとめておきたい。

第一に学徒勤労動員についてであるが、昭和一五年までは学徒は動員の対象とみなされておらず、『写真週報』も学徒の勤労を集団勤労作業という教育の一形態として伝えた。しかし、昭和一六年以降、学徒・児童に農業労働力の補塡が求められるようになると、食糧増産運動に協力する学徒が度々登場するようになる。そして昭和一八年後半から学徒動員が強化されると、学徒の描かれ方は、長期間、学校を離れて工場で労働に取り組む姿となっていった。この間『写真週報』は、勤労動員の「モデル」を登場させ、そのあり方を知らしめるとともに、勤労動員に取り組むべき雰囲気を醸成しようとしたのである。

第二に、兵力動員についてであるが、『写真週報』は、陸海軍の人材養成方針の転換に合わせ、昭和一七年後半から一九年にかけて陸海軍の少年兵、海軍予備学生の募集活動の一翼を担った。そこでは飛行兵への憧れの感情を抱かせる誌面作りや、昇進の早さを強調するなどして、学徒の志願を促すための懸命の宣伝が行われた。また、児童には軍人援護活動が期待された。昭和一七年より軍人援護教育が本格化したことにともない、『写真週報』は軍人援護教育のあり方を知らしめるべく、模範的な学校の取り組みを伝え、児童の軍人援護活動の活発化を図ったのである。

第三に、科学振興についてであるが、日中戦争期においては、身近な題材を通じて科学技術に対する子供たちの関心を高めようとする報道がなされていた。航空関連記事についても、グライダーや模型飛行機等、将来的には航空要員として期待されていたとはいえ、必ずしも軍用機との関連は前面には打ち出されてはいなかった。しかし、次第に日中戦争が長期化してくると、内容も複雑化し、軍事技術に関連した報道も行われるようになる。太平洋戦争勃発後は、戦局の悪化に伴って完全に軍事技術に特化した報道がされるようになり、到底子供たちには理解し得ないものとなっていた。軍事技術、とりわけ航空技術の遅れを取り戻すべく戦局の推移にしたがって、幅広い科学技術の振興から特化された軍事技術の普及へと報道の軸足を移していったのである。

（奥健太郎・鶴岡聡史）

第八章　女性も戦おう
銃後の女性の勤労精神

本書第六章で論じたように、成年男子に対する大量の兵力動員が行われると、国内には深刻な労働力不足が生じた。その労働力の不足を多方面にわたって埋めることを期待されたのが女性であり、そのため『写真週報』には「あるべき」女性の姿が頻繁に登場する。

従来の研究は女性の労務動員の実態を詳細に明らかにしてきたが、(1) その動員を円滑にするための政府の宣伝活動に光を当ててこなかった。(2) そこで本章は第六章と一部重複するものの、改めて女性に焦点を定め、『写真週報』に描かれた女性の姿の変化を跡づけていく。それはとりもなおさず、国家の女性に対する要請をダイレクトに反映することになるであろう。

本論に入る前に、創刊から終刊までの誌面の全体像をここで押さえておきたい。全体像を捉えるために最も簡単な方法は、表紙を分析することである。表紙で取り上げられた題材は通常、誌面の中心的なトピックと連動しているからである。**図表8－1**では表紙のうち労働する日本女性がテーマになっているものを選び、これを産業別、時期別に分類した。ここからおよそ次のような傾向が読み取れる。

①昭和一三年～一五年　農業に従事する女性が取り上げられた時期
②昭和一六年～一八年前半　工業に従事する女性も登場するようになった時期
③昭和一八年後半～一九年三月　工業に従事する女性が集中的に掲載された時期
④昭和一九年四月～終刊　女性労働の記事が精神主義的になった時期

本章では右の時期区分に従い、誌面の特徴を分析していきたい。

図表８－１　女性労働が扱われた表紙

	第一次産業	第二次産業	第三次産業	その他
昭和13年	9号(13年4月13日)：水揚げされた魚を仕分ける女性 36号(13年10月19日)：馬を引く農婦		17号(13年6月8日)：看護婦	
昭和14年	79号(14年8月23日)：田で草取りをする若妻 94号(昭和14年12月6日)：林檎を収穫する女性 96号(昭和14年12月20日)：みかんを収穫する乙女		54号(14年3月1日)：看護婦	
昭和15年	105号(15年2月28日)：鍬をかつぐ乙女 119号(15年6月5日)：桑をつむ乙女 122号(6月26日)：田植えをする農婦(応召遺家族) 128号(8月7日)：田の草取りをする農婦		136号(10月2日)：電話交換台で働く女性	99号(1月17日)：町まで薪を運んだ後、町でも働く農村の女性
昭和16年		195号(11月19日)：工場で働く乙女		
昭和17年	241号(10月7日)：甘藷の収穫をする農婦	206号(2月4日)：陸軍被服本廠で働く女性	230号(7月23日)：マレーの少女に日本語を教える従軍看護婦	
昭和18年	274号(6月2日)：田に暗渠を作るための工事をする農婦	293号(10月13日)：機械工補導所で機械の操作方法を学ぶ女子実習生 297号(11月10日)：飛行機工場で働く女性工員		
昭和19年	324号(6月7日)：田植えをする農婦	313号(3月15日)：飛行機工場で働く女性工員 314号(3月22日)：陸軍造兵廠で働く女子挺身隊 326号(6月21日)：飛行機の塗装をする女子挺身隊 333号(8月9日)：サイパン陥落で増産を誓う女性工員 338号(9月13日)：軍手製造の内職をする母	320号(5月10日)：飛行機を整備する女性整備士	
昭和20年		359号(2月14日)：工場で笑顔の学徒工員(男女) 369・370(合併号)(5月9日)：飛行機の前で神に祈る女性工員		

一　銃後を守る農村女性の顕彰——昭和一三年〜一五年

（1）労務動員の概況

本書第六章で述べたように、この時期は労働力に比較的余裕があったため[3]、女性に対する労務動員も消極的なものであった。**図表5－2**で確認すると、政府は昭和一四年度で三八万人、一五年度は五三万人の動員を計画しているが、その方法は「女子ノ労務ニ関シテハ職場ノ選択ニ付適切ナル指導ヲ行」うこと、「未婚ノ不就業女子ニ付就業勧奨ヲ積極的ニ行フ」という程度にすぎなかったのである[4]。

（2）誌面の特徴

右に述べたように、この当時積極的な労務動員は行われていなかったものの、農村部では兵力動員と工業への労働力流出により、労働力不足が目立ち始めていた。**図表8－2**は農業従事者の年齢別構成をまとめたものであるが、昭和一五年の段階で相当数の若年男性が流出していたことが分かる。そして、そのしわ寄せは女性に及び、農村では残された女性たちが、苦しい中で田畑を守らなくてはならなかった。こうした中、図表8－1で示したように、農村の女性に焦点を当てた記事が多数掲載されることになる。それでは、どのような記事が掲載されたのか。

基本的なパターンは、男性不在の中でもたくましく働き、銃後を守る模範的な女性を顕彰する記事である。まず農村の女性の記事としては、**図8－1**の八四号（昭和一四年九月二七日）「勇士よ銃後は大丈夫　農村の妻女より」がその典型である。この記事の主人公は、写真にあるようにリアカーで荷物と幼児を運ぶ小柄な女性である。この女性は夫が出征中であり、記事はこの女性が夫に出した手紙を紹介するという形が取られている。その「手紙」は、妻がリ

図表８－２　農業労働力の年齢別性別構成

（単位：人）

	昭和５年		昭和15年			
年齢	男	女	男	女	男性の増減	女性の増減
０－14	185,017	185,439	124,021	142,766	－60,996	－42,673
15－19	983,112	800,085	779,113	834,163	－203,999	34,078
20－24	767,115	761,490	388,824	783,687	－378,291	22,197
25－29	756,801	727,683	527,345	761,209	－229,456	33,526
30－34	716,170	693,328	581,494	735,160	－134,676	41,832
35－39	674,420	633,859	631,845	738,917	－42,575	105,058
40－44	672,431	615,039	636,161	702,818	－36,270	87,779
45－49	677,873	593,540	608,847	635,803	－69,026	42,263
50－54	698,213	534,286	606,619	596,200	－91,594	61,914
55－59	573,374	380,660	580,373	519,841	6,999	139,181
60歳以上	1,030,332	470,758	1,153,736	772,634	123,404	301,876
合計	7,734,858	6,396,167	6,618,378	7,223,198	－1,116,480	827,031

出典：J・B・コーヘン著、大石兵衛訳『戦時戦後の日本経済　下巻』（岩波書店、昭和26年）、34頁をもとに作成。

アカーを引いて梨を無事に出荷したこと、応召農家ということで周囲の住民が収穫を手伝ってくれたこと、腕白ざかりの息子が日々成長していることなどを伝え、「こちらはしつかりやつてをりますから、あなたさまもよくよく御奮闘のほどお願ひ申し上げます」と結ばれる。苦境の中でもめげずに懸命に働く女性を模範例として持ち出すことにより、女性の奮起を促した記事といえよう。

漁村の女性に関しては、**図８－２**の「銃後に築く漁村篇」（一九号、一三年六月二二日）という千葉県のある漁村を取り上げた記事がある。写真には、てんぐさ漁をする漁

図８－１
勇士よ銃後は大丈夫　農村の妻女より

図８－２　銃後に築く漁村篇

しい女性が配されているが、本文の説明によると、この村では男性が遠洋漁業で不在にする期間が長いので、昔から女性も漁をし、耕作も女性だけで行ってきたという。また同記事では、夫の出征にともなう軍事扶助の支給を辞退して海で働く、健気な女性の美談もここで紹介されている。このような村であるがゆえ、この村の区長は「よそでは、銃後を護れ、といふので急に女達も働きだしたやうですが（中略）（この部落では―引用者注）昔から、幸か不幸か女も男と一緒に働く習慣が、非常時の今日大変役立つて居ります。男といふ男を全部御国に捧げても、儂の部落の限りでは、女だけで立派にやっていけまさあ」との談話を寄せている。政府の農村への要請をダイレクトに表現した談話といえよう。

以上のように、農村の女性労働が頻繁に登場する一方で[5]、都市部の女性労働に目を転じると、その誌面は総じて切迫感の感じられないものとなっている。

まず本書第六章でも紹介した図６－２の「戦ふ織手」（一三号、昭和一三年五月一一日）は、内閣情報部印刷局、百貨店の慰問袋売り場、海軍省の電話交換台、ニュース映画のフィルム室など、日中戦争に関わりのある職場で働く職業女性の姿を取り上げた特集である。この記事は、「就業勧奨」の一環として、笑顔できびきびと働く女性を取り上げることで、職業女性にポジティブなイメージを付与する狙いがあったと推測される。しかしその一方で、この記事では、女性の労働を四頁にもわたって特集しながら、特に女性に労働を呼びかける文言は見当たらなかった。同じく

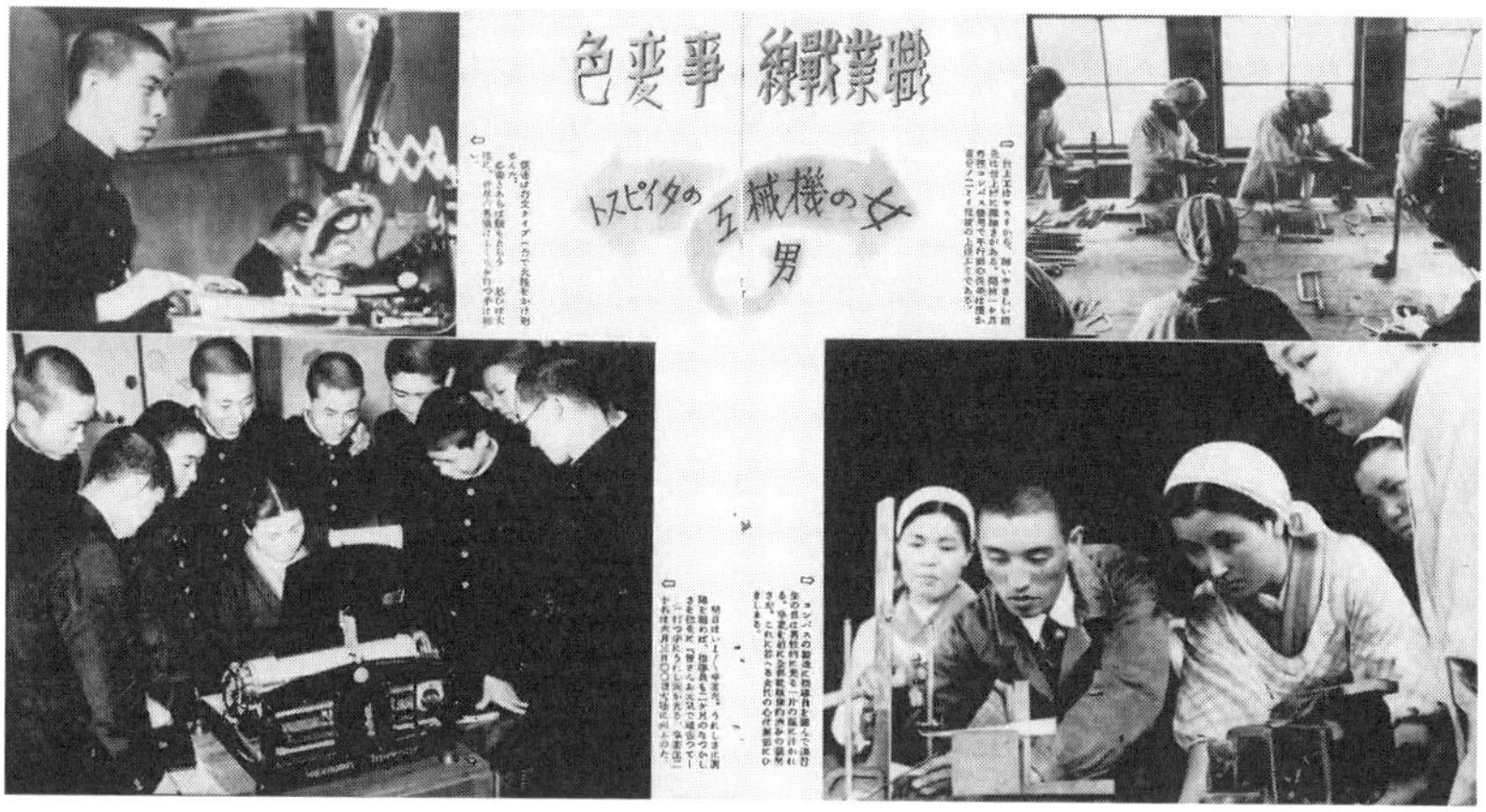

図8－3　職業戦線事変色

本書第六章で言及した図6－3の八六号（一四年一〇月一一日）「お嬢さんも街に出た」は、お嬢さんの奉仕活動を模範例として掲載したものである。記事は、「世間知らずの箱入り娘と、とかく非難されがちであったお嬢さんが戦時下銃後一億一心の意気をみせ街頭に進出」したというものであるが、子供の遊び相手ですら模範足りえた点は、この時期の特徴を示すものである。

また、**図8－3**「職業戦線事変色」（六八号、一四年六月七日）は、この時期としては珍しく工業に従事する女性が登場する記事である。右頁の写真は、工場で働くために職業補導所で工作機械の扱い方を学んでいる女性、左頁は大陸進出を控えてタイプライターの技術を学んでいる男性であり、これらはいずれも支那事変が生んだ「異現象」であるというのがこの記事の主題である。この記事の注目される点は、そもそも、ここに登場する女性は「職場ノ選択ニ付適切ナル指導」を受け、時局に適した職場に進もうとしている模範的な女性である。それにもかかわらず、特に賞賛されるわけではなく、あくまで事変によって発生した「異現象」として紹介されているにすぎない。

このように『写真週報』では、都市部の女性労働は戦時らしさの少ない構図で描かれていたが、(6) それは女性の工業への労務動員に力が注ぐ必要性が少なかったこの時期の余裕を反映していると思われる。

二　「国民皆労」と「人口増産」の中で――昭和一六年～一八年前半

(1) 労務動員の概況

昭和一六年、労務動員は強化され、昭和一六年度の供給目標数は二二一万人へと急増した。また動員の方針もそれまでの「必要労務の散逸を間接的に防ぐ」という方針から、「労働能力のあるものはすべて動員の対象とする」という積極的な方針に変わり[7]、「国民皆労」というスローガンが広く宣伝されるようになる[8]。

こうした中で女性の動員も緩慢ながら強化された。動員計画数は昭和一六、一七年とも六〇万人台と一五年とそれほど大きな差はないが、動員計画の理念に変化が見られた。すなわち、昭和一六年度の労務動員計画には「女性ニ付テハ男子労務者ノ代替トシテ未婚女子ヲ主タル対象トシテ之ガ動員ヲ強化ス」と、男性の代替労働力として未婚女性を動員するという線が初めて明示されたのである[9]。ちなみに、なぜ未婚かといえば、昭和一六年一月、政府は人口政策確立要綱を策定し、人口増産を政府の目標として掲げていた（本書第五章参照）。人口増産という目標を掲げる以上、既婚女性には子供を生み育てる母としての役割がまず期待されたのである。

(2) 誌面の特徴

上述した政策を背景に、この時期の誌面には二つの傾向が生じる。第一の傾向は、未婚女性の労働参加を要請する記事が頻出するようになることである。以下三つのパターンに分けて紹介したい。

第一に、花嫁修業など、無業の未婚女性に労働を促す記事が多く掲載された。これは昭和一六年度の国民動員計画において女性無業者からの供給目標が、前年の二倍になったことが背景にあると思われる（本書第六章、図表6－2参

図8－4　鋏をハンドルに持ち代へて

照）。本書第六章でも紹介した、図6－8の一八九号（一六年一〇月八日）「一人の無業者もなし　お花のお稽古も余暇を国家へ」は、その典型的なものである。この記事は、普段は華道を習っているお嬢さんの奉仕活動を模範として取り上げたものであるが、そこでは華道の合間に特殊煙草の製造を行う様子が報じられている。華道の合間の労働でも模範足りうるのは象徴的であるが、それでも「一人の無業者もなし」と女性の労働参加＝国家の要請というメッセージがダイレクトに表現されるようになったのが、それまでと異なる特徴である。

第二に、男性の職場とも思える職場に、果敢に挑戦する未婚女性が進出する様子を伝える記事が散見される。**図8－4**の二〇五号（一七年一月二八日）の「鋏をハンドルに持ち代へて」が代表的なものであり、ここでは徳島県の女性バス運転手が紹介されている。記事によれば、この女性は男性運転手が応召した結果、バスが車庫に残されているのを残念に思っていたが、たまたま自動車免許を持っていたことから、バスの運転手に志願したところ採用され、これまで無事故で運転を続けているということである。また**図8－5**の「電波戦の基地に女性整備員」（二二三号、一七年六月三日）という記事は、女学校を出た

図8－6
戦ふドイツ国民

図8－5　電波戦の基地に女性整備員

ばかりの女性がある会社の女子無線技術者講習所に入所し訓練を受けている様子が紹介され、写真には鉄塔に登る女性の勇ましい姿が掲載されている。こうした職場への女性進出は常態とは思えないが、話題性のある女性進出を取り上げることにより、男性に代わる労働力として、女性が積極的に労働に参加する気運を盛り上げようとしたものと思われる。

第三に、労働に参加する女性の模範は同盟国ドイツにも求められた。**図8－6**の二五九号（一八年二月一七日）「戦ふドイツ国民」という記事は、「ドイツでは男でも女でも働ける人は殆んど総て兵隊になつてゐるか、労働に従事してゐる、どんないい家のお嬢さんも朝六時に起きて、事務員、タイピスト、工場などに働きに出かける」などと説明し、写真には裕福な未婚女性が働く姿を配している。その上で、これに対し日本は、何となく余裕がある、呑気であるとして、女性の労働参加がいまだ活発でないことに警鐘を鳴らしている。

次にもう一つの傾向について紹介したい。今日と同様、既婚の女性が家庭外で労働参加しようとすれば、ネック

図８－７　働く母を護りませう

図８－８　墨染の衣からげて

になるのが育児の問題である。それゆえ『写真週報』にはこれをサポートすべく、託児所・保育所の設置を要請する記事が目立つようになる。[10] 例えば、**図8－7**の二四七号（一七年一一月一八日）「働く母を護りませう」という記事では、女工員日本一といわれる東京第一陸軍造兵廠の託児施設が特集されている。写真は砂場やブランコで遊ぶ幼児、さらには働く母のための健康診断が行われる様子を伝え、こうした設備を「各方面にどんどん設けられたいものです」と推奨している。[11]

また、託児所は都市ばかりでなく農村にも設置が推奨された。労働力不足がさらに深刻になった農村[12]では女性の畑仕事の足手まといになる子供の面倒は、もはや家庭ではなく、託児所という形で組織的に取り組む必要が生じ、そのための広報活動の必要が生じたと思われる。[13] 具体的に記事を紹介すると、**図8－8**の一六八号（一六年五月一四日）「墨染の衣からげて」という記事は、富山の宗教団体連合会が、農村で働く女性のために託児所を開設したというものである。写真には尼寺の尼さんたちが、子どもの食事の面倒や遊び相手になる姿が掲載され、こうした取組みは農村の能率増進と乳幼児死亡率の低下のための優れたモデルとして紹介されている。また、子供の面倒を見ることは女学生にも求められた。例えば「農繁期に女学生の託児所」（一七七号、昭和一六年七月一六日）という記事は、名古屋の高等女学校の女学生が農繁期に寺院を利用して、子供の面倒を見る奉仕活動の様子を伝えているが、こうした活動は農民の手助けだけでなく、「未来の良妻賢母の実習と奉仕をかねた課外授業」であると、教育としても意義ある活動として報じられている。

以上、未婚女性の動員、託児施設の普及を取り上げた誌面を紹介したが、これらは、国民皆労と人口増産という二つの目標が同時に追求されたこの時期を象徴しているといえよう。

三　女性動員のための大量宣伝——昭和一八年後半〜一九年三月

(1) 労務動員の概況

日本の劣勢が明らかとなると兵力動員は一層強化され、それに連動して労務動員も著しく強化された。国民動員計画によれば、昭和一八年度の動員目標は二三九万人、一九年度は四五四万人へと急増したのである。

こうした中、昭和一八年六月労務調整令が改正され、一定職種（軽作業）の男子就業が制限あるいは禁止され、代替労働力として女性労働の緊急性が増した。そこで政府は、昭和一八年九月「女子勤労動員ノ促進ニ関スル件」を決定し、女子挺身隊が結成されることとなった。これにより「航空関係工場、男子の就業制限禁止によって補充を要する業務への動員が図られ[14]」たのである。この女子挺身隊の結成は、初めて女性にターゲットを絞った労務動員政策であったが、ここで重要なのは、この時の女子挺身隊は強制ではなかったことである。すなわち、市町村長、町内会、学校長などが女性に呼びかけ、隊を結成するというものであった[15]。つまり自主性に依存していたがゆえに、『写真週報』でも重点的な宣伝活動を行う必要性が生じたのである。

ちなみに、「女子勤労動員ノ促進ニ関スル件」は、「女子ヲ動員スベキ職種」として、「①航空機関係工場、②政府作業庁、③官庁及之ニ準ズベキモノ（特ニ男子徴用ニ依リ補充ヲ要スルモノ）、④男子就業ノ制限又ハ禁止ニ依リ女子ノ補充ヲ要スルモノ」を挙げている[16]。この順序もまた誌面構成に影響を与えていると思われる。

(2) 誌面の特徴

この時期、女性の労働参加を促す記事が大量に掲載されたが、圧倒的に多いのは図表8－1から窺えるように、航

図8−9　働く女子には温い思ひやりと設備を

空関係工場を題材としたものであった。航空関係工場への就労を促す記事は、およそ三つのパターンに分けられる。

第一に、工場の職場としての魅力を訴えかける宣伝が頻繁に見られた。本書第六章でも論じたように、工場は安心して働ける場所であり、花嫁修業も行える場所、という宣伝が繰り返されたのである。例えば、図6−16の二七四号（一八年六月二日）「お母さんたちよ安心して娘さんを職場へお送り下さい」という記事が代表的なものである。ここで特集された藤倉航空工業では、女性工員が生花を学ぶ時間があり、清潔な洗濯場で洗濯できることを写真入りで伝え、工場が安心して娘さんを送り出せる場所であることを強調している。同様に、**図8−9**の「働く女子には温い思ひやりと設備を」（二九六号、一八年一一月三日）の記事では、女性工員が白樺で作られた茶室で茶道と古典を学ぶ姿、清潔な化粧室で身づくろいする姿などを写真で伝えている。(17)

ところで、こうした記事が頻出する背景には、未婚の娘の就労に抵抗を覚える親の存在があった。比較的裕福な親は、結婚前の娘が仕事を持つこと、とりわけ工場で労働することを嫌っていたのである。(18)それを端的に示すのが二九二号（一八年一〇月六日）の「時の立札」である。そこには次のような標語がある。

飛行機の増産に隘路なしわれに有りあまる力あり未だ動員せられざるのみ女中を使ひ有閑の時を偸む主婦なきや娘の就労を喜ばざる両親はなきや愛児を捧げて悔ゆるなき若鷲の父母達に愧ぢよ

図８－10　男子の就業が禁止される職業十七種

このような親の抵抗感を軽減させるためにも、『写真週報』は工場の魅力を宣伝する必要があったのである。

第二に、女性労働が戦争遂行上不可欠であることを強調する記事も数多く見られた。例えば、図6－17の三一〇号（一九年二月二三日）「飛行機工場は昼夜兼行の増産だ」は、七頁にもわたって女性が飛行機工場で働く姿を特集した記事である。ここでは飛行機関連の様々な部品を組み立てる写真が掲載されているが、被写体の従業員はほとんどが女性であり、写真の解説にも「こゝでは女子工員は単なる男子工員の補助ではない（中略）重

図8－11　国鉄の現場にも女性の敢闘始まる

要部分の組立まで立派に女手ばかりで行はれてゐる」と、工場があたかも女性だけで動いているかのような誌面を構成する。ただし実際は、軍需省の調査によれば、昭和二〇年二月の段階でも航空機産業における女性従業員の占める割合は約三〇%にすぎなかったという[19]。また記事では、女性の作業の正確性も評価され、例えば真空管をつくる女性の写真のキャプションで、「挺身隊と女子工員の血の出るやうな増産魂で造られた真空管には、検査の必要もないほどだ」と激賞するが、現実には女子挺身隊などの未経験工に技術を習得させるには人手と手間を要し、人数に対し作業能率は逆比例を示したという[20]。

このような意味でこの記事はかなり恣意的なものになっている。

第三に、敵国アメリカの女性動員を引き合いに出して、女性の就労を訴えかける記事も散見される。二九二号（一八年一〇月六日）の「敵アメリカの女でさへこんなに動員されてゐる」と題された記事（図6－18）は、写真に航空機工場で働く女子技術者を配した上で、「ジャズやスポーツに溺れ、世界一だらけ切つたヤンキーと誰しも考へたアメリカも開戦と同時に態度を改めた。（中略）若い女はもとより主婦までが軍需工場へ。あのヤンキーでさへこんなに必死なのだ。むしろわれわれの方が、ある点では立ち遅れてゐなかつたであらうか」、とアメリカを肯定的に評価する文言までをも加えて、女性の就労を促していたのである。

次に男性の就業が制限禁止された職種に関連する記事をみておきたい。そもそも、女性の労務動員は先述した労務調整令の改正により、その緊急性を高めたのであるが（図8－10、二九二号、一八年一〇月六日参照）、こうした職種への労働参加を促す記事の量は少なく、誌面の中身も比較的淡泊な内容となっている。例えば、図8－11「国鉄の現場にも女性の敢闘始まる」（二九四号、一八年一〇月二〇日）という記事は、男性の就業が制限禁止された職場で働く女性に焦点を当てた数少ない記事の一つである。ここでは女性が男性に代わり駅員として立派に活躍する様子を報じ、『女性よ職場』への要請に応じて起ち上った女性たちだ」と称賛していたが、工場への動員のための誌面に比較すると、具体的に職場の魅力を宣伝したり、誇大な表現で労働参加を促すような記事は見られなかった。おそらく男子の就業が制限禁止された職種は、比較的軽作業であるため、女性の就業への抵抗感が比較的少なく[21]、重点的に宣伝する必要がなかったと思われる。

四　精神主義への傾斜――昭和一九年四月～終刊

(1) 労務動員の概況

昭和一九年日本の敗色は濃厚となる中、動員兵力は著しく増加し、昭和一九年には四〇〇万人台に達した。一方、国民動員計画は昭和一九年度に四五四万人の新規動員を目標とし、労務動員の水準は最高に達した。しかし、昭和二〇年度になると、動員計画の策定自体が放棄されるに至った。国内に新規の供給源はもはや見出すことができなかったためである。

女性に関していえば、昭和一八年に結成された女性挺身隊は、期待したような人員は確保できなかった。そこで、昭和一九年三月政府は女子挺身隊制度強化方策要綱を閣議決定し、挺身隊への加入を強制することが可能となった。

さらに、昭和一九年二月から四月にかけて、学徒勤労動員という強制に近い動員が本格的に始動した。(22) 昭和一九年度は二〇〇万人近い女性の動員を見積もったが、その内学徒が占める割合は九二万人と、約半数に及んでいる。

(2) 誌面の特徴

先述したように、昭和一九年三月政府は女性を強制的に挺身隊に加入させることが可能となった。これを受け三一四号(一九年三月二二日)の「工場はあなた方挺身隊を待つてゐます」という記事が掲載された。そこでは「『可愛い娘』を工場なんぞにといふ間違つた考へ方をする母親がこれまでなかつたらうか」「職場そのものに対する昔ながらの無理解が、これまで女性挺身隊の結成を不成績にした」と親に批判の矛先を向け、その上で「(強制加入後は―引用者注)勇躍生産陣に参加しようといふ娘達の出鼻を、母親たちのこの無自覚と無理解が再び挫いてしまつてはならない」と強く戒めた。写真には、ここでも生け花をしたり、仕事が終わった後に読書や書き物をする女性工員の姿を掲載し、工場労働の悪しきイメージの払拭に努めた。また同号の「照準器」という漫画のコーナー(図8－12)では、若い女性が親に閉じ込められていた檻から飛び出して、まさに「勇躍生産陣に参加」しようとする姿を描いている。そして、この号以降、女性の労働参加を促す記事はほとんど見られなくなる。それは労務動員が可能になったことにより、あえて宣伝する必要が少なくなったためと考えられる。

さて、昭和一九年七月サイパンが陥落すると日本の敗色が濃厚となる。それとともに、誌面には新たな傾向が生じる。

第一は、女性労働が精神主義的なタッチで描かれるようになったことである。その典型が図8－13の三三〇・三三一合併号(一九年七月二六日)「頑張らう一億決死の覚悟で」という記事である。この記事の大きな写真は、鉢巻をした若い女性工員が剃刀を持って、指に傷をつけようとしているところである。なぜ傷をつけるかというと、全力で働くことを誓う血書をしたためるためであり、記事には、「私たちの血を捧げます。敵を撃つ生涯に全生命を打込みます」という彼女たちの「言葉」も紹介されている。また、工場で労働する女性が作業帽ではなく、鉢巻姿（鉢巻には日の丸あるいは神風の文字）で登場するのがほとんどになるのも、サイパン陥落以降の特徴である。

第二に、敵愾心が強く押し出されるようになることである。それを象徴するのが表紙の変化である。例えば、三三三号（一九年八月九日）の表紙（**図8－14**）を飾る女性の表情は険しいものであるが、それは絵に示されるようにサイパン陥落を機に、その仇を討つべく増産の決意を新たにしているからである。また**図8－15**の三六九、三七〇合併号（二〇年五月九日）の表紙の女性は祈りを捧げている。何の祈りかといえば、自分たちが作った飛行機が敵機を撃ち落としてくれることを祈っているのである。こうした表紙は、それ以前の女性の工場労働の表紙と比較すると（図6－15、二九三号、一八年一〇月一三日）、そのトーンが大きく違っていることが明らかである。

図8－12　女性も勇躍生産陣に参加

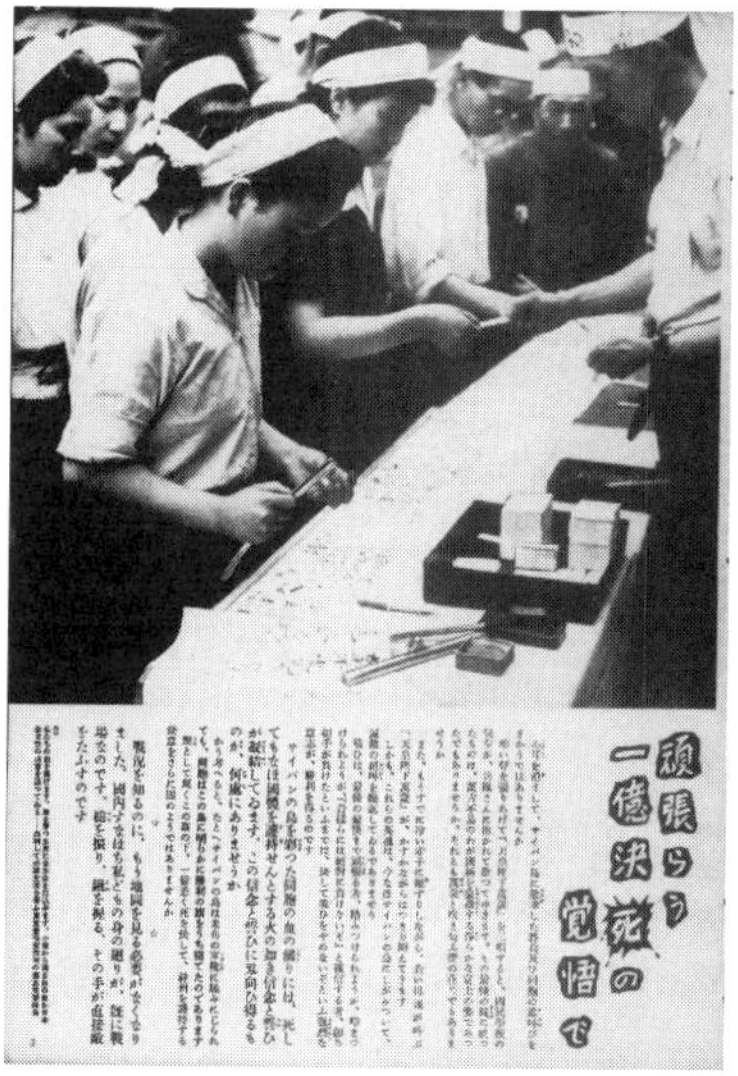

図8－13　頑張らう一億決死の覚悟で

第三に、勝利のために無私の精神で働く、いわば純真な女性労働者の姿が強調される。例えば、サイパン陥落直後の記事、「翼の増産に乙女起る」（三二九号、一九年七月一

図８－14　勝つために何でもやろう

図８－15　敵機撃墜を祈る

二日）という記事では、女性工員が「もつと飛行機を造りたい。私たちは職場に仆れても構ひません」などと述べ、その熱意に所長が女性の十二時間の勤務を許したという美談が伝えられる。また本書第七章で紹介した図７－８の三三二号（一九年八月九日）「強く明るく働く乙女の湖上教室」という記事は、勤労動員に向かう滋賀県の女学生を取り上げたものであるが、写真にあるように、彼女たちは動員先に向かう船の移動の間に勉強をした上で、工場に着けばそこでも懸命に働いている。鉢巻をして働く女学生のキャプションには、「暑ければ暑いほど、職場が戦場だといふことが身に沁みてわかります。どんなに辛くとも私たちは頑張ります。戦ひ勝つ日まで」と、純真な女学生の姿がここでも強調されている。

なお、こうした純真な女学生たちの労働は、先述したように生産性の向上にはつながらなかったが、純真な働きぶりに他の工員が感化されるという、精神的効果があったという[23]。しかし純真さは長続きしなかったようである。戦時中工員として勤務したこともある山田風太郎は、昭和一九年の日記に次のように書き留めている。

現代の工場で一番成績の悪いのは徴用された連中だそうだ。彼らは要領をモットーとし、幹部が廻ってくると忙しげに机や機械にかじりつき、幹部が去るとニヤニヤと煙草をくゆらし始める手合いが多いそうである。女学生の報国隊は、最初の一ト月ほどは恐るべく働くが、次第に能率曲線は低下してゆくという。肉体的の原因ばかりでなく、右のごとき工場内部の状態に対する精神的絶望のためもあろう。[24]

以上三つの角度から誌面を紹介したが、その背景は共通していると考えられる。すなわち、サイパン陥落以降、日本の敗色が濃厚になったことにより、労働者の間に沈滞ムード、怠業ムードが広がり始めていたことである（本書第六章）。こうした労働者の気を引き締め、あるいは奮起を促すために、女性の戦争にかける必死の思い、純真さを強調して宣伝する必要があったと思われる。

＊　＊　＊

本章は女性の労働に関連の記事を、労務動員政策の展開と重ね合わせながら分析してきた。各時期の特徴をまとめると次のようになる。

昭和一三年から一五年にかけて主として登場するのは、農村で明るくたくましく働く女性たちである。男性の出征にともなう困難にもめげず、明るく働く女性を顕彰することにより、農村の女性を鼓舞しようとしたと考えられる。これに対し、都市部の女性労働に関する記事では、女性労働に対する切迫感は見受けられなかった。

昭和一六年から一八年前半にかけて特徴的なのは、第一に、未婚女性の労働参加を要請する記事が頻出するようになったことであり、第二は、託児所の設置を奨励する記事が目立つようになったことである。こうした特徴は、この時期国民皆労と人口増産という国家目標が設定されたことを反映したものと考えられる。

昭和一八年後半から一九年三月までは、女性の労働参加を促す記事が大量に掲載された。その背景には、女性労働への緊急性が急速に高まったこと、そして女性の労務動員がいまだ強制的でなかったという事情が存在した。女性労働の題材としては、航空関係工場への動員を企図したものが多数を占めていた。そこでは工場の魅力的な様子、女性が戦争遂行のために不可欠な存在であること、そして敵国アメリカの進んだ女性動員の姿が宣伝されたのである。

強制的な動員が可能となった昭和一九年四月以降は、女性の労働参加を促す記事はほとんどみられなくなった。そしてサイパン陥落以降、誌面は精神主義的な色彩を強めることになる。それは女性の動員のためというよりも、勤労意欲を低下させつつあった一般工員の勤労意欲を刺激するための宣伝活動であったと考えられる。

（奥　健太郎）

第一章注

（1）『写真週報』を主たる分析対象とした研究には、写真史の文脈から捉えた柏木博『欲望の図像学』（未來社、一九八六年）、金子隆一「『報道写真』の位置」（『国際交流』二二巻四号、二〇〇〇年）、白山眞理「反日宣伝に対抗する報道写真」（『Intelligence』四号、二〇〇四年）などが、国民精神総動員運動における広報宣伝の方法の中で論じた井上祐子「『国家宣伝技術者』の誕生」（『年報・日本現代史』七号、二〇〇一年）、朴順愛「第二次世界大戦と日本のジャーナリズム」（『現代のメディアとジャーナリズム』五、ミネルヴァ書房、二〇〇五年）、井上「〝東亜の盟主〟のグラフィックス」（『立命館大学人文科学研究所紀要』八六号、二〇〇六年）、中国観の抽出分析を試みた古川隆久「『写真週報』にみる中国観」（『科学研究補助金基礎研究(C)『画像メディアを通してみた日中文化論』報告書』二〇〇二年）、ジェンダー分析を試みた加納実紀代「『大東亜共栄圏』の女たち」（木村一信編『戦時下の文学』インパクト出版会、二〇〇二年）、同「『写真週報』にみるジェンダーとエスニシティ」（『人民の歴史学』一六一号、二〇〇四年）、同「戦争とプロパガンダとジェンダー表象」（『イメージ&ジェンダー』五号、二〇〇五年）、戦争イメージの形成例として「時の立札」を取り上げた加納「『一億玉砕』への道」（『思想の科学』三一六号、一九七九年）などがある。

本書底本刊行後にも太平洋研究会『『写真週報』に見る戦時下の日本』（世界文化社、二〇一一年）、白山眞理「写真プロパガンダ化作戦」（『アジア遊学』一一一号、二〇〇八年）、同『『報道写真』と戦争』（吉川弘文館、二〇一四年）、白山眞理・小原真央『戦争と平和』（平凡社、二〇一五年）、柴岡信一郎「国策宣伝グラフ誌『写真週報』に見るスポーツイメージの活用方策（『コミュニケーション教育学研究』二号、二〇一二年）などが相次いで刊行されている。また、東京市が刊行していた行政広報誌『市政週報』（昭和一四年四月～一九年一二月）の内容を丹念に分析したものに、東京都公文書館編『戦時下「都庁」の広報活動』（『都史紀要』三六、東京都政策報道室、一九九六年）がある。

その他、リプリント出版に当たって概要をまとめた廣瀬順皓「解説」（『フォトグラフ・戦時下の日本』別巻、大空社、一九九〇年）も短編ではあるものの、有益である。このリプリント以外にも、二〇〇六年からアジア歴史資料センターがウェブサイトにおいて国立公文書館所蔵の『写真週報』（創刊号から三五二号まで）の画像提供を始めている（http://www.jacar.go.jp/）。同サイトには「特別展『写真週報』にみる昭和の世相」（http://www.jacar.go.jp/shuhou/）も公開されており、参考となる。

（2）当時、『アサヒグラフ』の定価が八〇銭、新聞朝刊が七五銭であったことから見ても、二〇頁あまりに写真を配した『写真週報』が一〇銭というのがいかに破格であったかを知ることができるだろう。他方、用紙や印刷は他のグラフ誌と比較すると質が低かったという（前掲、柏木『欲望の図像学』、四四頁）。

なお特集号、三六六号（昭和二〇年四月一八日）から終刊までは一部二〇銭であった。また、官公庁での購読の場合は七銭（のち八銭）という特別価格設定（注109）があり、一般でも年間購読の場合は四円八〇銭とする割引制度があった。

（3）頁数は当初二〇頁でスタートし、三四号（昭和一三年一〇月五日）、一九二号（昭和一六年一〇月二九日）、二七六号（昭和一八年六月一六日）、三一五号（昭和一九年四月五日）などで用紙節約を理由とした減頁や大型化が行われている。しかし実際には、広告頁などのやりくり、編集上の都合による増頁などの要因から二〇頁前後で折々、変動した。最末期の三六六号（昭和二〇年四月一一日）から終刊までは一貫して一六頁であった。

（4）「情報局ノ組織ト機能」（『編集復刻版　情報局関係極秘資料』八巻、不二出版、二〇〇三年）、六八頁。

（5）本章第三節一項を参照。

（6）「国民精神運動実施要綱」（昭和一二年八月二四日閣議決定）。

（7）国民精神総動員中央連盟と内閣情報部は、組織はもちろんのこと、人的にも大きく重複し、相互補完関係にあったという（『大室政右オーラルヒストリー』、政策研究大学院大学C.O.E.オーラル・政策情報プロジェクト、二〇〇四年、七七頁。大室氏は当時、中央連盟本部の事務スタッフ）。

（8）伊香俊哉「解説」（『史料　週報　解説』大空社、一九八八年）、朴順愛「『十五年戦争期』における言論政策」（『マス・コミュニケーション研究』四四号、一九九四年）。

（9）「『週報』ニ関スル打合事項」（昭和一一年一一月）における佐野小門太・内閣理事官の意見（国立公文書館蔵「週報ニ関スル件」所収）。

（10）「週報に対する批評、感想第一輯」（前掲「週報ニ関スル件」所収）。同様の意見は、一般においても見られた。たとえば『読売新聞』の「読者眼」欄に寄せられた投書には、『週報』の記事を引用して「丁度高校か、専門学校の国語入試問題のゴツイやつではないかといふ感じの物の言ひ方だ。（中略）一般国民は決してみな法学士でも、学者でもない。第一こんな解りにくい文章はとつつきが悪い。（中略）政策を国民一般に知らしめる唯一の機関であり、そしてその目的のために生れた週報であつてみれば、かうしたしかつめらしい官僚性、無益なむづかしさを一掃して、もつと親しみ易い、親切なものにして欲しい」との声が寄せられている（昭和一三年三月五日付）。

（11）清水盛明（内閣情報部情報官）「戦争と宣伝」（内閣情報部編刊『思想戦争講習会講義速記』第二輯、一九三八年）。

（12）前掲「情報局ノ組織ト機能」、六二頁。

（13）内閣情報部「写真報道事業」（『編集復刻版　情報局関係極秘資料6』、不二出版、二〇〇三年）。情報官であった林謙一の回顧によれば、中国側の王一哲による反日宣伝写真をルーズヴェルト大統領夫人が取り上げて日本製品ボイコットをしたことが、写真提供事業を立ち上げることの直接的なきっかけになったという（林謙一「国家宣伝は必死になってやるもんだ」。渋谷重光『昭和広告証言史』宣伝会議、一九七八年。前掲、白山「反日宣伝に対抗する報道写真」）。また、すでに昭和七年の段階で、外務省が対米宣伝グラフ誌の発行を「適当ナル新聞社」に行わせることが計画されていた（前掲、朴「第二次世界大戦と日本のジャーナリズム」）。
（14）前掲「写真報道事業」。
（15）柴岡信一郎『報道写真と対外宣伝』（日本経済評論社、二〇〇七年）、四七－八頁。
（16）前掲「情報局ノ組織ト機能」、七〇頁。
（17）前掲「情報局ノ組織ト機能」、七〇頁。
（18）内閣情報部の嘱託であった松本昇は、前年の「愛国行進曲」の懸賞募集が好結果であったので写真の募集が考案されたが、それでは、情報部が懸賞ばかりしていると受け止められることが懸念され、『写真週報』の刊行に切り替わったと回想している（白山眞理・堀宜雄編『名取洋之助と日本工房［一九三一－四五］』岩波書店、二〇〇六年、xi頁）。
（19）長谷川明「グラフ・ジャーナリズムの勃興」（金子隆一ほか『日本近代写真の成立』青弓社、一九八七年）、前掲、白山・堀編『名取洋之助と日本工房［一九三一－四五］』。グラフィズムの展開については、有馬学『帝国の昭和』（講談社、二〇〇二年）、一五九頁。
（20）前掲、白山「反日宣伝に対抗する報道写真」。
（21）前掲、井上「〝東亜の盟主〟のグラフィックス」。
（22）石川保昌『報道写真の青春時代』（講談社、一九九一年）、二四三頁。当時、国民精神総動員中央連盟本部に勤務していた大室政右は、この事情について「みんな遅れをとりたくないんでしょう。だから漫画家が協力するとか、いろんな方面がみんな協力してくるわけですよ。だって、ほかにやることないでしょう。まだ徴用に行っている時期ではありませんけど、みんな仕事がなくなっているわけです。新聞の紙面は少なくなるし、雑誌は紙が少なくなる。結局、積極的にやりたいことになる」と、当時の現実を語っている（前掲『大室政右オーラルヒストリー』、八六頁）。
（23）前掲「情報局ノ組織ト機能」、七〇頁。
（24）詳しくは本章第二節を参照のこと。
（25）写真協会には、昭和一六年度に年額一〇万円（「情報局ノ組織ト機能」、六九頁）、二〇年度には二〇万円が内閣臨時補助金として支出されている（「情報局の設置」（『戦前の情報機構要覧』日本図書センター、一九九二年）、三一三頁）。
（26）淀矢瑳平「内閣情報部と『週報』の内幕」（『話』昭和一三年二月）。
（27）前掲、柴岡『報道写真と対外宣伝』、四五－五一頁。
（28）津田弘孝『はたとせ』（交通経済社、一九五〇年）。なお、同書には情報局時代の記事は記されていない。
（29）「内閣情報部情報官ノ特別任用ニ関スル件、大正二年勅令第二百六十二号任用分限又ハ官等ノ初叙陞叙ノ規定ヲ適用セサル文官ニ関スル件中改正ノ件　昭和十四年六月十四日」（国立公文書館蔵「枢密院会議筆記」所収）。林については、白山眞理『情報官・林謙一が見た昭和一六年富士山観測所』（ＪＣＩＩ

フォトサロン、二〇一五年）が詳しい。

(30)「内閣情報部情報官ノ特別任用ニ関スル件」（昭和一四年勅令第四〇五号）。情報局への発展改組の後も特別任用は継続された（「内閣情報局情報官ノ特別任用ニ関スル件」（昭和一五年勅令第八五五号））。

(31) 情報部拡充計画、情報局への改組については、古川隆久『昭和戦中期の総合国策機関』（吉川弘文館、一九九二年）。

(32) 高野龍雄『智慧の部隊』（三笠書房、一九七九年）、二〇頁。

(33)「情報局設立ニ至ル迄ノ歴史（上）」（前掲『編集復刻版　情報局関係極秘資料8』）、五七頁。

(34) 前掲「情報局ノ組織ト機能」、六三頁。

(35) 以下、題目決定、取材、執筆の流れについては、前掲「情報局ノ組織ト機能」、六三頁。

(36) しかし、内閣情報部の部内紙である『局報』には、他の会議予定は示されるものの、『週報』『写真週報』の編集会議については全く掲載されていない。連絡の必要がなかったということは、ほぼ担当課のみで行う会議であったとみてよいだろう。

(37) 国立公文書館にも、情報局の資料は纏まった形では存在していない。

(38) 前掲、高野『智慧の部隊』、三〇－三三頁。

(39) 前掲、石川『報道写真の青春時代』、二四九頁。

(40) 写真協会、旧写真協会フィルムについては金子隆一氏（東京都写真美術館）に種々ご教示頂いた。記して感謝申し上げたい。

(41) 前掲、柏木『欲望の図象学』、四四頁。

(42) 各号の最終頁に「今週のキャメラ」と題された写真題目と撮影者のリストが付されており、これから提供元などの情報を得ることができる。

(43) 特集記事の登場に応じて、従来目次の役割を果たしていた、巻末の「今週のキャメラ」は見られなくなった。

なお、いわゆる特集号を特定することは難しい。表紙のキャプションから判断して特集号と思われるものでもその他の記事が複数掲載されている場合があるからである。そこで、全頁を一つの特集記事に絞った号としては、以下の一三冊を確認することができる。

『航空特集』（一三五号、昭和一五年九月二五日）

『紀元二千六百年祝典臨時号』（一四五号、昭和一五年一一月三〇日）

『兵隊さんが作った特集号』（一五三号、昭和一六年一月二九日）

『支那事変四周年第一特集』（一七四号、昭和一六年七月二日）

『支那事変四周年第二特集』（一七五号、昭和一六年七月九日）

『都市防空特集』（一八四号、昭和一六年九月三日）

『九月二十日は航空日』（一八六号、昭和一六年九月一七日）

『第三十七回海軍記念日』（二二一号、昭和一七年五月二〇日）

『大東亜建設特集』（二三〇号、昭和一七年七月二二日）

『大東亜戦争一周年』（二四九号、昭和一七年一二月二日）
『空の戦力増強』（二五五号、昭和一八年一月二〇日）
『お父さんお母さんボクも空へやつて下さい』（二八九号、昭和一八年九月一五日）
『大東亜戦争二周年』（三〇〇号、昭和一八年一二月八日）

(44) たとえば昭和一三年六月二一日からの国民精神総動員貯蓄報国強調週間においては、『週報』『写真週報』、ラジオ、冊子、ポスターなどによって広報することが次官会議で決定されている（「国民精神総動員貯蓄報国強調週間ニ関スル件」。長浜功編『国民精神総動員運動　民衆強化動員資料集成1』、明石書店、一九八八年）。

(45) 作者は麻生豊、宍戸左行。「週間漫画」と題して連載を予期させたが、二号以降は見ることができない。

(46) たとえば、花見での節制を呼びかけた「サイタサイタサクラガサイタ」（一〇一号、昭和一五年四月一〇日）、「二千六百一年を迎へる心の御用意は」（一四八号、一二月一八日）など。

(47) 陸軍省新聞班「徐州陥つ」（一五号、昭和一三年五月二五日）、「漢口作戦進む」（三三号、九月二一日）など。

(48) 外務省情報部「日英東京会談に就て」（七五号、昭和一四年七月二六日）、「日英第三次会談を終へて」（七六号、八月二日）。

(49) 「復習室」の連載は、二六一号（昭和一八年三月三日）までおよそ三年半続いた。

(50) 「写真募集規定」（二号、昭和一三年二月二三日）。

(51) 「お正月号用『読者のカメラ』募集」（四一号、昭和一三年一一月二三日）。

(52) 「国民精神総動員　懸賞愛国写真募集」。主催：報知新聞、後援：内閣情報部、協賛：富士写真フイルム株式会社。

(53) 平沼騏一郎「大命を拝して」（四八号、昭和一四年一月一八日）、阿部信行内閣組閣写真（八一号、九月六日）。

(54) 本章第二節三項で取り上げる小特集「大臣を陣頭に」を別にすれば、政府要人が登場する場合は、大半が外交使節としてのものである。

(55) 戦時における天皇・皇后・皇太子の図像については、川村邦光『聖戦のイコノグラフィー』（青弓社、二〇〇七年）、白山眞理『山端祥五が見た昭和天皇』（ＪＣＩＩフォトサロン、二〇一五年）が詳しい。

(56) 「靖国神社行幸」（一一号、昭和一三年五月四日）など。

(57) 「皇太子第五回の御誕辰」（四五号、昭和一三年一二月二一日）、「皇后陛下」（一三号、五月一八日）、「満州国建国七周年」（五四号、昭和一四年三月一日）。天皇・皇族写真の掲載回数の推移については、小山亮「戦時における昭和天皇の視覚的支配」（山田朗編『戦争Ⅱ』青木書店、二〇〇六年）。

(58) 「皇室関係記事、写真取締方針」（有山輝雄ほか編『情報局関係資料』二巻、柏書房、二〇〇二年所収）。

(59) 「大元帥陛下相武台の野に御親閲」（八三号、昭和一四年九月二〇日）、「天皇陛下在京七法衙に行幸」（九〇号、一一月八日）、「陸軍始観兵式」（九九号、昭和一五年一月一七日）など。

(60) 本誌における広告については、竹内幸絵「戦前日本における写真広告の黎明」(『デザイン理論』五六号、二〇一一年)がある。
(61)「第百号を迎へての本誌の一大飛躍」(九九号、昭和一五年一月一七日)。
(62)「早起きと鍛錬の会」(滋賀県、一一〇号、昭和一五年四月三日)など。この点をリサイクル史の観点から論じたものに、溝入茂「第二次大戦下の3R」(『廃棄物資源循環学会研究発表会講演集』二一、二〇一〇年)がある。
(63)「常会は新体制の土台石」(一三八号、昭和一五年一〇月一六日)。
(64)「隣組の常会を開きませう」(一四一号、昭和一五年一一月六日)。
(65)「コント　大和家の隣組」(一四九号、昭和一六年一月一日)。
(66)「写真週報問答」(一四九号、昭和一六年一月一日)。
(67)「九月の常会」(一八三号、昭和一六年八月二七日)。
(68)「浅間丸事件に対する政府の見解」(一〇一号、昭和一五年一月三一日)。
(69)昭和一六年までの新年号の表紙はいずれも四色刷りである。
(70)前線の兵士から寄せられた文、写真は三〇〇〇点に及んだという(「編集室から」一五三号、昭和一六年一月二九日)。
(71)これに伴い「読者のカメラ」は「銃後のカメラ」に名称を変更した。
(72)「人の動員計画」(一二六号、昭和一五年七月二四日)。
(73)厚生省「健康増進運動について」(一一四号、昭和一五年五月一日)、「興亜の赤ちゃんはまんまると」(同)。
(74)倉林源四郎(文部省督学官)「国民学校について」(一〇五号、昭和一五年二月二八日)。
(75)「国民服が決まりました」(一四二号、昭和一五年一一月一三日)。
(76)「訪れた冬に木炭切符制」(一四三号、昭和一五年一一月二〇日)。
(77)『読売新聞』昭和一五年一一月三〇日付。
(78)昭和一九年度の概算要求では、日本からドイツに向けて写真電送することの宣伝上の意義が強調され、年間に大型三六枚(一枚あたり三八〇円三〇銭)、小型三六枚(同、二四三円八〇銭)、合わせて二万二四六七円六〇銭の要求がなされている(「昭和十九年度概算要求説明資料」。前掲『編集復刻版　情報局関係極秘資料8』所収)。
(79)表紙を飾った首相は、米内のほか、近衛文麿、東條英機、小磯国昭、鈴木貫太郎の五名である。この点については、家永梓『写真週報』に見る人物表象の量的分析」(『評論・社会科学』九五号、二〇一一年)が丹念な分析を行っている。
(80)「米内内閣の陣容」(一〇一号、昭和一五年一月三一日)。
(81)「第二次近衛内閣成立す」(一二七号,昭和一五年七月三一日)。
(82)「新内閣の出発と『国際情勢の転変』」(一七九号、昭和一六年七月三〇日)。
(83)「今は空し坐漁荘に老公をしのぶ」(一四七号、昭和一五年一二月一一日)。

(84)　大本営海軍部行幸（一一四号、昭和一五年五月一日）、靖国神社臨時大祭行幸（一一五号、五月八日）、神武天皇陵参拝（一二一号、六月一九日）、「天皇陛下　東京帝国大学に行幸」（一三八号、一〇月一六日）など。例外となるのは、『紀元二千六百年記念式典臨時号』にある複数の小カットを除けば、帝国議会議事堂の写真と対面している「行幸を仰ぎ　帝国議会開設五十周年記念式典挙行」（一四七号、一二月一一日）、二重橋の写真と対面した「皇太子殿下には御九歳の新春を御迎へあそばさる」（一五〇号、昭和一六年一月八日）。

(85)　「聖戦五年　金枝玉葉の御身を以つて軍務に御精励遊ばさる」（一六一号、昭和一六年三月二六日）。

(86)　高野龍雄の回顧によれば、「時の立札」の執筆は編集スタッフの持ち回りになっていたが、実際には嘱託部員の詩人・岡田保雄が担当していたという（前掲、高野『智慧の部隊』、二七一八頁）。

(87)　「時の立札はご自由に」（二三一号、昭和一七年七月二九日）。『時の立札』を広く御活用下さい」（二五四号、昭和一八年一月二〇日）。

(88)　さらに戦時版への大判化に伴い、簡略化された「週間点描」に変わった。

(89)　「前線の諸勇士へ」（二六六号、昭和一八年四月七日）。

(90)　「前線の勇士が原稿料を献金」（『読売新聞』昭和一七年一二月二一日付）。

(91)　「読者へお知らせ」（二七五号、昭和一八年六月七日）。

(92)　なお、表紙は、昭和一六年まで四色刷りであった新年号を例外とすると、七一号（昭和一四年六月二八日）までは二色刷り、七二号（七月五日）からA3判になるまで（三一四号、昭和一九年三月二二日）が三色刷り、以後、終刊までは二色刷りが基調である。

(93)　「靖国の子らに父の慈愛」（二六六号、昭和一八年四月七日）。「遺児たちも慈父の如き東條総理の思ひやりに頬を濡らして感涙した」との説明が付されている。東條のイメージ形成については、前掲、川村『聖戦のイコノグラフィー』第三章に詳しい。

(94)　「地下千二百尺の東條総理」。

(95)　「緒戦の初春を飾る」（二〇四号、昭和一七年一月二一日）、「大元帥陛下　修武台飛行場に臨御」（二一五号、四月八日）、「天皇陛下鹵獲兵器を天覧あらせらる」（二二六号、六月二四日）、「大元帥陛下大本営に親臨」（二七一号、昭和一八年五月一九日）など。天皇の写真が巻頭に掲載された場合、表紙裏頁を定位置としていた「時の立札」は、休載、もしくは巻末に移動となっている。
　なお、昭和一八年五月には情報局から新聞各社へ皇室関係の記事写真取り扱いについて、一層の留意を求める通牒が発せられている（「皇室関係記事、写真ノ取締ニ関スル件」『資料日本現代史　13』大月書店、一九八五年。右田裕規「『皇室グラビア』と『御真影』」（『京都社会学年報』九号、二〇〇一年））。

(96)　「天皇陛下　民草の赤誠にこたへさせ給ふ」。

(97)　順に、第一生命（二一二号、昭和一七年三月一八日）、東海銀行（二五二号、一二月二三日）、逓信省（二六一号、昭和一八年三月三日）。

(98) 「如何に疎開すべきか」（三一一号、昭和一八年三月一日）。同号の表紙には『ライフ』から転載された米軍爆撃機の写真が採用され、空襲への警戒が強調されている。

(99) 「本誌を壁新聞や掲示板に　回覧や前線慰問にも」（三一五号、昭和一九年四月五日）。

(100) 「決戦兄弟」の連載は一年で終わり、昭和二〇年新年号（三五三号、一月三日）からは田内正男「挺身娘」が連載された。

(101) 前掲、高野『智慧の部隊』、四五頁。

(102) 高野は、こうした誌面を編んでいた編集部の中にいた自分を「いつの間にか何も疑わなくなっていた」と回顧している（前掲、高野『智慧の部隊』、四二頁）。

(103) 前掲「情報局の設置」、三一八頁。

(104) 前掲、朴「第二次世界大戦と日本のジャーナリズム」。

(105) 内閣印刷局「発行時報」二号（昭和一二年一二月二〇日。前掲「週報ニ関スル件」所収）。「発行時報」は全国の官報販売所に配布されていたものとみられる貴重な史料であるが、管見の限り、お札と切手の博物館（国立印刷局博物館）を始めとする関係機関、各種資料保存機関での所蔵を確認することができない。

(106) 『読売新聞』昭和一三年四月一三日付など。

(107) 前掲、朴「『十五年戦争期』における言論政策」。

(108) 前掲、淀矢「内閣情報部と『週報』の内幕」。

(109) 「『週報』及『写真週報』普及に関する幻灯映画（スライド）上映方の件」（国立公文書館蔵「警保局長決裁書類・昭和一三年（下）」所収）。また、『週報』と同様に官公庁向けに特価頒布がされていた（当初七銭、のちに八銭）。「写真週報発行に付希望申し方に関する件」（国立公文書館蔵『自昭和一二年一月至昭和一五年一二月院内通知雑』所収）。

(110) 「写真週報週報合同ポスター図案懸賞募集」（二〇号、昭和一三年六月二九日）、「写真週報週報合同ポスター図案懸賞募集作品発表」（二五号、八月三日）。この試みは新聞でも報じられた（「『週報』の宣伝ポスター募集」『読売新聞』昭和一三年六月一日夕刊）。

(111) 前掲「情報局の設置」、三一八頁。

(112) 前掲「情報局ノ組織ト機能」、六三頁。

(113) 「読者へお知らせ」（二七五号、昭和一八年六月七日）。

(114) 前掲「情報局ノ組織ト機能」、六三頁。

(115) 情報局「局報」六六八号（昭和一六年七月七日。『編集復刻版　情報局関係極秘資料2』、不二出版、二〇〇三年）。

(116) 「写真週報　一冊を何人で読むでせう　『読者調査』の結果」（一九三号、昭和一六年一一月五日）。なお、回答率は二一・一％であった。世論調査そのものが画期的であったようで、各方面の関心を集めている（たとえば「『週報』世論調査　銀ブラ党に通行税」『東京朝日新聞』昭和一六年七月二五日）。総動員体制の中にあって世論調査への注目は政府サイドにおいても高かったようで、国民精神総動員中央連盟、大政翼賛会などが、この実施方法を考究していた（「輿論調査に就て」「輿論とは」

「輿論調査に就いて」。前掲『大室政右オーラルヒストリー』所収）。戦前における輿論調査については、岡田直之「日本における輿論・世論研究の歩み」、佐藤卓己「日本型『世論』の成立」（いずれも岡田ほか『輿論調査と世論調査』新曜社、二〇〇七年所収）が詳しい。

(117) 前掲、高野『智慧の部隊』、四五頁。

(118) 「週報写真週報　読者調査の結果」（『週報』二六五号、昭和一六年一一月五日）。

(119) 永嶺重敏『雑誌の読者と近代』（日本エディタースクール出版部、一九九七年）に収められた属性別購読雑誌の調査からは、昭和一六・一七年の青年学校生の購読誌に『写真週報』を見出すことができ、『キング』層との重複を傍証するが、他の属性の調査の大半が『写真週報』の刊行以前のものであるため、ここから他の層との比較を行うことはできない。

(120) 情報局「週報、写真週報読者調査速報第二輯　週報、写真週報にはどんな記事と写真を望むか」（前掲『編集復刻版　情報局関係極秘資料8』所収）。

(121) 昭和一八年以降の巻末には隣組、職場での回覧による有効利用が推奨されている。

(122) 八四号（昭和一四年九月二七日）、九七号（昭和一五年一月三日）、二五四号（昭和一八年一月三日）以降各号に、そうした呼びかけが見られる。

(123) 「『時の立札』活用の実例」（二五八号、昭和一八年二月一〇日。二五九号、二月一七日）。

(124) 前掲、高野『智慧の部隊』、四九頁。

(125) 「情報局分課規程」（昭和二〇年九月一日）。

(126) 『週報』の終刊は四五二号（昭和二〇年八月二九日）である。

第二章注

（1）拙著『戦後食糧行政の起源――戦中・戦後の食糧危機をめぐる政治と行政』（慶應義塾大学出版会、二〇一二年、一三頁）。

（2）日米開戦後に誕生した食糧管理体制とその動揺については同右、五三－八四頁に詳しい。

（3）斎藤美奈子『戦下のレシピ太平洋戦争下の食を知る』（岩波書店、二〇〇二年）は、婦人雑誌で紹介されたレシピに注目しながら戦時下の食生活について論じており、二〇一五年に公刊された文庫版（岩波現代文庫、タイトルは同じ）では占領期の食生活についても言及されている。なお、戦時期の食糧管理強化をめぐる政治過程については、前掲、拙著『戦後食糧行政の起源』、一三－八四頁で詳しく論じられており、それ以外の戦時期日本の食糧問題については拙著五－六頁で紹介されている既存研究をはじめ、リジー・コリンガム『戦争と飢餓』（河出書房新社、二〇一二年）、玉真之介『近現代日本の米穀市場と食糧政策―食糧管理制度の歴史的性格―』（筑波書房、二〇一三年）、大豆生田稔「総力戦下の外米輸入―受容から脱却へ―」（『民衆史研究』八七号、二〇一四年）、三七－五〇頁、海野洋『食糧も大丈夫也―開戦・終戦の決断と食糧―』（農林統計出版、二〇一六年）などの研究書・論文がある。

（4）森正人『戦争と広告―第二次大戦、日本の戦争広告を読み解く―』（KADOKAWA、平成二八年）、二〇三－一一頁において『写真週報』の農村関連記事が取り上げられ、農村が「戦う身体の生産地」であり、「鍛錬の場」であることを該記事から読み取っている。しかし、日中戦争以降刻一刻と変化する食糧需給状況や戦局と関連づけながら記事を分析していないため、戦時食糧政策を推進するために時々の政府がどのような狙いや意図に基づき宣伝したのかについては論じられていない。田島奈都子『プロパガンダ・ポスターにみる日本の戦争―135枚が映し出す真実―』（勉誠出版、二〇一六年）では、八二・九八－一〇五頁において、節米や農産物の増産を促すポスターが取り上げられ、詳しい解説が加えられている。なお、国立公文書館「『写真週報』に見る昭和の世相」http://www.jacar.go.jp/shuhou/home.html（閲覧日：二〇一七年四月三〇日）では、「食生活」において食糧問題に関する『写真週報』の記事が関連文書資料とあわせて紹介されている。一方、『写真週報』以外では、大正末から昭和二〇年までを対象に農村家庭雑誌『家の光』の誌面を分析し、当該期の農村生活が抱える諸問題を浮き彫りにした研究として、板垣邦子『昭和戦前・戦中期の農村生活』（三嶺書房、平成四年）がある。創刊期・発展期・戦中期の三章で構成される同研究は、章ごとにテーマ（例えば、衣生活・食生活・婦人問題・農村生活改善論など）を複数設定しており、各々のテーマに関連する誌面をいくつか取り上げて考察を加えているが、例えば、同じ戦中期であっても、めまぐるしい時局の変化と誌面内容の変遷との関係が判然としないなど、動態的な分析が十分とは言えないところもある。

（5）農林省発行の広報誌としては、昭和一六年一月から月刊誌『農林時報』が刊行されているが、施策の概要を伝える農林行政従事者向けの広報誌という色彩が強かった。

(6)　前掲、拙著『戦後食糧行政の起源』、一四－六頁。

(7)　「戦争と食糧」(四五号、昭和一三年一二月二一日)。

(8)　前掲、拙著『戦後食糧行政の起源』、一六－八頁。

(9)　米が市場から姿を消した原因として、市場を通さない直接取引、地方長官による米の囲い込みなどが挙げられるが、詳しくは同右、一八－九頁を参照のこと。

(10)　荷見安『米と人生』(わせだ書房、昭和三六年、一二五－六頁)。

(11)　石黒忠篤『農政落葉籠』(岡書房、昭和三一年、二九七－九頁)。

(12)　外米輸入をめぐっては、外貨の消耗を避けたい陸軍省と、外米輸入を実現したい農林省との間で激しい対立が繰り広げられ、荷見安農林次官が辞任に追い込まれることもあったが、その後、農林省は外貨を極力使わずに外米を輸入する方法を編み出し、日米開戦後も外米輸入が継続されることになった(前掲、拙著『戦後食糧行政の起源』、二一－五、三三－五、五八－九頁)。

(13)　例えば、「外貨獲得の戦士　北海道産バター」(七七号、昭和一四年八月九日)、「蜜柑も季節の輸出品」(九七号、昭和一五年一月三日)、「外貨獲得に可憐の花びら」(一二一号、昭和一五年六月一九日)では、外貨獲得の有望な商品作物や乳製品が取り上げられており、「海外にゆく農山漁村の幸(上)」(一一七号、昭和一五年五月二二日)と「海外にゆく農山漁村の幸(下)」(一一八号、昭和一五年五月二九日)では、英米など第三国を輸出先とする農林水産物の輸出振興が輸入超過の解消に役立つ有力な手段だと論じられている。

(14)　前掲、拙著『戦後食糧行政の起源』、二〇－二頁。

(15)　前掲、石黒『農政落葉籠』、二九七－九頁。

(16)　『米は七分搗』(国民精神総動員中央連盟、昭和一五年、二頁)。なお、「食ふことが人生の喜びの大半」であると言っていた喜劇俳優・古川ロッパは外米や七分搗米に苦労し、馴れるまでは「下痢したり腹痛を起したりした」ようであり、馴れた後も「パンなど食ってゐた方が体の調子はい丶」と愚痴をこぼしている(「昭和十五年のメモランダム 忘れぬ為に」昭和一五年六月二三日〈古川ロッパ『古川ロッパ昭和日記・戦前篇』、晶文社、一九八七年〉)。

(17)　この点については『白米食はなぜ悪い？』(国民精神総動員中央連盟、昭和一五年)でも詳述している。このパンフレットによると、白米に精米すると「豊富な栄養分が含まれる糠の部分が除去されてしまい、偏った成分しか持たなくなって」しまい、搗減率が高くなるほど「失う栄養分も多くなることが科学的にも実証」されていると述べ、白米食の問題点を指摘している。

(18)　前掲、荷見『米と人生』、一五五－七頁。荷見は、七分搗米が導入されたこの時期を「食糧の変革期」と呼んでおり、各家庭で「七分づきでは、固くていかん」とぶつぶつ言いながら、ビールの空ビンなどでゴリゴリとつくようになったのも、これが決まった昭和一五年のころからだったと回想している。

(19) 笹本恒子『ライカでショット！—お嬢さんカメラマンの昭和奮戦記—』（清流出版、平成一四年、一〇〇‐一頁）。昭和一五年に財団法人写真協会に入社した笹本の回想によると、当時、写真週報に掲載する写真を撮りに国内各地へ出かけており、「薯米御飯はいかが」など当時の食糧事情に関する取材も担当したようである。その笹本の述懐では、デパートの代用食を取材した際に、孫を連れた老婦人に「そばずし」を食べてもらおうと食券を渡したが、その孫はちょっと口に入れただけですぐ吐き出したそうである。

(20) 『食糧管理法四十周年記念誌』（食糧管理法四十周年記念会、昭和五七年、一八‐二〇頁）。

(21) 昭和一五年八月に荷見次官が辞任したことをきっかけに消費規制の強化へと舵を切り、供出と配給を柱とする食糧管理体制の誕生に至るが、それまでの経緯については、前掲、拙著『戦後食糧行政の起源』、五四‐九頁を参照のこと。

(22) 「ふやせ食糧　増産計画のあらまし」（一六〇号、昭和一六年三月一九日）。同年には農地開発法も制定され、農地開発営団（資本金三、〇〇〇万円・政府半額出資・昭和一六年設立）が中心となって大規模農地開発と土地改良を実施することになった（前掲、『農林水産省百年史　中巻』、三五〇頁）。

(23) 農林省「作付の調整について」（『週報』二三五号、昭和一六年四月九日、一七‐二一頁）。該通牒は臨時農地管理令第一〇条第一項に基づき、農林次官通牒という形で発動された。これにより、新たな不急作物の栽培や植え付けを禁止し、作付に対する統制を強化した。

(24) 例えば、「ペンを鍬にもちかへて　角帽のお百姓」（一五五号、昭和一六年二月一二日）や「富士の裾野も掘りかへせ」、「泥田も美田に」（一六〇号、昭和一六年三月一九日）。

(25) 「明るく戦はう（六）写真週報隣組の戦時農園を訪ふ」（二六九号、昭和一八年四月二八日）。

(26) 戦時期、農林省は農家が供出に対して不満を抱いていることを認識しつつも、実際は供出の督励や横流しの取締など、農家に対して厳しい態度で臨んだ（前掲、拙著『戦後食糧行政の起源』、六七‐九頁）。

(27) 前掲、『食糧管理法四十周年記念誌』、一六‐二一頁。

(28) 前掲、拙著『戦後食糧行政の起源』、五七‐八頁。

(29) 『写真週報』の記事には「切符制」という言葉が登場しているが、実際には米穀通帳に基づいて米の配給が行われた。農林省内部では当初、切符制の導入が検討されていたが、議論の結果、米穀通帳が採用されたのである（同右）。

(30) 前掲、『食糧管理法四十周年記念誌』、三四‐五頁。

(31) 「玄米食ノ普及ニ関スル件ヲ定ム」昭和一七年一一月二四日（『公文類聚』〔第六六編　昭和一七年第九一巻　産業門（二）農事（二）〕二A—〇一二—〇〇、国立公文書館所蔵）。

(32) 「玄米食について　炊き方と食べ方」（『週報』三二五号、昭和一八年一月六日、二七‐三一頁）。

(33) 同右。他にも、精米に要する電力を節約できることや外米輸入に必要な輸送船も節減できることを玄米食導入の長所として挙げている。

（34）　井野碩哉「米穀行政の思い出」（『米穀法五十周年記念誌』〈米穀法五十周年記念会、昭和四六年、三五頁〉）。玄米食導入をめぐっては、推進派の東條英機首相と消極派の井野農相との間で対立があった。東條は七分搗米の時と同様、玄米にすることでかなりの節米効果が期待できると説いたが、井野は節米効果を否定し、糠が減ることで家畜の飼料がなくなることや国民の健康にとって非常な害となることを根拠にして強く反論した。結果、「玄米食ノ普及ニ関スル件ヲ定ム」は閣議決定されたものの、井野はこの対立が尾を引いて昭和一八年四月二〇日に農相を辞任した。

（35）　「諸類配給統制規則」昭和一六年八月二〇日（『昭和年間法令全書』〈第一五巻—八〉原書房、平成一四年、一六一－五頁）。そもそも、甘藷・馬鈴薯・麺類などの代用食や混食の原料を政府自ら配給する道を開いたのは昭和一六年三月の米穀応急措置法の改正であった（食糧管理局「米穀応急措置法の改正」〈『週報』二三二号、昭和一六年三月一九日、三六－九頁〉）。

（36）　「楽観を許さぬ食糧事情」（二七七号、昭和一八年六月二三日）。

（37）　農林水産省百年史編纂委員会編『農林水産省百年史　中巻』（農林水産省百年史刊行会、昭和五五年、三五一頁）。

（38）　前掲、「楽観を許さぬ食糧事情」。

（39）　前掲、『農林水産省百年史　中巻』、三五二頁。

（40）　前掲、拙著『戦後食糧行政の起源』、六九－七〇頁。

（41）　「米穀の増産及び供出の奨励に関する特別措置」は昭和一九年四月二八日に閣議決定されたが、この措置は三月二四日の第八四回帝国議会衆院本会議において全会一致で可決された「戦時食糧非常措置に関する建議」に内田信也農商大臣が応える形で生み出された（古川隆久『昭和戦中期の議会と行政』〈吉川弘文館、平成一七年、一一六－七頁〉）。

（42）　清沢洌『暗黒日記』、昭和一九年四月四日。

（43）　「食糧増産供米事情現地報告（北信・近畿・九州）」（翼賛政治会『翼賛政治』〈昭和一九年四月一日〉、三四－四一頁）。

（44）　「明朗敢闘　青森県」（三五三号、昭和二〇年一月三日）。

（45）　前掲、清沢『暗黒日記』、昭和一九年三月一六日。この日記にはある人物の東北視察に関する記述があり、米の供出が「極端」なので、老村長数名が「百姓が食えないからどうかしてくれ」と懇願していた所を目撃したという。

（46）　海軍省調査課「農業生産の現状とその対策」昭和一九年一二月（大久保達正・永田元也・兵頭徹編集『昭和社会経済史料集成　第二七巻』〈巌南堂書店、平成一三年、四八九－五一四頁〉）。この調査書によると、報奨制度は「無用ノ混乱ヲ招クニ過ギズ」、しかも、個人報奨制は農村の「互助的精神ヲ滅却スル」結果となり、供出の進捗を促すまでには至っていないようである。

（47）　農商省「本年度食糧需給の展望」（『週報』三七八号、昭和一九年一月一九日、三－六頁）。

（48）　前掲、『食糧管理法四十周年記念誌』、三二一－五頁。

（49）　「実施された決戦非常措置」（『週報』三八五号、昭和一九年三月八日、七–一二頁)。

(50) 武田誠三「食糧管理の思い出片々」(同右、一三三頁)。当時、農林省食糧管理局第二部米穀課事務官であった武田の回想によると、井野大臣の時に蓄えられた防空備蓄米三〇〇万石(約四五万トン)の存在を内田農商相が知り、それを学童への給食に充てたようである(前掲、井野「米穀行政の思い出」でも同様の事実を確認できる)。それでも幼い子供がいた小説家・伊藤整は学童に対する七勺の米飯給食を「大英断」だと歓迎し、「将来の国民の体位確保にもっとも役立つ」と評価したのである(伊藤整『太平洋戦争日記〔二〕』昭和一九年三月三日、新潮社、昭和五八年)。

(51) 例えば、「七月の常会」(二七七号、昭和一八年六月二三日)によると、余分に配給を得ようとする二重申告を数日で一六〜一七件摘発し、さらに、東京府の幽霊人口は約三八万人、米に換算すると年三二万石(約五万トン)以上余計に消費されているという実態を伝えている。

(52) 農商省食糧管理局「本年の食糧事情」(『週報』四三二–四三三合併号、昭和二〇年二月一四日、三–七頁)。

(53) 「最近の食糧事情」(『週報』四四七–四四八合併号、昭和二〇年六月二〇日、三–四頁)。

(54) 前掲、石黒『農政落葉籠』、三七四–五、および、四二〇–一頁。昭和二〇年四月に誕生した鈴木貫太郎内閣の農商大臣となった石黒は配給量の削減を七月から三カ月間という限定付で実施した。当然、その決定には反対が多かったが、「日本国民が明日の食なき人間群となること」を恐れて断行したとされる。東京など大都市では治安維持を理由に八月まで延期されたが、二合一勺の配給は終戦以後も続き、二合五勺に復帰したのは昭和二一年一一月であった。

(55) 終戦直後の日本において最大の政治課題は食糧危機の克服であり、政策決定の主導権をめぐる対立が繰り広げられ、食糧管理体制の存続・強化に少なからず影響を及ぼしたが、その詳細については、拙著『戦後食糧行政の起源』、一二三–二八四頁を参照のこと。

第三章注

（1）　戦時期日本の経済や産業については、原朗編『戦時の日本経済』（東京大学出版会、一九九五年）、原朗・山崎志郎編『戦時日本の経済再編成』（日本経済評論社、二〇〇六年）、石井寛治・原朗・武田晴人『日本経済史4　戦時・戦後期』（東京大学出版会、二〇〇七年）、山崎志郎『戦時経済総動員体制の研究』（日本経済評論社、二〇一一年）、山崎志郎『太平洋戦争期の物資動員計画』（日本経済評論社、二〇一六年）など、経済史の立場からの研究が多い。本章との関連では、岡田和喜『貯蓄奨励運動の史的展開』（同文舘出版、平成八年）や原薫『戦時インフレーション―昭和12～20年の日本経済―』（桜井書店、二〇一一年）などで当該期の貯蓄奨励・インフレーションが詳しく論じられており、大蔵省昭和財政史編集室編『昭和財政史』（東洋経済新報社、昭和二九年～四〇年）や商工行政史刊行会編『商工行政史』（商工行政史刊行会、昭和二九年～三〇年）などの概説書でも扱われている。一方、戦時経済を国民生活に浸透させる政府の広報活動に重点を置いた研究は本書初版公刊以降少しずつ進展しており、森正人『戦争と広告―第二次大戦、日本の戦争広告を読み解く―』（KADOKAWA、二〇一六年）では、一六五－八〇頁において、『写真週報』の貯蓄・節約関連記事を分析し、国民に対して貯蓄を推奨し義務づけたことや、消費享楽を戒めたことを明らかにしている。また、戦時期に刊行された貯蓄・節約に関するプロパガンダ・ポスターや広告を取り上げた研究・解説書として、若林宣『戦う広告―雑誌広告に見るアジア太平洋戦争―』（小学館、二〇〇八年）、早川タダノリ『神国日本のトンデモ決戦生活―広告チラシや雑誌は戦争にどれだけ奉仕したか―』（合同出版、二〇一〇年）、田島奈都子『プロパガンダ・ポスターにみる日本の戦争―135枚が映し出す真実―』（勉誠出版、二〇一六年）などがある。なお、国立公文書館「『写真週報』に見る昭和の世相」http://www.jacar.go.jp/shuhou/home.html（閲覧日：二〇一七年四月三〇日）では、「貯蓄債券・国債」「貯蓄奨励」の中で『写真週報』に掲載された貯蓄債券・国債の購入を促す広告や貯蓄を奨励した広告が、関連文書資料と共に紹介されている。

（2）　北岡伸一『政党から軍部へ』（中央公論新社、一九九九年）、二六八－九頁。

（3）　「貯蓄戦に参加せよ」（一八号、昭和一三年六月一五日）。

（4）　例えば、「進んで金を売りませう」（『東京日日新聞』昭和一四年二月一日）では、東京日日新聞本社が「愛国金献運動」を推進し、一切の費用を本社が負担して取次業務を行っていることや、銀座の百貨店内に本社愛国金献課受付出張所を設置したことを伝え、政府による一連の金買上運動へ積極的に貢献する姿勢を見せた。また、『東京日日新聞』はたびたび金の売り渡しに協力した国民の実名を紙面一面にわたって掲載している（例えば、「金動員参加者芳名」〈『東京日日新聞』昭和一四年二月一二日〉）。

（5）　商工行政史刊行会編『商工行政史　下巻』（商工行政史刊行会、昭和三〇年）、二一一二頁、および「産金奨励規則」昭和一

二年一〇月一日（『昭和年間法令全書』〈第一一巻－七〉原書房、平成一〇年）、五三－四頁。ちなみに、昭和一四年の内地産金量は約二六トンのピークに達し、以後、昭和一七年までは二〇トン台を維持した。

（6）「黄金の島　佐渡」（四六号、昭和一四年一月四日）。

（7）「今こそ金の御奉公　金買上規則制定さる」（一三八号、昭和一五年一〇月六日）。

（8）同右。

（9）前掲、『商工行政史　下巻』、一一四頁。なお、毛糸・毛織物についても「毛製品ステープルファイバー等混用規則」が制定された。

（10）スフに対する非難は新聞紙面でも積極的に取り上げられており、いくら愛国心を奮い起こして不経済な点を忍んで使っても実用とはならず、「これを強制する政府の気持ちが分からない」と不満を漏らす消費者が多いことを伝えている（「国策繊維スフにいろいろ非難の声　余りにひどい品質」〈『東京日日新聞』昭和一四年三月一五日夕刊〉）。

（11）新聞紙上でも、政府はスフに対する悪評の払拭に躍起となっていた。スフを所管する八田嘉明・商工大臣は、「スフはなぜ弱いか」という観点からスフ製造業者や軍関係者との間で協議し、その結果、スフに対する非難集中の原因が粗製濫造とスフの誤った使い方であると断定し、耐久性があるなどといったスフの特長を国民に訴えていく姿勢を明らかにした（「スフの抗議　少々認識不足　八田さん礼讃へ転向」〈『朝日新聞』昭和一四年六月九日〉）。しかし、スフに対する誤解を解く広報が数多く行われたにもかかわらず、スフ批判は新聞紙面を飾り続けた（「代用品の関所　スフは落第　眼を光らす女関守連」〈『朝日新聞』昭和一五年二月一四日〉や「世に蔓る嫌はれものスフに救ひの手」〈『朝日新聞』昭和一五年五月二〇日〉など）。

（12）商工省「進む代用品」（『週報』二〇四号、昭和一五年九月一一日）、一二－九頁。

（13）同右。

（14）「常会の頁　使つて育てよ代用品」（一七四号、昭和一六年六月二五日）。

（15）『写真週報』は増税がインフレ抑制に効果があることを謳ったが、小説家・伊藤整は疑問を呈しており、物が無い上に税金が上ると「一層買いあさる」ことになり、買う必要のないものまで買い漁りが波及することによって「完全にインフレーションの現象」になることを指摘していた（伊藤整『太平洋戦争日記（一）』昭和一八年二月一四日〈新潮社、昭和五八年〉）。

（16）「今は戦時だ!!」（一二五号、昭和一五年七月一七日）。

（17）商工省物価局「奢侈品の製造販売禁止」（『週報』一九五号、昭和一五年七月一〇日）、一二－二頁。

（18）「西も東も八・一の日から」（一二九号、昭和一五年八月一四日）。また、当時撮影に関わっていた笹本恒子の回想によると、撮影の対象となる適当な通行人がいない場合のことを考えて女優をモデルにして撮影する準備をしていたようである。しかし、実際の撮影では一般の通行人が被写体となった（笹本恒子『ライカでショット！』〈清流出版、二〇〇二年〉六九－七四頁）。

(19)　「ふじんのページ　私たちの生活新体制」（一三二号、昭和一五年九月四日）。該誌面では、「西も東も八・一の日から」の中で登場した東京市の婦人団体の活動記録が紹介されている。それによると、ビラを渡されて「どうも済みません。今後改めます」「ついうつかりしまして」と顔を赤らめる人、自らの非を認めて「私も運動に加わらせて下さい」と申し出る人がいる一方で、「この服装のどこが悪いのですか」「この指輪は安物なのですよ」と言い張る人もいたようである。該誌面ではそのような人を「蔣介石みたいに頑強な敵性を持つた人」であると厳しく批判した上で、だからこそ奢侈贅沢品の取り締まりが必要であると述べ、今回の活動を正当化している。以上の内容は笹本の回想でも確認できる（前掲、笹本『ライカでショット！』、六九－七四頁）。

(20)　前掲、『商工行政史　下巻』、六九頁、および「暴利取締りの強化」（『週報』一六九号、昭和一五年一月一〇日）、二〇－三頁。価格等統制令は一切の価格（運送料・保管料・損害保険料・賃貸料・加工賃等の価格も含む）につき、昭和一四年九月一八日時点の額を超えて契約し、支払い、または、受け取ってはならないと定められ、戦時期物価統制の根本法規として位置づけられた。

(21)　厚生省「国民服について」（『週報』二一四号、昭和一五年一一月一三日）、三七－四八頁。国民服令には条文の他に、「国民服制式」と「国民服図」も含まれており、国民服と呼ばれるものは必ず制式通りでなければならなかった。

(22)　同右、三七－四八頁。国民服の特徴の一つは日本襟の伝統を活かした中衣の着用であったが、そのようにしたのも、「首を締めつける不衛生・窮屈な」カラーやネクタイをなくすためであったとされる。したがって、カラーやネクタイを用いた場合は、国民服を着用しているとは言えなかったのである。

(23)　「国民服がきまりました」（一四二号、昭和一五年一一月一三日）。

(24)　同右。

(25)　「戦争と金属回収の話」（『週報』二三五号、昭和一六年四月九日）、二一－九頁。該誌面の説明によると、官公庁や公共団体を対象とする金属回収は、大規模な戦争をしている交戦国だったらどの国でも実行されていることであり、しかも、東亜の資源による自給自足が確立されるまでの「過渡的な手段」であるとして正当化された。

(26)　同右。

(27)　「時局解説　鉄銅の回収いよいよ積極的に」（一八五号、昭和一六年九月一〇日）。また、昭和一七年一〇月から翌年二月にかけて一般家庭を対象にした鉄と銅の特別回収が実施されている（「十月の常会」〈二四〇号、昭和一七年九月三〇日〉）。

(28)　「貯蓄戦の〝殊勲甲〟に輝く総理大臣賞」（二四二号、昭和一七年一〇月一四日）。

(29)　例えば、「隣組の貯蓄作戦」（二五一号、昭和一七年一二月一六日）。

(30)「貯蓄は銃後の義務だ」（二七六号、昭和一八年六月一六日）。また、昭和一八年一二月二〇日から、東京で「貯蓄券」が売り出され、物品税課税対象の品物を購入した時・酒類を買う時・遊興飲食・各種催場に入場する際に抱き合わせで一定額の貯蓄券購入が求められた。余剰資金を持て余す富裕層に「どんなことをしても貯蓄券の額だけは一定期間貯金してもらう」目的で導入されたが、芝居の見物客にも購入させることについて、喜劇俳優・古川ロッパは「何うも困ったものだが、――入場料の値上げといふのよりコタへると思ふ――何うも段々辛いことなり」と嘆き、不満を漏らしていた（「二圓以上の入場料贅澤な買物に二割廿日から帝都で賣出し」〈『朝日新聞』昭和一八年一二月一四日〉、「金原さんと貯蓄券問答」〈『読売新聞』昭和一八年一二月一四日〉、古川ロッパ『古川ロッパ昭和日記・戦中篇』第三版、昭和一八年一二月一九日、晶文社、一九八九年）。

(31) 海軍省調査課「与論動向」昭和一九年（大久保達正・永田元也・兵頭徹編集『昭和社会経済史料集成　第二十六巻』〈巌南堂書店、平成一二年〉）、二〇五－六三頁。

(32) 同右。

(33)「弾丸切手」という名称は、逓信省貯金局主催の懸賞公募によって応募数八万五〇三八通の中から選ばれた（「郵便貯金切手『別名』懸賞募集」〈『朝日新聞』昭和一七年四月二一日〉、および「貯金〝弾丸切手〟」〈『朝日新聞』昭和一七年五月三一日〉）。

(34)「郵便貯金切手規則」昭和一七年五月二三日（『昭和年間法令全書』〈第一六巻－一〇〉原書房、平成一五年）、一一六－八頁。昭和一七年四月、郵便貯金法の一部改正により郵便貯金切手に割増金を付与することが認められ、当該切手の詳細については同年五月施行の「郵便貯金切手規則」によって定められた（郵政省貯金局編『郵便為替貯金事業八十年史』〈郵貯研究会、昭和三二年〉、一四一－二頁）。

(35) 前掲、『郵便為替貯金事業八十年史』、一二三－四頁。

(36)「弾丸切手にこもる戦意」（二六四号、昭和一八年三月二四日）。

(37)「実施された決戦非常措置」（『週報』三八五号、昭和一九年三月八日、七－一二頁）。

(38) 清沢洌『暗黒日記』、昭和一七年一二月一三日。

(39) 同右、昭和一七年一二月二七日。

(40) 清沢洌『暗黒日記』、昭和一九年四月二八日。なお、昭和一九年二月二五日に閣議決定された決戦非常措置に基づいて高級料理店や待合などが営業停止に追い込まれたが、漫談家の徳川夢声は「一流料理店、待合、芸妓の全廃は、これまた面白い」「世の細君方いずれも快哉と呼んだであろう」と歓迎し、伊藤も「これまで目の敵にされたこれらの施設が無くなるのは結構」であると好意的に受けとめた。しかし、そうした声をよそに、清沢洌の指摘通り、一部の軍人や軍需会社が抜け道を探して享楽や遊興にふけっていたのである（徳川夢声『夢声戦争日記　第三巻　昭和十九年』、昭和一九年三月一日〈中央公論社、昭和三五年〉、伊藤整『太平洋戦争日記〔二〕』、昭和一九年二月二九日〈新潮社、昭和五八年〉）。

(41)　前掲、清沢『暗黒日記』、昭和一八年八月二三日。
(42)　商工省「衣料切符制の実施」(『週報』二七六号、昭和一七年一月二一日)、二一―一一頁。
(43)　「新らしく作るなら婦人標準服を」(二一八号、昭和一七年四月二九日)。
(44)　「着物一枚から生れる戦力」(二七八号、昭和一八年六月三〇日)。
(45)　前節において、婦人団体が銀座で華美な女性を取り締まったという記事を紹介したが、小説家・高見順の日記には、大日本婦人会が銀座の街頭に立ち、和服を着た人へ長袖を切りましょうというビラを手渡していたことが記されている。なお、日記には「決戦です！　すぐ、お袖をきつて下さい！」というビラの現物が添えられている(高見順『高見順日記第二巻ノ下』、昭和一八年九月一日〈勁草書房、昭和四一年〉)。
(46)　衣料切符の点数が半分以下に抑えられたことによって、伊藤の家では「着物一枚を買うと、外には何も買うことが出来なくなった。子供のために学童服を購入するのみで「衣服の新調ということは戦争がすむまで考えられなくなった」のである(前掲、伊藤『太平洋戦争日記〔二〕』、昭和一九年二月八日)。
(47)　「決戦めざして白金ぞくぞく応召」(三四三号、昭和一九年一〇月一八日)。
(48)　「必勝金属白金を残らず決戦へ」(三三九号、昭和一九年九月二〇日)。
(49)　ガスの節約については、例えば「ガスを節約しませう」(八五号、昭和一四年一〇月四日)などではガスの無駄な使い方に対する注意が記されており、木炭に関しては、農林省「木炭の割当配給制」(『週報』二一五号、昭和一五年一一月二〇日)、二二―九頁や農林省「生活必需品読本九」(『週報』二六二号、昭和一六年一〇月一五日)、二六―三二頁を参照。
(50)　昭和一六年一一月には一般家庭に対して最高二割の消費規制が実施され、昭和一七年一月には商工省がガス会社へ家族の人員数に基づいた割当の実施を命じた(前掲、『商工行政史　下巻』、四〇四頁)。

第四章注

（1）　戦時輸送については、陸海空の各領域において既存研究・概説書・通史などが存在し、陸運については、日本国有鉄道『日本陸運十年史―第二次大戦と運輸経済―』、昭和二六年、日本国有鉄道『日本国有鉄道百年史』（第一〇巻・第一一巻、昭和四八年）、「第六章 戦時下の交通・運輸―一九三八～一九四五（昭和一三～二〇）年―」（山本弘文編『交通・運輸の発達と技術革新―歴史的考察―』東京大学出版会、一九八六年、一五七－一八三頁）、前間孝則『弾丸列車―幻の東京発北京行き超特急―』（実業之日本社、平成六年）、老川慶喜『日本鉄道史 大正・昭和篇―日露戦争から敗戦まで―』（中央公論新社、二〇一六年）、海運・造船に関しては、小野塚一郎『戦時造船史―太平洋戦争と計画造船―』（日本海事振興会、昭和三七年）、防衛庁防衛研究所戦史室『戦史叢書 海上護衛戦』（朝雲新聞社、昭和四六年）、大井篤『海上護衛戦』（朝日ソノラマ、一九八三年）、大内建二『悲劇の輸送船―言語道断の戦時輸送の実態―』（光人社、二〇〇七年）、大内建二『輸送船入門―日英戦時輸送船ロジスティックスの戦い―』（光人社、二〇一〇年）、「第五章 計画造船と輸送力の推移」（山崎志朗『戦時経済総動員体制の研究』〈日本経済評論社、二〇一一年〉、二五一－三〇一頁）、空運では、財団法人日本航空協会編『日本航空史 昭和戦前編』（財団法人日本航空協会、昭和五〇年）、佐藤一一『日本民間航空通史』（国書刊行会、平成一五年）、前間孝則『満州航空の全貌 一九三二～一九四五―大陸を翔けた双貌の翼―』（草思社、二〇一三年）、陸海空すべての領域を扱った林譲治『太平洋戦争のロジスティクス―日本軍は兵站補給を軽視したか―』（学研パブリッシング、二〇一三年）などがある。また、戦前日本における交通網の発展や大東亜共栄圏の下で交通機関が直面した限界について論じた若林宣『帝国日本の交通網―つながらなかった大東亜共栄圏―』（青弓社、二〇一六年）が刊行されている。一方、戦時輸送をめぐる政府の宣伝について言及した研究として、森正人『戦争と広告―第二次大戦、日本の戦争広告を読み解く―』（ＫＡＤＯＫＡＷＡ、二〇一六年）があり、一三三－五頁において『写真週報』の航空兵募集に関する記事が戦う身体のイメージの一例として取り上げられているほか、田島奈都子『プロパガンダ・ポスターにみる日本の戦争』（勉誠出版、二〇一六年）では、五九・六一頁で航空兵募集のポスターが紹介されている。それに加え、旅行雑誌に焦点を当てて戦時期日本の旅客輸送の一端を浮き彫りにした森正人『昭和旅行誌―雑誌『旅』を読む―』（中央公論新社、二〇一〇年）、赤井正二「『交通東亞』とその周辺―戦争末期の旅行規制をめぐる軋轢―」（『立命館産業社会論集』第五一巻第二号、二〇一五年九月）、三五－五五頁がある。なお、国立公文書館「『写真週報』に見る昭和の世相」http:// www.jacar.go.jp/shuhou/home.html（閲覧日：二〇一五年一月一一日）の「鉄道事情」において、『写真週報』に掲載されている鉄道関連記事の内容が紹介されている。

（2）　前掲、財団法人日本航空協会編『日本航空史 昭和戦前編』、五八五－七頁。

（3）　同右、五〇五－六頁。

（4）　同右、六六二－四頁。

（5）　同右、六八一－二頁。なお、満洲事変勃発後の昭和七（一九三二）年には日本航空輸送と満洲航空が日満連絡定期便の運航を実施している。日本航空輸送の航路である東京－大連線を鮮満国境の新義州で満洲航空便に接続させたものであり、東京－長春（後の新京）との連絡が密になった。昭和一二（一九三七）年には大陸急行航空便として、東京－京城－新京間とこれに接続する京城－大連間の週三往復と即日連絡が可能となり、以前の連絡定期便と比べるとかなりの時間短縮が実現したのである（同右、六六九－七〇頁）。

（6）　同右、五二五－八頁。なお、日本でも国産旅客機の製造が企画され、実際に試作機が造られた。航空機の組み立て作業から試験飛行の様子までを収めた写真で見開き四ページを割いた七三号（昭和一四年七月一二日）の「ＴＫ３中型旅客機　航空局試作機成る」は、八人乗りのＴＫ３型機が当時ローカル線で使用されていた中型旅客機と比べて性能が良いことを強調し、実用化への期待感をにじませた。昭和一五年、第一号機が完成したものの、重量過大で性能も新機軸を出すまでには至らず、陸軍によって改善が施された結果、一式輸送機として制式採用された（同右、九〇五頁）。

（7）　同右、五三二－五頁。また、外局発足の背景には、逓信省の内局という立場では海外路線の開拓が一向に進まず、しびれを切らした陸軍省と海軍省が独自に航空輸送会社を立ち上げようとしていたことが挙げられ、焦燥感を抱いた小松茂・航空局長が外局制導入に舵を切ったとされる（前掲、前間『満州航空の全貌　一九三二～一九四五』、二九八－三〇〇頁）。

（8）　航空局では、内局時代から逓信省官制第七条第二項「航空局事務ニ従事セシムルタメ逓信大臣ノ奏請ニヨリ関係各庁高等官ノ中ヨリ内閣ニ於テ逓信省事務官ヲ命ズルコトヲ得」の規定により、陸海軍の中佐・大佐級の現役将校が現職のまま逓信省事務官を兼務できたが、外局になってその内容や規模が拡充されると共に、昭和一三（一九三八）年二月一日施行の航空局官制第六条「航空機乗員、航空機製造事業及航空ニ伴ウ施設ニ関スル事項中軍事ニ関係アルモノニ付テハ陸軍大臣、海軍大臣及逓信大臣ノ指揮監督ヲ承ク」に基づき、逓信大臣のほかに陸海軍大臣の指揮監督を受けることになり、人事だけでなく政策の面でも陸海軍との関係がより一層緊密になった（前掲、財団法人日本航空協会編『日本航空史　昭和戦前編』、五三一－五頁）。なお、柴田・千田両名の名前については、『航空局五十年の歩み』（航空局五十周年記念事業実行委員会、昭和四五年）、一七〇頁、及び「民間航空前進に拍車実力を列強の水準へ」（『東京日日新聞』一九三八年二月二日）を参照。

（9）　『週報』でも、アジア太平洋の航空網をめぐるアメリカの動向に注目しており、第二次世界大戦の勃発により、アジア太平洋へ向かう欧州からの航空路が「全く機能を停止した」のに対し、アメリカからの航空路だけは「何等の異状もなく」健在であることが指摘された。さらに、オーストラリアや蘭印への航路伸張がこれらの地に「経済的覇権を確立せんとしつつある、米国の太平洋政策の一端」を示すものであると見なし、「吾吾の深甚なる注意を喚起する」と警戒心をあらわにした（航空局「東亜航空路の現状」〈『週報』二〇六号、昭和一五年九月二五日〉、二三―三一頁）。

(10) パラオとデリーを結ぶ約二〇〇〇キロメートルの航程の中間には蘭領ニューギニアが存在し、その領空通過をめぐり蘭印総督府に対して許可を求めたものの難色を示された。結局、ニューギニア上空の飛行を避け、海上を迂回する方針に変更された。その後、昭和一五（一九四〇）年八月から続いていた第二次日蘭会商が昭和一六（一九四一）年六月に決裂したことにより、蘭領東インド諸島へ航路を伸張する当初の計画も頓挫し、一〇月、ポルトガルとの間で結ばれた航空協定により、二週間に一度、横浜―デリー間を一往復できる定期航空が開設された。日泰定期航空協定に次いで二番目の国際航路となったが、一二月八日の太平洋戦争勃発を受け、一一月二九日のデリー発定期復航便を最後に事実上廃止された（前掲、財団法人日本航空協会編『日本航空史 昭和戦前編』、七六五―八頁）。

(11) 『週報』では、日独伊三国軍事同盟の締結以降、「枢軸勢力の圧殺を根本信条」とし、太平洋航路の拡充を通じてイギリスやオランダと共に「露骨な対日包囲態勢をとる」アメリカの敵対的姿勢が指摘され、航空路が「枢軸国対反枢軸国家群の世界争覇のための強力な武器」になっているアジア太平洋地域の現実が浮き彫りにされた（航空局「欧州大戦と国際航空路の変貌」〈『週報』二五八号、昭和一六年九月一七日〉、三―一〇頁）。

(12) 前掲、前間『満州航空の全貌 一九三二～一九四五』、二九八―三〇〇頁。

(13) 前掲、財団法人日本航空協会編『日本航空史 昭和戦前編』、七四九―七五一頁、及び、大久保武雄「国際航空夜話」（財団法人日本航空協会編『日本民間航空史話』昭和四一年）、二三三―二三六頁。当時、航空局国際課長であった大久保武雄の回想によると、結婚式を開くイラン皇太子向けに天皇からの贈り物が香港まで船で運ばれ、香港からイギリスのインペリアル・エアウエイズ機で送られるという新聞報道を耳にし、大日本航空による親善飛行を思いついた。また、陸軍が当時、満洲とヨーロッパを結ぶ欧亜航路の設立を検討しており、イランを通過するルートが最短であったこと、イランが英露の間に挟まった独立国で日本に好意を示していたこと、豊富な地下資源を有していることなど、イランとの関係強化が国益に適うという判断も親善飛行を後押しした。なお、後述のニッポン号と同様、そよかぜ号も九六式陸上攻撃機を修理・改造し、窓や椅子を新たに取り付けた急造の旅客機である（同右）。

(14) 大日本航空株式会社は昭和一三年一一月、国際航空株式会社と日本航空輸送株式会社との合併により資本金二五五〇万円で設立されたが、昭和一四年五月に施行された大日本航空株式会社法に基づいて半官半民の特殊会社、つまり、国策航空会社へ改組された。これを機に、政府が新たに三七二五万円出資するなどで資本金は一億円まで増資された（前掲、財団法人日本航空協会編『日本航空史 昭和戦前編』、七〇七－四一頁）。

(15) 日泰定期航空協定をめぐるタイとの話し合いは、昭和一〇（一九三五）年一一月頃から陸軍・海軍・外務三者の共同工作によって進められていたものの一時頓挫し、昭和一二年六月、タイ政府より航空協定交渉再開を応諾する旨の連絡を受けて、協議が本格化した。その後、昭和一三年一〇月に両国は合意に達し、昭和一四（一九三九）年一一月三〇日に調印した。航路開設当時、フランス外務省は一二月の雲南鉄道爆撃を理由に仏印の上空通過と同域内着陸に対して許可を与えず、領空を避けて遠く洋上を迂回していたが、北部仏印進駐後の昭和一五年一二月に至って、ようやく同意を得られたのである（同右、七五三－六頁、および長岡新次郎「南方施策の外交的展開」〈日本国際政治学会太平洋戦争原因研究部編『太平洋戦争への道6 南方進出』朝日新聞社、昭和三八年〉、一一八－三六頁）。

(16) ニッポン号による世界一周は大阪毎日新聞社・東京日日新聞社による社運を賭けた一大イベントであり、国産海軍機（九六式陸上攻撃機を長距離輸送機に改造）による「世界一周親善旅行」を社告した昭和一四年七月三日以降、機名・声援歌の募集や世界一周を応援する広告の掲載など、大々的なキャンペーンが連日にわたって展開された。ニッポン号は八月二六日に東京飛行場を飛び立ち、第二次世界大戦の勃発によりコースの変更を余儀なくされたものの、飛行距離五万二八六〇キロメートル、飛行時間一九四時間、延べ所要日程五六日で五大陸・二大洋を制覇し、一〇月二〇日に無事帰還した（津金澤聰廣「『大阪朝日』『大阪毎日』による航空事業の競演」〈津金澤聰廣・有山輝雄編『戦時期日本のメディア・イベント』世界思想社、一九九八年〉、九一－一一二頁）。

(17) なお、『写真週報』は外国からやって来た訪日親善飛行についても誌面を割いて紹介しており、例えば、「賑はふ防共の空 独旅客機三たび帝都を訪問」（七九号・昭和一四年八月二三日）では、ドイツ・ルフトハンザが所有するユンカース52型のウルリッヒ・ネッケル機が八月一六日に東京飛行場に到着したことや、機長以下四人の乗組員に対する日本側の歓迎ぶりが伝えられている。

(18) 昭和一五年六月一三日、次官会議で決定された航空日制定要綱によると、紀元二千六百年と日本初の動力飛行成功から三〇年の節目を迎えることを理由に、昭和一五年に航空日を設定したと述べられており、理由は不明であるが、昭和一五年に限っては九月二八日を第一回目の航空日にすると決定された（「航空日設定の件」昭和一五年六月一三日〈『公文雑纂』〈昭和一五年 第二巻 内閣二 判任官以下賞与手当〉二A－〇一四－〇〇〉）。なお、昭和一六年以降は航空日を九月二〇日としたが、その理由について「写真週報問答」（一九〇号・昭和一六年一〇月一五日）では、航空日の歴史的由来は特になく、航空日のイベントとして開催される飛行大会の関係や諸般の事情に鑑み、九月二〇日と定めたと説明されている。詳しくは本書第七章を参照のこと。

(19)『写真週報』で確認されている特集号のうち、航空関連について他を挙げると、一八六号（昭和一六年九月一七日）、二五五号（昭和一八年一月二〇日）、二八九号（昭和一八年九月一五日）がある（本書第一章参照）。それらに加え、二三八号（昭和一七年九月一六日）と三三九号（昭和一九年九月二〇日）も全ページが航空関連の記事で占められている事実上の特集号であり、一八六号・二三八号・二八九号・三三九号はいずれも航空日を意識した誌面作りとなっている。

(20) 航空技術の振興をめぐり、『写真週報』が児童・生徒・学生に向けてどのような広報活動を繰り広げたのかについては本書第七章を参照のこと。

(21) 航空に対する抵抗感を少なからず抱いた背景には、空の安全に対する不安があったものと思われる。航空の発展には事故や犠牲が伴うと言われるが、日本でも草創期から乗員・乗客が事故に見舞われて命を落とすことがたびたびあった。日中戦争勃発以降に発生した航空機事故を取り上げても、昭和一三年八月に大森上空で起きた航空機どうしの衝突事故は、一方の航空機が市街地へ墜落したため、両機の乗員五人を含む計四五人が死亡、一〇六人が重軽傷を負う大惨事となり、昭和一四年五月・昭和一五年一二月にも航空機の墜落事故で乗客が巻き込まれて死亡するなど、航空機への不安感を抱かせる出来事が相次いだ（「日本戦前の民間航空史年表」〈前掲、佐藤一一『日本民間航空通史』〉、一八四－二〇五頁）。

(22) 前掲、財団法人日本航空協会編『日本航空史 昭和戦前編』、五三八頁。

(23)「航空局の乗員養成」（一〇三号・昭和一五年二月一四日）。

(24) 本書第七章参照。

(25) 太平洋戦争勃発後も毎年九月二〇日の航空日前に刊行される『写真週報』には、航空局管轄下の航空機乗員養成所への入所勧誘や航空に対する関心の喚起を目的とする記事が掲載され、例えば、二三八号の「空は諸君を待ってゐる」、二八九号の「空の決戦　断じて勝たざるべからず」、三三九号の「空から来た敵は空で叩く」などがある。また、情報局は青少年の航空に対する関心を高め、航空知識の習得を促す目的で、昭和一六年に週報叢書の第一一輯として『航空国民読本』、昭和一七年には第一二輯として『新航空国民読本』を公刊している。

(26) 日米開戦後から昭和一九年にかけて『写真週報』では少年兵、なかでも、少年飛行兵の募集が積極的に行われ、入隊を促す誌面作りが心がけられていたが、その詳細については本書第七章を参照のこと。また、軍用機については、日米開戦以前の日中戦争の段階から渡洋爆撃と称する航空部隊による爆撃が『写真週報』で取り上げられ、その中で九六式陸上攻撃機の写真が誌面を飾り、開戦後には零式艦上戦闘機、戦局が悪化すると、いわゆる「新鋭機」が読者の目に触れることになるが、その点に関しては下巻第一章に詳しい。

(27) 前掲、佐藤一一『日本民間航空通史』、二三一－二四三頁。

(28) なお、欧亜連絡飛行時間世界新記録を樹立した神風号や世界一周を成功させたニッポン号が軍用機に転用されたことについては、二一七号（昭和一七年四月一四日）の「海軍新鋭攻撃機発表さる」で明らかにされている（下巻第一章を参照のこと）。
(29)　本文の中でも言及しているが、日米開戦以前において、いつ攻撃を受けるかもしれない緊迫感漂う中での輸送を扱ったのが「揚子江輸送船隊」（四一号・昭和一三年一一月二三日）であり、揚子江をさかのぼる危険を冒しながら任務を遂行する輸送船隊が紹介されている。ただ、この記事も日米開戦以降とは違い、間近で命の危険にさらされたり、敵の猛攻に悪戦苦闘したりするなど、生死をさまようような危険な航行についての言及はない。
(30)　日中戦争の勃発を機に、戦時日本経済は大幅な輸入超過に直面し、継続的に軍需生産に必要な物資や原料を輸入する方策の一つとして、貿易の決済に必要な金の準備高を増やすことが重要視され、海運による収益確保もその一環として位置づけられたが、金の確保をめぐる政府の取り組み、及び、その宣伝・啓蒙活動の詳細については本書第三章を参照のこと。
(31)　逓信省「海運統制令」（『週報』一七四号、昭和一五年二月一四日）、二一－八頁。
(32)　日中戦争の長期化に伴い、船腹の需要が高まると共に、その運航を支える優秀な船員の確保も重視されることになった。まずは全船員の現況を把握するために船員職業能力申告令が昭和一四年一月に施行され、毎年一回、対象となる船員に個々の能力に関する情報を申告させることになった（逓信省「船員登録制―船員職業能力申告令の解説―」〈『週報』一二〇号、昭和一四年二月一日〉、一五－九頁）。その後、船舶の運航に支障をきたすかもしれないほど船員の不足が深刻な問題となり、給与引き上げによる船員争奪戦にならないように船員の給料を統制の対象とする船員給与統制令、船員の適正配置と転職防止を目的とする船員使用等統制令、将来のいかなる事態に対応するための船員徴用を可能にする船員徴用令の三勅令が国家総動員法の発動により昭和一五年一二月に施行された（逓信省「船員政策の強化―船員に関する三総動員勅令」〈『週報』二一七号、昭和一五年一二月四日〉、二三－三二頁）。
(33)　逓信省「海運の国家管理態勢」（『週報』二六五号、昭和一六年一一月五日）、九－一二頁。
(34)　これまで海運行政を所管していたのは逓信省であったが、日米開戦直後の昭和一六年一二月一九日に逓信省の外局として海務院が設立され、その要職が海軍軍人で占められたことから、その後の輸送計画や船舶行政は事実上海軍主導で進められた（前掲、山崎『戦時経済総動員体制の研究』、二六三頁）。
(35)　海務院「戦時標準船」（『週報』三〇一号、昭和一七年七月一五日）、二二－五頁。
(36)　前掲、山崎『戦時経済総動員体制の研究』、二六五頁。
(37)　同右。
(38)　前掲、「戦時標準船」。しかし、この戦時標準船については様々な問題を抱えており、徹底的な工期の短縮・材料の節約により船の耐用年数が無視された結果、乗組員の居住性は全く考慮されず、船内の様々な設備も必要最低限に抑制された上に、船の安全の基本に関わる二重底まで廃止された。各海運会社からは厳しい批判と苦言が呈されたものの、これを完全に無視したまま建造が進められた（前掲、大内『輸送船入門』、八二頁）。

(39) 『写真週報』に掲載された戦時標準船関連の記事としては、他にも、「勝利の船は龍骨も高く冬空を裂く」（二四九号・昭和一七年一二月二日）、「進水につづく進水」（三〇〇号・昭和一八年一二月八日）、「造船所における巨大な船倉鉄板の取付作業（表紙）」、及び、海軍艦政本部・飯河技術大佐「勝ちぬけ造船補給戦は勝敗の鍵」（三〇一号・昭和一八年一二月一五日）、「船を造ろう」（三三二号・昭和一九年八月二日）、「決戦の海は待つ 大車輪で船を造ろう」（三四〇号・昭和一九年九月二七日）などがある。

(40) 前掲、山崎『戦時経済総動員体制の研究』、二六七―七六頁。

(41) 大内建二氏によると、太平洋戦争中に沈められた日本の商船を原因別に調べたところ、雷撃、つまり、潜水艦攻撃による沈没が一一四四隻で全体の四四・五％、それに続く航空攻撃による沈没が九四〇隻で全体の三六・六％を占めた。戦争末期になると、マリアナ諸島から襲来するB29から大量の機雷が瀬戸内海や関門海峡など西日本の沿岸に投下され、触雷による沈没は全体の一〇・〇％に相当する二五六隻に達した（前掲、大内『輸送船入門』、五〇―二頁・一二六―七頁）。

(42) 国民合唱「輸送船行進歌」の作詞は根ノ瀬信、作曲は堀内敬三であり、昭和一九（一九四四）年四月に登場した。『写真週報』の誌面で紹介されている歌詞は一番から三番までであり、一番は「戦雲ふかく立ちこむる／海上圧し船団は／日の丸高く堂々と／征くや怒涛の幾千里／ああ決戦に咲きにほふ／花なりわれら輸送船」、二番は「嵐を凌ぎ霧を衝き／敵機の群や敵潜の／補給路狙う北南／持場守りて敢闘す／ああ前線のつわもの／母なりわれら輸送船」、三番は「撃ちてしやまん烈々の／日本船員魂が／生死を越えたただ一路／使命に殉ずるその勤／ああ大東亜建設の／光ぞわれら輸送船」となっている。

(43) 昭和一七（一九四二）年六月のミッドウェー海戦を機にアメリカ軍の反攻が本格化し、その攻撃が日本側の非軍事施設や民間人にまで及ぶと、アメリカ軍やアメリカ人の残虐さや非人道性が強調され、米英を「鬼畜」と称する表現が多用された。「ぶえのすあいれす丸」をはじめとする病院船が攻撃を受けた際には『写真週報』がそれを取り上げ、彼らの野蛮で非人道的行為を繰り返し糾弾したが、『写真週報』の分析を通じて浮き彫りになった、当該期を含む戦時下日本の対英米認識とその変化については下巻第七章で論及されている。

(44) 言論統制が厳しく布かれていた国内でも、外地や東南アジアから帰還した人々、または、海運関係者を通じて海上交通が非常に危険であることが伝えられ、『暗黒日記』の中でも、機関長だった人の話として、輸送船・太洋丸の沈没により乗員千数百名の内、二十数名しか助からなかったこと、船のことを知らない陸軍中佐が司令官として船長に指示・命令を出すが、その際、処置をめぐって司令官と船長が対立したことなどが記されている（清沢洌『暗黒日記』、昭和一八年九月一六日）。

(45)　前掲、山崎『戦時経済総動員体制の研究』、二八一－二頁。一九四三年度木造船計画において四〇万総トン（内地のみ）という目標が掲げられたが、資材不足・労力不足などにより、同年度の内地建造実績は一二万総トンにとどまった（同右）。
(46)　同右、二九〇－一頁。
(47)　同右、二九一－二頁。
(48)　情報局「皇国内外の情勢（第二十一号）」昭和一九年九月一五日（『情報局関係極秘資料 第五巻』不二出版、二〇〇三年、二八七－三一五頁）。
(49)　同右。
(50)　倉沢愛子『資源の戦争「大東亜共栄圏」の人流・物流』（岩波書店、二〇一二年）、三二一－七頁。
(51)　同右。
(52)　公益財団法人日本殉職船員顕彰会「わが国船舶（商船・漁船・機帆船）の被害と戦没船員」http://www.kenshoukai.jp/taiheiyo/taiheiyou01.htm（閲覧日：二〇一七年四月三〇日）。
(53)　燃料局「ガソリン一滴は血の一滴」（一二号・昭和一三年五月四日）。
(54)　米の配給制度導入をめぐる経緯については、拙著『戦後食糧行政の起源』（慶應義塾大学出版会、二〇一二年）、五四－九頁、衣料の切符制度とその広報については本書第三章を参照のこと。
(55)　燃料局「石油の切符制度」（『週報』八〇号、昭和一三年四月二七日）、二二一－七頁。
(56)　諸類は主食である米の代用食としてだけでなく、工業用アルコールやガソリンの代用としても活用されたが、そのような諸類をめぐる『写真週報』の記事とその分析については本書第二章を参照のこと。
(57)　「続忘れぬ為に 昭和十五年のメモランダム」昭和一五年一一月一四日（古川ロッパ『古川ロッパ昭和日記・戦前篇』、晶文社、一九八七年）。
(58)　「忘れぬために昭和十五年のメモランダム」昭和一五年六月二三日（同右）。昭和一六年になるとガソリンの配給量が再び削減され、熱海などでも「ハイヤが、呼んでも来ず、殆んど駅にもいない有様」であり、旅客運送業であるタクシー・ハイヤーは商売として成り立たない状況に追い込まれた（古川ロッパ『古川ロッパ昭和日記・戦中篇』第三版、昭和一六年二月二六日、晶文社、一九八九年）。
(59)　昭和一六（一九四一）年八月、米国の対日石油輸出禁止によって、バス・ハイヤー・タクシーへのガソリンの割当がほぼ全面的に停止され、トラックについても、バス・タクシーより削減率は低かったものの、昭和一六年一〇月には四分の三以上の削減率となり、大部分を代用燃料に依存せざるをえなかった（前掲、「第六章 戦時下の交通・運輸」〈前掲、山本『交通・運輸の発達と技術革新』〉、一五七－八三頁）。
(60)　一部を除いてガソリンの使用が禁止されると、ガソリンを使用する自動車に代わって厚生車が登場した。厚生車とは、作家・高見順の言葉を借りると「自転車の横に人の乗る側車をつけたもの」であり、幌が付いていた。しかし、利用者の評価はさんざんなものであり、喜劇俳優の古川ロッパはその乗り心地を「ガタンゴトンガタンゴトンの大苦しみ」、外見についても「不ざまさも悲しい」と酷評し、広島で乗車した漫談家の徳川夢声も「舗装道路の穴ぼこにぶつかるとガタンと恐ろしいショックで、背骨が折れそうだ。人力車みたいに両腕をつっぱる所がないから、始末が悪い」と不満を漏らした（高見順『高見順日記 第二巻の上』、昭和一八年四月二一日、勁草書房、一九六六年、古川ロッパ『古川ロッパ昭和日記・戦中篇』第三版、昭和一八年八月三一日、晶文社、一九八九年、徳川夢声『夢声戦争日記 第一巻 昭和十六年－昭和十七年』、昭和一七年五月一三日、中央公論社、一九六〇年）。

(61) 日本国有鉄道『日本陸運十年史（第四巻）—第二次大戦と運輸経済—』昭和二六年、二頁。

(62) 同右、一五頁。

(63) 戦時期においては輸送量の統制だけでなく、交通事業者の整理統合も同時に進められた。そもそも、整理統合は日中戦争以前からの懸案であり、大正期～昭和初期にかけて大都市部を中心に交通機関が乱立し、二重投資の弊害に陥って経営難に直面するケースが相次いだため、昭和七（一九三二）年二月、鉄道省内部に設置された陸運統制委員会を中心に打開策が議論され、第七〇回・第七一回帝国議会では議員から「交通機関調整法」が提出されたものの解決には至らないまま、昭和一二年、日中戦争に突入した。しかし、ここにきて、従来の「自治的調整ではつけ薬程度の療法」にすぎず、必要の場合は「調整を或る程度強制し得る立法を要する」との声が挙がったため、第七三回帝国議会において陸上交通事業調整法が審議され、昭和一三年三月に可決成立した（公布は四月一日、施行は八月一日）。その内容は、「交通の混乱をどうして救うか 交通事業調整法」（四五号・昭和一三年一二月二一日）において紹介され、該法律の制定により、本来の目的である交通事業の整理統合が進むだけでなく、混雑の解消や利便性の向上につながることも謳われた。昭和一三年九月、内閣総理大臣の監督下に置かれた交通調整委員会に対して「東京市及其の付近に於ける陸上交通事業の調整に関する具体方策如何」という諮問を発し、それ以来、同会で二年余、三〇数回の審議を重ねた結果、昭和一五年末に成案を政府へ答申した。これにより、東京周辺部に展開する郊外電車企業の統合・地方都市における企業合同や路線統廃合が進み、昭和一六年三月には帝都高速度交通営団も設立されたのである（前掲、日本国有鉄道『日本国有鉄道百年史 第一〇巻』、一六－九頁、前掲、「第六章 戦時下の交通・運輸」〈前掲、山本『交通・運輸の発達と技術革新』〉、一五七－八三頁、鉄道省・内務省「交通統制の問題」〈『週報』九四号、昭和一三年八月三日〉、二一－一〇頁、鉄道省「戦時下の交通調整—特に東京地方について—」〈『週報』二四三号、昭和一六年六月四日〉、九－一三頁）。

(64) 関門鉄道トンネルは、明治期から地元を中心に建設を要望する声が出ており、大正期には調査・研究目的で一八一六万円の予算が拠出されたが、第一次世界大戦後の経済情勢や関東大震災などの影響を被り、トンネル工事の着工が先送りされた。実際に試掘坑道の掘削工事が始まったのは昭和一一（一九三六）年一〇月であり、日中戦争の勃発により工事促進の必要に迫られた（前掲、日本国有鉄道『日本国有鉄道百年史 第一〇巻』、五四－六頁）。

(65) 関門鉄道トンネルは鉄道省の管轄で工事が進められたが、昭和一二年には内務省が所管する関門国道トンネルの工事も始まり、昭和一四年の起工式を境に工事が本格化した（関門会『開通五〇周年記念 関門国道トンネル建設の歴史—戦中戦後の時代に翻弄された苦悩と感激—』二〇〇九年、八－九頁）。

(66) 関門鉄道トンネルの掘削工事は『週報』でも取り上げられ、『写真週報』で指摘された利点以外に、トンネル開通によって、関門海峡のような航行頻繁な航路の横断に伴うリスクが無くなること、有事の際には国防上重大な意義を有するなど、その効果は「枚挙に遑がないほど」であり、このトンネル工事で得られた経験が内鮮を結ぶ海底トンネルの技術的調査の一助にもなることが言われた。また、国道トンネルについても、開通後は「一時間優に自動車二千五百台、自転車二千台は通れる」こと、通過時間もわずか五分で、しかも毎年数回に及ぶ暴風による交通途絶の憂いもなく、時間帯に関係なく連絡ができること、有事の際にはトンネルは防空・防護室として十数万人を収容できるなど、国防上・産業上・行政上においても貢献するところ「実に多大」であることが強調された（内務省・鉄道省「関門トンネルの話」〈『週報』一三七号、昭和一四年五月三一日〉、一二一－一二二頁）。

(67) 『第七十五回帝国議会衆議院予算委員第八分科（逓信省及鉄道省所管）会議録 第一回』昭和一五年二月一六日。鉄道大臣の松野鶴平によると、関門鉄道トンネルは単線として昭和一六年度完成の見込であったが、「経済上軍事上是ガ複線化ヲ急務ナリト認メ」ることになり、第二期工事として「一線増設ノ計画」を立てることになった。

(68) 前掲、日本国有鉄道『日本国有鉄道百年史 第一〇巻』、五四－六頁。

(69) 輸送力が行き詰まる時期について、東海道本線は昭和二〇（一九四五）年頃、山陽本線は昭和二五（一九五〇）年頃であると考えられていた（鉄道省幹線調査課「東京⇕下関 新幹線の増設」〈『週報』一九二号、昭和一五年六月一九日〉、三五－九頁）。

(70) 弾丸列車計画の中枢にいた島安次郎・秀雄親子の言動に注目しながら、鉄道省を舞台に水面下で行われていた同計画をめぐる活発な議論、計画承認後の工事本格化とその挫折を、膨大な関係資料の渉猟と技術者たちの証言に基づいて明らかにした著書として、前掲、前間『弾丸列車』がある。

(71) 同右、一八三－二七〇頁。

(72) 前掲、日本国有鉄道『日本国有鉄道百年史 第一一巻』、三一四－五頁。

(73) 同右、三二七－八頁。

(74) 同右。新丹那トンネルの延長は七八八〇メートルとし、工期は七年六ヵ月、勾配を東口から一〇〇〇分の二・五、西口から一〇〇〇分の三・五の上り勾配として計画された。

(75) 他にも、「江南に進む鉄道挺身隊」(八号・昭和一三年四月六日)に記されているように、大陸において大量の作戦物資を円滑、かつ、迅速に補給するため、鉄道省は機関車・貨車や鉄道関連の資材を中国の現地日本軍に対して提供する必要に迫られた。その際、国内の機関車・貨車はいずれも一〇六七ミリメートルの狭軌であるため、一四三五ミリメートルの広軌に改造することになり、改軌された車輌は船に積み込まれ、大連港などへ続々と送り出された(前掲、前間『弾丸列車』、一二〇―三頁)。また、車輌の供出だけではなく、輸送担当の職員の現地派遣も余儀なくされ、輸送力増強にとって大きな足枷となった。なお、車種別・年別の供出車輌数やその供出先については、前掲、日本国有鉄道『日本国有鉄道百年史 第一一巻』、六四九―五〇頁を参照のこと。

(76) 日米開戦後ではあるが、『週報』によると、贈答や一般配給以外の取引に起因する生活必需品の輸送が急増し、特に食料品は「甚だしい状態」であった(「告知板 荷造を完全にしましょう年に三万件の荷物が迷子」〈『週報』三五七号、昭和一八年八月一八日〉、二一―二頁)。

(77) 前掲、日本国有鉄道『日本国有鉄道百年史 第一〇巻』、二六―七頁。

(78) 前掲、日本国有鉄道『日本陸運十年史(第一巻)』、二六二―四頁。

(79) 鉄道省「陸運統制令」(『週報』一七五号、昭和一五年二月二一日)、二四―九頁。

(80) 逓信大臣兼鉄道大臣村田省蔵「逓信、鉄道の新体制」(『週報』二〇五号、昭和一五年九月一八日)、二―七頁。

(81) 鉄道省「最近の混雑振りと旅の道徳」(一三三号・昭和一五年九月一一日)。

(82) 実際に陸運統制令が発動されることはわずかにすぎず、わざわざ発動しなくても、陸運の主要部分を担っている国鉄が自ら進んで実行に移していた(前掲、日本国有鉄道『日本陸運十年史(第一巻)』、二六三頁)。

(83) 鉄道省「年末年始の鉄道輸送対策」(『週報』二一七号、一九四〇年一二月四日)、一八―二二頁。

(84) 前掲、日本国有鉄道『日本陸運十年史(第四巻)』、三八―四〇頁。

(85) 前掲、日本国有鉄道『日本陸運十年史(第一巻)』、二七五―九頁。

(86) 同右。

(87) 大東亜縦貫鉄道とは、東京・朝鮮・華北(河南)・華中(湖南)・華南(広西)・貴州を経て、雲南から仏領インドシナへ入り、そこからタイを経て南はシンガポール方面へ、さらに西はビルマ方面へとつなぐ幹線鉄道である。満洲からビルマまでという版図の中で、既存の鉄道でカバーできないのは、いまだに日本の支配下にない中国各地の鉄道、サイゴン―プノンペン間、そしてタイ―ビルマ間であり、新線の建設が必要不可欠とされた。昭和一七年五月、大東亜建設審議会が大東亜交通対策意見書を答申し、その中で海運力を補完するものとして縦貫鉄道が必要であると主張したことを受け、大東亜縦貫鉄道建設計画が本格始動した。翌月、日本軍がタイとビルマを結ぶ新線建設を提言し、泰緬鉄道の建設が始まったのである（前掲、倉沢『資源の戦争「大東亜共栄圏」の人流・物流』）。

(88) 前掲、日本国有鉄道『日本国有鉄道百年史 第一一巻』、三二五－八頁。ちなみに、新丹那トンネルと同じく、新幹線計画の一環として昭和一六年八月から始まった日本坂トンネルの工事は、東海道本線用宗・焼津間改良工事として継続され、昭和一九（一九四四）年一〇月に完成した。同じく、昭和一七年九月に着工された新東山トンネルは東海道本線膳所・京都間改良工事として継続され、昭和一九年八月に完成した。

(89) 関門国道トンネルの工事は、鉄道トンネル工事へ優先的に資材や人員が投じられたため大幅に遅延した。戦争末期の昭和二〇年には軍の要望に基づき、自動車一車線交通を目的とする緊急工事へ切り替えられたが、まもなく終戦を迎えた。占領統治下、工事は停滞を余儀なくされたが、講和後の昭和二七（一九五二）年、国道トンネルは五ヵ年計画・事業費三一・五億円で工事を再開し、調査工事を開始してから二一年後の昭和三三（一九五八）年に開通した（前掲、関門会『開通五〇周年記念関門国道トンネル建設の歴史』、八－一六頁・二二－九頁）。

(90) 前掲、日本国有鉄道『日本陸運十年史（第一巻）』、一六－二〇頁。

(91) 決戦非常措置要綱に基づき、国鉄は「わが国鉄道史開始以来の画期的な旅客輸送の大制限」を断行したが、残された課題は一〇〇キロメートル以内の旅行であり、今回の措置では従来通り、切符の販売制限のみにとどまった。日米開戦以降、買い出し目的の乗客が急激に増え、それに通勤客が加わった週末の混雑は「定常現象」となった。そのため、切符販売の制限に踏み切り、混雑が若干緩和されたものの、その制限は混雑を駅構内の出札口へ移動させたにすぎず、切符購入のためだけの長い行列は少なからぬ「憂慮の種」となった（情報局「時局情報宣伝資料 皇国内外の情勢（第十九号）」昭和一九年四月五日〈前掲、『情報局関係極秘資料 第五巻』〉）。

(92) 前掲、日本国有鉄道『日本陸運十年史（第一巻）』、三五七－六〇頁。

(93) 「勝つために旅行は献納」（三一五号・昭和一九年四月五日）と同じく、旅行の自粛により新たな戦力が生まれるという趣旨の記事として「鉄道は勝つための武器 不急の旅行で戦力減らすな」（二九一号・昭和一八年九月二九日）があり、各家庭一人が一度旅行を献納すれば、旅客列車二万五〇〇〇本が走らずに済み、石炭一二〇〇万トン、木材五〇〇〇万石、米八〇〇〇万石を運ぶことができると謳われた。

(94) 当時、切符の購入は、リベラリストの評論家である清沢洌に言わせると「貧乏人がダイヤモンドを買う程度の困難」であり、そのためには長蛇の列に長時間並ばなければならなかった。鉄道利用者の多くはそれを苦痛に感じており、例えば、徳川は「実に厭で厭で堪らない。一列に並ばねばならぬ程なら、酒もいらぬ、御馳走もいらぬ。」と不満を漏らし、当時、医学生であった山田風太郎もいざ自らが切符を買うことになると、そのために作られた大行列が「恐るべき迫力を以て圧倒」すると感じていた。しかし、それでも列にならんで切符を手に入れるのは「座席なしで十時間も立っている苦痛は、私の肉体の堪《ママ》えられない」（徳川）からであった。その一方で、そのような行列にならばずに切符を手に入れる方法もあり、小説家の高見順が経験したように「鉄道省係の記者で、駅長に交渉」したら「二つ返事でくれた」ことや、山田が「友人が東京駅に勤めている」話を聞いて切符購入を依頼したことなど、いわゆる、コネやツテに頼ることであり、高見の言葉を借りれば「「顔」の流行は遂に国鉄まで及んだ」のである（清沢冽『暗黒日記』、昭和二〇年三月二四日、徳川夢声『夢声戦争日記 第三巻 昭和十九年』、昭和一九年七月二〇日〈中央公論社、昭和三五年〉、山田風太郎『戦中派虫けら日記 幻滅への青春 昭和一七年～昭和一九年』、昭和一九年八月一日〈筑摩書房、一九九八年〉、高見順『高見順日記 第二巻ノ下』、昭和一九年一月一六日〈勁草書房、昭和四一年〉）。

(95) 清沢以外にも旅客輸送制限について言及した人物として、古川が挙げられる。芝居や遊興などで遠距離列車を利用する機会が多い古川は、旅客輸送制限に関する閣議決定翌日の三月一五日、新聞報道でそのことを知り、その日、熱海へ向かっていた古川は「もうこんな旅も、これで当分お別れだ。此の程度のたのしみからも追われるのか、と悲しい」と嘆いた（前掲、古川『古川ロッパ昭和日記・戦中篇』第三版、昭和一九年三月一五日）。

(96) 清沢冽『暗黒日記』、昭和一九年三月一五日。

(97) 清沢冽「観察記 北海道から樺太へ（上）」（『東洋経済新報』第二一一七号、昭和一九年四月八日）、一〇－一一頁。

(98) 前掲、清沢『暗黒日記』、昭和一九年四月一〇日。

(99) 決戦非常措置要綱では旅行制限や軍需物資等の重点輸送強化が謳われたが、川島高峰氏の分析によると、これを機に、買い出しをめぐる世相の悪化に拍車がかかった。交通機関に従事する下級幹部や乗務員の間では、職権を乱用して切符制限販売にまつわる不正行為や買い出しが横行していた。一方、現場の鉄道職員も低賃金や上司の不正に反感を抱き、それが影響して、買い出し部隊や神社参拝などを目的とする旅行者などに対して厳しい態度で臨むようになった。このように、統制の強化は、新たな役得を末端に生み、そのさらに末端では現場職員と乗客との関係の険悪化を招いたのである（川島高峰『流言・投書の太平洋戦争』講談社、二〇〇四年、一四〇頁）。

(100) 「社論 旅客輸送の制限と政府 其輻輳の根因を除去すべし」（『東洋経済新報』第二一一六号、一九四四年四月一日）、七－八頁。また、「社説 旅客殺到の本を匡すべし」（『毎日新聞』昭和一九年三月三〇日）でも、不要不急の旅行を生む原因にこそ問題があると指摘し、「本を匡す」ことによって「無意味な旅客の輻輳を避けることが出来る」と主張した。

(101) 例えば、「神風賦」（『朝日新聞』昭和一九年三月一五日）では、遠距離旅行は「万人ともにある程度の不便、窮屈さを忍ぶべき」であり、通勤時間帯の交通機関利用についても「他の一般人は自制するのが当然」であると政府の方針を支持している。

(102)「社説 旅客制限の強化」(『読売報知』昭和一九年三月一五日)。

(103)「社説 旅客制限決る」(『毎日新聞』昭和一九年三月一五日)。同様の趣旨は「社説 旅客制限の強化」(『読売報知』昭和一九年三月一五日)や「硯滴」(『毎日新聞』昭和一九年三月一五日)においても見られる。

(104)清沢の日記でも旅客輸送制限をめぐる新聞報道について言及しており、「雑記帳」(『毎日新聞』昭和一九年四月一二日)などの記事を日記に添付した上で、新聞が「ボツボツ不安を書いて来た」ことや、定期券携帯の乗客による乗越し禁止や鉄道職員の不親切が報じられたことに触れ、それらが「形式主義の一例」であると批判した。また、小説家・伊藤整も、一連の制限によって「色々な苦情が新聞紙面上を毎日賑わしている」と述べるなど、新聞報道の過熱ぶりを日記の記述から垣間見ることができる(前掲、清沢『暗黒日記』、昭和一九年四月一二日、及び、伊藤整『太平洋戦争日記〔二〕』昭和一九年四月一四日、新潮社、昭和五八年)。

(105)「この調子なら及第 発足した旅行証明制」(『読売報知』昭和一九年四月一日)

(106)「雑記帳」(『毎日新聞』昭和一九年四月七日)。一〇〇キロメートルを超える遠距離列車の切符を購入できるのは公務や緊急を要する場合に限られ、かつ、警察・所属官庁発行の許可書が必要となるが、伊藤の記述によると、切符を買うために大東亜省の旅行証明を持って二日間、上野駅で朝から並んだものの、「軍公用の証明を持っているものだけでも数百人」に達している事例が物語っているように「証明書を濫発しすぎるような傾向」が顕著に現れていた。そこで、昭和二〇年六月一〇日から旅行統制官事務所が開設され、緊急用務を帯びて旅行する人を対象に乗車券発券を認めるか否かを詮議するようになった。その結果、発券が厳しく規制され、芸能関係者などが「自分は何時も旅行ばかりしなくてはならぬ職業ですが、何か必ず乗車券の買える証明書を発行して貰えぬか」とお願いしても断られた(伊藤整『太平洋戦争日記〔三〕』昭和二〇年四月一〇日〈新潮社、昭和五八年〉及び、「決戦下の乗車心得」〈『週報』四四九号、昭和二〇年六月二七日〉、一〇－六頁)。

(107)「鉄箒 通勤難」(『朝日新聞』昭和一九年四月八日)。

(108)「鉄箒 乗越し」(『朝日新聞』昭和一九年四月七日)。記事の最後は、近距離の乗越し禁止に対する不平不満をめぐり、新聞掲載以外にも「同趣旨の投稿が多数寄せられ」たというコメントで締めくくられている。

(109)「陣影」(『読売報知』昭和一九年四月九日)。

(110)「決戦時報　戦力を涸らす「不親切」街に「人の和」を築こう」(『朝日新聞』昭和一九年四月一二日)。

(111)「陣影」(『読売報知』昭和一九年四月九日)。

(112)昭和一八年六月、労務調整令の改正により一定職種(軽作業)の男子就労が禁止され、同年九月には女子挺身隊が結成された。詳しくは、本書第六章を参照のこと。

(113) 働く女性の姿は戦時下の日常生活の中に溶け込んでおり、伊藤も「街上、電車内に勤めの女子を多く見かけ」ており、上野駅の出札・改札・アナウンスなどを担い、「洋服にやや太目のズボンを穿いている」彼女たちが「当り前で少しも目立たなくなった」と述べている(前掲、伊藤『太平洋戦争日記(二)』昭和一八年一一月二五日)。

(114) 当時、鉄道省勤労局が学徒活用の方針を掲げているにもかかわらず、国鉄の現場では学徒を業務の中枢に参加させるための、本格的な受入方法が検討されていなかった。国鉄の中で本格的に学徒を大量に受入れたのは工機部だけであり、それ以外では、機関区の炭水夫や線路工手など、特別の技術と知識を要しない作業に従事させていた。あくまで「ごく間に合わせ的に使っていた」にすぎず、学徒は代替労働力としてあまり重視されていなかった(前掲、日本国有鉄道『日本陸運十年史(第二巻)』、五五〇頁-一頁)。

(115) 輸送量の増加は昭和一一年度を一〇〇とすると昭和一八年度は二七五と倍以上の伸びとなっているが、当時の人員(実働)は一七五にすぎず、一人当たりの負担は昭和一一年度と比べると六割増加している。一方、増員の内訳をみると、昭和一八年度は前年度と比べると全職員数では一割一分の増加であるが、男子職員の数がほぼ同数なので、この増加は専ら女子の増加に起因する。女子職員は昭和一一年度において総数の四分にすぎなかったが、昭和一八年度には一割二分にまで増加した。また、年齢別の構成でも昭和一七年度には二〇歳未満が四割に、勤続年数五年未満も五割八分まで急増した。こうした厳しい労働環境の影響を受け、「職員面から鉄道が弱体化」するに至ったのである(前掲、情報局「時局情報宣伝資料 皇国内外の情勢(第二十一号)」〈前掲、『情報局関係極秘資料 第五巻』〉)。

(116) 同右。

(117) 『日本陸運十年史』には、当時の国鉄における女子の就労とその実態について書かれており、昭和一八(一九四三)年七月の新橋運輸部の女子代替成績では、出札掛が一般に好成績であるのに対して、改札掛は室外勤務であるため幾分出札掛より能率が低いと評価された。貨物・小荷物掛などは女子には不向きであるが、切符整理・雑務・接客など重労力不要の業務は好成績を収めた。しかし、昭和二〇年五月には、女子職員採用を一時停止するなど、女子による代替も限界に達し、あくまで、戦時における労力の深刻な欠乏を補填する「応急の糊塗策」にすぎなかったと総括している(前掲、日本国有鉄道『日本陸運十年史(第一巻)』、五六五-七頁)。

(118) 前掲、情報局「時局情報宣伝資料 皇国内外の情勢(第二十一号)」(前掲、『情報局関係極秘資料 第五巻』)。

(119) 「決戦下の乗車心得」(『週報』四四九号、昭和二〇年六月二七日、一〇-六頁)。

(120) 新聞の紙面でも、例えば、「百貨店の女店員にしろ、女車掌、女駅員にしろ女の方が男よりも不親切なのはどうしたことだろう」という発言に象徴されているように、働く女性がお客に不親切であることが問題視されていた（石川達三・黒崎本社文化部長「親切対談」〈『毎日新聞』昭和一九年四月一八日〉）。

(121)　東京都内主要駅の駅長や鉄道省東京鉄道局幹部らが一堂に会して座談会「旅と通勤」を開催し、その内容は六回に分けて『朝日新聞』に連載された。最終回となる五月四日掲載分の座談会では急増する女性職員が話題となったが、女性職員と乗客との摩擦が起きる原因について様々な意見が出た。例えば、仕事に馴れていないため、言葉が足りず、態度が板についていない若い駅員が、イライラする乗客とぶつかってしまい、不平不満の声となって現われる場合、男性職員が普通に言うようなことでも女性職員が言うと「女らしくない、女のくせに」と感情を害してしまう場合や、乗客から何か言われると女性職員が「感情を昂めて金属性の声も出る」ので事態を一層悪化させてしまう場合などが挙げられた（「旅と通勤 駅長さん座談会⑥」『朝日新聞』昭和一九年五月四日）。

(122)　前掲、情報局「時局情報宣伝資料 皇国内外の情勢（第二十一号）」（前掲、『情報局関係極秘資料 第五巻』）。

(123)　同右。

(124)　前掲、徳川『夢声戦争日記 第三巻 昭和十九年』、昭和一九年一一月八日。

(125)　前掲、情報局「時局情報宣伝資料 皇国内外の情勢（第二十一号）」（前掲、『情報局関係極秘資料 第五巻』）。

(126)　同右。

(127)　最近、太平洋戦争に関連する資料の収集や保存に取り組む豊の国宇佐市塾が米軍機に搭載されたガンガメラをアメリカ国立公文書館から入手・解析し、生々しい機銃掃射の様子などをメディアに公開している（例えば、「旧国鉄荒木駅空襲体験語る米軍機撮影、映像も公開 久留米大で当時の恐怖伝える」『毎日新聞』筑後版、二〇一三年八月二六日など）。また、森正蔵『挙国の体当たり 戦時社説一五〇本を書き通した新聞人の独白』（毎日ワンズ、二〇一四年）には、昭和二〇年八月五日、中央線下り列車で甲府方面へ向かう途中、P51戦闘機による機銃掃射に遭遇し、九死に一生を得た森正蔵氏（当時・毎日新聞論説委員）の体験が綴られている。

第五章注

(1) 戦時体制下の健康増進政策には近年注目が集まっており、藤野豊『強制された健康』(吉川弘文館、平成一二年)や高岡裕之「戦時動員と福祉国家」(『岩波講座　アジア・太平洋戦争3』、岩波書店、平成一八年)など多数の研究がある。しかしそれらの行政を推進する上で、政府が行った宣伝・啓蒙活動に焦点を当てた研究はないようである。

(2) 健康増進キャンペーンについては、清水勝嘉「国民精神総動員運動(一九三七~一九四〇)のなかの健康増進キャンペーン」(『防衛衛生』、昭和五五年三月)、同「戦時体制下(一九三七~一九四五)の中の公衆衛生(第六報、健康週間、健康増進運動および健民運動)」(『防衛医科大学雑誌』、昭和五四年一二月)の中で概略がまとめられている。しかし同論文は、政府の通牒、実施要項の紹介が中心であり、実際の「キャンペーン」の様相についてはほとんど言及していない。なお、東京都公文書館編『戦時下「都庁」の広報活動』(東京都政策報道室、平成八年)には、東京市民の体力づくりのための広報活動が紹介されている。

(3) 厚生省医務局『医制百年史』(ぎょうせい、昭和五一年)、三三八頁。

(4) このような種目を奨励する理由を厚生省は次にように説明する。すなわち、従前の運動は娯楽、スポーツで一部の者に偏していた。しかし、政府がめざすのは、全体の平均体力の向上であり、一部の優秀者を作ることではない。そのために大多数の国民が取り組める、容易で熟練した技術を要さない、経費もかからない運動がよい、と(厚生省「時局と心身の鍛練」、『週報』九三号、昭和一三年七月二七日)。

(5) 『写真週報』では武道が取り上げられることが少なく、水泳が頻繁に掲載されているが、それは国民心身鍛錬運動が夏に行われる以上、水泳を取り上げざるをえなかったためと思われる。

(6) 毎年実行要目の筆頭に挙がるのが体操であり、昭和一五年の国民心身鍛錬運動では「先ヅ体操ノ実行ヲ奨励スルト共ニ其ノ他ノ諸項ニ付テモ勉メテ之ヲ行フ様奨励スルモノトス」(「国民心身鍛錬運動ニ関スル件」、『内務厚生時報』、昭和一五年八月)というように、体操の重要性は一段上であった。

(7) 厚生省「夏と心身鍛練」(『週報』一四五号、昭和一四年七月二六日)。

(8) 徒歩の中でも健康増進キャンペーンで第一に掲げているのは「徒歩通勤」である。しかしそれではテーマが地味なせいか、誌面には徒歩通勤を特集した記事は登場しない。唯一徒歩通勤に関連する記事としては、昭和一五年の健康増進運動と連動した「正しい歩行に近づく健康」(一二七号、昭和一五年七月三一日)という記事がある。この記事は、正しい歩き方を専門家が指南するという企画であり、丸の内のオフィス街を「正しく」歩く男女の写真が掲載されている。

(9) 「まづ健康――健康週間」(一三号、昭和一三年五月一一日)。

(10) 「健民運動夏季心身鍛練に就て」(『内務厚生時報』、昭和一七年八月)。

（11）「昭和一五年度国民心身鍛錬運動実施要綱」（「国民心身鍛錬運動ニ関スル件」、『内務厚生時報』、昭和一五年八月）。昭和一三年、一六年の夏も「要綱」において、同趣旨のことが述べられている。

（12）こうした理解は、徴兵検査の結果において、都市部が農村部より劣っていたためである。この点については、高岡裕之「戦時と『体力』—戦時厚生行政と青年男子—」（阿部恒久他編『男性史二　モダニズムから総力戦へ』、日本経済評論社、平成一八年）に詳しい。

（13）例えば昭和一八年一月に厚生省が発した通牒「欠勤防止対策例」は、欠勤を防止するために、①勤労精神の昂揚、②適正就業時間の維持、③通勤疲労の緩和、④疲労の防止、疲労恢復対策（後略）という対策を示していたが（労働省編『労働行政史　第一巻』、昭和三六年、一二二七–八頁）、そこからは国民に蓄積された疲労が窺える。また戦時中の日本経済を調査したJ・B・コーヘンは、昭和一九年、二〇年に疾病と疲労が増加したとし、その原因を長時間の労働と貧しい食事であったとしている。同書はいくつかのデータを示しているが、例えば昭和一九年、古河製鋼会社は二三%の欠勤率の理由を「一般的な肉体的疲労」に帰したという（J・B・コーヘン著、大内兵衛訳『戦時戦後の日本経済　下巻』、岩波書店、昭和二六年、一〇頁）。

（14）結核による死亡は男女ともにピークは二〇歳代であった（清水勝嘉『昭和戦前期日本公衆衛生史』、不二出版、平成九年〈第二版〉、一八三頁）。

（15）結核は初期段階では自覚症状が少なく、しかも結核の健康診断はまだ始められたばかりの取り組みであるため、『写真週報』は工夫を凝らして受診の必要性を周知させなければならなかったと考えられる。同時代の資料を紹介すると、ある厚生官僚は昭和一六年の論説で、「結核を対象とした集団検診が行はれ始めたのは、五年程前独逸に於て実施されたのが最初で、之が忽ちに日本で普及し、現在では一ヵ年に行はれる集団検診の被験者は日本が最も多い迄になつている」（近藤宏二「結核の集団検診」、『公衆衛生』、昭和一六年九月）と説明しているが、ここから健康診断がこの時期、急速に普及したことが分かる。

（16）この他専門家が健康診断の有効性を説明する場合もあった。昭和一四年の健康週間では、「結核と闘ふ」（六三号、昭和一四年五月三日）という記事が掲載され、医学博士が早期発見と適切な治療で結核が治り得ることを、レントゲン写真を交えて解説し、健康診断の受診を促している。

（17）厚生省の「令旨奉体結核予防国民運動実施計画」は、国民が実践すべき「結核予防生活」の第一に「健康診断の励行」を挙げ、国民が「健康相談所、保健所等を最高限度に活用すること」は「極めて必要なこと」としている（厚生省予防局「令旨奉体結核予防国民運動実施に就て」、『内務厚生時報』、昭和一四年一〇月）。誌面はこうした指針を反映したものといえよう。

（18）「BCG　有力な予防法で戦ふ　この身を結核から護りませう」（三二三号、昭和一九年五月三一日）。

（19）前掲、『医制百年史』、三三一頁。

(20)「時の立札」でも「風邪で寝こむことは戦列から離脱することだ」（三〇九号、昭和一九年二月一六日）と強い調子で警告が与えられている。
(21) この他、戦時下の世相を書き残した外交評論家の清沢洌の日記には「今日『朝日』に風邪続出との記事あり。銀行の窓も撤回。どこのビルでも暖房装置は一切とってしまった。戦後の後には金具が一切ない国となって居ろうと思う」（『暗黒日記』、昭和一八年一二月一三日）と風邪の蔓延とその背景が記録されている。
(22) 前掲、『医制百年史』、三二七－八頁。
(23) 日本の乳幼児死亡率は、明治一九年～二三年で一一・七%、その後漸増し大正一〇年～一四年には一七・四%に達し、その後は若干減少するものの大体一三%前後で推移した。これに対し、欧米諸国は明治初期日本よりもむしろ死亡率は高かったが（例えば、明治一九～二三年、イングランド・ウェールズで一四・五%、フランスで一六・六%）、一九二〇年代に入ったころから一〇%を割り、昭和七年段階では日本一一・八%、イギリス六・五%、フランス七・六%、ドイツ七・九%、アメリカ五・八%と、日本の死亡率の高さが顕著であった（データは前掲、清水『昭和戦前期日本公衆衛生史』、四六二頁に基づく）。
(24) この点については、窪田暁子「解説母子保健・母子保護・婦人救済について」（社会福祉調査研究会編『戦前日本社会事業調査資料集成　第六巻』、勁草書房、平成四年）参照。
(25) 厚生省五十年史編集委員会『厚生省五十年史　記述篇』（厚生問題研究会、昭和六三年）、四五九－六〇頁。
(26) こうした先進的な取り組みは、昭和一七年の妊産婦手帳規定により、全国的に実行に移されることになる。同規定は、①妊娠した者の届出義務、②妊産婦はできるだけ保健所等で保健指導を受けること、③妊産婦は物資の優先的配給が受けられることを定めた（前掲、『医制百年史』、三三六－七頁）。
(27) 前掲、『厚生省五十年史　記述篇』、三五〇頁。ただし公益上特に必要があると認めるときは、本人の意思にかかわらず優生手術が行えることも規定されていたが、この規定は施行されなかった（同上）。
(28) ちなみに、厚生省では優生手術の該当者を三〇万人と見込み、初年度は三〇〇〇人程度の申請を予想していたが、実際には昭和一六年から二二年までの間に五三八件しか手術は実施されなかったという（前掲、『厚生省五十年史　記述篇』、三五〇頁）。
(29) 基本国策要綱、人口政策確立要綱については、前掲、清水『昭和戦前期日本公衆衛生史』、六四七頁参照。
(30) 結婚奨励に関する記事の初出は、一四三号（昭和一五年一一月二〇日）「立派な子供は健全な結婚から」という記事で、優生結婚相談所長が早期結婚を奨励するものである。所長の説明は次のようなものである。男はいつでも結婚できるという気持ちがあり、女性は男性に高い生活条件を求める傾向がある。このような考え方を捨て、男は早く真面目に家庭を持つこと、女性は理想を引き下げて人物本位で結婚することが必要である。また女性が二二歳で結婚すると不幸になるなどという迷信（二と「荷」が音が重なるため）があるが、そのような駄洒落に基づく迷信は打破するべきであり、性格の違いも相反する性格の方が長短補い合って妙味のある組み合わせであるなどとして、ともかく早く結婚するよう促している。

（31）同様に二九八号（昭和一八年一一月一七日）「子宝一家総力を集めて」は、軍需関連工場を営む家族が、一二人の「子宝部隊」を総動員して増産に励んでいるという記事である。この一二人の子供の中には新生児はおらず、成長した子供たちの活躍に光が当てられている。

（32）『第八十四回帝国議会関係（健民局）第二冊』（国立公文書館蔵『厚生省文書』）。

（33）体力章検定とは昭和一四年から実施されたもので、一五～二五歳の男子を対象とし、走（短距離・長距離）、跳、投、運搬、懸垂の五種目の検定を行い、上級、中級、初級、および等外を判定するものであった。昭和一八年からは一五歳から二一歳の女子も検定が実施された（前掲、清水『昭和戦前期日本公衆衛生史』、六五三頁）。

第六章注

（1）戦時体制下の労務動員に関する研究は数多く存在する。労働省編『労働行政史　第一巻』（労働法令協会、昭和三六年）は労務動員政策の展開を明らかにし、J・B・コーヘン著、大内兵衛訳『戦時戦後の日本経済・下巻』（岩波書店、昭和二六年）、法政大学大原社会問題研究所『太平洋戦争下の労働者状態』（東洋経済新報社、昭和三九年）、加藤佑治『日本帝国主義下の労働政策』（御茶の水書房、昭和四五年）、西成田豊「労働力動員と労働改革」（大石嘉一郎編『日本帝国主義史3』、東京大学出版会、平成六年）、齊藤勉『新聞にみる東京都女子挺身隊の記録』（のんぶる舎、平成九年）などの業績は、労務動員の実態を明らかにしている。しかしながら、労務動員を進める上で政府は国民にどのように訴えかけたのか、その広報活動を分析した研究はないようである。なお、加納美紀代氏の『写真週報』の研究（加納美紀代「戦争プロパガンダとジェンダー表象―『写真週報』を中心に―」、『人民の歴史学』第一六一号、平成一六年一〇月）は、女性の労務動員に関して言及しているが、加納氏の研究は表紙だけを分析し、誌面の内容については全く分析しておらず、しかも行政の展開を踏まえていないので、その分析は十分なものとはいえない。

（2）前掲、『労働行政史・第一巻』（労働法令協会、昭和三六年）、九二四頁。

（3）企画院は『週報』において、小学校卒業者は「いふまでもなく、これは最も重要な労務給源」であると解説している（企画院「労務動員計画について」、『週報』一五五号、昭和一四年一〇月一四日）。

（4）企画院の山内隆三は後に、昭和一四～一五年度の女子動員は積極的とはいえないものであったと述べ、その理由を「労務者に対する要求も今日の如く尨大なものでなく、給源においても窮屈ながらまだ需給の均衡を得るに大して困難を感じなかつた為」と説明している（山内隆三「国民動員計画に於ける女子動員問題」（『職業指導』、昭和一八年七月）。

（5）昭和一四年度の労務動員計画では、「女子ノ労務ニ関シテハ職場ノ選択ニ付適切ナル指導ヲ行」うこと、「未婚ノ不就業女子ニ付就業勧奨ヲ積極的ニ行フ」とある（石川準吉『国家総動員史・資料編第一巻』、国家総動員史刊行会、昭和五〇年、三二五頁）。

（6）佐藤千登勢『軍需産業と女性労働』（渓流社、平成一五年）、三四頁。

（7）商店法施行にともなう「休み方」の特集は、三二一号（昭和一三年九月二一日）「十月一日から商店法実施」でも行われ、映画館で教訓映画を見たり、商店の主人の引率で伊豆に旅行したりする女子店員の姿が掲載されている。

（8）大江志乃夫『徴兵制』（岩波新書、昭和五六年）、一五三頁。

（9）前掲、『労働行政史』、九二〇頁。

（10）前掲、『労働行政史』、九七八頁。

（11）国民徴用令制定当初、動員先は国の行う総動員業務に限られていたが、昭和一五年の改正で政府の管理する工場、事業所にも広がり、昭和一六年の改正で民間事業所への動員も可能になった（佐々木啓「徴用制度像の再検討―その再編・統合策に注目して―」、『人民の歴史学』第一六五号、平成一七年九月）。

（12）企画院・厚生省「臨戦態勢下に於ける労務動員」（『週報』二五九号、昭和一六年九月二四日）。

（13）企画院「昭和一七年度の国民動員計画について」（『週報』第二九五号、昭和一七年六月三日）。

（14）例えば、労働者の置かれた実情を報告した協調会編『戦時労働事情』（協調会、昭和一九年）は、転業者について「これらの者の中には父祖伝来の職業に離別し一介の工員として転業する者も相当数に上り、その心情に於て掬すべきものがある外、転業後の生活環境の急変に基く精神的並に経済的影響も大きくその生活感情も鋭敏であつて、労務管理上微妙な取扱ひを要する」（二九三頁）と警告している。

（15）田中直樹『近代日本炭鉱労働史研究』（草風館、昭和五九年）、五七五頁。

（16）例えば、一七八号（昭和一六年七月）「海底の炭鉱　九州高島鉱業所」という記事は、高島炭鉱では炭鉱労働者のために近代的なアパートが整備され、土日には映画会、漫才会などの催しが開かれ、女性従業員にはお花、お茶などの稽古も行われる様子を伝えた。また三〇六号（昭和一九年一月二六日）の「住みよい炭鉱」では、家族が茶の間で団欒する写真を配して、労働者用の住居は家賃（水道料、電灯料も含む）が一円六〇銭と破格の安さであることを説明する。そのほかにも隣組菜園や新鮮な魚が並ぶ市場、四六時中開いている無料の公衆浴場の写真を掲載し、充実した生活が送れる炭鉱の魅力を伝えている。さらに同号の「石炭と必勝増産座談会」では、炭鉱労働者が「坑内は夏は涼しくて冬は暖かい」、「炭鉱にゐても魚が食べられる、毎朝毎晩風呂に入れる、家族といつしよに平和な生活が楽しめる。勿体なすぎるとさへ思います」と述べ、朝鮮人労働者も「私なども最近半島から来たのですが、ほんとうにきてよかつたと思つてゐます」とまで発言している。

(17)　前掲、『戦時労働事情』、九五頁。同記事は、炭鉱労働は「かつての自由主義経営当時においてさへも優れた福利施設、比較的な高賃金並びに安易な消費生活をもつてその魅力として経営されてきた」のであるが、現在の賃金は事変前に比して精々一七〇〜八〇%に過ぎず、かつての福利施設、消費生活における炭鉱の魅力の大半も消失した。その中で「生命の危機にさらされつつ従事する生産戦士たることはいか程高く評価されても決して当を失することはあるまい」としている。

(18)　前掲、『労働行政史』は、この時期徴用が激しくなるにともない、これに対する一般国民の批判も高まる傾向にあったとする（前掲、『労働行政史』、九四八頁）。

(19)　前掲、石川『国家総動員史・資料編第一巻』、八一六頁。

(20)　産業報国会発足当初、最も重点が置かれたのが「文化活動」であり、その一環として音楽演芸指導や産業戦士への慰問が行われた。産業報国会の文化運動については、高岡裕之「大日本産業報国会と『勤労文化』」（『年報日本現代史・戦時下の宣伝と文化』第七号、平成一三年）に詳しい。

(21)　山本雄二郎編『産業報国運動に関する調査希望』（大日本産業報国会中央本部調査室、昭和一七年）。

(22)　ただし、この種の娯楽も労働者が本当に求める娯楽だったどうか微妙である。後に行われた産業報国会幹部と企業の労務管理関係者の座談会では、労働者の慰安のために著名な浪曲師を招待し、メガホンで呼びかけても聴衆が集まらなかった工場の例、ある工場では工員のために「立派な喫茶店」を作ったが、工員はそこには来ず街に繰り出す例などが紹介された。そして、「娯楽といふものは求めるもので、与へるものぢやない。それを与へようと考へてゐるものですから、そこにどうしたつて無理がでる」といった発言に、産業報国会の関係者が同意する場面も見られた（「座談会　青少年工の不良化問題とその対策」（『職業指導』、昭和一七年一〇月）。

(23)　こうした誌面は産業報国会の策定した「経営責任者陣頭指揮運動要綱」（昭和一七年九月一六日）を分かりやすく伝えたものと考えられる。同要綱では、社長あるいは重役等の経営責任者が「率先作業現場ノ陣頭指揮ニ任ジ、勤労者ノ指揮振作ニツトムルコト」を求め、具体的には「努メテ勤労者ト寝食ヲ共ニシテ以テ体験ニヨル現場実情ノ認識ヲ深ムルコト」等の指針を示している（『資料日本現代史七』、大月書店、昭和五六年、三六三頁）。

(24)　政府は昭和一八年一月「勤労青少年補導緊急対策要綱」を閣議決定し、青少年の補導徹底、不良化の未然防止、教化練成の充実を期するための措置を講じるほど、少年工の不良化に神経を尖らせていた（前掲、『労働行政史』、一二二四頁）。

(25) 『朝日新聞』昭和一七年九月九日。また前掲、『戦時労働事情』も「青少年不良化の原因として、身分不相応の収入、監督者の不足、生活環境の単調等が挙げられるのであるが、要は家庭を離れた年少者に対する家庭教育の延長としての緩厳宜しきを得た潤ひのある後見的職場輔導が緊要である」とする（二九三頁）。

(26) 「時の立札」にも次のような文言がある。「制服から作業衣へ　諸君は日本の戦車や軍艦を造る逞しい少年工になつた　諸君が得る収入は国家が支払ふお金です　よくないことに使つては君達をゆがめ、国をむしばむ二重の罪悪です」（二六七号、昭和一八年四月一四日）。

(27) 前掲、『労働行政史』、一一二三頁。

(28) 工場で働く女性労働者が表紙を飾ったのは、一九五号（昭和一六年一一月二九日）、二〇六号（昭和一七年二月四日）、二九三号（昭和一八年一〇月一三日）、二九七号（昭和一八年一一月一〇日）、三一三号（昭和一九年三月一五日）、三一四号（昭和一九年三月二二日）、三二〇号（昭和一九年五月一〇日）、三二六号（昭和一九年六月二八日）、三三三号（昭和一九年八月九日）、三六九・三七〇合併号（昭和二〇年五月九日）である。

(29) 企画院は、生活に余裕のない女性は就職戦線に乗り出しているが、余裕のある層では親が女学校を出た娘に対し、家庭で躾をしたり、茶や花を習わせることが良縁を求める途だと考えており、そのために労務充足がうまくいかないと説明している（「国民動員計画問答（企画院）」、『週報』三四六号、昭和一八年六月二日）。「時の立札」でも「飛行機の増産に隘路なし　われに有りあまる力あり　未だ動員せられざるのみ　女中を使ひ有閑の時を偸む主婦なきや　娘の就労を喜ばざる両親はなきや　愛児を捧げて悔ゆるなき若鷲の父母達に愧ぢよ」（二九二号、昭和一八年一〇月六日）と、娘の就労を厭う親への批判が行われている。

(30) また次官会議で決定された「女子勤労動員ノ促進ニ関スル件」でも、女子の動員にあたって「女子勤労管理ニ一段ノ創意ト工夫ヲ擬シ之ガ刷新強化ヲ図ル」という方針を定め、具体論として「女子従業員ノ為更衣室、洗面所、便所等ハ男子従業員ト区分シテ之ヲ設ケシムルコト」、「女子従業員ニハ家庭ノ主婦トシテノ心得其ノ他女子トシテノ躾ニ必要ナル施設ヲ為シ修養ヲ怠ラシメザルコト」等を規定している（前掲、『労働行政史』、一一二四－六頁）。

(31) 二九六号（昭和一八年一一月三日）「働く女子には温い思ひやりと設備を」は、白樺づくりの茶室で茶道を学んだり生花・裁縫を習う女子工員、あるいは洗面台で髪型を直す女性工員の写真を掲載して、現在の工場が昔とは違い女性に配慮した職場であることを強調する。同様に三一四号（昭和一九年三月二二日）「工場はあなた方挺身隊を待ってゐます」でも、生花などを学ぶ女性工員の写真に「今では工場があなたの花嫁学校だ」といったキャプションが付される。

(32)　もちろん、実際には女性だけで工場が動いているわけではなかった。軍需省の調査によれば、昭和二〇年二月の段階でも航空機産業における女性従業員の占める割合は約三〇％にすぎなかった（前掲、コーヘン『戦時戦後の日本経済・下巻』、四七頁）。

(33)　「時の立札」でも、「敵、米国の工員はその三分の一が女である　敵、米国の軍隊には女も参加している――この現実をよく視ることだ」（二九六号、昭和一八年一一月三日）といった文章が見られる。

(34)　『写真週報』は、アメリカの女性動員が全世代にわたって実行されているかのように伝えているが、実際のところアメリカでも、「母」が家庭の外で賃金労働に従事することへの抵抗感が根強かった。その結果、未婚女性と子育ての終わった中高年女性が就業する「M字型」の就労パターンが生まれていた（前掲、佐藤『軍需産業と女性労働』、八〇―一頁）。先の「アメリカは既にその全能力を出し切つてゐる」という記事も含め、『写真週報』の説明はいささか恣意的である。

(35)　この特集は「戦力増強国民徴用援護強化運動実施要綱」（昭和一八年一〇月二七日次官会議決定〈『内務厚生時報』、昭和一八年一一月〉）の趣旨に沿ったものである。同運動は「応徴精神ノ発揚振起ニ努ムルコト」などを目標とし、実施方法として『写真週報』等の各種刊行物による宣伝を行うことが定められている。

(36)　昭和一八年一二月に決定された「戦時国民思想確立に関する基本方策要綱」では、「戦争の実相に基き国難来の感覚を極力感得せしめて之に対する反撥心と敵愾心を昂揚し国を挙げて国難に赴くの満々たる闘志と戦意の強化を図ること」という方針が盛り込まれている（内川芳美編・解説『現代史資料41　マスメディア統制（二）』、みすず書房、昭和五〇年、五一〇頁）。

(37)　山本五十六の死を敵愾心に結びつける宣伝は、相当繰り返されたようである。戦時中の世相を日記に書きとめた外交評論家の清沢洌は、「山本元帥の死は非常にショックであった。しかし近頃のラジオと新聞のように、朝夕、繰返していられると少しウンザリする。近頃の指導者達はサイコロヂーを知らぬ」（『暗黒日記』、昭和一八年五月二四日）と書き残している。

(38)　前掲、『労働行政史』、一〇八九頁。

(39)　警視庁情報課の報告によれば、サイパン陥落により「一般庶民層ニ於テハ異常ナル衝撃ヲ感ジツヽモ士気頗ル振ハズシテ（中略）大半ハ戦局ノ前途ニ若干ノ不安危惧ヲ禁ジ得ザルモノノ如ク（中略）一部少数ニ敗戦的思想」が看取されるようになり、それゆえに「戦意昂揚ヲ企図スルニ非ラザレバ極メテ憂慮セラル、事態ニ到達スルヲ免レザルナリ」いう状態であった。また、「工員ノ勤労観念弛緩又ハ著シク反抗的ナリトノ声明多キ実情ニシテ去ル七月十八日発表セラレシサイパン島全員戦死ニ関シテモ職場ニ於ケル感激ハ従来ニ比シ極メテ低調」であり、「勤労管理ノ是正、生産意欲ノ昂揚ハ刻下重要ナル課題ト謂フベキナリ」という報告もなされている（警視庁情報課「最近ニ於ケル諸情勢・第七集」〈昭和一九年八月二九日〉、粟屋憲太

郎・中園裕編・解説『敗戦前後の社会情勢・第一巻（戦争末期の民心動向）』（現代史料出版、平成一〇年）。

（40）この記事より三カ月後のことであるが、昭和一九年一〇月に閣議決定された「決戦与論指導方策要綱」では、「敵ニ対スル敵愾心ノ激成」が目標の一つとされ、そのために「米英人ノ残忍性ヲ実例ヲ挙ゲテ示」すことが方針とされたことが確認できる（前掲、『現代史資料41　マスメディア統制（二）』、五二二頁）。

（41）これより九カ月前、清沢は、「飛行機増産が朝から晩までの宣伝だ。世人にはようやく、『第一線は働いているが、飛行機が足らぬ。それは銃後の責任だ』といった宣伝が通〔ら〕ざることを噂するものがある」として、政府の宣伝が次第に通用しなくなった当時の「空気」を日記に書き留めている（『暗黒日記』、昭和一九年二月一四日）。

（42）戦略爆撃調査団都市課の算定によれば、一九四三年一〇月～四四年九月までの欠勤率は二〇％であったものが、四五年七月には四九％に上昇したという（前掲、『戦時戦後の日本経済・下巻』、一〇八頁）。なお空襲により、欠勤率が急増するのは、新しく住む場所を見つける必要、家族の田舎への引き上げの面倒を見なければならないこと、空襲で失った生活必需品を確保する必要など、生活を支えるための現実的な様々な事情があった（同書、一一一－二頁）。しかし、この時期の『写真週報』には、国民の眼前に存在した現実を踏まえた広報はほとんど見られない。

第七章注

（1）本章でいう「学生」とは大学、専門学校、高等学校などの高等教育諸学校に在学する者、「生徒」とは中学校、高等女学校、実業学校などの中等諸学校に在学する者、「児童」とは尋常小学校（昭和一六年以降国民学校）に在学する者を指す。なお青年学校生徒は労働者という性格が強いので、本章では取り上げない。

（2）学徒勤労動員の展開およびその実態については逸見勝亮「ファシズム教育の崩壊―勤労動員を中心として―」（『講座・日本教育史（第四巻）』、第一法規出版社、昭和五九年）、寺崎昌男・戦時下教育研究会編『総動員体制と教育』（東京大学出版会、昭和六二年）、齊藤勉『東京都学徒勤労動員の研究』（のんぶる舎、平成一一年）、入山洋子「総動員体制下における『勤労奉仕』」（『洛北史学』、平成一五年六月）などの蓄積がある。なお、以下言及する学徒勤労動員の展開については、特に断らない限り、逸見勝亮論文に依拠する。

（3）例えば、『国史大事典』（吉川弘文館、昭和五七年）の「学徒勤労動員」（伊ヶ崎暁生執筆）の項も、集団勤労作業をその出発点としている。

（4）その具体的な作業内容は、中等学校の昭和一三年度の場合、「学校内ノ清掃美化作業」「学校内ノ土木作業」「農工作業及開墾作業」「神社寺院ソノ他公共物ノ清掃美化作業」などが上位を占め、作業日数は夏季休業中の三～五日がほとんどであった。しかし昭和一五年度になると作業日数がやや長期化し、参加校二八四七校のうち、五日以内が七九九校で二八％であったのに対し、六〜一〇日が八四五校（三〇％）、一一〜一五日は四六〇校（一六％）、五一〜一〇〇日も作業した学校が五四校もあった。したがって前掲、寺崎『総動員体制と教育』は、集団勤労作業は実態として農林業への勤労動員という方向へ傾斜しつつあったと指摘する（一二四頁）。

(5) 学徒勤労動員の政策史、実態については前述したように多くの研究があるが、それに関する政府の説明、宣伝に注目した研究はないようである。

(6) 福間俊矩『集成　学徒勤労動員』（ジャパン総研、平成一四年）、三五三頁。

(7) 「学校に於ける夏季及冬季心身鍛錬に関する通牒の解説」（『文部時報』六六〇号、昭和一四年七月一一日）。

(8) 前掲、福間『集成　学徒勤労動員』、三八七頁。

(9) 前掲、寺崎『総動員体制と教育』は、この通牒から「動員」という語が使われるようになり、「集団勤労作業はこの時点で終止符を打たれたとみてよい」としている（一二五頁）。

(10) 「青少年学徒食糧飼料等増産運動実施ニ関スル件」（昭和一六年二月八日）。

(11) 「青少年学徒食糧飼料等増産運動実施ニ関スル件」（昭和一六年三月一二日）。これは前月に出した同名の通牒を詳細、具体的に指示したものである（前掲、逸見「ファシズム教育の崩壊」）。

(12) この誌面は、昭和一六年三月一二日に通牒された「青少年学徒食糧飼料等増産運動実施ニ関スル件」にある、「溜池、用悪《ママ》水路等養魚可能水面アルトキハ之ヲ学校経営ノ養魚場トシ鯉、鮒等ノ内水魚ヲ養殖セシムルコト」（前掲、福間『集成　学徒勤労動員』、三八九頁）との指示を具体化した素材を取り上げたものである。

(13) 同種の記事としては、一二三二号（昭和一七年八月）「ザリガニ殲滅戦」という記事がある。これは東京市の国民学校内の少年団が、水田に繁殖するザリガニ駆除のために活動したことを取り上げたものである。記事はザリガニが食用にもなると説明し、児童の活動が害虫駆除ばかりでなく、食糧確保にも役立ったことを伝えている。

(14) 「学校報国団ノ体制確立方」については、前掲、寺崎『総動員体制と教育』、一二九－三〇頁参照。

(15) そもそも文部省は学校報国団を「非常時局下における真の教育訓練」として位置づけており（「学校報国団更に前進」、『週報』、二五五号、昭和一六年八月二七日）、そのため勤労動員を教育的見地からも意義づけなくてはならなかったと考えられる。

(16) 昭和一八年になってある文部官僚は次のように述べている。すなわち、二、三年前までは「農繁期に出動せる学童部隊並に中等学校報国隊の作業効果に於て、その員数の作業成果は零」という事実を各方面から聞いたが、これは「実際問題としては案外あり得ることである」として、動員の効果の少なさを認めていた（高橋眞照「学徒の集団勤労作業について（二）」、『文部時報』、八〇四号、昭和一八年一二月二五日）。また同じ官僚は、農村の一部には、学徒の手伝いは「大して役に立つものではないが、奉仕をしてくれるといふから、面倒ではあるが、まあお世話をいたしませう」といった気持ちが確かにあったようである、とも述べている（高橋眞照「学徒の集団勤労作業について（一）」、『文部時報』、七九四号、昭和一八年七月二五日）。

(17) そもそも文部省は昭和一八年七月六日「学徒戦時動員体制確立実施ニ関スル件」を各地方長官宛に通牒し、その中で「学徒動員ハ飽ク迄教育錬成内容ノ一環トシテ実施スルモノナレバ単ナル労力提供ニ終ルガ如キコトナキ様特に指導スルコト」を通牒の第一項目に挙げて強調していた（前掲、福間『集成　学徒勤労動員』、四二六頁）。誌面は、こうした勤労動員の位置づけを忠実に反映していたと思われる。

(18) この経緯については、前掲、逸見「ファシズム体制と教育」、前掲、入山「総動員体制下における『勤労奉仕』」参照。

(19) 既存研究によれば、仕事に熟練していない学徒を指導するには、工場からすれば人手と時間を必要としたので、学徒の動員は必ずしも生産性向上につながらなかった。しかし一方で、純真な学徒の働きぶりに他の工員が感化されるという精神的効果があったという（前掲、入山「総動員体制下における『勤労奉仕』」）。

(20) 例えば、中等学校の工場への動員が始まって間もなく、『朝日新聞』は「勤労学徒の進学」という社説において、中等学校の生徒や父兄は進学問題を心配しているから、文部省は早急に対策を講じるべきであるとの主張を行っている（『朝日新聞』、昭和一九年四月二七日）。

(21) ただし軍事教練については、大学における教練が必修になったことにともない、何度か取り上げられた。例えば、一〇八号（昭和一五年三月二〇日）の「学生の意気高らか―帝都防衛暁の市街戦」は、帝都防衛の演習に都下の学生も参加したことを報じたものであるが、誌面には国防婦人会の女性たちが湯茶でもてなす場面もあり、真剣な演習というよりもイベント的な報じ方であった。ある研究によれば、この時期の学生の野外演習は「余り緊張感を伴うものではなく、多少遠足気分」であったという（照沼康孝「東京帝国大学に於ける軍事訓練」、時野谷滋博士還暦記念論集刊行会編『制度史論集』、大日本法令印刷、昭和六一年）。こうした雰囲気がこの誌面にも反映されているように思われる。

(22) 蜷川壽惠『学徒出陣』（吉川弘文館、一九九八年）、三三頁。以下、学生に対する兵力動員に関する行政措置は特に断らない限り同書による。

(23) 陸軍の戦史は航空機搭乗員の短期養成について、「身心とも成熟し、高い知能を持つ者を採用すれば、最も短時間に戦力化できるのである。それは、大学生のほかなかった」と叙述する（防衛庁防衛研究所戦史室『陸軍航空の軍備と運用3』、朝雲新聞社、昭和五一年、二〇九頁）。

(24) 海軍予備学生の制度は、元々は海軍機搭乗員となる予備士官を平時より養成温存し、有事に備えるための制度であった。しかし、悪化する戦局の中で搭乗員の短期大量養成コースとして機能するようになったのである。

(25)　前掲、蜷川『学徒出陣』、四七、五一頁。なおこの数字は海軍予備学生の飛行科・整備科・兵科を合算した数値である。

(26)　後に学徒出陣の経験者がまとめた、『検証・陸軍学徒兵の資料　増補改訂版』（学徒兵懇話会、平成一一年）にも、「我々には身体的に弱兵が多かった（中略）従来と比較すればかなり弱い幹部候補生であったに違いない」（一一七頁）という感想が綴られている。ちなみに、昭和元年～一二年の徴兵検査における甲種合格者の割合は三一・〇二％であったが（野村拓『医療と国民生活』、青木書店、一九八一年、五七頁の表より計算）、東京帝国大学の場合、昭和一七年度の臨時徴兵検査で甲種合格者の割合は七％、第一乙種が五三％、第二乙種が二〇％であり（『東京大学の学徒動員、学徒出陣』、東京大学出版会、平成一〇年、四二七頁）、東京商科大学の場合も昭和一八年の徴兵検査で甲種合格率一八・三％、第一乙種が四六・六％、第二乙種が二〇・五％であった（前掲、蜷川『学徒出陣』、六三頁）。限られたデータであり、対照する年代が異なるが、「従来と比較すればかなり弱い」という感触を傍証的に裏づけるデータである。

(27)　なお、本来は戦争遂行上の必要から入営が延期された理工科系の学生の扱いに関しては、「現在、理工科系統すべてをあげても、要員が不十分のため、残したものである」（「徴集延期制度を撤廃　学生動員の決戦態勢成る」、二九四号、昭和一八年一一月）と、説得力に欠ける説明が行われている。

(28)　例えば「時の立札」に次のような文言がある。「『自分たちは日本人として当然進むべき道を進み、やるべきことをやってゐるまでです』　学窓から敢然空の決戦場へと志し、今黙々と空への精進をつゞける学鷲が来訪者の感激と激励の辞にさりげなく答へた言葉です。己を捨て、大義に生きるこの学鷲たちの素朴な一言をあなたもまたさりげなく吐きえませうか」（三一四号、昭和一九年三月二二日）。学生の潔い出征を材料に銃後の国民を鼓舞しようとするメッセージになっている。

(29)　少年兵とは、徴兵適齢以前に志願・採用され、養成機関で特定の技術を習得中の年少の兵の通称である。その養成機関には、陸軍では陸軍少年飛行兵学校、少年戦車兵学校、少年通信学校等があり、おおむね一四歳から一九歳未満で採用され、三～三年半の訓練の後、下士官に任用された。海軍では飛行予科練習生のほかに海軍練習兵があり、いずれも一四～一五歳で志願採用された（『日本陸海軍事典（コンパクト版）』、新人物往来社、平成一五年）。本章では、徴兵年齢前に陸海軍下士官養成機関に所属する者を「少年兵」として扱う。

(30)　少年兵の募集活動については、逸見勝亮「少年兵史素描」（『日本の教育史学』、三三集、一九九〇年）が分析を行っている。これは主として学校が少年兵募集に果たした役割を考察したものであるが、一部メディアを取り上げた部分もある。

(31)　二四五号（昭和一七年一一月四日）は海軍志願兵を、二四六号（昭和一八年一一月一一日）は少年戦車兵を、二五五号（昭和一八年一月二〇日）は陸軍少年航空兵を、二八九号（昭和一

八年九月一五日）は甲種飛行予科練習生を、三一二号（昭和一九年三月八日）は既に戦場に出た元少年飛行兵を、三四一号（昭和一九年一〇月四日）は少年戦車兵を、三四五号（昭和一九年一一月一日）は海軍練習兵を取り上げた。
(32)「空の戦場へ馳せ参じよう　土浦海軍航空隊」（二七三号、昭和一八年五月二六日）
(33) 同右。
(34)「少年諸君よ空にいかう　諸君がつゞく限り戦は断じて日本の勝だ」（二八九号、昭和一八年九月一五日）。そこでは志願票の請求の仕方、差出先、期限などの詳しい説明も行われている。
(35)『日本航空史』によれば、陸軍少年飛行学校の採用率（採用者と志願者の比率）は、その創設時三〇分の一だったものが、昭和一八年から一九年にかけての採用率は四分の一になっていたという（『日本航空史　昭和戦前編』、日本航空協会、昭和三一年、一二二頁）。
(36)「空の戦場に馳せ参じよう　土浦海軍航空隊」（二七三号、昭和一八年五月二六日）。
(37)「少年諸君よ空にいかう　諸君がつゞく限り戦は断じて日本の勝だ」（二八九号、昭和一八年九月一五日）。
(38)「父祖の血に燃えつゝ　精進一途の陸軍少年兵」（三一二号、昭和一九年三月八日）。
(39) このように、『写真週報』は飛行兵に焦点を当て少年兵の募集を行ったが、海軍の場合、集めた飛行予科練習生を全員搭乗員として教育する計画は最初からなかったという。それは飛行予科練習生の場合、人員取得に際して陸海軍協定の拘束を受けないこと、飛行予科練習生志願者は素質が優秀であることから、ここで大量採用し、採用者の一部を他の部門にまわす計画であったという。実際、昭和一九年度に搭乗員としての教育を受けたのは、採用数の六割弱の六万二一六〇名、二〇年度は約三分の一の三万名であった（小池猪一編著『海軍飛行予科練習生』、図書刊行会、昭和五八年、一三五頁）。したがって、飛行機は人員募集のための広告塔として使われた側面もあるといえよう。
(40) 前田一男解説・編集『資料・軍人援護教育』（財団法人野間教育研究所、平成一一年）。
(41) 軍人援護活動を行う児童の姿は、前出の図7－2（七四号「夏休みをすてゝ」のように、それ以前から掲載されることはあったが、いずれも軍人援護に焦点を当てた記事ではなかった。しかし、昭和一七年以降の児童の軍人援護の記事は、軍人援護自体をテーマとした記事の中で、学校単位の組織的な活動として登場する。
(42)「軍人援護教育について」（『週報』三一二号、昭和一七年九月三〇日）。
(43) 前掲、寺崎『総動員体制と教育』、三一五頁。正確には、これは軍事保護院が募集した軍人援護教育に関する懸賞論文の入選論文、「軍人援護の精神を生徒又は児童に徹底せしむる具体的方策」によるものである。しかし軍事保護院の入選論文であるため、軍事保護院の意向に沿ったものと解釈される。
(44) 二六八号（昭和一八年四月二一日）「国民学校と軍人援護」

という記事で、遺児の衣服の綻びを繕う児童、遺家族の家の前を清掃する姿が取り上げられる程度であった。

(45) 九月二〇日を航空日と定めた理由として、一九〇号（昭和一六年一〇月一五日）の「写真週報問答」では、「別に歴史的な根拠があるわけではありません。ただ、航空日行事として飛行大会などが行われます関係や諸般事情に照してこの日が選ばれたのです」と説明し、ともかく航空機に対する国民の関心を高めようとしていたことが窺える。

(46) この背景には、昭和一三年二月、文部省が全国の中学校を対象として、グライダーの訓練奨励に積極的に乗り出すことになったことや、昭和一四年には模型飛行機を教育教程に導入するため、省内に模型飛行機教育教程編纂委員会を設置したこと等、政府が本格的に児童や生徒に対する航空教育の推進を図るようになったことが挙げられよう。なお、グライダーや模型飛行機の歴史については、前掲『日本航空史　昭和前期編』、八〇八－六二頁参照。

(47) 例えば、三七号（昭和一三年一〇月二六日）、一三五号（昭和一五年九月二五日）。

(48) ダグラスDC４型機の導入には、表向き大型民間輸送機の研究・開発のために実験機として輸入するという目的があったが、日本独自の四発大型攻撃機を研究するという目的があり、その結果、陸上攻撃機「深山」が試作されることになったという（前掲『日本航空史　昭和前期編』、七五九頁）。しかしながら、当然ではあるが、それには全く触れられていない。

(49) 清沢洌は、この頃の日記の中で、「政府は盛んに科学知識の普及と研究完備を説く」（『暗黒日記』、昭和一八年八月二七日）、「一方において毎日、科学奨励に一生懸命であり、他方において頑愚なる精神主義を高調す」（『暗黒日記』、昭和一八年八月二九日）等と記述し、政府は、「精神主義」を高調する一方で、盛んに科学技術の振興を唱えていたことが窺える。

(50) 『暗黒日記』、昭和一九年一一月七日。

(51) 『暗黒日記』、昭和一九年一一月一〇日。

(52) 『暗黒日記』、昭和一九年一一月一一日。

(53) 『暗黒日記』、昭和一九年一一月二七日。

第八章注

（1）　女性の労務動員の実態に関する研究は多数存在するが、香野えみ子「太平洋戦争下の婦人労務動員について（一）（二）」（『宮城歴史科学研究』第一六、一七号、一九八一、二年）、田邉照子「第二次大戦と婦人労働」（『明治大社会科学研究所紀要』第二七巻二号、一九八九年）、齊藤勉『新聞にみる東京都女子挺身隊の記録』（のんぶる舎、平成九年）、佐藤千登勢『軍需産業と女性労働』（渓流社、平成一五年）が詳細な研究として挙げられる。また、早川紀代編『軍国の女たち』（吉川弘文館、二〇〇五年）所載の板垣邦子「農村」の章は、全国紙と長野県の地方紙を収録した『日録・長野県の太平洋戦争（全九巻）』（郷土出版社、一九九五、六年）を基本史料として、女性の戦時動員の実態、女性をとりまく社会情勢をバランスよくまとめている。

（2）　『写真週報』における女性の描かれ方を検証した先行研究としては、ジェンダーを問題関心とした加納実紀代「戦争プロパガンダとジェンダー表象—写真週報を中心に—」（『人民の歴史学』第一六一号、平成一六年一〇月）が先駆的な研究であるが、加納氏の研究は表紙だけを分析し、誌面の内容については全く分析しておらず、しかも行政の展開を踏まえてないので、その分析は十分なものとはいえない。また民間雑誌を素材として、女性動員のための宣伝を分析した研究として、若桑みどり『戦争がつくる女性像—第二次世界大戦下の日本女性動員の視覚的プロパガンダ—』（ちくま学芸文庫、二〇〇〇年）、近代女性文化史研究会編『戦争と女性雑誌—一九三一年〜一九四五年—』（ドメス出版、二〇〇一年）がある。

（3）　本章の「労務動員の概況」の項は本書第六章と重複する箇所が多いので、重複する記述については原則的に出典を付さない。

（4）　労働省編『労働行政史・第一巻』（労働法令協会、昭和三六年）、九二四頁。

（5）　農林省が発行する『農林行政史』によれば、昭和一三年から一四年頃の農村の状況は「まだ労働力不足がさして進行してなかった時期であ」り、それゆえ「農村漁村の労働力対策は（中略）勤労奉仕、共同作業等の方法で糊塗することができた」という（農林大臣官房総務課編『農林行政史・第二巻』、農林協会、昭和三二年、一三二七頁）。この時期の誌面にいささか楽観的なメッセージが目立ったのも、こうした状況を反映していると思われる。

（6）　ある企画院官僚が後（昭和一八年）に述べるところによれば、昭和一四〜一五年度の女子動員は積極的とはいえないものであったが、その理由は「労務者に対する要求も今日の如く尨大なものでなく、給源においても窮屈ながらまだ需給の均衡を得るに大して困難を感じなかつた為」という（山内隆三「国民動員計画に於ける女子動員問題」（『職業指導』、昭和一八年七月）。

（7）　前掲、『労働行政史』、九二五頁。

（8）　昭和一六年一一月発行された厚生研究所『国民皆労』（新紀元社、昭和一六年）の「はしがき」には、「国民皆労の新時代がはじまつた。新聞に、雑誌に、ラヂオに、われわれは国民皆労の言葉を目にし耳にしない日はない」（二頁）とあり、この標語が広く宣伝された様子が窺える。

（9）　前掲、山内「国民動員計画に於ける女子動員問題」。

（10）　鷲谷善教「戦時下における母子対策と保育政策」（『社会事業の諸問題』第二六号、一九八〇年）によれば、わが国の保育所は日中戦争、太平洋戦争を契機として次のように増加した。常設保育所は、昭和一二年八八五か所、一三年一、四九五か所、一六年一、七一八か所、一九年二、一八四か所、農村に多い季節保育所は、昭和一二年度一、一四四七か所、一三年度一八、二〇四か所、一四年二〇、七八二か所、一五年度二二、七五八か所、一六年度二八、三五七か所、一七年度三一、〇六四か所、一八年度三七、六九二か所、一九年度五〇、三二〇か所であった。

（11）　中田照子「戦時下の女性労働と保育」（『名古屋市立女子短期大学研究紀要』第三五集、一九八五年）によれば、昭和一七年重要事業場労務管理令が制定され、これにより女性労働者を二〇〇〇名以上使用する事業者で、その必要性が認められた時には、事業所内託児所の設置を命ずることができるようになった。二四七号の誌面はこうした政策のPRの一環と考えられる。

（12）　昭和一四年から一五年にかけての労務動員計画では、農村は労働力の供給源であったが、昭和一六年の国民動員計画では、農業部門からの労務供出が中止された（前掲、『農業行政史』、一三三五頁）。それほど農業の労働力不足は深刻になっていたのである。

（13）　前掲、『農林行政史』によれば、昭和一六年になって初めて、共同炊事、託児所について農林省から助成金が交付されることになったという（一三三七頁）。誌面はこうした行政の展開と対応していると考えられる。

（14）　前掲、『労働行政史』、一〇八八頁。

（15）　前掲、『労働行政史』、一一二二頁。

（16）　前掲、『労働行政史』、一一二四頁。

（17）　「女子勤労動員ノ促進ニ関スル件」では、女子の動員にあたって「女子勤労管理ニ一段ノ創意ト工夫ヲ擬シ之ガ刷新強化ヲ図ル」という方針を定め、具体論として「女子従業員ノ為更衣室、洗面所、便所等ハ男子従業員ト区分シテ之ヲ設ケシムルコト、女子従業員ニハ家庭ノ主婦トシテノ心得其ノ他女子トシテノ躾ニ必要ナル施設ヲ為シ修養ヲ怠ラシメザルコト」などを規定しているが（前掲、『労働行政史』、一一二四－一一二六頁）、誌面には、それがストレートに反映されているのが確認できる。

（18）　前掲、板垣「農村」。企画院も次のように説明している。すなわち、生活に余裕のない女性は就職戦線に乗り出しているが、余裕のある層では親が女学校を出た娘に対し、家庭で躾をしたり、茶や花を習わせることが良縁を求める途だと考えており、そのために労務充足がうまくいかないとし、余裕のある親への訴えかけを課題としている（「国民動員計画問答（企画院）」、『週報』三四六号、昭和一八年六月二日）。

（19）　J・B・コーヘン著、大石兵衛訳『戦時戦後の日本経済・下巻』（岩波書店、昭和二六）、四七頁。

(20) 加藤佑治『日本帝国主義下の労働政策』(御茶の水書房、昭和四五年、一九六頁)。
(21) 板垣によれば、当時の新聞は女子挺身隊の話題を競って報じていたが、その中では事務系職場を望む女性を非難する記事が見られたという(前掲、板垣「農村」、一五三頁)。
(22) 学徒の勤労動員は昭和一六年から段階的に強化されたが、一九年二月の決戦非常措置要綱により通年動員が可能となり、同年四月より軍需工場への動員が開始された(逸見勝亮「ファシズム教育の崩壊—勤労動員を中心として」〈講座・『日本教育史・第四巻』、第一法規出版、昭和五九年、所収〉)
(23) 入山洋子「総動員体制下における勤労奉仕」(『洛北史学』第五号、平成一五年)。
(24) 山田風太郎『戦中派虫けら日記』(未知谷、平成六年)、昭和一九年七月三〇日の条。

あとがき

『写真週報』に注目し、共同研究を立ち上げる契機は、慶應義塾大学が文部科学省「二一世紀COEプログラム」の研究拠点として選定されたうちの一つ、「多文化多世代交差世界の政治秩序形成――多文化世界における市民意識の動態」（略称：21COE-CCC）の中の「戦前市民意識」サブユニットに参加したことにあった。その成果は、『叢書 21COE-CCC 多文化世界における市民意識の動態36 戦時日本の国民意識――国策グラフ誌『写真週報』とその時代』（慶應義塾大学出版会、二〇〇八年）として既に公刊されている（以下、『COE叢書』と略す）。しかし、プロジェクトの成果を期限内に公刊する必要などから、取り扱うべきテーマについて不十分な面があったことは否めなかった。それから一〇年弱が過ぎ、『写真週報』に関する研究は厚みを増してきている。『COE叢書』は、戦時日本の研究を行う際に、『写真週報』が貴重な資料になることを世に知らしめることに、いささかなりとも貢献できたのではないかと自負しているところである。

本書は、『写真週報』を一人でも多くの人に知っていただくことを目指し、『COE叢書』を土台としながら全面的に再構成したものである。まず、『写真週報』に関して本来取りあげたいテーマであったものの、『COE叢書』では扱っていなかったテーマを新たに付け加えた。しかし、その結果、相当大部になることが判明したため上下二巻立てにすることになった。また、『COE叢書』では紙幅の関係もあり、見にくい画像があったため、画像の取捨選択を行い、メリハリをつけ画像のキャプションも付し、読者の理解を容易にするよう努めている。さらに、『COE叢書』は、学術プロジェクトの成果として公刊されたことから少々堅い構成になっていたため、縦書きに変更し、書名や各章のタイトル、装丁、注の位置等について、より一般の読者が手に取りやすく、興味を持っていただけるような工夫を施している。

参考までに、本書の初出情報について、『COE叢書』との関連も含め左に付記しておきたい。

〈上巻〉

第一章：清水唯一朗「第1章　国策グラフ『写真週報』の沿革と概要」『COE叢書』

第二章：小田義幸「第2章　『写真週報』に見る食糧問題」『COE叢書』を元にした「第三章　戦時期食糧問題と政府の啓蒙活動」小田義幸『戦後食糧行政の起源――戦中・戦後の食糧危機をめぐる政治と行政』（慶應義塾大学出版会、二〇一二年）

第三章：小田義幸「第3章　『写真週報』に見る模範的国民生活」『COE叢書』

第四章：小田義幸「戦時輸送をめぐる宣伝活動」『法学研究』第八八巻第五号（二〇一五年五月）

第五章：奥健太郎「第6章　『写真週報』に見る「健民運動」」『COE叢書』

第六章：奥健太郎「第5章　『写真週報』に見る労務動員」『COE叢書』

第七章：奥健太郎・鶴岡聡史「第7章　『写真週報』に見る学生・生徒・児童」『COE叢書』

第八章：奥健太郎「戦時下日本の労務動員と政府宣伝」『法学研究』第八二巻第二号（二〇〇九年二月）

〈下巻〉

第一章：門松秀樹「第8章　『写真週報』に見る戦局報道と軍事情報」『COE叢書』

第二章：岩村正史「第4章　『写真週報』に見る民間防空」『COE叢書』（本書での監修は編者）

第三章：鶴岡聡史「第9章　『写真週報』に見る東アジア観」『ＣＯＥ叢書』
第四章：小田義幸「日本の南方進出と戦時プロパガンダ」『法学研究』第八八巻第一〇号（二〇一五年一〇月）
第五章：小田義幸（書き下ろし）
第六章：岩村正史「第11章　『写真週報』に見るドイツ観」『ＣＯＥ叢書』（本書での監修は編者）
第七章：玉井清「第10章　『写真週報』に見る英米観とその変容」『ＣＯＥ叢書』

本書刊行に至るまでには、多くの方々にお世話になっている。まず、この研究の契機を与えていただいた21ＣＯＥ-ＣＣＣの拠点リーダーであった小林良彰先生（慶應義塾大学教授）には改めて感謝申し上げたい。本書は、21ＣＯＥ-ＣＣＣの中で生まれた研究成果が、一〇年近くを経て成長した姿でもある。かかるプロジェクトがなければ、本書の発刊はなかったといえる。また、各執筆者には多大な負担をおかけした。『写真週報』の研究を離れ各自の専門の研究に邁進しておられる方が殆どである。そうした中で、『ＣＯＥ叢書』の全面的再構成作業を行うことは、一〇年前の「懐メロ」を歌わされるに等しく、時間的にも心理的にも多大のご負担をおかけしたことは想像に難くない。しかし、全執筆者が「懐メロ」を歌うだけでなく、これを「新しい歌」に作り替えることを快諾してくださった。こうした各執筆者のご協力がなければ本書出版は不可能であった。最後に、編集に尽力していただいた慶應義塾大学出版会の村山夏子氏への感謝である。村山氏は、『ＣＯＥ叢書』の編集を担当していただいたご縁もあり、本研究について知悉しておられるので種々の有益な助言をいただいた。小生の種々の無理な注文にも快く応じていただいた。小生が「懐メロ」を歌うのにつき合わされた〝被害者〟といえるかもしれない。

以上の方々のご協力があり本書が世に出ていく。発刊に尽力してくださった全ての方々に、この場を借りて改めて御礼と感謝を申し上げたい。

本書が「戦争の時代」の理解に、いささかなりとも貢献し、欲を言えば、「戦争の時代」を研究する際の「スタンダードナンバー」として永く歌い継がれることになれば、編集責任者として本望である。

平成二九年五月二七日

玉井　清

図8－1　勇士よ銃後は大丈夫　農村の妻女より（84号　14/9/27）
図8－2　銃後に築く漁村篇（19号　13/6/22）
図8－3　職業戦線事変色（68号　14/6/7）
図8－4　鋏をハンドルに持ち代へて（205号　17/1/28）
図8－5　電波戦の基地に女性整備員（223号　17/6/3）
図8－6　戦ふドイツ国民（259号　18/2/17）
図8－7　働く母を護りませう（247号　17/11/18）
図8－8　墨染の衣からげて（168号　16/5/14）
図8－9　働く女子には温い思ひやりと設備を（296号　18/11/3）
図8－10　男子の就業が禁止される職業十七種（292号　18/10/6）
図8－11　国鉄の現場にも女性の敢闘始まる（294号　18/10/20）
図8－12　女性も勇躍生産陣に参加（314号　19/3/22）
図8－13　頑張らう一億決死の覚悟で（330・331号　19/7/26）
図8－14　勝つために何でもやろう（表紙）（333号　19/8/9）
図8－15　敵機撃墜を祈る（表紙）（369・370号　20/5/9）

18/11/24）
図６－20　撃ちてし止まむ（兵器は俺が造る）（262号　18/３/10）
図６－21　「時の立札」撃ちてし止まむ（262号　18/３/10）
図６－22　元帥の仇はキット討つぞ　闘志に燃え立つ生産工場（274号　18/６/２）
図６－23　われら一億英魂に応へん（276号　18/６/16）
図６－24　きっとこの仇は討つぞ（330・331号　19/７/26）
図６－25　写真劇　闘はんかな時いたる（348号　19/11/22）
図６－26　特攻につゞくぞ生産陣（367号　20/４/18）
図６－27　勝利は国民の士気にあり（371号　20/６/１）
図７－１　夏季診療奉仕（27号　13/８/17）〔菊地双三郎〕
図７－２　夏休みをすてゝ（74号　14/７/12）〔鈴木實〕
図７－３　ペンを鍬に持ちかへて（155号　16/２/12）
図７－４　オイ集レ！　今日は勇士の家の稲刈だ（188号　16/10/１）
図７－５　汗に結ぶ兵学一如（282号　18/７/28）
図７－６　鍬振ふ一万五千の援農生徒隊（285号　18/８/18）
図７－７　工場の輝く希望　逞し学徒工員（326号　19/６/21）
図７－８　強く明るく働く乙女の湖上教室（333号　19/８/９）
図７－９　幼き手も逞しく―戦ふヨイコたち（373号　20/６/21）
図７－10　心は焼かれぬ―青空教室（374・375号　20/７/11）
図７－11　学生から海鷲への道（275号　18/６/９）
図７－12　学徒われも今日よりは醜の御楯ぞ（297号　18/11/10）
図７－13　甲種飛行予科練習生（表紙）（289号　18/９/15）
図７－14　猛訓練の少年戦車隊（表紙）（341号　19/10/４）
図７－15　君たちも空へ来るんだ（275号　18/６/９）
図７－16　「時の立札」元帥は身を以て決戦は空だと示された（275号　18/６/９）
図７－17　欣然と子等は羽ばたく（282号　18/７/28）
図７－18　前線の兵隊さんに郷土の便りを（202号　17/１/７）〔林忠彦〕
図７－19　兵隊サンボクラガカイタ絵デス（220号　17/５/13）
図７－20　真心咲き匂ふ慰霊花壇（224号　17/６/10）〔中藤敦〕
図７－21　青空へのあこがれ（表紙）（５号　13/３/16）〔喜入隆〕
図７－22　マイゼ号（表紙）（186号　16/９/17）
図７－23　模型飛行機と少年（表紙）（111号　15/４/10）〔内閣情報部〕
図７－24　参考図　作り方順序（111号　15/４/10）
図７－25　サンショウウオの肢に訊く（60号　14/４/12）〔吉田榮〕
図７－26　自然を視つめて　国民学校の新らしい理数教育（178号　16/７/23）
図７－27　90ミリ望遠レンズで撮影された稲の花（表紙）（130号　15/８/21）〔梅本忠男〕
図７－28　国民学校と航空機　名古屋市大曽根国民学校（186号　16/９/17）〔太田雄三〕
図７－29　新兵器の科学１　電波探知機（292号　18/10/６）

図５－１　暑熱吹き飛ぶ一！　二！　三！（231号　17/７/29）
図５－２　ハイキングの工場づとめの少女ら（表紙）（76号　14/８/２）
図５－３　鍛へよこの夏（76号　14/８/２）〔内田豊、加藤恭平〕
図５－４　健やかなあすの母　職業婦人夏の鍛錬（124号　15/７/10）
図５－５　醜敵を叩き砕かん（374・375号　20/７/11）
図５－６　職場の健康を確保しよう（269号　18/４/28）
図５－７　児童愛護週間　強く正しく愛らしく（11号　13/４/27）
図５－８　強く育てよみ国の為に（125号　15/７/17）
図５－９　健康優良児審査会（表紙）（63号　14/５/３）
図５－10　生れてからでは遅い（166号　16/４/30）〔梅本忠男〕
図５－11　お母さんも赤ちゃんも健やかに（372号　20/６/21）
図５－12　国立「優生結婚相談所」店開き（116号　15/５/15）
図５－13　東西三つ子合戦（152号　16/１/22）〔加藤恭平、小石清〕
図５－14　これからの結婚はこのように（218号　17/４/29）
図５－15　同じ職場から新郎新婦（245号　17/11/４）
図５－16　殖やせ強い子強い民（218号　17/４/29）
図５－17　三ツ子の兄弟（表紙）（337号　18/９/６）
図６－１　土から油と旋盤へ（61号　14/４/19）〔梅本忠男、古賀乾一〕
図６－２　戦ふ織手（13号　13/５/11）
図６－３　お嬢さんも街に出た（86号　14/10/11）
図６－４　公休日をご破算で（40号　13/11/16）〔内閣情報部〕
図６－５　転業へ身を捨て国とゆく心（151号　16/１/15）
図６－６　行けよ鉱山男の職場（174号　16/６/25）〔菊地双三郎〕
図６－７　よく食べよく寝よ　よく笑へ（216号　17/４/15）〔飛田昌哉〕
図６－８　一人の無業者もなし　お花のお稽古も余暇を国家へ（189号　16/10/８）〔飛田昌哉〕
図６－９　お嬢さん軍属610号　陸軍被服本廠の女子挺身隊（206号　17/２/４）〔飛田昌哉〕
図６－10　働く喜びをリズムに乗せて（122号　15/６/26）〔内閣情報部〕
図６－11　地下二千尺の東條総理（216号　17/４/15）
図６－12　大臣を陣頭に　岸商相地下千尺に入る（241号　17/10/７）
図６－13　社長を陣頭に（244号　17/10/28）〔上條春雄〕
図６－14　明るく戦おう　日婦会員の一日お母さんぶり見学（271号　18/５/12）
図６－15　神田橋女子機械工補導所（表紙）（293号　18/10/13）
図６－16　お母さんたちよ安心して娘さんを職場へお送り下さい（274号　18/６/２）〔飛田昌哉〕
図６－17　飛行機工場は昼夜兼行の増産だ（310号　19/２/23）
図６－18　敵アメリカの女さへこんなに動員されてゐる（292号　18/10/６）
図６－19　征くも送るも赤紙と同じ心で　応徴者の心をくんで迎へませう（299号

図3－20　貯蓄の意義を伝えるお笑いに耳を傾ける人々（表紙）（270号　18/5/5）
図3－21　弾丸切手販売を伝える広告（223号　17/6/3）
図3－22　弾丸切手を購入する女性（264号　18/3/24）
図3－23　浪費や遊興は利敵行為（251号　17/12/16）〔吉田儀十郎〕
図3－24　享楽的な生活は即刻切替だ（313号　19/3/15）〔写真協会〕
図3－25　衣料資源を節約しよう（表紙）（278号　18/6/30）
図3－26　衣服の新調をやめよう（278号　18/6/30）
図3－27　退蔵衣料を活用しよう（279号　18/7/7）〔吉田榮、梅本忠男、小石清〕
図3－28　白金の供出（343号　19/10/18）
図3－29　ガスの節約方法（246号　17/11/11）
図3－30　隣組共同炊事で燃料節約（288号　18/9/8）〔写真協会〕
図3－31　自分で木炭を作ろう（346号　19/11/8）
図4－1　航空分野で欧米の後塵を拝する日本（5号　13/3/16）
図4－2　そよかぜ号から身を乗り出す機長（表紙）（61号　14/4/19）〔内閣情報部〕
図4－3　イランへ飛び立つそよかぜ号（61号　14/4/19）
図4－4　世界とつながった日本の国際航空路（95号　14/12/13）
図4－5　ダグラスDC3に搭乗する母と子（186号　16/9/17）〔菊池健三郎〕
図4－6　練習機に集う航空機操縦生たち（172号　16/6/11）
図4－7　練習船に向かって櫂を漕ぐ練習生たち（表紙）（10号　13/4/20）〔特写〕
図4－8　南洋での練習航海（10号　13/4/20）〔特写〕
図4－9　敵の攻撃で沈没する病院船（308号　19/2/9）
図4－10　木造船に期待を寄せる「時の立札」（308号　19/2/9）
図4－11　木造船の建造（263号　18/3/17）
図4－12　海員養成所での訓練（229号　17/7/15）〔入江泰吉〕
図4－13　本格化するガソリンの節約（12号　13/5/4）〔燃料局・特写〕
図4－14　解説・木炭自動車が動く仕組み（12号　13/5/4）〔燃料局・特写〕
図4－15　東亜の盟主にふさわしい公徳心を持とう①（10号　13/4/20）〔鉄道省〕
図4－16　東亜の盟主にふさわしい公徳心を持とう②（10号　13/4/20）〔鉄道省〕
図4－17　車輌内で見られるマナー違反の数々（103号　15/2/14）〔鉄道省〕
図4－18　乗降時の一列励行（163号　16/4/9）
図4－19　鉄道事故への警鐘（71号　14/6/28）〔鉄道省〕
図4－20　関門隧道工事の進捗状況（52号　14/2/15）〔鉄道省〕
図4－21　新丹那隧道工事の開始（242号　17/10/14）
図4－22　混雑していても交通道徳は守ろう（226号　17/6/24）
図4－23　東京－昭南を結ぶ鉄道の予定路線図（242号　17/10/14）〔朝日新聞社〕
図4－24　上野駅構内の混雑ぶりと旅行制限の呼びかけ（表紙）（315号　19/4/5）
図4－25　旅行制限で生み出される新たな戦力（315号　19/4/5）
図4－26　それぞれの持ち場で働く駅の女性職員たち（374・375号　20/7/11）

図２－14　自家保有米の一部供出（248号　17/11/25）〔石東長一郎〕
図２－15　農家に感謝を伝える農村慰問活動（271号　18/5/12）〔吉田儀十郎〕
図２－16　米価引き上げを歓迎する農家（270号　18/5/5）〔飛田昌哉〕
図２－17　配給制導入後の米穀商（161号　16/3/26）〔菊池隻三郎〕
図２－18　薯を両手に持つ女性（表紙）（241号　17/10/7）〔梅本忠男〕
図２－19　公定の売買取引を推奨する「時の立札」（239号　17/9/23）
図２－20　闇取引摘発の一部始終（239号　17/9/23）
図２－21　公定取引で明るく、楽しく、強く（239号　17/9/23）〔内閣情報局〕
図２－22　弱者の味方・経済警察（239号　17/9/23）
図２－23　戦争遂行を妨げる外米輸入（287号　18/9/1）
図２－24　電車通りに作られた畑（277号　18/6/23）
図２－25　電車通りに稔った麦（表紙）（325号　19/6/14）
図２－26　暗渠排水工事に協力する農家（300号　18/12/8）
図２－27　土地改良で食糧増産だ（表紙）（304号　19/1/12）〔写真協会〕
図２－28　満洲雑穀で食糧自給実現へ（313号　19/3/15）〔写真協会〕
図２－29　お芋の貯蔵法（297号　18/11/10）〔写真協会〕
図２－30　児童への米飯給食（313号　19/3/15）〔梅本忠男〕
図３－１　服の新調や遊興を自粛し、貯蓄に励もう（113号　15/4/24）〔書・麻生豊、写真・吉田榮〕
図３－２　興亜貯蓄双六（画）（121号　15/6/19）〔書・中村篤九、撮影・内閣情報部〕
図３－３　消費は最悪の結果をもたらす（18号　13/6/15）
図３－４　経済戦強調週間（44号　13/12/14）〔内閣情報部〕
図３－５　金の国勢調査（70号　14/6/21）〔加藤恭平〕
図３－６　スフの洗濯方法を教えます（70号　14/6/21）〔内閣情報部〕
図３－７　代用品を使おう（133号　15/9/11）〔菊池隻三郎〕
図３－８　大盛況の不用品交換即売会（35号　13/10/12）〔内閣情報部、光墨弘〕
図３－９　家庭に眠る不要品を活用しよう（94号　14/12/6）〔望月文吾〕
図３－10　貯蓄は戦争遂行を支え、浪費は悪性インフレを招く（画）（197号　16/12/3）〔今村つとむ〕
図３－11　購入した債券を互いに見せ合う女性（表紙）（194号　16/11/12）〔丸毛旭光〕
図３－12　子供でも手軽に購入できる豆債券（表紙）（197号　16/12/3）〔赤穂英一〕
図３－13　フランス敗北の原因は奢侈贅沢にあり（125号　15/7/17）
図３－14　華美な女性を取り締まる婦人団体（129号　15/8/14）
図３－15　「日の丸看板」は闇を許さない（192号　16/10/29）〔小石清〕
図３－16　国民服の利便性をアピール（150号　16/1/8）〔望月文吾〕
図３－17　ぜいたく夫婦よさようなら（132号　15/9/4）〔東宝映画撮影所協力〕
図３－18　家庭からも金属回収（188号　16/10/1）〔吉田榮〕
図３－19　貯蓄が戦果を左右する（225号　17/6/17）〔海軍省〕

図版一覧

※ 以下のリストは先頭から、本文中の図番号、記事名（『写真週報』の号数、発行年（昭和）/月/日)、〔撮影者、作者または提供者〕の順。

図1－1　高千穂に歌ふ（愛国行進曲）（表紙）（1号　13/2/16）〔木村伊兵衛〕
図1－2　明治キャラメル（広告）（36号　13/10/19）〔SHIO〕
図1－3　精動で暦を終る第三年（96号　14/12/20）〔麻生豊〕
図1－4　武漢陥落の日（表紙）（39号　13/11/9）〔古賀乾一〕
図1－5　「読者のカメラ 応募作品」第1回（6号　13/3/23）〔関根良男、増田勝男、東正巳、矢作挿斎〕
図1－6　「時の立札」第1号（194号　16/11/12）
図1－7　明治製菓株式会社（広告）（157号　16/2/26）
図1－8　「時の立札」日米開戦（199号　16/12/17）
図1－9　東條英機首相（表紙）（249号　17/12/2）
図1－10　皇后宮御歌（表紙）（357号　20/1/31）
図1－11　ラバウル化された地下陣地内（表紙）（374・375号　20/7/11）
図1－12　『写真週報』の駅売り（立命館大学国際平和ミュージアム蔵〈『戦時下日本の報道写真―梅本忠男と「写真週報」―』〉）〔梅本忠男〕
図1－13　写真週報読者調査票の書き方（177号　16/7/16）
図1－14　『写真週報』を読む労働者（立命館大学国際平和ミュージアム蔵）〔梅本忠男〕
図1－15　「時の立札」活用の実例（258号　18/2/10）
図2－1　戦場へ送られる新米（36号　13/10/19）〔梅本忠男、同盟通信社〕
図2－2　御恩返しの米出荷（93号　14/11/29）〔梅本忠男〕
図2－3　東京へ搬出される米俵（93号　14/11/29）〔梅本忠男〕
図2－4　荒地に咲いたチューリップ（115号　15/5/8）〔内閣情報部〕
図2－5　米食廃止の模範的事例（126号　15/7/24）〔大阪朝日神戸支局〕
図2－6　薯米御飯で節米実践（120号　15/6/12）〔内閣情報部〕
図2－7　町会ぐるみで節米（129号　15/8/14）
図2－8　節酒を徹底しよう！（102号　15/2/7）〔内閣情報部〕
図2－9　笑顔で農作業する子供達（表紙）（160号　16/3/19）
図2－10　かつての競馬場もおいも畑に（160号　16/3/19）
図2－11　南方から続々宝船（214号　17/4/1）
図2－12　国民学校で育てた鯉（214号　17/4/1）〔林忠彦〕
図2－13　ザリガニの捕獲（232号　17/8/5）〔吉田榮〕

マ行

豆債券（特別報国債券）　92, 93
マリアナ諸島　308
丸善インキ　27
マレー半島　30, 102
漫画　13, 21, 25, 29-31, 35, 285
満洲
　―航空　303
　―国　73, 312
　―雑穀　73, 74, 76
　―事変　303
　『満洲日日新聞』　17
　南満州鉄道　18
満蒙開拓少年義勇軍　24
三井生命保険　18
ミッドウェー（海戦）　237, 255, 308
明治キャラメル　13, 14
明治製菓　27
「綿製品ステープルファイバー等混用規則」　85
綿フス　108
「毛製品ステープルファイバー等混用規則」　298
木造船　132-134, 157, 309
「木造船建造緊急方策要綱」　133
木炭自動車　137, 138
模型飛行機　248-251
模範例　12, 13, 20, 31, 34
文部省　10, 15, 24, 223, 229
　―航海訓練船　128

ヤ行

靖国（神社）　17, 32
闇取引　64, 65, 67, 68, 75, 76, 96, 107
郵便貯金切手　300
　―規則　300
郵便貯金法　300
幽霊人口　75, 296
輸出入品等臨時措置法　136
輸送船行進歌　131, 308
輸入超過　78, 83, 85, 88, 115, 129
輸入米　47, 73, 76
指人形貯蓄劇　103
ユンカース52型 → 旅客機
翼賛選挙　31
翼賛壮年団員　149
横流し　294
『読売新聞』　38
世論調査　290

ラ行

蘭印 → ジャワ
蘭領ニューギニア　304
蘭領東インド諸島　304
理化学工業　27
陸運統制令　146, 312
陸軍
　―飛行学校　125
　―被服本廠　97
陸軍省　97, 293, 303
陸上交通事業調整法　310
理研　18
リバテー型輸送船　133
旅客機
　そよかぜ号　121, 122, 304
　ダグラス DC 3　124, 125
　ダグラス DC 4　250, 331
　TK 3　303
　ニッポン号　123, 304-306
　ユンカース52型　305
旅客輸送制限　151-153, 314, 315
旅行統制官事務所　315
臨時軍事費　79
臨時農地管理令　294
ルフトハンザ　123, 305
零式艦上戦闘機（零戦）→ 戦闘機
連合艦隊　28
練習船　127, 134
労務調整令　207, 273
労務動員計画　188, 196, 200, 223, 229, 268
盧溝橋事件　3

ワ行

わかもと本舗　18
割増金付戦時郵便貯金切手 → 弾丸切手

日産自動車　18
日泰定期航空協定　122, 305
ニッポン号 → 旅客機
日本坂トンネル　313
日本丸　128
日本愛育会　177
日本観光連盟　139
日本銀行　84, 91
日本航空輸送　119, 303, 304
日本工房　4
日本国有鉄道 → 国鉄
日本週報社　42
日本商工会議所　86
日本大学商経学部　134
日本俳優協会　111
日本婦人団体連盟　12, 88
日本放送協会　18
日本郵船　18, 131
乳幼児死亡率　173, 174, 176, 185
農事組合　58
農地開発営団　294
農地開発法　294
『農林時報』　292
農林省　44, 46, 50, 56, 293, 294, 301
　—食糧管理局第二部米穀課　296
野村信託　27

ハ行

配給　67, 74, 75, 294
　—制　61, 63-65, 112
　—量　75, 296
爆撃機
　B29　308
白米病　51
「白金製品の譲渡に関する統制に関する件」
　111
「発行時報」　290
羽田書店　27
羽田飛行場　124
ハノイ　149
パラオ　121, 304
バンコク　122, 123, 149
P51 → 戦闘機
B29 → 爆撃機
飛行予科練習生　243
日比谷公園　56
被服協会　97
病院船　131, 132, 308
　ぶえのすあいれす丸　131, 308
標準食　51, 52
ビルマ　35, 312
フィリピン　30, 35
ぶえのすあいれす丸 → 病院船
フォトモンタージュ　18
武漢陥落　14
不急作物生産禁止の通牒　56
「復習室」　16
富国徴兵保険　18
富士写真フイルム　287
「ふじんのぺーじ」　19, 21, 24, 28
婦人標準服（標準服）　108, 109, 300
仏印（仏領インドシナ）　23, 305, 312
プノンペン　149, 312
不用品交換　85, 89, 115
　—会　88
部落　71
フランス　94
　—外務省　305
米穀応急措置法　295
米穀管理規則　55
米穀通帳　294
米穀年度　46, 47, 55, 58
「米穀の増産及び供出奨励に関する特別措置」
　72, 295
米穀割当配給制度　61
米穀搗精等制限令　50
「兵隊さんのカメラ」　25
北京　80, 121, 149
防空備蓄品　296
奉天　149
報道写真　4
暴利行為取締規則　96
北部仏印進駐　305
ポルトガル　304
ポルトガル領ティモール　121
香港　102, 304

玉置商店　18
弾丸切手（割増金付戦時郵便貯金切手）
104-106, 300
弾丸列車　302
—計画　311
単独平炉法　100
地方航空機乗員養成所　125, 126
中央航空機乗員養成所　125, 126
中央工房　4
中央食糧協力会　60
中央物資活用協会　111
中央報徳会　12
町会　52, 54, 70, 80, 102
徴集延期制度　222, 238
朝鮮（半島）　46, 68, 73, 119, 312
—大旱魃　44, 46, 49, 50, 55, 68, 76
—米　46, 47, 49, 73
町内会　31, 63
徴用　198, 200, 211, 212, 215
貯金切手　105
貯蓄移動講演隊　103
貯蓄組合　90, 103, 104
貯蓄券　300
貯蓄報国　17, 21, 25
TK 3　→　旅客機
逓信省　129, 303, 307
—航空局　119, 120, 122, 124, 125
—児島海員養成所　135
—貯金局　300
逓信大臣　128, 130, 303, 312
帝都高速度交通営団　310
鉄道会議　145
鉄道幹線調査会　145
鉄道省　18, 139, 143, 145, 311, 312, 314
—勤労局　316
—建設局　143
—政務次官　145
—東京鉄道局　317
—陸運統制委員会　310
鉄道大臣　145, 311, 312
テヘラン　122
デリー　121, 304
転業　196, 197
電送写真　26
ドイツ　45, 93
「東京、下関間新幹線増設に関する件」　145
『東京朝日新聞』　38, 41
東京オリンピック　139
東京海上火災保険　18
東京高等商船学校　127
東京帝国大学　32
東京都商工経済会　111
東京都日本橋区楓川実践女学校東京駅分校
155
『東京日日新聞』　38, 123, 297, 305
東京日日新聞社　83, 297
東京飛行場　122, 123, 305
東京府立工芸学校　125
東條英機内閣　25, 26, 32, 35, 63, 68, 70, 148,
150
同盟通信社　4, 11, 15, 18
『東洋経済新報』　152, 314
「時の立札」　22, 28, 33, 35, 36, 41, 56, 65, 75,
212, 236, 243, 289, 292
「時の話題」　19, 23, 55
読者　16, 24, 39, 40
「読者のカメラ」　16, 17, 25, 249
独ソ戦　195
土地改良　56, 70-73, 294
特攻隊（神風特別攻撃隊）　127, 216
隣組　21, 58, 103, 112-114, 294
渡洋爆撃　306
トンボ鉛筆　27

ナ行

内閣印刷局　27, 37-39
内閣情報委員会　3
内閣情報部（のち情報局）　2-6, 9, 10, 14, 17,
192, 266, 284-287
内閣調査室　42
内務省　100, 310, 311
名古屋市立第一高女　154
南京　80, 121
南方　49, 56, 57, 63, 68, 149
日独伊三国軍事同盟　304
日米開戦　21, 23, 24

「女子勤労動員ノ促進ニ関スル件」 207, 273
女子挺身勤労令 207
「女子挺身隊制度強化方策要綱」 207, 277
徐州陥落 14
シンガポール（昭南） 121, 149, 150, 312
—陥落 32
新幹線計画（弾丸列車） 143, 149, 313
新京 80, 119, 121, 303
人口政策確立要綱 179, 184, 268
「人口対策実施予定目標に関する件」 180, 182
深山 → 攻撃機
新宿三越 111
真珠湾攻撃 28, 129, 255
新丹那トンネル 145, 149, 311, 313
新東山トンネル 313
新義州 303
鈴木貫太郎内閣 36, 296
スフ（ステープル・ファイバー） 13, 16, 50, 85-88, 98, 109, 298
「青少年学徒食糧飼料等増産運動実施ニ関スル件」 228
節酒 52, 54, 55
節米 50, 52-55, 61, 76, 295
—対策 50, 51, 61, 63
—料理 52
繊維製品配給消費統制規則 107
船員給与統制令 307
船員使用等統制令 307
船員職業能力申告令 307
船員徴用令 307
全国金属増産強調週間 198
全国石炭増産強調週間 198
戦時衣生活簡素化要綱 108
戦時海運管理要綱 129
戦時海運管理令 130
「戦時食糧非常措置に関する建議」 295
戦時農園 58, 294
戦時標準船 130, 131, 133, 157, 307
戦時輸送強化運動 130, 147
「戦時陸運ノ非常体制確立ニ関スル件」 148
戦闘機
P51 317
零式艦上戦闘機（零戦） 306
船舶待遇職員令 135
創意工夫 78, 114
総合配給制 74
増産 44, 60, 70
総力戦 44, 45, 78
疎開 177
そよかぜ号 → 旅客機
ソロモン海戦 237

タ行

タイ 122, 305, 312
第一次世界大戦 45
大成丸 127, 134
大政翼賛 21
—運動 20
—会 20, 24, 63, 290
代替食糧 47
大東亜共栄圏 130, 131
大東亜建設審議会 312
大東亜縦貫鉄道 312
大東亜縦貫鉄道計画 149
大東亜省 315
「大東亜戦争漫画日誌」 30
第二次近衛文麿内閣 20, 26, 55
第二次日蘭会商 304
大日本航空 122, 304
大日本飛行協会 124
大日本婦人会 60, 207, 301
—貯蓄部 103
泰緬鉄道 313
代用食 50-52, 63, 294, 295, 309
代用燃料 64
代用品 85-88, 90, 94, 115, 298
太洋丸 308
大連 303
台湾 46, 68, 119
—米 46, 47
ダグラス DC 3 → 旅客機
ダグラス DC 4 → 旅客機
武田長兵衛商店 18
田辺製薬 18

国民心身鍛錬運動　162, 164
国民精神総動員（運動）　3, 10-12, 17, 24, 284, 285, 287, 290
国民徴用令　195
国民貯蓄組合法　90
国民動員計画　188, 196, 214, 268, 273, 277
国民服　24, 98, 99, 108, 109, 299
—図　299
—制式　299
—令　97, 299
国民優生法　178
国立栄養研究所　50
五十五銭貯金　103
国家総動員法　146, 307
近衛新体制　20, 21
近衛文麿内閣　25
コロムビアレコード　19
混食　50-52, 295

サ行
サイゴン　149, 312
サイパン（島）　121, 128, 149
—陥落　156, 214, 278, 279, 281
佐渡金山　83
産業戦士　214
産業報国会　202, 203, 207
産金奨励規則　83
産金法　83
自家保有米　58, 60
次官会議　305
「時局の動き」　19, 22
七分搗米　50-52, 63, 293, 295
児童愛護週間　173
指導農園　56
奢侈品等製造販売制限規則（七・七禁令）　94, 196
写真協会　5, 8-10, 15, 285, 286, 294
写真収集　4-6, 16, 25, 26, 31, 35
「写真週報問答」　19, 21, 24, 27, 35, 39, 51, 249, 305
写真宣伝　4-6, 9
写真報国　16
写真報道　4-6
写真募集　17
ジャワ（蘭印）　121, 304
上海　80, 149
銃後　300
「銃後のカメラ」　25, 31
「集団勤労作業運動実施ニ関スル件」　222, 224
『週報』　2, 3, 5, 7, 8, 18, 19, 24, 37, 38, 40, 42, 129, 146, 154, 245, 287, 291, 303, 304, 307, 311, 312
週報課　8
週報写真週報編集室　6, 8, 9, 42
週報叢書　306
酒造米　50, 52, 55
常会　21, 41, 63, 296, 299
「常会の頁」　21, 30, 75, 90
商業報国会　96, 149
商工省　83, 85, 86, 94, 100, 107, 301
—燃料局　136
—燃料局第一部油政課分室　136
商工大臣　298
商店法　195
昭南 → シンガポール
少年工　171, 200, 206, 207
少年兵　222, 240, 243, 244, 258, 306
少年飛行兵　306
消費規制　44, 55, 61, 294, 301
情報官　6, 42
情報局　8, 39-42, 91, 135, 156, 285, 306, 309, 313, 316, 317
情報写真協会　4
「昭和一六年度米穀対策ニ関スル件」　55
昭和通り　70
賞勲局　15
食糧管理強化　44, 292
食糧管理局　295
食糧管理体制　44, 55, 292, 294, 296
食糧増産　49, 56, 58, 60, 61, 64, 68, 71-73, 76, 228-231, 258
—応急対策要綱　68
第二次—対策要綱　70
食糧輸入　68
女子挺身隊　207, 210, 273, 277, 278, 315

関東軍特殊演習　195
『官報』　3
関門国道トンネル　150, 311, 313
関門隧道　144
関門鉄道トンネル　143, 149, 157, 310, 311
企画院　188, 196, 223
紀元二千六百年記念式典　23, 25, 33, 139
貴州　312
機銃掃射　156, 317
切符制　24, 61, 111, 294
揮発油及び重油販売取締規則　136
客土　70
九六式陸上攻撃機 → 攻撃機
供出　44, 49, 55, 58, 60, 71, 72, 76, 111, 294, 295
協同信託　27
共同炊事　113, 114
『京都日日新聞』　17
金買上規則　84, 298
『キング』　39, 40, 291
金献運動　83
金使用規則　84
金属回収　100, 101, 299
金属供出　101
金属類回収令　101
金属類特別回収要綱　100
金の国勢調査　84
空襲　167, 176, 177
　―警報　156
　本土―　156
クサイ島　128
グライダー　248, 250, 251
グラフ・ジャーナリズム　4
繰り上げ卒業　236
軍事保護院　246
軍需省　111
軍人援護　245, 246, 248, 258
警戒警報　156
経済警察　64, 65, 67, 96, 107
経済コンロ　114
京城　149, 303
結核　169, 170, 185
「結婚奨励に関する件」　180, 181
決戦非常措置　295, 300
　「決戦非常措置要綱」　74, 107, 233, 313, 314
　「決戦非常措置要綱に基づく旅客輸送制限に関する件」　150
健康診断　169, 170, 176, 182
玄米食　51, 63, 294, 295
　「玄米食ノ普及ニ関スル件」　63, 295
健民運動　160, 171, 182
　水泳　162, 165, 167, 226
　体操　162, 164, 167, 226
　徒歩　162, 164, 167, 226
　ハイキング　164
　武道　162, 226
　ラジオ体操　162, 167
　「健民運動夏季心身鍛錬実施要綱」　165
興亜貯蓄双六　80, 81
興亜奉公日　81, 95
航空局　303, 306
　―管制　303
　―国際課長　304
　―長　303
航空日　124, 305, 306
　―制定要綱　305
攻撃機
　九六式陸上攻撃機　304-306
　陸上攻撃機「深山」　331
広告　18, 19, 27, 28, 33, 35, 38
豪州　107, 121, 304
厚生車　309
厚生省　10, 15, 20, 97, 164, 169, 174, 185
　―健民局　185
厚生大臣　98
交通機関調整法　310
交通調整委員会　310
公定価格　96
合板船　134
国際航空　304
国産川西式二五人乗四発飛行艇　121
国鉄（日本国有鉄道）　145, 146, 149, 154, 302, 311-314, 316
国内米　46, 47, 49, 55
国民学校　21, 24, 41, 58, 68, 74, 252, 253
国民勤労報国隊令　195

〈事　項〉

ア行

「愛国行進曲」　14
赤玉ポートワイン　19
悪性インフレーション　79, 81, 83, 91, 92, 95, 115
『朝日新聞』　317
朝日新聞社　4
仇討貯金　103
アッツ島玉砕　34, 35, 214
暗渠排水　70, 71
『暗黒日記』　72, 107
いすゞ　18
イタリア　93
イタリア大使館　11
一式輸送機　303
移入　46, 68
移入米　46, 47, 73, 76
藷類配給統制規則　63, 295
慰問袋　14, 23, 27, 41, 60
慰問文　245, 246
イラン　122, 304
衣料切符　108, 109
　―制　107, 108, 301
インド　107
インペリアル・エアウエイズ機　304
歌　14, 33
「撃ちてし止まむ」　212
「海の彼方」　15
ウルリッヒ・ネッケル機　305
雲南　312
　―鉄道　305
運輸通信省通信院　152
ＡＢＣＤ包囲網（ライン）　24
エール・フランス　123
エジプト　122
エルトゥール号事件　15
大蔵省　18, 27, 79, 84, 91
　―専売局　137
　―預金部　91
大蔵大臣　90, 102
『大阪朝日新聞』　305
大阪商船　18
『大阪毎日新聞』　123, 305
大阪毎日新聞社　83
オーストラリア → 豪州
沖縄戦　75
オランダ　23, 304

カ行

海運統制令　129, 130, 307
海王丸　128
「海外通信」　15, 22
海軍
　―艦政本部　131, 308
　―軍令部　135
　―航空隊　125
　―予備学生　237, 238, 258
海軍省　10, 303, 266
　―調査課　300
外米　49, 56, 68, 293
　―輸入　49, 55, 56, 68, 69, 71, 73, 292-294
海務院　129, 307
外務省　122, 305
価格等統制令　96, 299
学徒勤労動員　222, 231, 278
「学徒戦時動員体制確立要綱」　231
学徒出陣　222, 239
華中（湖南）　312
学校報国団　229, 230
「学校報国団ノ体制確立方」　229
華南（広西）　312
鐘紡　18, 27
華北（河南）　312
神風号　306
神風特別攻撃隊 → 特攻隊
日本勧業銀行　18
漢口　80
観光報国週間　139

末次信正　11
鈴木貫太郎　288
鈴木實　340
関根良男　344
千田貞敏　119

タ行
高野龍雄　7, 9, 35, 42, 286, 289
高見順　301, 309, 314
竹内茂代　175
武田誠三　296
谷正之　7
塚田一甫　7
塚原和夫　255
津田弘孝　6, 7, 285
土屋隼　7
天皇（昭和天皇）　18, 27, 33
東條英機　21, 23, 32, 34, 153, 204, 288, 295
徳川夢声　156, 300, 310, 313, 314, 317
飛田昌哉　341, 343
土門拳　4, 10

ナ行
永井柳太郎　11, 128
中藤敦　340
中村篤九　343
名取洋之助　4
西塔子郎　13
根ノ瀬信　308

ハ行
橋本政実　7
荷見安　293, 294
八田嘉明　32, 298
林謙一　6, 7, 284, 285
林忠彦　340, 344
東正巳　344
光墨弘　343
久富達夫　7
久山秀雄　7
溥儀　18, 27
福本柳一　6, 7
藤田實彦　255
藤巻喜三郎　7
藤山愛一郎　111
古川ロッパ　138, 293, 300, 310, 314
堀内敬三　308

マ行
増田勝男　344
松野鶴平　311
丸毛旭光　343
宮沢裕　145
松本昇　285
皆藤亨　7
三好重夫　7
武藤富男　7
村田五郎　7
村田省蔵　312
望月文吾　343
本野盛一　7
森巌夫　5, 7
森正蔵　317

ヤ行
矢口茂雄　7
矢作挿斎　344
山下奉文　32
山田風太郎　314, 280
山本五十六　33, 214, 325
横溝光暉　7
横山隆一　31, 35
吉川英治　25
吉田儀十郎　342, 343
吉田榮　340-344
吉永義尊　253
米内光政　11, 26, 288

ワ行
渡辺史郎　7

索　引

〈人　名〉

ア行
赤羽穣　7
赤穂英一　343
麻生豊　13, 25, 287, 343, 344
姉川従義　7
天野辰太郎　155
天羽英二　7
荒木貞夫　11
有馬頼寧　20
石川進介　30
石川義夫　13
石黒忠篤　293, 296
石束長一郎　343
市河彦太郎　7
伊藤整　296, 298, 300, 315, 316
伊藤述史　7
伊奈野藤次郎　7
井野碩哉　295, 296
今村つとむ　343
入江泰吉　342
上田俊次　7
内田信也　295, 296
内田豊　341
梅本忠男　4, 10, 340-344
汪兆銘（汪精衛）　24
太田雄三　340
緒方竹虎　7
奥村喜和男　7
尾崎士郎　35
落合孝幸　7

カ行
海音寺潮五郎　35
加藤恭平　341, 343
加藤祐三郎　7
金光庸夫　98
賀屋興宣　32, 102
上條春雄　341
河相達夫　7
川面隆三　7
喜入隆　340
菊田一夫　215
菊池寛　25
菊池健三郎　342
菊地双三郎　340, 341
北白川宮永久親王　27
岸信介　32, 204
木村伊兵衛　4, 10, 344
清沢洌　72, 151, 152, 257, 295, 300, 313-315, 320, 325
熊谷憲一　7
小石清　341-343
小泉紫郎　13, 37
小磯国昭　288
皇后（香淳皇后）　18, 27
皇太子（明仁親王）　18, 27, 33
河野達一　7
古賀乾一　341, 344
近衛文麿　10, 13, 18, 26, 288
小松茂　303

サ行
西園寺公望　26, 27
笹本恒子　293
佐次たかし　13
宍戸左行　287
獅子文六　35
柴田信一　119
島秀雄　311
島安二郎　311
下野信恭　6, 7, 42
下村宏　7

〈執筆者紹介〉

玉井　清（たまい きよし）〔編著者、はじめに、あとがき〕
慶應義塾大学法学部教授。法学博士。
1959年生まれ。慶應義塾大学大学院法学研究科博士課程修了。
主要業績に、『第一回普選と選挙ポスター』（慶應義塾大学法学研究会、2013年)、『原敬と立憲政友会』（慶應義塾大学出版会、1999年)、『帝大新人会研究』（共著、慶應義塾大学法学研究会、1997年)、『満州事変の衝撃』（共著、勁草書房、1996年)、『大麻唯男』（共著、財団法人櫻田会、1996年）など。

清水 唯一朗（しみず ゆいちろう）〔第一章〕
慶應義塾大学総合政策学部教授。博士（法学)。
1974年生まれ。慶應義塾大学大学院法学研究科後期博士課程単位取得。
主要業績に、『近代日本の官僚――維新官僚から学歴エリートへ』（中公新書）（中央公論新社、2013年)、『政党と官僚の近代――日本における立憲統治構造の相克』（藤原書店、2007年)、『憲法判例からみる日本――法×政治×歴史×文化』（共編著、日本評論社、2016年）など。

小田 義幸（おだ よしゆき）〔第二章、第三章、第四章〕
慶應義塾大学法学部講師、武蔵野大学講師。博士（法学)。
1976年生まれ。慶應義塾大学大学院法学研究科後期博士課程単位取得退学。
主要業績に、「第23回総選挙における日本社会党躍進の組織的要因」寺崎修・玉井清編『戦前日本の政治と市民意識』（慶應義塾大学出版会、2005年)、『戦後食糧行政の起源――戦中・戦後の食糧行政をめぐる政治と行政』（慶應義塾大学出版会、2012年）など。

奥 健太郎（おく けんたろう）〔第五章、第六章、第七章、第八章〕
東海大学政治経済学部教授。博士（法学)。
1972年生まれ。慶應義塾大学大学院法学研究科後期博士課程修了。
主要業績に、『昭和戦前期立憲政友会の研究――党内派閥の分析を中心に』（慶應義塾大学出版会、2004年)、『自民党政治の源流――事前審査制の史的検証』（共編著、吉田書店、2015年)、「自民党結党直後の政務調査会――健康保険法改正問題の事例分析」『年報政治学』2016年度第２号（2016年）など。

鶴岡 聡史（つるおか さとし）〔第七章〕
慶應義塾大学 SFC 研究所上席所員。
1977年生まれ。慶應義塾大学大学院法学研究科後期博士課程単位取得退学。
主要業績に、「井上期条約改正交渉と知的財産権――問題提起と合意形成」（上)・（下)『法学研究』第89号第５号、第６号（2016年)、「満州事変と満州鉄道利権問題――東北交通委員会の設立を巡る関東軍と満鉄」『法学政治学論究』第80号（2009年)、「満州事変と鉄道復興問題――瀋海線を巡る関東軍・満鉄・満州青年連盟」『法学政治学論究』第70号（2006年）など。

『写真週報』とその時代（上）
――戦時日本の国民生活

2017年7月31日　初版第1刷発行

編著者――――玉井　清
発行者――――古屋正博
発行所――――慶應義塾大学出版会株式会社
〒108-8346　東京都港区三田2-19-30
TEL〔編集部〕03-3451-0931
〔営業部〕03-3451-3584〈ご注文〉
〔　〃　〕03-3451-6926
FAX〔営業部〕03-3451-3122
振替00190-8-155497
http://www.keio-up.co.jp/
装　丁――――山崎登デザイン事務所
印刷・製本――港北出版印刷株式会社
カバー印刷――株式会社太平印刷社

Printed in Japan　ISBN 978-4-7664-2435-5

慶應義塾大学出版会

『写真週報』とその時代（下）

戦時日本の国防・対外意識

玉井清 編著

戦時中発行されていた国策グラフ雑誌『写真週報』の画像をふんだんに紹介しつつ、国防関連記事や、アジア、英米、ドイツなどに対する外交政策や意識に関わる記事を取り上げて分析・考察し、当時の世相を読み解く。

A5判／並製／376頁
ISBN 978-4-7664-2436-2
◎3,400円　2017年7月刊行

◆主要目次◆

第一章　敵撃滅!!　「大戦果」報道
——窮迫する戦局と「大本営発表」の虚実

第二章　空襲に備えよ
——民間防空の変容

第三章　進め、新生東亜の同朋と共に！
——東アジア連帯論の鼓吹

第四章　南方を目指せ！
——「平和裡」の南進アピール

第五章　アジアの「独立」を目指せ！
——大東亜共栄圏の誕生とその虚実

第六章　若く強きドイツ
——友邦ナチス・ドイツ礼賛

第七章　鬼畜米英への道
——対英米観の変容

表示価格は刊行時の本体価格（税別）です。